Religionen der Gegenwart

W0059819

Monika & Udo Tworuschka

Religionen der Gegenwart

Aschendorff Verlag

Die Verfasser

Monika Tworuschka, Dr. phil., geb. 1951, Islam- und Religionswisschaftlerin, freie Tätigkeit in Printmedien und Hörfunk

Udo Tworuschka, Prof. Dr. phil., geb. 1949, Inhaber des Lehrstuhls für Religionswissenschaft an der Friedrich-Schiller-Universität Jena

Gesamtherstellung: Aschendorff Druckzentrum GmbH & Co. KG, Münster
ISBN 978-3-402-12859-6

Inhalt

BUDDHISMUS

JAINISMUS

Vorwort

Wer sich über die Geschichte der die Welt prägenden Religionen informieren will, dem steht heutzutage eine große Auswahl religionsgeschichtlicher Darstellungen, Handbücher und Lexika zur Verfügung. Schnell wird dadurch der Blick auf das Ganze verstellt, man verliert sich in Einzelheiten. Weniger wäre in einer solchen Situation oft mehr. Für den Einstieg in die Religionswelt benötigt man eine kompakte, grundrissartige Darstellung der großen und kleinen ‚Weltreligionen‘, wie wir sie in diesem Taschenbuch vorlegen. Selbstverständlich können wir nur eine Auswahl präsentieren. Diese orientiert sich an der Bedeutsamkeit der Religionstradition für die Welt von heute, auch im ideengeschichtlichen Sinne. Um einen Vergleich der Religionen zu erleichtern, haben wir die einzelnen Religionen, soweit es ging, nach analogen Prinzipien gegliedert: Grundbegriffe, Heilige Schriften, Glaube, Menschenbild, Heilige Zeiten und Orte, Feste, religiöse Handlungen, Verbreitung der Religion in Deutschland. Einen besonderen Stellenwert hat der abschließende Abschnitt über die Religionen „angesichts aktueller Probleme der Gegenwart". Auf einen wissenschaftlichen Apparat haben wir bewusst verzichtet. Ganz selten finden sich daher Fußnoten, die längere Zitate belegen oder Hinweise auf wichtige Abhandlungen enthalten.

Fremdländische Namen und Fachbegriffe werden nicht in wissenschaftlich korrekter Umschrift, sondern umgangssprachlich wiedergegeben. Selbstverständlich ist auch das Christentum Gegenstand dieser Veröffentlichung, wobei wir versucht haben, katholische, protestantische und orthodoxe Sichtweisen zu differenzieren. Gleichwohl bleibt die Darstellung eine religionswissenschaftliche. Sollten sich die Gläubigen der Religionen in unserem Text nicht wieder erkennen, würden wir das bedauern.

Für die akribische Arbeit am Register danken wir Herrn Lars Polten aus Jena.

Bad Münstereifel, im August 2010
Monika & Udo Tworuschka

Einleitung

DER BEGRIFF ‚WELTRELIGION‘

Bücher wie das vorliegende bezeichnen ihren Gegenstand oft als ‚Weltreligionen‘. Es ist nicht nur umstritten, wie viele Weltreligionen es gibt, sondern ob es überhaupt welche gibt. Manche Autoren gehen von dreien aus, identifizieren diese mit den ‚abrahamitischen Religionen‘ Judentum, Christentum, Islam. Der Religionswissenschaftler Gustav Mensching ging in seinem Kompendium ‚Die Weltreligionen‘ (1972) von fünf aus. Fünf Weltreligionen versuchten die Autoren des vorliegenden Buches auf ihrer CD-ROM ‚Religiopolis‘ (2004) lebendig werden zu lassen. Ein Extraheft der Illustrierten ‚Stern‘ Ende 2009 stellte ‚Die sechs Weltreligionen‘ vor: Christentum, Buddhismus, Islam, Judentum, Hinduismus sowie den zu *einer* Religionstradition zusammen gefassten Daoismus/Konfuzianismus. ‚Sieben Weltreligionen‘ (hierbei Daoismus und Konfuzianismus getrennt) beschrieben Gerhard Wehr (2004) und Manfred Hutter (2005). Der internationale Buchmarkt bietet Darstellungen mit acht, neun, zehn und elf Weltreligionen an, so Peter Meinhold in ‚Die Religionen der Gegenwart‘ (1978). Vertreter von ‚zwölf Weltreligionen‘ beteten 1986 mit dem Papst in Assisi.

Vor einiger Zeit brach unter europäischen Religionswissenschaftlern eine kurze, aber heftige Diskussion nicht über die Anzahl der Weltreligionen aus, sondern über den Begriff selbst. Ist dieser viel verwendete Begriff überhaupt eindeutig? Erfüllt er die Kriterien eines religionswissenschaftlichen Terminus? Was genau ist überhaupt eine Weltreligion? Sind ihre Kriterien das Alter, die zahlenmäßige Größe, ihre Verbreitung über möglichst viele Kontinente? Genügt es, wenn *ein* Kriterium erfüllt ist? Oder müssen *alle* Kriterien vorhanden sein, damit eine Religionstradition als Weltreligion ‚geadelt‘ werden kann?[1]

Die Historikerin und Vergleichende Literaturwissenschaftlerin Tomoko Masuzawa vertrat in ihrem umstrittenen Buch ‚Die Erfindung der Weltreligionen‘ (2005) die Ansicht, dass Mitte des 19. Jhs. die in Europa traditionelle Sichtweise und Einteilung der Religionen in Judentum, Christentum, Islam und Heidentum aufgrund historisch-philologischer Kritik aufgebrochen wurde. Im Zuge dieser Entwicklung seien andere Klassifizierungen entstanden wie National- und Universalreligion, ‚große‘ Religionen, schließlich ‚Weltreligionen‘.

Gibt es neben Alter, Größe und Verbreitung noch andere Kriterien, um eine Religion als ‚Welt‘- bzw. ‚Universalreligion‘ klassifizieren zu können? Der deutsche Psychiater und Philosoph Karl Jaspers (1863–1969) führte in seinem Werk ‚Vom Ursprung und Ziel der Geschichte‘ (1949) den Begriff ‚Ach-

---

[1] Der Religionswissenschaftler Manfred Hutter hat in ‚Die Weltreligionen‘, 2005, dieses Problemfeld ausgiebig diskutiert.

senzeit' ein. Damit bezeichnete er den groben Zeitraum zwischen 800 und 200 v.Chr., in dem die großen Philosophien und Weltreligionen entstanden: „Dort liegt der tiefste Einschnitt der Geschichte. Es entstand der Mensch, mit dem wir heute leben" (19). Das Neue dieser Zeit liegt darin, „dass der Mensch sich des Seins im Ganzen, seiner selbst und seiner Grenzen bewusst wird" (20). Jaspers behauptete sogar: „Das Menschsein im Ganzen tut einen Sprung" (22f.).

Der Jaspers'sche Gedanke der ‚Achsenzeit' beeinflusste den Historiker und Kultursoziologen Shmuel Noah Eisenstadt (geb. 1923). In seinen Untersuchungen setzte er sich mit den achsenzeitlichen Kulturen auseinander, zum ersten Mal wohl in seinem Aufsatz über die Achsenzeit (1982), dann in dem zweibändigen Werk ‚Kulturen der Achsenzeit. Ihre Ursprünge und ihre Vielfalt' (1987) und in ‚Die großen Revolutionen und die Kulturen der Moderne' (2006). Das Konzept der ‚Achsenzeit' ermöglicht eine systematisch-vergleichende Analyse der Wandlungsmöglichkeiten verschiedener Zivilisationen. Außerdem eröffnet es den Weg für eine Theorie der Vielfalt der Moderne. Die achsenzeitlichen Kulturen brachten zum ersten Mal in der Geschichte intellektuelle Eliten hervor, ermöglichten die Unterscheidung von transzendenter und weltlicher Ordnung. Magische Praktiken wurden zurück gedrängt. Religion und Weltliches wurde unterscheidbar.

Mit religionsstrukturellen Fragen beschäftigt sich der Religions- und Missionswissenschaftler Theo Sundermeier (geb. 1935). Er unterscheidet ‚primäre und sekundäre Religionserfahrung'. Primäre Religionen sind Religionen von Kleingruppen. „Elemente dieser Religionserfahrung sind in allen Religionen wiederzufinden." Es sind „Grunderfahrungen, die sich darum als lebenswichtige Bausteine jeder Religion durchhalten, weil sie konstitutiv zur Religion gehören. Die Religionsgeschichte verläuft nicht von einer primitiven zu einer höheren Stufe, vielmehr verändert sich die Religionserfahrung mit der Welterfahrung so, dass sich das Neue immer wieder in die primäre Erfahrung integriert und an ihr ausrichtet" (36). Die Kleingesellschaften wandeln sich zur Großgesellschaft, und es entsteht eine neue Art der Weltbewältigung: „Die größere Gesellschaft entlässt den Menschen in einen größeren Raum der Entscheidungen und Wahlmöglichkeiten. Der einzelne gewinnt an Freiraum, die umfassende Religionserfahrung deckt nicht mehr alle Lebensräume ab, der Raum der Profanität vergrößert sich" (36). ‚Die sekundäre Religion' ist wesentlich durch Individualisierung gekennzeichnet. ‚Sekundäre Religionen' haben einen universalen Anspruch, sind missionarisch, unterscheiden die *eine* wahre Religion von den vermeintlich falschen. „Die sekundäre Religionserfahrung löst die primäre nicht einfach ein für allemal ab, sondern setzt sie voraus. Sie grundiert das Vorverständnis, bildet den Deutungsrahmen, aus dem das Neue begriffen wird. Primäre und sekundäre Religionserfahrung sind zu unterscheiden, sind aber gleichwertig [...] Die primäre Religionserfahrung ist der Grund, der von der sekundären überlagert wird. Diese löst die primäre nicht einfach ab [...], sondern integriert sie.

Ähnlich ist der Ansatz des Ägyptologen, Kultur- und Religionswissenschaftlers Jan Assmann (geb. 1938). „Irgendwann im Laufe des Altertums [...] ereignete sich eine Wende, die entscheidender als alle politischen Veränderungen die Welt bestimmt hat, in der wir heute leben. Das ist die Wende von den ‚polytheistischen‘ zu den ‚monotheistischen‘ Religionen, von Kultreligionen zu Buchreligionen, von kulturspezifischen Religionen zu Weltreligionen, kurz von ‚primären‘ zu ‚sekundären‘ Religionen" (Die Mosaische Unterscheidung oder der Preis der Freiheit, 2003, 11).

Grundlegende religionsstrukturelle Erkenntnisse sind bereits mit den Namen Rudolf Otto (1869–1937) und Gustav Mensching (1901–1978) verknüpft. Otto hatte schon 1917 (!) auf das ‚Gesetz der Parallelen in der Religionsgeschichte‘ hingewiesen, und zwar im gleichnamigen ‚Schlusswort zu Buch I-III‘ seines Werkes ‚Vischnu-Narayana. Texte zur indischen Gottesmystik‘ (205–218). Dort thematisierte er den Übergang vom Mythos zum Logos. Diesen in der Religionsgeschichte fast überall gleichen Schritt setzte er zwischen 800 und 500 vor Christus an. Sein Schüler Gustav Mensching (1901–1978) legte 1938, lange vor Jaspers, in ‚Volksreligion und Weltreligion‘ strukturelle Überlegungen zur Unterscheidung dieser beiden Grundstrukturen vor. Nach seiner Auffassung ist Träger der Volksreligion ein sich grundsätzlich im ‚Heil‘ befindendes Kollektiv (Familie, Clan, Stamm, Volk usw.). Gott/Götter sind auf ihre jeweiligen vitalen Gemeinschaften bezogen, so dass ihnen Universalität fehlt. Ihre Ethik ist auf das Kollektiv bezogen. Missionierung steht außerhalb volksreligiöser Denkweise, da man davon ausgeht, dass andere Menschen eigene, für sie relevante Götter besitzen. Universalreligionen dagegen werden von Einzelnen getragen. Diese befinden sich in einer ‚generellen und existentiellen Unheilssituation‘ (christlich: ‚Sünde‘; buddhistisch: ‚Leiden‘). Universalreligionen vertreten einen Absolutheitsanspruch, reklamieren das Heil für sich allein, haben die Tendenz zur Ausbreitung durch Missionierung. „Das neu entdeckte Ich strebt [...] zur Autarkie. Dieser Menschheitssituation entsprechen in unverkennbar strukturhafter Einmütigkeit alle Universalreligionen, denn sie gehen [...] alle von einem fundamentalen Bruch in der Tiefe der menschlichen Existenz aus und suchen eine neue Rückverbindung auf die eine oder andere Art mit dem Heiligen herzustellen."[2] Im vorliegenden Buch verwenden wir die Begriffe ‚Weltreligion‘ bzw. ‚Universalreligion‘ in der von Gustav Mensching definierten Bedeutung.

---

[2]   Gustav Mensching: Die Religion. Erscheinungsformen, Strukturtypen und Lebensgesetze, Stuttgart 1959, S. 76.

SPUREN DER RELIGION/EN IN UNSERER GESELLSCHAFT

Während das 19. Jh. nur etwa 50 religiöse Neubildungen hervorgebracht hatte, ‚boomt' Religion im 20. und 21. Jh.. Zunächst entstanden Gemeinschaften an den Rändern oder außerhalb der Großkirchen: Zeugen Jehovas, Mormonen, Anthroposophie. Nach dem Ende des Zweiten Weltkrieges bildeten sich religiöse Gemeinschaften aus dem Kontext der großen Weltreligionen. Die Neubildungen zentrierten sich um eine Stifterpersönlichkeit. Diese steht als Offenbarer, Prophet, Meister, Guru im Mittelpunkt von Organisation, Kultus, individueller Frömmigkeit. Zersplitterung und Entfaltung so genannter ‚Patchwork-Religiosität' kennzeichneten die nächste Phase. Patchwork (‚Flickwerk') meint die von Einzelnen, aus unterschiedlich passförmigen Einzelelementen verschiedener Religionen zusammengesetzte Religion. Seit Ende der 1980er Jahre wurden die Neubildungen der 1960er und 70er Jahre von kleinen und kleinsten Religionsgemeinschaften abgelöst, oft nur wenige Mitglieder stark. Ebenfalls blühte der Lebenshilfe- und Psychomarkt auf. Ohne formal einer religiösen Gemeinschaft beitreten zu müssen, stellen sich Interessenten ihre Religiosität individuell zusammen. Mehrere hundert religiöse Gemeinschaften praktizieren heute in Deutschland ihren Glauben.

Die neuzeitliche Christentumsgeschichte ist durch intensive religiöse Pluralisierung charakterisiert, als Folge eines umfassenden gesellschaftlichen Modernisierungsprozesses. Darüber hinaus sind weitere religiöse und nichtreligiöse Weltdeutungsangebote aufgetreten. Die Großkirchen haben ihre Bedeutung für die Gesellschaft als Ganzes verloren, und der Einzelne kann über seine religiöse Zugehörigkeit autonom entscheiden.

Zahlreiche Studien haben in den letzten Jahren den Glauben der Deutschen erhoben. Nachgewiesen wurde u.a. die erhebliche Diskrepanz zwischen (‚dogmatischen') Glaubenssätzen und tatsächlich gelebtem Glauben. Nach den Erhebungen der Bertelsmann Stiftung (2008) glauben 69 Prozent der Europäer nach wie vor an einen ‚Gott' bzw. an ein göttliches Wesen. Und daran, dass es ein Weiterleben nach dem Tode gibt. Die Religionen erfüllen wichtige gesellschaftliche Aufgaben, die weit über die geistige Orientierung der Menschen hinausgehen.

Für viele Menschen sind die kirchlichen Kasualien – Taufe, Kommunion, Konfirmation, kirchliche Trauung und Bestattung – nicht mehr so selbstverständlich wie früher. Auch der Besuch von Gottesdiensten und Messen an Festtagen hat nachgelassen. Nach Ansicht des Philosophen Jürgen Habermas leben wir in einer ‚postsäkularen Gesellschaft'. Die Entwicklung ist widersprüchlich: schwindende Bedeutung der Kirchen auf der einen, Renaissance des Religiösen auf der anderen Seite.

Doch der Einfluss des Christentums und seiner Symbole in unserer säkularisierten Gesellschaft ist nach wie vor unüberseh- und -hörbar: große

Kathedralen und kleine Dorfkirchen, Friedhöfe, Kreuze am Weg, das sonntägliche Glockenläuten.

In allen Phasen seiner Geschichte hat das Christentum versucht, auf seine ‚Umwelt' einzuwirken: in Politik und Gesellschaft, Wissenschaft und Pädagogik. Selbst alltägliche Lebensverrichtungen wie Essen, Trinken, Sexualität, Gesundheitsvorstellungen, die Einstellung zu Arbeit, Freizeit und Muße sind vom Christentum zumindest (mit-)geprägt worden. Zahlreiche Phänomene unserer säkularisierten und individualisierten Kultur haben zum Teil jüdische und christliche Wurzeln: Menschenrechte, Völkerrecht, Geschichtsbewusstsein, wissenschaftliches Denken, Naturwissenschaft und Technik. Alltägliche Lebensverrichtungen und -phasen sowie Gefühlseinstellungen hat das Christentum seiner jeweiligen konfessionellen Gestalt entsprechend mitgeprägt.

Selbstverständlich spielt auch die islamische Kultur in Europa eine erhebliche Rolle. So verdankt ihr das Abendland die Übermittlung des antiken Erbes. Arabische Gelehrte beschäftigten sich mit den Werken der griechischen Philosophen. Ärzte und Naturwissenschaftler übertrugen sie ins Arabische. Sie setzten sich in ihren eigenen Schriften mit ihnen auseinander, vermehrten sie um neue Erkenntnisse. Die arabischen Versionen griechischer Autoren wurden in das Lateinische übertragen. Das bei uns selbstverständliche Dezimalsystem mit der Null als Platzhalter gelangte über islamische Gelehrte aus Indien zu uns.

Religiösen Ursprungs ist auch die Einrichtung des Kalenders. Bedeutsame Ereignisse dienen oft als Anfangspunkte religiöser Zeitrechnung: So beginnt die jüdische Zeitrechnung mit der Weltschöpfung, die islamische mit Mohammeds Hidschra (‚Auswanderung') von Mekka nach Medina, die buddhistische mit Buddhas Eingang in das Nirvana.

Dass wir das Jahr 2010 schreiben, ist nicht selbstverständlich. Die westliche Zeitrechnung legt nämlich einen christlichen Maßstab zugrunde, rechnet vor bzw. nach Christi Geburt und hat sich in den allermeisten Ländern durchgesetzt. Der Sieben-Tage-Rhythmus unserer Woche mit dem Sonntag bzw. Sabbath als Ruhetag verraten jüdisches und christliches Erbe. Viele christliche Begriffe sind in unsere Alltagssprache eingegangen, zum Beispiel ‚Sünde' in Verkehrssünderkartei. Selbst die Sprache nicht-religiöser Zeitgenossen transportiert biblische Wendungen. Diese sind längst zu geflügelten Worten geworden: „Wer Wind sät, wird Sturm ernten" (Hos 8,7); „ich wasche meine Hände in Unschuld" (Ps 26,6); „der Antrag bekam den Segen des Haushaltsausschusses".

Nach wie vor prägen Religionen das Gewissen vieler Menschen. Dass wir auf andere Rücksicht nehmen, Nachbarschaftshilfe leisten, uns spendenbereit für Notleidende zeigen, verweist (zumindest auch) auf religiöse Ursachen. Man sollte das moralische Vorbild religiöser Instanzen und Persönlichkeiten nicht unterschätzen. Der Missbrauchsskandal in der katholischen Kirche hat das Vertrauen in Papst und Kirche dramatisch einbrechen lassen: Mitte März 2010 vertrauten nur noch 24% dem Papst und 17% seiner Kirche (nach Forsa). Anderseits gibt es einen Vertrauensschwund auch gegenüber anderen Institutionen: Bundesregierung, Gewerkschaften, Banken und Versicherungen, Zentralrat der Juden...

JUDENTUM

JÜDISCHE SYMBOLE

Abbildung (1) Menorah

Als Symbol für den jüdischen Glauben steht vor allem der siebenarmige Leuchter, die sogenannte Menorah. Dieser Leuchter wurde während der 40-jährigen Wanderung durch die Wüste auf Befehl Gottes zusammen mit anderen heiligen Geräten hergestellt und gehört zu den Kultgeräten des Stiftzeltes. Dies war im Alten Testament ein Ort der Begegnung zwischen Gott und den Menschen (2 Mos 33,7-11). Später stand der Leuchter im Jerusalemer Tempel. Seine sieben Arme stellen nach der Anschauung mancher die sieben Weltrichtungen dar: Ost, West, Nord, Süd, oben, unten sowie der Standort des Menschen selbst. Alle sieben Arme sollen vom Licht des heiligen Geistes erleuchtet werden. Die Fenster des einstigen Tempels waren so angelegt, dass kein Tageslicht hineinfiel, sondern das Licht der Menorah aus dem Heiligtum hinaus drang. Die Menorah symbolisierte die Erleuchtung, war Bild für den Auftrag Israels, ein Licht für die Völker zu sein. Die Menorah wurde nach der Zerstörung des Zweiten Tempels 70 n. Chr. zusammen mit dem übrigen Tempelschatz verschleppt. Seitdem gilt sie als verschwunden. Im Mittelalter wurde die Menorah Symbol für den Dritten Tempel. Dieser soll einst errichtet werden, wenn der Messias kommt. Auch deshalb ist der siebenarmige Leuchter seit 1948 offizielles Emblem des Staates Israel.

Abbildung (2) (Magen David)

Ebenfalls ein wichtiges jüdisches Symbol ist der Magen David – fälschlicherweise oft als Davidstern bezeichnet. Bei ihm handelt es sich um zwei ineinander verschachtelte Dreiecke, die zusammen einen sechszackigen Stern bilden.

In biblischer Zeit diente dieser Stern zur Dekoration. Ob der Schild Davids in Wirklichkeit diese Form hatte, ist nicht bekannt. Im Mittelalter wurde es üblich, dieses Symbol als ‚Siegel Salomos‘ oder ‚Schild Davids‘ zu bezeichnen. Im 16. Jh. benutzte die jüdische Gemeinde in Prag das Emblem zum ersten Mal, um ihre jüdische Identität zu bekunden. Der jüdische Religionsphilosoph und Pädagoge Franz Rosenzweig (1886–1929) gab seinem Hauptwerk den Titel ‚Stern der Erlösung‘ (1921), womit der Magen David gemeint war. Die sechs Zackenspitzen sollen Gott-Welt-Mensch und Schöpfung-Offenbarung-Erlösung bedeuten. Der Stern wurde so zum Bild für das messianische Zeitalter und den Weg dorthin. Schließlich entwickelte sich der ‚Schild Davids‘ durch den Zionismus zum Symbol der jüdischen Nationalbewegung und findet sich heute auf der israelischen Fahne. Die Nationalsozialisten missbrauchten dieses Symbol, um jüdische Bürger zu diskriminieren, indem sie sie zwangen, den ‚Judenstern‘ auf ihre Kleidung aufzunähen.

EINFÜHRUNG

Religionsgeschichtlich gehören Judentum, Christentum und Islam eng zusammen. Das Judentum ist jedoch nicht nur die ‚Mutter‘ der beiden größten Weltreligionen, sondern eine eigenständige Religion. Die Geschichte des jüdischen Volkes umfasst etwa 4000 Jahre. Damit zählt das Judentum zu den ältesten lebenden Religionen der Menschheit. Die jüdische Geschichte ist durch Erfahrungen von Bedrängnis, Verfolgung und Leiden geprägt – aber auch durch Epochen friedlichen Miteinanderlebens und kulturellen Austausches. Die sich durch die Geschichte des christlichen Abendlands ziehende blutige Spur der Judenverfolgung erreichte in der Shoa, der Vernichtung von sechs Millionen europäischer Juden zur Zeit der Nazi-Diktatur, eine unfassbare Dimension. Das griechische Wort Holocaust, das für die Bezeichnung dieses in der Geschichte einmaligen Völkermordes auch gebraucht wird, bedeutet das von den Flammen völlig verzehrte ‚Ganzopfer‘ der alten Israeliten. Wenn Juden von diesem Völkermord sprechen, verwenden sie das hebräische Wort Shoa: ‚Verwüstung, Vernichtung, Katastrophe‘. Im Unterschied zu Holocaust hat es keine religiösen Anklänge.

GRUNDBEGRIFFE

Das Judentum – Volk und Religion

Judentum ist nicht nur die Bezeichnung für eine bestimmte Religion, sondern *zugleich* auch für ein Volk, das sich von Gott zu einem besonderen Dienst erwählt weiß und dem Gott die Tora geschenkt hat. In der Bibel wird dieses Volk Beth Israel (‚Haus Israel‘) genannt. Judentum meint dieses Volk, seine Geschichte, Kultur und Wertvorstellungen. Das Judentum kennt nicht die Trennung der Welt in einen säkularen und einen religiösen Bereich. Der ganze Mensch ist gefordert, den in der Tora offenbarten Willen Gottes zu erfüllen. Konkreter Ausdruck des göttlichen Willens sind die religiösen Vorschriften. Erst in der Neuzeit löste sich diese Einheit von Religion und Volk zum Teil auf. Im Unterschied zur Gola, d.h. Diaspora (griech. ‚Zerstreuung‘,

Bezeichnung für eine unter Andersdenkenden zerstreut lebende nationale, ethnische, religiöse Minderheit), bilden heute in Israel Religions-, Volksgemeinschaft und Nation eine Einheit. Viele Juden in den USA und Europa dagegen haben sich ‚assimiliert‘. Sie haben sich an die sie umgebende Kultur angeglichen und empfinden sich als eine ‚Konfession‘ neben anderen.

§ 4 des israelischen Rückkehrgesetzes von 1950 gewährt jedem Juden das Recht, als Einwanderer nach Israel zu kommen und israelischer Staatsbürger zu werden. Dieses Gesetz definiert Jude als jemanden, „der von einer jüdischen Mutter geboren wurde, oder sich zum Judentum bekehrt hat, und der nicht einer anderen Religion angehört".

Weltweit bekennen sich rund 14 Millionen Menschen zum Judentum. Knapp sechs Millionen leben in den USA. In der ehemaligen Sowjetunion sind es 2,6, in Israel 3,5 Millionen. In Deutschland, einst weltweit geistiges Zentrum dieser Religion, ist die Zahl jüdischer Bürger inzwischen wieder auf 200.000 gestiegen. Vor dem Beginn der Nazizeit betrug sie mehr als eine halbe Million.

Gott – Tora – Volk – Land

Juden sind überzeugt, dass Gott sein Volk ‚erwählt‘ hat, weil Gott gerade dieses Volk liebt - nicht weil das Volk besondere Vorzüge gehabt hätte. Am Anfang der Geschichte Israels beauftragt Gott Abraham, in das ‚verheißene Land‘ zu ziehen.

Abraham ist der älteste der drei Patriarchen (Erzväter) Israels. Die Patriarchen (Mitte des 2. Jahrtausend v.u.Z.) sind die Urväter des Judentums. Abraham wurden von Gott Land und Nachkommen verheißen. Zusammen mit seiner Frau Sara verließ er seine Geburtsstadt Ur in Chaldäa, bevor sein Sohn Isaak (hebräisch Jizchak) geboren wurde. Abraham schloß mit Gott einen Bund, womit das Treueverhältnis zwischen Gott und seinem Volk gemeint ist. Den ersten Bund schloss Gott mit der Menschheit, indem er Noah vor der Sintflut rettet. Bei seinem Bund mit Abraham verhieß Gott dem Stammvater zahlreiche Nachkommenschaft und das Land Kanaan, ein ungefähr dem heutigen Israel entsprechendes Gebiet. Immer wieder hat es Erneuerungen des Bundes gegeben, nachdem die Israeliten ihn ‚gebrochen‘ hatten.

Später sprach Gott zu Mose: „Geh, zieh hinauf von hier, du und das Volk, das du aus Mizraim (= Ägypten) heraufgerührt hast, in das Land, das ich Abraham, Jizhak und Jaakob zugeschworen habe mit den Worten: Deinem Samen will ich es geben." (2 Mos 33, 1).

Mose, von den Juden als größter Prophet verehrt, übergab seinem Volk die Tora: die gnadenhafte Weisung und Lehre, die für Weisheit, und für das göttliche Gesetz steht.

Bis heute beten Juden in Richtung Erez Israel, das als Mittelpunkt der Welt verstanden wird. Erez Israel, das ‚Land Israel‘, ist Juden auch deshalb heilig, weil Gott es als sein Eigentum auserwählte, um dort mitten ‚unter den

Kindern Israels' zu wohnen (4 Mos 35,34). Es gilt als Land der ‚Gegenwart Gottes'. Israel wird in der jüdischen Tradition als Mittelpunkt der Welt angesehen. Als Mitte des Landes gilt Jerusalem. In seinem Zentrum befand sich in der Antike der Tempel mit dem Allerheiligsten, der Bundeslade.

Viele Juden in aller Welt betrachten es als religiöse Pflicht, in Erez Israel zu wohnen und wollen ihren Lebensabend dort verbringen. Der Bibelvers 4 Mos 33,53: „Und ihr sollt das Land in Besitz nehmen und darin wohnen" wird immer wieder in den Auseinandersetzungen mit den Arabern als Argument gegen einen eigenen palästinensischen Staat angeführt.

Zusammen mit dem Gedanken des Bundes steht das Streben nach ‚Heiligkeit' im Mittelpunkt des Judentums. Weil Gott ‚heilig' ist, soll auch sein Volk ‚heilig' sein. Juden sollen sich im Bereich von Kult und Moral rein halten und Unreinheit vermeiden. ‚Jüdischkeit' bedeutet, dass das gesamte Leben des Einzelnen und der Gemeinsachaft von den göttlichen ‚Geboten (Mizwot) bestimmt ist: Geburt, Heranwachsen, Heirat, Tod, Essen und Trinken, Wohnen, Kleidung, Umgang mit der Zeit, Arbeit, Wirtschaftsleben.

HEILIGE SCHRIFTEN

Tenach

Wenn Juden von ihrer heiligen Schrift, der Hebräischen Bibel, sprechen, verwenden sie ein Kunstwort: TeNaK (gesprochen Tenach). Es setzt sich aus den hebräischen Anfangsbuchstaben der drei Teile zusammen, in welche die Hebräische Bibel eingeteilt ist: Tora (fünf Bücher Mose; Pentateuch), Nebiim (frühere und spätere Propheten), Ketubim (Schriften). Da die Juden im Unterschied zu den Christen kein ‚Neues Testament' kennen, bezeichnen sie ihre Hebräische Bibel selbstverständlich auch nicht als ‚altes' Testament. Die Bezeichnung ‚Altes Testament' hat immer wieder zu antijüdischen Missverständnissen geführt, weil ‚alt' im Sinne von veraltet, überholt verstanden wurde. Im Unterschied zum ‚Alten Testament' der Christen hat die jüdische Bibel nicht 39, sondern nur 24 Schriften, weil manche (Könige, Zwölf Kleine Propheten, Esra und Nehemia, Chronikbücher) nur als jeweils ein Buch gezählt werden.

Die Autoren der Hebräischen Bibel sind uns weitgehend unbekannt. Ihre Schriften entstanden in einem Zeitraum von über 800 Jahren. Die einzelnen Schriften sind nicht einheitlich, haben einen zum Teil sehr komplizierten Entstehungs- und Bearbeitungsprozess durchlaufen. Der Pentateuch enthält unterschiedliche Textsorten: Lieder, Heldensagen, Legenden, Reden, Erzählungen, Glaubensbekenntnisse, Gebete, Lebensregeln und Gesetze.

Tora bedeutet ‚Lehre, Weisung' und wird in der Hebräischen Bibel für Einzelbestimmungen und -belehrungen, für das fünfte Buch Mose (Deuteronomium) sowie für die fünf Bücher Mose insgesamt (Pentateuch: ‚Fünfrollenbuch') verwendet. Im biblischen, rabbinischen Judentum wurde Tora zum Inbegriff für Weisheit, Wahrheit und göttliche Offenbarung.

Das rabbinische Judentum unterschied zwischen ‚geschriebener Tora‘ (den fünf Mosebüchern, dann auch den anderen biblischen Büchern als göttlicher Offenbarung) und ‚mündlicher Tora‘. Beide wurden nach frommer Tradition Mose übergeben. Tora darf man nicht einseitig mit ‚Gesetz‘ übersetzen, da dies den Sachverhalt verkürzt.

Wie freudig die jüdische Einstellung zur Tora ist, bringt Psalm 119, 1.12–16 zum Ausdruck:

Wohl denen, deren Weg ohne Tadel ist,
die leben nach der Weisung des Herrn.
Gepriesen seist du, Herr!
Lehre mich deine Gesetze!
Mit meinen Lippen verkünde ich
alle Urteile deines Mundes.
Nach deinen Vorschriften zu leben
freut mich mehr als großer Besitz.
Ich will nachsinnen über deine Befehle
und auf deine Pfade schauen.
Ich habe meine Freude an deinen Gesetzen,
dein Wort will ich nicht vergessen.

Talmud

Neben dem TeNaK steht der Talmud (hebr. ‚Lernen, Lehre, Studium‘), die höchste Autorität bei der Auslegung der Gesetze und der Lehre. Das gewaltige Sammelwerk entstand im Laufe mehrerer Jahrhunderte als Zusammenfassung von Mischna und Gemara. Die hebräisch geschriebene Mischna (hebr. schana ‚einprägen, wiederholen‘) wurde von den Pharisäern und Tannaiten (jüdische Gesetzeslehrer des 1.-3. Jhs.) geschaffen. Sie bemüht sich, „alle Bereiche des profanen Lebens, des Kultus, der religiösen Verpflichtungen, des mitmenschlichen Zusammenlebens in der eigenen Gemeinschaft und gegenüber der fremden Umwelt zu regeln" (Michael Krupp). Die Gemara (aramäisch ‚Vollendung, Gelerntes‘) enthält die Jahrhunderte lang in den rabbinischen Hochschulen Palästinas und Babyloniens über die Mischna geführten Diskussionen.

Die 63 Abhandlungen der Mischna verteilen sich auf sechs ‚Ordnungen‘: 1. Gesetze und Bestimmungen aus der Landwirtschaft, Segenssprüche, Vorschriften über das Armenrecht u.a. 2. Vorschriften über Sabbat, Fest- und Fasttage; 3. Eherecht, Gelübde; 4. zivil- und strafrechtliche Vorschriften; 5. kultische Anweisungen (verschiedene Opfer); 6. Vorschriften über rituelle Reinigung.

Man unterscheidet zwei Gattungen des talmudischen Stoffes: Während die Mischna die verschiedenen Halachot (Plural von Halacha ‚der einzuschlagende Weg', Gesetz) hintereinanderstellt, diskutiert die Gemara jede einzelne Halacha. Außerdem gibt es erzählende, belehrende, erbauliche und anekdotenhafte Stoffe, die Haggada (,Erzähltes') genannt werden.

JÜDISCHER GLAUBE

Monotheismus

Am Anfang der israelitischen Religion steht der Glaube an den Gott Abrahams, Isaaks und Jakobs. Dieser ,Gott der Väter' offenbarte sich einzelnen Personen, gewann damit Bedeutung für deren Clan. `

Der Gott Israels ist ein Gott der Geschichte, handelt in geschichtlichen Ereignissen und tut seine Macht kund. Gott wohnt im Himmel, offenbart sich in atmosphärischen Erscheinungen (Blitz, Donner, Regen, Erdbeben). Er wird als ,heilig' bezeichnet. Er will als der einzige verehrt werden, sorgt sich leidenschaftlich um das Wohlergehen seines Volkes. Ist einerseits vom ,großen und furchtbaren' (5 Mos 7,21), vom ,schrecklichen Gott' (Ps 89,8) die Rede, so noch häufiger von seiner Langmut und Barmherzigkeit. Jahwe ist König und gerechter Richter. Er stellt sich auf die Seite der Armen (Witwen, Waisen, Fremden, Unterdrückten), gewährt seinem Volk Sicherheit. Die Vorstellung vom gerechten Gott ist eng mit dem Gedanken verbunden, dass Gott ,barmherzig' ist (hebr. rahum), ein Ausdruck, der sich von Rechem, Mutterleib, herleitet. Gott wird ,unser Vater' genannt. Seine Macht und Herrschaft gebraucht er aus Liebe zu den Menschen. Als ,König' wird er von den Juden in Ehrfurcht angerufen. Als ,Richter' sitzt er über die ganze Menschheit zu Gericht. Jahwe wird gelegentlich als ,Hirte' bezeichnet, ein im Alten Orient geläufiger Königstitel. Wenn er als ,Fels' beschrieben wird, versinnbildlicht dies seine schützende Kraft. Er ist treu zum Bund mit seinem Volk, das er liebt. Die Propheten preisen Gottes Sich-Herablassen zu seinem Volk. Gottes Macht ist für den Juden nur Mittel seiner Gnade. Jahwe hat sein Volk befreit, mit ihm einen Bund geschlossen und den Israeliten das Land gegeben.

Am Berg Sinai stellte sich der Gott Israels dem Mose mit folgendem Satz vor: „Ich bin Jahwe". Dieser Gottesname geht auf die hebräische Grundform zurück: JHWH. In vokalisierter Form wird daraus ,Jahwä'. Wörtlich bedeutet dieser Name ,Ich bin, der ich bin'. Juden sprechen den Namen aus Ehrfurcht nicht aus, verwenden Ausdrücke wie Adonaj (mein Herr) oder Hashem (der Name).

Bilderverbot

Das zweite Gebot des Dekalogs (,Zehn Gebote') verlangt: „Du sollst dir kein Bildnis noch irgendein Abbild machen, weder von dem, was oben im Himmel, noch von dem, was im Wasser unter der Erde ist. Bete sie nicht an, diene ihnen nicht!" (2 Mos 20,4f.) Auch weitere Bibelstellen verbieten dem Menschen, Bilder von Gott anzufertigen, geschnitzte Holz- oder behauene Steinbilder herzustellen.

Gottes geheimnisvolles und erhabenes Wesen darf nicht bildhaft dargestellt werden. Der große Unterschied zwischen Gott und Welt führt dazu, dass nichts Weltliches, also keine Darstellung, ausreicht, um Gott zu vergegenwärtigen. Das nachbiblische Judentum dehnte das Bilderverbot auf jedes Tier- und Menschenbild aus.

Die 13 Glaubenssätze des Moses Maimonides

Das Judentum kennt keine zu Dogmen geronnene Glaubenslehre. Trotzdem haben jüdische Denker versucht, verbindliche Glaubensgrundsätze zu formulieren. Die berühmtesten sind die ‚13 Glaubensgrundsätze' des Moses Maimonides.

Dieser bedeutendste Rabbiner seiner Zeit wurde am 30.3.1135 in Cordoba geboren und starb am 13.12.1204 in Fustat bei Kairo. Als Philosoph, Jurist und Arzt war er in Spanien, Marokko und Ägypten tätig. Seit 1185 wirkte er als Hofarzt des Sultans Salah ud-Din (volkstümlich: Saladin). Mit seinen 13 Glaubensgrundsätzen wollte er den jüdischen Glauben kurz formulieren und diesen zugleich vom Islam und Christentum abgrenzen.

1. Erhaben ist der lebendige Gott und gepriesen, er ist, und keine Zeit beschränkt sein Dasein.
2. Er ist einzig, und nichts ist einzig gleich seiner Einzigkeit, er ist unsichtbar, und unendlich ist seine Einheit.
3. Er hat nicht die Gestalt eines Körpers und ist unkörperlich, wir vermögen nicht seine Heiligkeit zu schätzen.
4. Er war früher als jedes Ding, das erschaffen worden; er ist der Erste, und seine Ewigkeit begrenzt kein Anbeginn.
5. Ja, er ist der Herr der Welt, und jedes Geschöpf zeugt von seiner Größe und seinem Reich.
6. Reichtum göttlichen Schauens verlieh er den Männern seines auserwählten Volkes, das seinen Ruhm verkündet.
7. Nicht erstand in Israel gleich Mosche (=Mose) noch ein Prophet, der seine Herrlichkeit schaute.
8. Lehre der Wahrheit gab Gott seinem Volke durch seinen Propheten, den Bewährten seines Hauses.
9. Gott wird sein Gesetz in Ewigkeit nicht in ein anderes wechseln, umändern.
10. Er sieht und kennt unsere Geheimnisse, schaut schon am Anbeginn das Ende einer Sache.
11. Er vergilt dem Menschen Gnade nach dessen Werk und erteilt die Strafe dem Bösewicht nach dessen Lasterhaftigkeit.
12. Er schickt am Ende der Tage unseren Gesalbten, zu erlösen, die auf das Endziel seiner Erlösung harren.
13. Die Toten wird Gott beleben in der Fülle seiner Gnade, gelobt sei für und für sein ruhmvoller Name.

Der Messias und die messianische Zeit

Juden, Christen und Muslime teilen die Hoffnung auf eine bessere Zukunft für Mensch und Welt. Diese Hoffnung ist mit dem Glauben an den
Messias verbunden. Seit dem Babylonischen Exil (587–ca. 450 v.Chr.) gehört
die Erwartung des Messias zu den Grundvorstellungen des jüdischen Glaubens. Er drückt die Hoffnung auf einen Wandel der Welt durch das macht-
volle Eingreifen Gottes aus. Während das Christentum davon ausgeht, dass
der Messias bereits in Jesus Christus erschienen und die neue Ordnung schon
angebrochen sind, warten Juden auf die Ankunft des Messias.

Das nachexilisch-biblische Judentum sah im Messias den Idealkönig. Er
verhilft seinem Volk wieder zu Ansehen und Größe. In der apokalyptischen
Literatur ist der Messias eine Hoffnungsgestalt, und mit seinem Erscheinen
brechen das Ende dieser Welt sowie eine neue himmlische und irdische Ordnung an. Der griechische Begriff Apokalyptik bedeutet ‚Offenbarung‘. Bezeichnet wird damit eine Bewegung innerhalb des Frühjudentums, dessen
religiöse Schriften kein Bestandteil der Hebräische Bibel wurden. Die Zeit
der Apokalyptik reichte vom 3. vorchristlichen Jh. bis in die Zeit des Neu-
en Testaments. Das (Reform-)Judentum stellt sich den Anbruch der Endzeit
auch ohne einen persönlichen Messias vor, sozusagen als ‚messianische Zeit‘.
In ihr wird alles anders und besser – eine Welt ohne Elend und Gewalt. Den
marxistischen jüdischen Philosophen Ernst Bloch (1885–1977) beseelte das
‚Prinzip Hoffnung‘. So lautet der Titel seines zwischen 1954–59 erschienenen
dreibändigen Werkes. Bloch suchte nach Möglichkeiten, um das Leben
menschlicher zu gestalten. Diesen Ansatz beeinflusste auch der Messiasge-
danken.

Immer wieder gab es im Judentum Persönlichkeiten, die als Messias betrachtet wurden oder sich dafür hielten. So deuteten die gegen die Römer-
herrschaft kämpfenden Zeloten (66–73 n. Chr.) einzelne ihrer Führer als
Messias. Die Zeloten (griechisch ‚Eiferer‘) vertraten die sozialrevolutionäre
Idee eines Messias, der seine Herrschaft mit Gewalt errichtet. Vor allem unter dem Druck von Judenverfolgungen traten ‚falsche Messiasse‘ auf, wie der
zum Islam übergetretene Sabbatai Zewi (1626-1676). Im Reformjudentum
wurde der Messias entpersönlicht, zur ‚Chiffre für die Hoffnung‘ auf das Got-
tesreich. Orthodoxe Zionisten deuteten die Gründung des modernen Staates
Israel in einem messianischen Sinne als ‚Beginn der Erlösung‘. Die orthodoxe
Siedlungsbewegung Emunim (‚Getreue‘) mit ihrer Forderung nach einem
‚Groß-Israel‘ ist Träger eines messianischen Nationalismus. Diese Zionisten
beziehen sich auf den jahrtausendealten religiösen Glauben an messianische
Erlösung, der im jüdischen Bewußtsein immer mit der Rückkehr ins Land
Israel und nach Zion (Jerusalem) verbunden war. Jedoch unternahmen die
meisten Juden vor der Entstehung des Zionismus selber keine politischen
Schritte, um nach Israel zurückzukehren. Der mächtigste aller chassidischen
Führer und Oberhaupt der Lubavitscher Richtung, Rabbi Menachem Mendel

Schneerson (gest. 1994), wurde von seinen Anhängern zu Lebzeiten mit dem Messias gleichgesetzt.

Gott und das Leiden

Im alten Israel nahm man zunächst einen Zusammenhang zwischen dem Tun und Ergehen des Menschen an. Dies wird schon daran deutlich, dass man für die böse Tat und die sich konsequent daraus ergebende schlimme Folge ein und dasselbe Wort benutzte. In den Klagepsalmen wurde die Frage nach dem ‚Warum‘ des Leidens gestellt. Diese Lieder beklagen entweder kollektives (u.a. Missernte, Trockenheit, militärische Niederlagen) oder individuelles Leid (u.a. Krankheit, Armut, plötzlicher Tod). Der berühmte Klagepsalm 22 („Mein Gott, mein Gott, warum hast Du mich verlassen?") endet jedoch nicht in Verzagtsein und Hoffnungslosigkeit. Stattdessen preist er den nicht verborgen und fern bleibenden Gott. Psalm 73 stöhnt über das Glück der Gottlosen und das eigene Leid des Beters. Dieser ist zuversichtlich, dass Gott „meines Herzens Trost und mein Teil" ist (Verse 25f.). Die Gewissheit, dass Gott unser Leben behütet und auf dem richtigen Weg leitet, drückt Psalm 23 aus. Die Klagelieder des Alten Testaments führen uns Menschen vor Augen, die ihr großes Leid vor Gott ausschütten. Zugleich drücken sie eine unbeirrbare Gewissheit auf Gemeinschaft mit Gott aus.

Angesichts des Leidens Unschuldiger ist der Vergeltungsgedanke im Judentum fragwürdig geworden. Besonders eindringlich drückt die Erfahrung des Leidens das Hiob-Buch aus: Der gottesfürchtige Hiob wird mit schweren Leiden geprüft. Trotzdem hält er unbeirrt an Gott fest. Im Hiob-Buch wird die Annahme zurückgewiesen, dass alles Leiden seine Ursache in menschlicher Schuld habe.

Das traditionelle jüdische Reden von Gott und dem menschlichen Leiden ist angesichts der Shoa an seine Grenzen gestoßen. Wie lässt sich der Glaube an Gottes Allmacht, Güte und Barmherzigkeit mit dem fabrikmäßig ‚durchgeführten‘ (die Nazis liebten dieses Wort) Völkermord durch die Nazis in Einklang bringen?

Orthodoxe Theologen wie Menachem Immanuel Hartom (1916–1992) hielt am traditionellen biblischen Gottesglauben fest und deutete die Shoa als Strafgericht Gottes für das sündige Israel. Er verstand Gott als ‚mysterium tremendum‘, das schreckenerregend-schauervolle Geheimnis, dessen unerforschliche Ratschlüsse der Mensch anerkennen müsse. Martin Buber (1878-1965) interpretierte die Shoa als Zeit der ‚Gottesfinsternis‘, in der sich Gott verborgen und seine Geschöpfe verlassen hat – entweder, weil Israel sündigte, oder weil die Abwendung Gottes in seinem Wesen liegt. Die radikalste Auffassung, die Gott-ist-tot-Position, vertrat Rabbiner Richard L. Rubinstein (geb. 1924): „Gott ist wirklich in Auschwitz gestorben". Während Rubinstein Auschwitz als ungeheuerliche Katastrophe betrachtete, nach deren Sinn zu fragen, Gotteslästerung wäre, vertrat der Rabbiner und Philosoph Emil L.

Fackenheim (1916–2003) die Ansicht: Auschwitz hat nicht die Grundlage des Glaubens an den Gott der Geschichte zerstört. In Auschwitz gab Gott seinem Volk ein 11. Gebot: „Israel soll leben!" Der sichtbarste Ausdruck dieses Gebotes sei der heutige Staat Israel.

Der bedeutende Gelehrte Abraham J. Heschel (1907–1972) sprach vom ‚leidenden Gott'. Der Gott Israels wird im Unterschied zum griechischen Denken nicht als in sich ruhend gedacht, sondern er leidet und tröstet, nimmt Anteil am Schicksal seines Volkes. Heschel fragt, ob nicht nur der Exodus aus Ägypten bzw. die Heimkehr aus der Babylonischen Gefangenschaft, sondern auch der Ort der größten Qualen, Auschwitz, ein Ort göttlicher Offenbarung gewesen sein könnte.

Menschenbild

Die gesamte Schöpfung (Kosmos, himmlische Wesen, Tiere, Pflanzen, Menschen) gilt als Werk des mächtigen und gütigen Gottes. Vom Ursprung und von ihrem Wesen her ist die Schöpfung gut, ja sogar sehr gut (1 Mos 1,1-2,4).

Es ist jüdische Grundüberzeugung: Die Schöpfung ist für den Menschen gemacht worden. Sie hat eine vom Schöpfer gewollte Sinn- und Zielrichtung. Der Mensch ist als Mann und Frau „nach dem Bilde Gottes" geschaffen. (1 Mos 1, 26f.; 9,6). Als ‚Krone der Schöpfung' hat ihm Gott einen Herrschaftsauftrag über die Schöpfung verliehen. Mit seinen Nachkommen soll er die Erde bevölkern, sie bebauen und bewahren. Zerstören und verderben jedoch darf er die Schöpfung nicht. Die Menschen sollen die gute Schöpfung Gottes bearbeiten, verbessern, vollenden.

Der Dekalog, die ‚Zehn Gebote', zeigen, wie der Mensch ein Gott wohlgefälliges Leben führen kann, das auf Vergebung angewiesen ist:

Die Zehn Gebote (2 Mos 20,2–17 und 5 Mos 5,6–21)
1. Ich bin der Herr, dein Gott. Du sollst keine anderen Götter neben mir haben.
2. Fertige kein Bild von Gott an.
3. Missbrauche nicht den Namen deines Herrn.
4. Halte den Ruhetag ein.
5. Ehre Vater und Mutter.
6. Du sollst nicht töten.
7. Zerstöre keine Ehe.
8. Du sollst nicht stehlen.
9. Lüge nicht.
10. Bringe nicht an dich, was einem anderen gehört.

Der Mensch soll Gott nachahmen, ihm immer ähnlicher werden. Juden und Christen kommen sich in der Hochschätzung des Menschen als eines gottebenbildlichen Wesens sehr nahe. Sie unterscheiden sich jedoch in ihrer Antwort auf die Frage nach dem Bösen.

Der Gedanke der Sünde hat große Bedeutung in der Bibel. Er erklärt, dass die alltägliche Erfahrung des Menschseins nicht nur durch Heil, Glück, Liebe gekennzeichnet ist, sondern auch durch Unheil und Leid. Sünde bedeutet in der Hebräischen Bibel Verfehlung: „sich auflehnen, sich gegen jemanden empören", gegen Gott rebellieren. Die Hebräische Bibel kennt keine Erbsündenlehre. Sünde ist nicht Bestandteil der guten Schöpfung Gottes, sondern bricht dämonisch aus verborgenen Tiefen des Menschen hervor. Der Mensch besitzt den freien Willen, kann zwischen Gut und Böse unterscheiden. Nach 1 Mos 8,21 und Ps 51,7 hat der Mensch einen ‚guten' und einen ‚bösen Trieb'. Trotz seiner angeborenen Neigung zum Bösen kann er Gutes vollbringen und das Schlechte neutralisieren. Gott allein vergibt die Sünden, und er hat in der Geschichte immer wieder Zeichen seines Willens zur unverdienten Vergebung gesetzt. Der Mensch soll sich zu besonderen Zeiten (Neujahr, Versöhnungstag) durch ‚Umkehr' für die Vergebung bereiten.

STAMMZELLENFORSCHUNG

Die in der Halacha, dem jüdischen Religionsgesetz, verankerte Pflicht zu heilen, zielt auf die ‚Erhaltung des Lebens'. In diesem Sinn gelten Gendiagnostik, Gentherapie, Präimplantationsdiagnose, Stammzellenforschung und -therapie als erlaubt, sofern sie dem Wohl des Menschen dienen. Israel ist führend auf dem Gebiet von Gentests und pränataler Diagnostik. Drei Prozent aller Kinder in Israel entstehen durch Invitro-Fertilisation. Diese ist nach jüdischer Vorstellung gestattet, wenn es sich bei dem Samenspender um den Ehemann handelt und andere Möglichkeiten der Empfängnis unmöglich sind. Bezüglich der überzähligen Embryonen, die bei der künstlichen Befruchtung entstehen, überwiegt die Meinung, dass man erst mit der Geburt von einer ‚Person' sprechen kann. Da Embryonen außerhalb des Mutterleibs nicht überleben können, ist embryonale Stammzellenforschung nach jüdischem Gesetz erlaubt. Man soll biomedizinische Entwicklungen nicht verhindern, denn sie können geeignet sein, Leben zu retten und Kranke zu heilen. Selbst gegen das Klonen erheben jüdische Gelehrte keine prinzipiellen Bedenken.

Mann und Frau

Mann und Frau sind nach dem Verständnis der Hebräischen Bibel nach dem Ebenbild Gottes geschaffen. Die Frau gilt als ‚Krone des Mannes' (Spr 12,4) und ‚Priesterin des Hauses'. Die Hebräische Bibel legt die Gleichheit von Frau und Mann fest: „Gott schuf den Menschen in seinem Bilde als Mann und

Frau" (1 Mos 1,27). Erst durch die Ischa (‚Frau') erkennt der Mann sich nach
1. Mose 2,18 als Isch (‚Mann'). Vor Begründung und zu Beginn des König-
tums besaßen Frauen in Israel mehr soziale Macht als später. Die rabbinische
Tradition nennt einige Frauen mit Namen, die neben 48 Männern das Pro-
phetenamt innehatten: Sara, Miriam, Debora, Abigail, Hulda und Esther.
Doch wurden Frauen später durch die Rabbinnen aus dem Minjan, dem
Quorum der zehn männlichen, für den Gottesdienst notwenigen Beter ausgeschlossen, durften nicht mehr zur Tora-Verlesung aufgerufen werden oder
als dritte Person bei der Liturgie des Tischgebets fungieren. Manche dieser
Funktionen wurden zeitweilig aber auch von Frauen übernommen. Frauen
in Orient und Okzident leiteten auch oft selber ihre eigenen Gebete, und es
gab auch Vorbeterinnen in Frauensynagogen.

Zur besonderen Aufgabe der Frau gehört es, den Sabbat und die Festtage
durch das Entzünden und Segnen der Lichter einzuleiten. Zu den religiös-
kultischen Tätigkeiten der Frau gehörten: die Mitgliedschaft in der ‚Beerdi-
gungsgemeinschaft', das Knüpfen von Schaufäden in Gebetsmänteln, das
Zusammennähen von Torarollen, das Besticken der Torabänder und die
Herstellung der Toravorhänge. Frauen konnten auch ‚Beschneiderin' oder
‚Schächterin für Geflügel' werden.

Tamar Frankiel, aus dem liberalen Protestantismus stammende Feminis-
tin und orthodoxe Jüdin, spricht von der ‚maskulin-femininen Struktur' des
jüdischen Lebens, um zu verdeutlichen, dass das öffentliche soziale und politische Leben und die öffentliche Religion zur Domäne der Männer wurden,
während der Aufgabenbereich der Frau vorwiegend mit Haus, Familie und
Spiritualität zusammenfiel.

Die religiöse Bildung von Frauen und Mädchen wurde jahrhundertelang vernachlässigt. Um den vielfachen Ansprüchen des jüdischen Lebens in
Heim und Gesellschaft gerecht zu werden, wurden von der Frau unterschiedliche Fähigkeiten erwartet. So gehörten dazu Hygiene und Heilmethoden,
aber auch das Lesen biblischer und rabbinischer Kommentare auf Hebräisch
oder in der jeweiligen Umgangssprache. In der Antike war es üblich, dass
jüdische Mädchen im Gegensatz zu ihren Brüdern die Sprache der nichtjüdischen Gesellschaft lernten, in der sie lebten. Frauen mit kaufmännischem
Wissen waren in Geld- und Bankgeschäften tätig. Jüdische Frauen leiteten
auch Stiftungen für Krankenhäuser und Altenheime. Außerdem waren sie
als Setzerinnen hebräischer Bücher in bekannten Familienverlagen tätig. Das
moderne jüdische Verlagswesen wurde größtenteils von Frauen aufgebaut.

Nach der Breslauer Rabbiner-Versammlung von 1846 wurden Frauen in
den Minjan aufgenommen, religiöser Unterricht für Mädchen eingeführt,
und beide Geschlechter nahmen in der Synagoge auf derselben Ebene Platz.
Im Sidur (Gebetbuch) strich man folgenden Absatz: „Gelobt seist Du Ewiger,
unser Gott, König der Welt, der mich nicht als Weib erschaffen". Seit Beginn
des 20. Jh. gibt es auch Tora-Talmudstudien für Frauen. Auch die Ortho-

doxen errichteten ihre eigenen Institute für Frauen. Die Gleichstellung der Frau in der öffentlichen Religionsausübung setzte sich allerdings erst in der zweiten Hälfte des 20. Jhs. durch. Das gilt nicht für die Orthodoxie.

HEILIGE ZEITEN

FESTE AM LEBENSWEG

Beschneidung
Jeder männliche Jude wird ,beschnitten': Seine Vorhaut wird von einem mohel (,Beschneider') durchtrennt. Während der ,Bund der Beschneidung' heutzutage aus hygienischen Gründen oft unmittelbar nach der Geburt vollzogen wird, fand die Beschneidung im alten Israel während der Pubertät statt. Einander widersprechende Traditionen führen sie auf Mose oder Abraham zurück. Ursprünglich war das Gebot der Beschneidung eines unter vielen anderen Vorschriften. Später erhielt es eine die anderen Bibelgebote überragende Bedeutung. Es galt als ,Bundeszeichen' zwischen Gott und seinem erwählten Volk. Als ,Beschneidung des Herzens' (5 Mos 10,16; Jer 4,4) wurde der Brauch vergeistigt.

Die Beschneidung ist ein Initiationsritus. Initiation (von lateinisch initium = Eintritt, Eingang, Anfang) bezeichnet alle einführenden Weiheriten. Im engeren Sinne handelt es sich um rituelle Begleitungen ,kritischer' Augenblicke im Leben jedes Menschen: Geburt, Pubertät, Hochzeit, Tod. ,Übergangsriten' bezeichnen den Übergang von einer Lebensphase oder sozialen Position in eine andere.

Im Unterschied zu den Jungen haben jüdische Mädchen kein vergleichbares Fest. Sie erhalten ihren Namen, und der Rabbiner spricht ein kurzes Gebet. Auch ist die religiöse Mädchenerziehung weniger aufwendig als die der Jungen. Diese sollen im Geist der Tora zu frommen und gelehrten Persönlichkeiten erzogen werden. Aus Liebe und Ehrfurcht vor Gott sollen sie sich mit der Heiligen Schrift beschäftigen.

Bar Mizwa und Bat Mizwa
Mit 13 Jahren wird ein jüdischer Junge Bar Mizwa (,Sohn der Pflicht'). Von nun an ist er ein religiös mündiges Gemeindeglied. Erstmalig legt er die Gebetsriemen an, schwarze Lederkapseln, die auf Pergament geschriebene Schriftverse (2 Mos 13,1–10 und 13,11–16; 5 Mos 6,4–9; 11,13–21) enthalten und mit schwarzen Lederriemen am linken Oberarm und an der Stirn festgebunden werden: „Und du sollst sie [die Worte] binden zum Zeichen auf deine Hand, und sie sollen dir ein Merkzeichen zwischen deinen Augen sein" (5 Mos 6,8). Die Schriftverse erinnern den Gläubigen an die Gottesoffenbarung und an den Auszug aus Ägypten. Mit Herz und Hirn soll der Gläubige an das

Wort Gottes denken. Von nun an wird der Knabe beim Minjan (,Zahl'), der erforderlichen Mindestzahl von zehn männlichen Juden beim Gottesdienst, mitgezählt. Der Junge trägt einen Abschnitt der Tora in hebräischer Sprache vor, anschließend meistens den Prophetenabschnitt, der inhaltlich mit dem gelesenen Tora-Abschnitt zusammenhängt. Bei einem festlichen Essen hält der Bar Mizwa einen kleinen Vortrag, durch den er zeigen kann, dass er sich erfolgreich mit der rabbinischen Literatur beschäftigt hat. Die heute praktizierte Form wurde wesentlich vom liberalen deutschen Judentum des 19. Jhs. eingeführt und von der protestantischen Konfirmation beeinflusst. Mädchen werden mit 12 Jahren Bat Mizwa (,Tochter der Pflicht'). Heutzutage ist die große Feier für die Jungen zu einer Art Wallfahrtsfest geworden. Die Orthodoxen führen ganze Gruppen von Dreizehnjährigen zu einer Art Kollektiv-Bar-Mizwa zusammen. In Israel wird sie häufig an der Westmauer in Jerusalem begangen.

Trauung

Das Judentum bewertet Sexualität und Ehe positiv. In der Bibel wird die Ehe zum Garant für den Fortbestand der Familie. Der Mann nimmt nach traditioneller Vorstellung den ersten Rang in der Ehe ein. Aber auch die Mutter hat eine große Bedeutung (vgl. Sabbat). Die Kinder sollen ihre Eltern ,ehren', die ihrerseits für das Wohl ihrer Nachkommen sorgen und sie im jüdischen Geist erziehen.

Die Ehe ist kein Sakrament, gilt jedoch als etwas Geheiligtes. Darauf weist der hebräische Ausdruck Kidduschin (hebr. ,Heiligungen') hin. Eine legitime Ehe beruht auf bestimmten Voraussetzungen. 3 Mos 18,6–18 beschreibt detailliert das Verbot der Heirat mit nahen Blutsverwandten.

Beide Partner sollen in der Ehe sexuelle Erfüllung finden. Jüdisches Recht verurteilt jede sexuelle Beziehung einer Frau mit einem Mann, der nicht ihr Ehemann ist, als Ehebruch. Falls es Zeugen vor einem Gerichtshof gibt, setzt die Hebräische Bibel die Todesstrafe für beide Ehebrecher fest. Diese Strafe wurde jedoch selten in der späteren Praxis verhängt. War die Frau des Ehebruchs überführt, so verlangte das rabbinische Recht die Auflösung der Ehe. Eine Heirat mit dem Ehebrecher war jedoch nicht gestattet. Die aus diesem Ehebruch hervorgegangenen Kinder durften keine gebürtigen Juden heiraten.

Da Bibel und Talmud Polygamie gestatteten, gab es keine gesetzliche Definition des Ehebruchs für den Mann. Ihm war aber Sexualverkehr mit einer anderen als seiner eigenen Frau verboten. Sogar das Alleinsein mit Frauen außerhalb der eigenen Familie war nicht gestattet. Die Frau hat ein Recht auf sexuelle Befriedigung unabhängig von der Fortpflanzung. Im Anschluss an ihre Periode findet ein Tauchbad (Mikwe) statt. Vergewaltigung in der Ehe ist verboten. Die Eheschließung findet meist in Gegenwart von Zeugen in der Synagoge statt. Unter einem ,Brauthimmel' empfängt das Paar den Segen des Rabbiners, trinkt gemeinsam aus demselben Becher Wein. Der Bräutigam spricht folgende Trauungsformel in Gegenwart von zwei Zeugen: „Siehe, du bist mir angeheiligt durch diesen Ring nach dem Gesetz Moses und aller Propheten". Danach übergibt der Bräutigam seiner Frau den Ehering, und der Rabbiner verliest den auf aramäisch geschriebenen Ehevertrag: „Du sollst meine Frau sein, ich will dir dienen, dich ehren und versorgen nach der Weise jüdischer Männer, die ihren Frauen dienen, sie hochschätzen, ernähren und versorgen in Treue".

Scheidung

Der Talmud bewertet Ehescheidung negativ: „Über einen, der seine erste Frau von sich scheidet, vergießt der Altar Tränen". Unter bestimmten Umständen ist jedoch eine Ehescheidung möglich. Das Gesetz schreibt eine ‚Abkühlungsfrist' vor. Dann soll geprüft werden, ob die Ehe nicht doch fortgeführt werden kann. Wenn alle Mittel nicht dazu führten, dass das Paar die Ehe aufrecht erhalten will, übergibt ein orthodoxer Jude vor dem Rabbinatsgericht seiner Frau den sogenannten Scheidungsbrief. Ohne ihn kann die Frau nicht wieder heiraten.

Tod und Bestattung

Verstorbene haben mit der Beerdigung so lange ihren Ruheplatz, bis der Messias kommt und die Toten wieder auferstehen. Daher gelten Vernichtungen bzw. Aufhebungen jüdischer Grabstellen als frevelhaft.

Weil der Körper einst das Gefäß des göttlichen Geistes war, soll er geehrt und in seiner Ganzheit beerdigt werden. Das Judentum kennt die Vorstellung der Auferstehung wie auch den Gedanken der unsterblichen Seele. Nach der Auferstehungslehre stirbt die Seele mit dem Körper, bis sie dereinst mit ihm wieder vereint wird. Nach der Lehre der Unsterblichkeit der Seele existiert die Seele nach dem Tod des Körpers weiter im Himmel bis zum Tag der Auferstehung. Orthodoxe Juden akzeptieren bis heute beide Vorstellungen nebeneinander. Das Reformjudentum verwirft im Allgemeinen die Vorstellung der Auferstehung der Toten und lehrt die Unsterblichkeit der Seele. Die rabbinische Literatur beschreibt das Jenseits als ‚Freude des Sabbats' und ‚Freude des Tora-Studiums'. Das Jenseits ist ein ‚Tag, der ganz Sabbat ist', eine ‚Himmlische Akademie', in der Gott selbst den Rechtschaffenen die Tora lehrt.

Nachdem ein Mensch gestorben ist, übernimmt die ‚Heilige Bruderschaft' jeder Gemeinde die nötigen Bestattungsvorkehrungen. Mitglieder dieser Bruderschaft waschen und bekleiden den Leichnam. Der Tote soll so schnell wie möglich beerdigt werden, meist am Tag nach dem Tod. Es ist religiöse Pflicht, den Verstorbenen auf seinem letzten Wege zu begleiten, die Trauernden zu trösten. Der Trauergottesdienst gipfelt in den Worten: „Der Herr hat es gegeben, der Herr hat es genommen, der Name des Herrn sei gepriesen". Der Rabbiner hält die Leichenrede und spricht ein Gebet, das vielfach so endet: „Denn Du bist Erde, und zur Erde kehrst Du zurück". Der Sarg mit meist einem Säckchen Erde aus Erez Israel wird in das Grab gelassen. Oft beteiligen sich die Anwesenden mit drei zeremoniellen Erdwürfen. Dann kehrt die Trauergemeinde zur Gebetshalle zurück und setzt den Gottesdienst fort.

Während der ersten sieben Tage nach dem Begräbnis verzichten die unmittelbar Betroffenen (Ehegatte, Ehefrau, Kinder, Eltern, Brüder und Schwestern) auf alle weltlichen Aktivitäten. Man spricht daheim Gebete. Eine Gedenkkerze brennt während der ganzen Zeit. Das zweite Trauerstadium umfasst den ersten Monat nach dem Tode. Die Trauernden dürfen während dieser Zeit zwar wieder ihrer Arbeit nachgehen, doch müssen sie bestimmte religionsgesetzliche Vorschriften beachten. Das dritte Stadium erstreckt sich über das gesamte erste Jahr. Während dieser Zeit normalisiert sich das Leben weithin. Am Ende dieser Periode wird der Grabstein errichtet.

Jüdische Gräber sind meist schmucklos. Während der Nazizeit fielen etwa 80-90% aller jüdischen Friedhöfe Schändungen zum Opfer. Die heutigen Schmierereien und Schändungen jüdischer Friedhöfe in Deutschland haben oft neonazistischen Hintergrund.

FESTE IM JAHRESKREIS

Sabbat

„Komm, mein Geliebter, entgegen der Braut, lass uns den Sabbat freundlich empfangen" – so beginnt die um 1540 von Salomo Alkabez verfasste Hymne. Wenn am Schluss des Gebetes diese Zeilen noch einmal wiederholt werden, blickt man in manchen Gemeinden zum Eingang der Synagoge. Dadurch soll die Hoffnung ausgedrückt werden, dass ‚Königin Sabbat' jetzt wirklich in das Gotteshaus einzieht.

Für Juden ist dieser Tag der Höhepunkt ihrer Woche. Er gilt als Geschenk Gottes, als Vorgeschmack der zukünftigen Welt. In den Familien herrscht Heiterkeit, Freude über reichhaltiges Essen und gute Getränke. Niemand darf an diesem Tag arbeiten, weder Mensch noch Tier. Juden betrachten diese Vorschrift nicht als Zwang. Wenigstens einmal in der Woche fühlen sie sich richtig frei: „Wie Israel den Sabbat gehalten hat, so hat der Sabbat Israel am Leben gehalten." Diese jüdische Überzeugung drückt sich in der Pflicht zu strikter Sabbatruhe aus. Diese hat heutzutage zu mancherlei Problemen geführt. In Israel wird z.B. darüber diskutiert, ob an diesem Tag Autos oder Züge fahren bzw. Flugzeuge fliegen dürfen. Für orthodoxe Juden ist dies eine nicht akzeptable Verletzung des Sabbatgebots. Viele andere Juden dagegen halten die traditionellen Sabbatpflichten nicht mehr ein.

Die hebräische Bibel spricht an mehreren Stellen von der Bedeutung des Sabbats (oder Schabbat bzw. jiddisch Schabbes): Am siebten Tag der Woche ruhte sich Gott nach der Weltschöpfung aus. Dieser Tag gilt als ‚Zeichen des

Bundes' zwischen Gott und seinem Volk. Juden deuten den Sabbat auch historisch: als Erinnerungstag an den Auszug aus Ägypten. Nicht-Juden nehmen oft nur die vielen Einschränkungen des Sabbats wahr. „Nur Mensch zu sein" – nichts anderes: So interpretierte der jüdische Soziologe und Psychoanalytiker Erich Fromm (1900–1980) den Sabbat.

Der jüdische Kalender
Feste sind für Juden unmittelbarster Ausdruck des Glaubens. Die ‚Liebe zu den Geboten' hängt eng mit dem ‚Schmücken der Gebote' zusammen. Der Frankfurter Rabbiner Samson Raphael Hirsch (1808–1888) beschrieb die außergewöhnliche Bedeutung des jüdischen Festes einmal so: „Der Katechismus des Juden ist sein Kalender".

Man unterscheidet drei Festgattungen: die ‚ehrfurchtsvollen Tage', die drei ‚Wallfahrtsfeste' und die ‚kleinen Feste'. Hinzu kommen die fünf öffentlichen sowie die zahlenmäßig variierenden privaten Fasttage.

Tischri (September/Oktober), 30 Tage
    1. Neujahrstag I (Rosch ha-Schana)
    2. Neujahrstag II
    10. Versöhnungstag (Jom Kippur)
    15. Laubhüttenfest I (Sukkot)
    16. Laubhüttenfest II
    22. Laubhüttenfest VIII (Schemini Azeret)
    23. Gesetzesfreude (Simchat Torah)
Marcheschwan (Oktober/November), 29 Tage
Kislew (November/Dezember), 30 Tage
    25. Chanukka I
Tewet (Dezember/Januar), 29 Tage
    3. Chanukka VIII
Schewat (Januar/Februar), 30 Tage
Adar (Februar/März), 29 Tage
    14. Purim
    15. Schuscham Purim
Nissan (März/April), 30 Tage
    15. Pesach I
    16. Pesach II
    21. Pesach VII
    22. Pesach VIII
Ijar (April/Mai), 29 Tage
    18. Lag ba-Omer (33. Tag der Omerzählung)
Siwan (Mai/Juni), 30 Tage
    6. Wochenfest I (Schawuot)
    7. Wochenfest II

Tannus (Juni/Juli), 29 Tage
Aw (Juli/August), 30 Tage
    9. Trauer- und Fasttag (Tischa be-Aw)
Elul (August/September), 29 Tage
(Hans-Joachim Gamm, Judentumskunde, München 1964, 124f.)

Rosch ha-Schana

Rosch ha-Schana, das jüdische Neujahr, fällt in die Monate September/Oktober. Rosch ha-Schana gilt als der Tag, an dem Gott die Welt erschuf (= 3761 vor Beginn unserer Zeitrechnung). Das zweitägige Fest leitet zu Beginn des jüdischen Neujahrs die Hohen Feiertage ein, die nach zehn Bußtagen mit dem Tag der Versöhnung (Jom Kippur) enden. Zu Neujahr sitzt Gott über die Taten der Menschen zu Gericht, die im Buch des Lebens eingeschrieben sind. Doch er gibt ihnen die Möglichkeit zur Umkehr. In den zehn Bußtagen denkt man darüber nach, wen man im vergangenen Jahr eventuell gekränkt hat, wie man das Unrecht gut machen kann. Am Tag der Versöhnung fällt Gott sein abschließendes Urteil. Deshalb wünschen sich Juden zu Neujahr: „Zu einem guten Jahr möget ihr eingeschrieben werden."

Am Neujahrstag bläst der Rabbiner oder ein anderer Kultusbeamter das Schofar. Dieses angeschnittene Widderhorn ruft den Menschen zu Einkehr, Besinnung und Buße auf. Deshalb wird das Neujahrsfest auch ‚Tag des Posaunenschalls' genannt. Nach jüdischem Glauben erklang es einst bei der Sinai-Offenbarung. Rosch ha-Schana ist ein Fest der Einkehr und Besinnung, der Rechenschaft und des Gebets um eine gute Zukunft. Guter Brauch ist es, Grußbotschaften an Bekannte, Freunde und Geschäftspartner zu versenden: Unser Wunsch für einen guten ‚Rutsch' in das Neue Jahr ist eine Verballhornung des hebräischen ‚Rosch'.

Jom Kippur

Nach dem Neujahrsfest folgen zehn der Tage der Buße und Wiedergutmachung. Denn ohne Versöhnung unter den Menschen gibt es keine Versöhnung mit Gott. Das ‚Versöhnungsfest' am 10. des Monats Tischri beschließt die zehn ‚Tage der Umkehr', welche die Juden auf das große Ereignis der Versöhnung vorbereiten. Jom Kippur ist der höchste jüdische Feiertag. An ihm entscheidet Gott endgültig über das Schicksal der Menschen. Alle Erwachsenen fasten und verbringen den Tag in der Synagoge. Die Gebete dieser Tage handeln von der Rückkehr zu Gott, Reinigung von allen Sünden und vom wohltätigen Tun. Nach 3 Mos 16,30 soll dieser Tag ‚Versöhnung' bewirken. Kinder fasten nicht wie die Erwachsenen den ganzen Tag. In manchen Gemeinden ist es üblich, einem Hahn die Sünden aufzuladen – so wie im alten Israel dem ‚Sündenbock'. Der Hahn wird später geschlachtet und zu Suppe verarbeitet. Ein langer Ton aus dem Schofar beendet den hohen Festtag.

Sukkot

Das frohe ‚Laubhüttenfest' am 15. Tischri war ursprünglich ein großes Herbst- und Weinlesefest (Erntedankfest). Es fällt mit dem Jahreszeitenwechsel zusammen, wenn die in Palästina für Ertrag und Gedeihen so bedeutsame winterliche Regenperiode beginnt. 3 Mos 23, 39-43 schreibt vor, am ersten und achten Tag der Sukkot-Festwoche nicht zu arbeiten. Während dieser acht Tage sollten die Israeliten in Hütten wohnen, „damit eure Nachkommen wissen, wie ich die Kinder Israel habe in Hütten wohnen lassen, als ich sie aus Ägypten herausführte". Heute noch errichten Juden auf ihrem Balkon oder im Garten Hütten und bedecken deren Dächer mit Zweigen.

Ein wichtiges Symbol des Laubhüttenfestes ist der Feststrauß. Er besteht aus vier Arten von Früchten und Zweigen (Palmenzweig, Myrthe, Weide und der Zitrusfrucht ‚Etrog'). Während des Gottesdienstes in der Synagoge wird dieser Strauß in verschiedene Richtungen geschwenkt. Er wird in feierlichen Umzügen um die aus dem Toraschrein herausgehobene Torarolle getragen und bei bestimmten Gebeten geschüttelt.

Simchat Tora

Der letzte Tag von Sukkot ist das ‚Fest der Torafreude'. An diesem Tag tragen die Gottesdienstbesucher die festlich geschmückten Torarollen fröhlich singend und tanzend durch die Synagoge. Die Bibel beschreibt die enge Beziehung zwischen Gott und seinem Volk im Bild der ‚Hochzeit'. Die Tora wurde von den Gelehrten als Braut des Bräutigams Israel verstanden. Juden lieben die Tora so sehr wie Christen Jesus Christus. Es gibt ein Lied über Torafreude.

Chanukka

Das Lichterfest Chanukka hat Ähnlichkeiten mit dem christlichen Advent und Weihnachten. Abend für Abend, kurz nach Sonnenuntergang, zünden Juden Kerzen an – jeden Abend eine mehr, bis schließlich acht Kerzen brennen. Der Grund für diesen Brauch liegt in einem historischen Ereignis: Im 2. Jh. n. Chr. wurden die Juden vom syrischen König Antiochus IV. Epiphanes unterdrückt. Alle Bewohner seines Reiches, die Juden eingeschlossen, sollten den griechischen Göttern huldigen. Ihre eigene Religion durften die Juden jedoch nicht ausüben. Der König schändete den jüdischen Tempel, zerstörte viele Kultgegenstände. Judas Makkabäus (der ‚Hammerartige') baute eine Widerstandsbewegung gegen den Herrscher auf. Der Volksaufstand war erfolgreich; denn die Juden gelangten in den Besitz ihres Tempels und weihten ihn wieder neu ein (Chanukka = ‚Einweihung').

Als sie beim Betreten des Tempels den zertrümmerten Leuchter fanden, schmiedeten sie aus ihren Waffen einen neuen. Man fand einen kleinen, mit Öl gefüllten Krug, dessen Inhalt höchstens für einen Tag gereicht hätte, tatsächlich aber den Leuchter acht Tage brennen ließ.

Der Leuchter ist entweder wie eine Bank gestaltet und hat acht nebeneinander angeordnete Lichtquellen. Eine andere Form hat Ähnlichkeit mit der siebenarmigen Menora. Im Unterschied zur Menora hat der Chanukka-Leuchter jedoch acht Arme. Mit einer zusätzlichen Kerze („dienendes Licht') zündet man die übrigen Kerzen an. Dabei spricht oder singt man fromme Weisen. Es ist üblich, den Chanukka-Leuchter ins Fenster zu stellen, damit er von der Straße aus gesehen werden kann.

Purim

Das Purim-Fest, das Fest der ,Lose', am 14. Adar (März) hat einen karnevalsartigen Charakter. Es erinnert an die Errettung der Juden aus einem unheilvollen Ereignis: Haman, der Kanzler und Günstling des Perserkönigs Xerxes (um 519-465 v.Chr.) – im Alten Testament Ahasveros genannt –, verfolgte einst Juden. Er verlangte, dass alle Untertanen des Reiches vor ihm niederknieten. Der fromme Mordechai, Onkel der zur Königin aufgestiegenen Esther, kam diesem Befehl nicht nach. Haman beschloss, die Juden zu vernichten. Der Zeitpunkt sollte durch durch Los (pur) bestimmt werden. Esther machte Hamans Plan zur massenhaften Tötung der Juden zunichte, stieg dadurch zur Retterin ihres Volkes auf. Mordechai kam zu hohen Ehren, Haman dagegen wurde auf so grausame Weise umgebracht, wie er dies für die Juden geplant hatte.

Zu Purim finden ausgelassene Festumzüge statt, bei denen sich viele Menschen verkleiden und Alkohol trinken. Ein Rechtsgelehrter billigte den Juden an diesem Tag zu, so viel zu trinken, bis sie den Unterschied zwischen ,gesegnet sei Mordechai' und ,verflucht sei Haman' nicht mehr kennen. Es werden Purimbälle und -parties veranstaltet, die ein gesellschaftliches Ereignis im Gemeindeleben darstellen. Häufig wird bei Kinderfesten die Haman-Geschichte als Theaterstück aufgeführt.

Pessach

Das achttägige Pessachfest beginnt mit dem Sederabend. Juden erinnern sich an die Befreiung des Volkes Israel aus Ägypten unter der Führung des Mose. Im Synagogengottesdienst sprechen alle zusätzliche Psalmen und Gebete, um diese Befreiung zu würdigen. Am achten Tag wird in der Synagoge Exodus 15 gelesen: die Geschichte, in der die Israeliten auf wunderbare Weise das Meer durchquerten, während ihre Feinde in den Fluten vernichtet wurden.

Der Sederabend wird an den ersten beiden Abenden des Pessachfestes gefeiert. In der Familie wird die Geschichte des Auszugs der Israeliten aus Ägypten erneut erzählt und erlebt.

Auf dem Tisch liegen drei Scheiben Mazzoth (ungesäuertes Brot), ein Ei, ein angebratener Lammknochen, bittere Kräuter, eine Schale mit einem bräunlichen Brei aus gehackten Nüssen, geriebenen Äpfeln, Rosinen, Feigen und Wein. Außerdem Petersilie und ein Gefäß mit Salzwasser. Das ungesäu-

erte Brot erinnert an das Brot, das die Israeliten bei ihrer Flucht aus Ägypten
noch rasch herstellen konnten. Das Ei soll auf das Erwachen der Natur im
Frühling hindeuten (‚neues Leben‘). Der Lammknochen erinnert an die Tieropfer der alten Israeliten. Die bitter schmeckenden Kräuter stehen für den
bitterharten Sklavendienst der Israeliten in Ägypten. Das bräunliche Gemisch
in der Schale hat eine Ähnlichkeit mit dem Lehm, aus dem die Israeliten die
Ziegeln für die Gebäude des Pharaos herstellten. Das Salzwasser bedeutet die
Tränen der Israeliten in ihrer großen Not.

Vor der Mahlzeit trinken die angelehnt sitzenden Erwachsenen ein Glas
Wein. Dann werden die Kräuter in das Salzwasser getaucht und gegessen.
Während der Mahlzeit wird von der mittleren Mazze ein kleines Stück, der
‚Afikoman‘ (Nachtisch), abgebrochen und für den Schluss aufgehoben. Ein
Kind versteckt es, und erst wenn es gefunden worden ist, kann die Mahlzeit
beendet werden. Zum Schluss erhalten die Kinder ein kleines Geschenk.

Das jüngste Kind stellt die traditionellen vier Fragen zur Bedeutung des
Sederabends. Dadurch wird der Personenkreis, der die bedeutsame Geschichte von Auszug aus Ägypten kennt, so groß wie möglich gehalten.

Die vier Fragen heißen:
Warum ist diese Nacht so ganz anders als die übrigen Nächte? In allen
anderen Nächten essen wir Gesäuertes oder Ungesäuertes, diese Nacht je-
doch nur Ungesäuertes?
Warum essen wir bittere Kräuter?
Warum tauchen wir unser Essen zweimal ein?
Warum essen wir in angelehnter Weise?

Angelehnt saßen damals die freien und vornehmen Männer. Sklaven durften
dies nicht. Wenn Juden das Sedermahl in dieser Haltung einnehmen, soll das
ihre Freude über die Befreiung aus ägyptischer Sklaverei ausdrücken. Der
Vater gibt die Antwort, indem er aus der Pessach-Haggada vorliest. Pessach-
Haggada ist hebräisch und bedeutet ‚Pessach-Erzählung‘. Gemeint ist die erzählende jüdische Überlieferung vom Auszug aus Ägypten.

Im Anschluss an die vier Fragen erzählt der Vater die Geschichte vom
Auszug aus Ägypten. Dann trinken die Erwachsenen ein zweites Glas Wein.
Nach der Segnung der Mazzen findet das festliche Essen statt. Am Ende der
Mahlzeit trinken die Erwachsenen ihr drittes Glas Wein. Dann werden Psalmen gesprochen, und man trinkt ein viertes Glas Wein. Ein Platz am Tisch
bleibt immer frei. Dort steht ein besonderes Glas für den Propheten Elia,
auf den die Juden warten und der den Messias ankündigt. Elia gibt sich aber
nicht zu erkennen. Die Haustür wird für den Propheten offen gelassen. Zum
Schluss wünscht sich die Festgemeinde: ‚Nächstes Jahr in Jerusalem!‘ Dieser
Spruch drückt die Sehnsucht aller Juden aus, einmal im Leben nach Jerusalem, Zentrum des heiligen Erez Israel, zu kommen.

Omer-Zeit und Lag ba Omer

Zwischen Pessach und dem 50 Tage späteren Schawuot-Fest (6. bzw. 7. Siwan = Mai/Juni) liegt die Omer-Zeit. Diese ‚Tage der Trauer' dauern insgesamt 49 Tage, also genau sieben Wochen. Daher stammt auch der Name ‚Wochenfest' (Schawuot). Diese Periode ist eine Trauerzeit und erinnert an verschiedene tragische Ereignisse (Tod von vielen tausend Schülern des Rabbi Akiwa zur Zeit des Bar-Kochba-Aufstandes, 132-135 n. Chr.; Pogrome während der Kreuzzüge usw.) in der Geschichte Israels. Daher finden in diesen Wochen vielfältige Trauerbräuche statt. Unter keinen Umständen wird geheiratet. Fromme Juden verzichten auf das Rasieren von Bart- und Kopfhaar, ziehen keine neuen Kleider an, beziehen keine neuen Häuser, musizieren nicht.

Der Freudentag Lag ba-Omer, der 33. Tag der Omerzeit, unterbricht die Trauerstimmung für einen Tag. Vorzugsweise an diesem Tag heiratet man. In orthodoxen Kreisen erhalten die dreijährigen Jungen ihren ersten Haarschnitt, werden so zu einem ‚richtigen' jüdischen Kind. Im heutigen Israel ist Lag ba-Omer vor allem ein Tag der Jugend. Die Kinder haben schulfrei, Sportwettbewerbe und Ausflüge werden veranstaltet.

Schawuot

Das ‚Wochenfest' (vgl. griechisch pentä kostä: ‚Pfingsten', 50 Tage nach Pessach) bezeichnet nicht nur das Ende der Fastenzeit, sondern erinnert an die Gottesoffenbarung und an den Empfang der Tora am Sinai. Die Juden gedenken auch ihrer Erwählung durch Gott. Jüdische Wohnungen und Synagogen werden in dieser Zeit mit Früchten und Blumen prachtvoll geschmückt.

Tub'Schwat

Die jüdische Wertschätzung der Fruchtbäume wird an dem von Rabbi Hillels (1./2. Jh. n. Chr.) Schule auf den 15. Schwat gelegten ‚Neujahrstag der Bäume' (Tub'Schwat) sichtbar. Er ist heute in Israel ein Festtag. Hintergrund ist das Gebot 3 Mos 19, 23-25, die Früchte von neu gepflanzten Bäumen drei Jahre nicht zu genießen, sie im vierten Jahr im Tempel zu verzehnten und erst im fünften Jahr zu essen. In talmudischer Zeit war der 15. Schwat Stichtag für die Fruchtabgabe, weil er das Ende der Regenzeit und den Beginn der Pflanzperiode markierte. In Israel pflanzt man heutzutage an diesem Tag gern Bäume. In der Diaspora ist es üblich, möglichst 15 Früchte, die an Israel erinnern, zusammenzustellen und zu verzehren.

HEILIGE ORTE

Synagoge

Der Gemeindegottesdienst findet in der Synagoge (griech. ‚Versammlungshaus') statt. Im Gegensatz zum altisraelitischen Tempel mit seinem Opferkult verbindet sich mit der Synagoge der Wortgottesdienst. Mittelpunkt ist die Lesung des Tenach. Die antiken Synagogen (seit 3. Jh. vor Chr. sicher bezeugt) wurden als Rats- bzw. Gerichtsgebäude genutzt. Hier kamen die Bürger zu öffentlichen Versammlungen zusammen. Die Synagoge besaß einen speziellen Betsaal. Daneben gab es die ‚Lehrhäuser'. Hier unterrichteten in pharisäischer und rabbinischer Zeit die Toralehrer ihre Schüler darin, die Heilige Schrift auszulegen. Oft waren Synagoge und Lehrhaus identisch.

Das Synagogengebäude ist als solches keine heilige Stätte. Heilig wird es erst durch die Zusammenkunft der Gemeinde. Sie ist Mittelpunkt des gesellschaftlichen Lebens, beherbergt oft die öffentliche Verwaltung. Sie kann Gerichtsstätte sein, ist immer auch Unterrichtsort für Schüler.

Hinsichtlich ihrer äußeren Architektur folgen die Synagogen dem Kunststil ihrer Epoche und Umgebung. Die heilige Lade befindet sich an der Ostwand, in Richtung Jerusalem. Dorthin spricht man auch die wichtigsten Gebete. In der Lade werden die Tora-Rollen aufbewahrt. Eingehüllt sind sie in einen kunstvoll bestickten, samtartigen Teppich und geschmückt sind sie mit einer Krone bzw. Glockentürmchen. Sie stellen den heiligsten, durch einen Vorhang abgetrennten Teil der Synagoge dar. Wenn die Tora-Rollen aus dem Schrein ‚ausgehoben' werden, erhebt sich die Gemeinde solange, bis die Rollen, von Gebeten begleitet, zum Lesepult, das sich in der Mitte der Synagoge auf einer Erhöhung befindet, getragen worden sind.

In nicht-liberalen Gemeinden herrscht Geschlechtertrennung: Die Frauen halten sich entweder hinten im Hauptschiff auf oder auf der an beiden Seiten des Schiffes entlang laufenden Empore.

Jerusalem

Nach dem Abendsegen am Sabbat und an Feiertagen: „Gelobst seist du, Herr, der die Hütte seines Friedens ausbreitet über uns und ganz Israel und über Jerusalem" betet die Gemeinde: „Erbarme dich über Zion" (Jerusalem). Jerusalem ist für Juden die Stadt, „in der sich Gott der Welt offenbart hat", das ‚Haus unseres Lebens' (Schalom Ben-Chorin).

Ein Mischnatraktat unterscheidet zehn Grade der Heiligkeit: Das Land Israel (Erez Israel) ist schon als solches heilig. Gott hat es nämlich als sein Land auserwählt und zu seiner Wohnstätte gemacht. Erez Israel ist das Land der Schekhina, der Anwesenheit Gottes. Darum konnte auch nur dort der Tempel erbaut werden. Mit Erez Israel verbindet sich die auch in anderen Religionen bekannte Mittelpunktstellung: Israel liegt im Zentrum der Welt, Jerusalem ist die Mitte des Landes, der Tempel in der Mitte des Heiligtums, die Lade im Mittelpunkt des Tempels, darunter der aus Zeiten der Schöpfung stammende Grundstein.

Die Heiligkeit Israels wird von der Jerusalems noch übertroffen: wegen des Tempels, seines Opfers und des Verzehrs des Zehnten. Heiliger als die Stadt ist der Tempelberg. Am heiligsten ist das ‚Allerheiligste' des Tempels. Es wird ausschließlich vom Hohepriester am Jom Kippur betreten. Heute ist die westliche ‚Mauer‘ (Kotel), eine Stützmauer des Tempelberges, das rituelle Zentrum. Volkstümlich nennt man sie ‚Klagemauer‘. Sie blieb erhalten, wohingegen die Ruinen des Tempels verschwanden. Nach der Balfour-Erklärung von 1917 über die Errichtung einer jüdischen Heimstätte in Palästina wurde die Westmauer auch zum Nationalsymbol.

RELIGIÖSE HANDLUNGEN

Gottesdienst
Zehn religiös mündige männliche Personen – ein so genanntes Minjan (‚Zahl‘) – sind nötig, um einen Gottesdienst feiern zu können. In liberalen Synagogen wird diese Mindestzahl manchmal auch unterschritten. Deshalb zählt man dort heutzutage Frauen hinzu. Mehrere Gottesdienstteilnehmer werden ‚aufgerufen‘, um die Tora absatzweise vorzulesen.

Alle erwachsenen Männer tragen beim Morgengebet sowie an einigen Festtagen (ganztägig an Jom Kippur; nachmittags am 9. Aw) den ‚Tallit‘ über ihrer normalen Kleidung, einen weißen Gebetsschal mit schwarzen oder blauen Streifen längs der Seitenkanten. Alle männlichen Juden sollen sich beim täglichen Morgengottesdienst die Gebetsriemen umschnüren.

Orthodoxe Juden haben Bärte und Haarbüschel an den Schläfen. Bei den Chassidim tragen schon Kinder und Jugendliche lange Schläfenlocken; denn es heißt in der Hebräischen Bibel: „Ihr sollt euer Haar am Haupt nicht rundherum abschneiden noch euren Bart stutzen“ (3 Mos 19, 27). Sehr fromme Juden setzen sich eine ‚Kippa‘ auf, eine Kopfbedeckung. Sie empfinden es als anmaßend, barhäuptig vor den heiligen Gott zu treten. Viele setzen dieses dunkle Käppchen nur in der Synagoge zum Gemeindegebet auf, manche dagegen zu jeder Tages- und Nachtzeit. Allgemein trägt man es beim Gebet, d.h. auch zuhause, wenn man die häuslichen Gebete spricht.

Gebete
Das tägliche Gebet ist in Morgen-, Nachmittags- und Abendgebet gegliedert. An Sabbat und den Festtagen kommt ein zusätzliches Gebet am Vormittag hinzu. Das Sch‘ma-Israel-Gebet (‚Höre Israel‘) gehört zu den ältesten gottesdienstlichen Gebeten. Benannt ist es nach seinen Anfangsworten: „Höre, Israel, der Ewige, unser Gott, der Ewige, ist einzig“ (5 Mos 6,4).

HÖRE, ISRAEL
der Ewige, unser Gott, der Ewige, ist einzig
Gelobt sei der Name der Herrlichkeit seines Reiches immer und ewig.
Du sollst den Ewigen, deinen Gott, lieben und mit deinem ganzen Herzen und deiner ganzen Seele und deinem ganzen Vermögen.
Es seien diese Worte, die ich dir heute befehle in deinem Herzen.
Schärfe sie deinen Kindern ein und sprich von ihnen, wenn du in deinem

> *Hause sitzest und wenn du auf dem Wege gehst, wenn du dich niederlegst*
> *und wenn du aufstehst.*
> *Binde sie zum Zeichen auf deinen Arm, und sie seien zum Denkband auf*
> *deinem Haupte.*
> *Schreibe sie auf die Pfosten deines Hauses und deiner Tore! [...]*
> *Und der Ewige sprach zu Mosche so:*
> *„Sprich zu den Kindern Israel und sage ihnen, sie sollen sich Schaufäden*
> *machen an die Ecken ihrer Kleider für ihre Geschlechter und sollen an den*
> *Schaufäden der Ecken einen Faden von himmelblauer Wolle anbringen.*
> *Sie seien euch zu Schaufäden, ihr sollt sie sehen und aller Gebote des Ewi-*
> *gen gedenken und sie erfüllen, auf dass ihr nicht eurem Herzen und euren*
> *Augen nachspähet, denen ihr nachbuhlet. Auf dass ihr gedenket und alle*
> *meine Gebote erfüllet und heilig seiet eurem Gotte. Ich bin der Ewige, euer*
> *Gott, der ich euch aus dem Lande Mizraim [Ägypten] geführt, euch zum*
> *Gotte zu sein, ich bin der Ewige, euer Gott".*

Jeder Jude soll sich diese Worte ‚zu Herzen nehmen', ständig an sie denken:
„wenn du dich niederlegst oder aufstehst" (5 Mos 6,8). Darum wird auch das
‚Höre, Israel' im täglichen Morgen- und Abendgottesdienst gebetet. Das Gebet besteht aus drei Teilen und enthält die Abschnitte: 5 Mos 6, 4–9; 11, 13–21;
4 Mos 15, 37–41. Zentrale Themen sind die göttliche Einheit (Monotheismus),
die Liebe des Menschen zu Gott und seiner Tora, der Lohn- und Strafgedan-
ke sowie der Auszug aus Ägypten.

Essen und Trinken
Juden haben eine positive Einstellung zum Essen und Trinken. Das Genießen
der Speisen an Sabbat und Feiertagen kann geradezu als religiöse Pflicht betrachtet werden. Die Mehrheit der Juden in aller Welt, mit Ausnahme einiger
assimilierter Kreise in Europa und Amerika, befolgt die Speisevorschriften
(Kaschrut): Speisen müssen koscher sein, also ‚rein', ‚tauglich', ‚geeignet'. Die
Speisegebote werden aus Deuteronomium und Talmud abgeleitet. 3 Mos 11
enthält eine längere Aufzählung aller essbaren und nicht-essbaren Tiere. Die
verwirrend anmutenden Vorschriften lassen sich auf wenige Grundbestim-
mungen und Merkmale reduzieren, so dass ein Jude immer in der Lage ist,
selbst zu entscheiden, ob er bestimmte Nahrungsmittel genießen darf oder
nicht.

Grundsätzlich unterscheidet die Bibel zwischen ‚reinen' und ‚unreinen'
Tieren: Von den Säugetieren gelten nur solche als rein/erlaubt, die gespal-
tene Hufe haben und zugleich Wiederkäuer sind. Das Schwein wird daher als
unrein betrachtet, und sein Fleisch darf nicht verzehrt werden. Rein/unrein
sind kultische Begriffe. Unreine Dinge enthalten negativ-dämonische Macht,
machen daher kultunfähig. Als unrein gelten: Menstruation, Geburt, körperliche Ausflüsse, Leichname.

Wichtigste Voraussetzung der koscheren Küche ist die ‚Schächtung‘, die rituelle Schlachtung der Tiere. Darunter versteht man die mit einem einzigen raschen Schnitt durch die Halsschlagader vollzogene Tötung. Nach Schächtung und Ausblutung des Tieres untersucht ein Fachmann die Innereien des Tieres auf Krankheiten.

Streng wird auf die Trennung von ‚Milchigem‘ und ‚Fleischigem‘ geachtet. Diese Forderung stützt sich auf die in der Bibel (2 Mos 23,19; 4,26; 5 Mos 14,21) mehrmals vorkommende Bestimmung: „Du sollst das Böcklein nicht in der Milch seiner Mutter bereiten". Der Sinn dieser Bestimmung ist unklar (Abgrenzung von kultischen Praktiken in der Umwelt Israels; die von jüdischen Medizinern behauptete Unbekömmlichkeit embryonaler bzw. ganz junger Tiere; Tierschutz für die säugende Mutter usw.). Andere Interpreten übersetzen das nur konsonantisch geschriebene Wort chlw nicht mit ‚Milch‘ (chalaw), sondern mit Talg (chelew). Daher ist in der koscheren Küche der Verzehr von Talg untersagt. Die meisten israelischen Hotels und Restaurants führen koschere Küche unter Aufsicht der Rabbinate.

RELIGIÖSE AUTORITÄTEN

Rabbiner (hebr. ‚Meister‘, ‚Mein Meister‘): Ursprünglich Titel autorisierter jüdischer Gelehrter und Vorsteher von Lehrhäusern, in denen die Toraschüler in der Auslegung der Heiligen Schrift unterrichtet wurden. Der Rabbiner wird von der Gemeinde für einen bestimmten Zeitraum gewählt. Er muss eine schriftliche Urkunde eines Rabbinerseminars besitzen und den Titel Morenu (‚unser Lehrer‘). Während früher die Richtertätigkeit des Rabbiners im Vordergrund stand, sind ihm im Laufe der Zeit folgende Aufgaben zugewachsen: Er lehrt, predigt, ist Fachmann im jüdischen Recht. Er leitet die Gemeinde, übernimmt seelsorgerliche Aufgaben.

Vorbeter: Er hat die wichtigste Aufgabe im synagogalen Gottesdienst, spricht die Gebete im Wechsel mit der Gemeinde, liest aus der Tora. In größeren Gemeinden wird sein Amt vom ‚Kantor‘ (Chasan) oder Rabbiner wahrgenommen.

DAS JUDENTUM ANGESICHTS AKTUELLER PROBLEME DER GEGENWART

Familienplanung

Kinder zu haben gilt grundsätzlich als Segen und Glück. Das Judentum gestattet Verhütungsmittel, wenn Leben und Gesundheit der Frau bedroht sind. Daher soll sich in erster Linie die Frau um die Verhütung kümmern. Die Quellenschriften beurteilen die ‚Vergeudung‘ von Sperma als schweres Vergehen. Der Koitus interruptus, als Sünde Onans (1 Mos 38,8–10), ist nicht

erlaubt. Generell statthaft ist die Einnahme oraler und intravaginaler Verhütungsmittel. Diese soll man aber nicht willkürlich außerhalb der Ehe verwenden. Bereits im Talmud wird der Moch, ein in die Scheide eingeführter
Bausch aus Wolle oder Baumwolle, als Verhütungsmittel erwähnt. Als mit
dem Moch vergleichbar erlauben heutige Autoritäten ein Pessar oder Dia-
phragma, Kondome, chemische Spermizide sowie die postkoitale Dusche.
Wichtig ist, dass durch die Empfängnisverhütung keine Samenzellen vernichtet werden. Ein schon seit der Antike benutztes, auch im Talmud erwähntes
Mittel aus Pflanzenextrakten wird als Vorläufer der Pille betrachtet, gilt daher
im gesundheitlichen Notfall als erlaubt.

Bereits im frühen Judentum errechnete man die fruchtbaren und unfruchtbaren Tage. Der Talmud gestattet drei Personengruppen solche Vor-
kehrungen: Minderjährige, weil sie schwanger werden und sterben könnten;
Schwangere, weil ihr Fötus möglicherweise geschädigt wird; Stillende, weil
ihre Milch versiegen und ihr Kind sterben könnte.

Zur Diskussion der Abtreibungsthematik wird 2 Mos 21,22 herangezogen: „Wenn Männer streiten und eine schwangere Frau verletzen, so dass ihre
Frucht abgeht, ihr aber kein Unheil geschieht, so wird er mit einer Geldbuße
belegt, wie der Ehemann es berechnet; es komme vor die Richter. Aber wenn
ein Unheil geschieht, dann sollst du Leben um Leben geben." Bis zur Geburt
gilt der Fötus nicht als eigenständiges Leben (Nefesch), sondern als Teil der
Mutter. Bedroht das Ungeborene ihr Leben, gebührt dem Leben der Mutter
Vorrang. Das gilt auch für den Vorgang der Geburt. Ein Fötus darf also abgetrieben werden, wenn das Leben der Mutter in Gefahr ist. Diese Erlaubnis wird
ungültig, wenn bereits der größere Teil des Kindes zum Vorschein gekommen
ist. Es stellt dann nämlich ein selbständiges Lebewesen dar, und kein Leben besitzt prinzipiell Vorrang vor einem anderen. Aber auch eine solche Abtreibung
betrachtet man als Blutvergießen. Da der Embryo bis zum 40. Tag als reines
Wasser gilt, ist Schwangerschaftsabbruch bis zu diesem Zeitpunkt unter bestimmten Umständen gestattet. Erst ab dem dritten Monat spricht man von
Schwangerschaft. Doch auch dann haben das Leben der Mutter und eventuelle
Ängste des Ehegatten um die Gesundheit der Frau Vorrang gegenüber dem Leben des Fötus. Weitere Gründe für einen Schwangerschaftsabbruch sind: Sorge
um den häuslichen Frieden, Vergewaltigung, schwere Erbschäden, Gesundheit
der Frau. Eine Abtreibung gilt auch weitgehend als erlaubt, wenn eine starke
Behinderung des Kindes wahrscheinlich ist. Wirtschaftliche Gründe für eine
Abtreibung erkennt das Judentum nicht an.

Der für die Entscheidung zuständige Rabbiner muss im Religionsgesetz
die beste Lösung für das jeweilige Problem finden. Entscheidet er sich nach
Abwägen der Vor- und Nachteile für eine Abtreibung, so kann die Frau diese
auch vornehmen, ohne dass ihr Ehemann zugestimmt hat.

Neuerdings erkennen einige jüdische Gelehrte die künstliche Befruchtung
als legitime Möglichkeit an, um Kinder zu bekommen.

GLEICHGESCHLECHTLICHE LIEBE

Nach 3 Mos 18, 22 ist der homosexuelle Beischlaf verboten und wird mit dem Tode bestraft. Das Thema wird in der Gesetzgebung jedoch kaum erwähnt. Erst seit dem Anfang des 20. Jhs. wird Homosexualität wieder diskutiert. Die sexuelle Liebe zwischen Frauen wird in der Tora nicht thematisiert. Unter Bezugnahme auf die Sitten Ägyptens und Kanaans (3 Mos 18, 3) bezeichnet der Talmud diese als ‚Obszönität‘, ohne sie aber unter Verbot zu stellen.

Bei männlicher Homosexualität wird aktiver und passiver Analverkehr aufgrund des direkten Verbots in der Tora als schwere Sünde betrachtet. Praktizierte Homosexualität gilt auch als Verstoß gegen die Noachidischen Gebote und ist damit auch für Nichtjuden untersagt.

Nach Auffassung des orthodoxen Judentums sollen alle Menschen heiraten. Auch von Menschen mit homosexueller Veranlagung wird eine heterosexuelle Lebensweise erwartet. Orthodoxe Gruppen betrachten lesbische Liebe als Übertretung eines Verbots, männliche Homosexualität jedoch als ‚sexuelle Schandtat‘ (ehem. Landesrabbiner von Nordrhein-Westfalen Abraham Hochwald). Der britische Rabbiner Chaim Rapoport hat für die Orthodoxie eine neue Bewertung der sexuell aktiven Homosexuellen vorgenommen: Sie werden nicht mehr der Talmudkategorie ‚Rebell, der dem Gesetz mit Trotz begegnet‘ zugeordnet, sondern gelten als ‚gefangen genommenes Kind‘. Wie jeder andere Jude verdient der Homosexuelle Liebe und Mitgefühl. Er soll die Tora studieren und am jüdischen Leben teilnehmen, aber seine homosexuelle Veranlagung kontrollieren und disziplinieren. Rabbinern wird geraten, solche Leute an Therapeuten zu verweisen, die im Rahmen der orthodoxen Lehre arbeiten. Die Organisation JONAH (Jews offering alternatives to homosexuality) wird vom Rabbinical Council of America, der Dachorganisation der amerikanischen orthodoxen Juden und weltweit größte Vereinigung orthodoxer Juden, ausdrücklich unterstützt.

Im amerikanischen Reformjudentum gibt es inzwischen Synagogen für Homosexuelle. Auch existiert bereits eine erste Generation lesbischer Rabbinerinnen. Inzwischen werden auch schwul-lesbische Kidduschin (‚Anheiligung‘, Verlobung) anerkannt, die von Rabbinern der genannten Gruppen, vereinzelt auch von konservativen Rabbinern vorgenommen werden. Die konservative Bewegung akzeptiert zwar Homosexuelle, lehnt jedoch homosexuelle Rabbiner ab – wie auch die Orthodoxen –, während Reformjuden und Rekonstruktionisten diese anerkennen.

Eine liberale Gemeinschaft schwuler, lesbischer und bisexueller Jüdinnen und Juden in Deutschland besteht unter dem Namen Yachad (hebräisch ‚gemeinsam‘).

Menschenrechte

Die Liebe zu Gott verlangt danach, alle Menschen in gleicher Weise zu behandeln. Grundsätzlich sollen alle Menschen nach dem biblischen Gebot handeln: „Und tu, was recht und gut ist in den Augen des Ewigen" (5 Mos 6,18). Eine Besonderheit des jüdischen Rechts sind die ‚Noachidischen Gebote': die Annahme eines grundlegenden Rechts für Nichtjuden auf dem Hintergrund, dass Gott der Schöpfer aller Menschen ist. Unter diesen (klassisch sieben) Geboten versteht man die Gebote Gottes an Adam und Noah. Sie sind im Gegensatz zu den an die Juden gerichteten Sinai-Geboten für alle Menschen verpflichtend: Verbot von Gotteslästerung, Götzendienst, Unzucht, Blutvergießen, Diebstahl und des Verzehrs eines Teils eines lebenden Tieres sowie das Gebot, die Rechtsprinzipien zu wahren. Später kamen die Verbote der Kastration, der Zauberei und von lebenden Tieren zu trinken sowie die Gebote hinzu, wohltätig zu sein, Kinder zu zeugen und die Tora zu ehren. Wer die Noachidischen Gebote achtet, gehört auch als Nichtjude zu den ‚Gerechten unter den Völkern'.

Der heutige Staat Israel besitzt keine geschriebene Verfassung. Bis zur Verabschiedung der Grundgesetze über die Würde und Freiheit des Menschen 1992 entwickelte der Oberste Gerichtshof Israels durch seine Rechtsprechung den Schutz der Menschenrechte. Ein grundlegender Unterschied zu anderen modernen Demokratien besteht darin, dass der Charakter des Staates als jüdisch definiert wird. So besitzt das Einwanderungsgesetz nur für Juden Gültigkeit. Nichtjuden können nach fünfjährigem Aufenthalt im Lande die Einbürgerung beantragen.

Die Meinungsfreiheit hat eine lange Tradition im Judentum. Unterschiedliche Meinungen über die Religionsgesetze (Halacha) wurden über die Jahrhunderte ausgiebig diskutiert. Deshalb enthält die Mischna auch häufig neben dem Mehrheitsvotum die abweichende Ansicht eines Einzelnen.

Wenn es um Fragen der Staatssicherheit geht, können Grundrechte eingeschränkt werden. Die Meinungsfreiheit zählt zu den elementaren Rechten, kann aber, wenn die öffentliche Sicherheit gefährdet erscheint, ebenfalls beschnitten werden. Mit Ausnahme des Einwanderungsgesetzes gibt es eine rechtliche Gleichheit aller Bürger unabhängig von ethnischer Zugehörigkeit, Religion oder Geschlecht, die durch Gesetzgebung und Rechtsprechung gewährleistet ist. Arabische Israelis, die aus Sicherheitsgründen nicht zum Militärdienst eingezogen werden, sind deshalb Nachteilen in der Sozialfürsorge ausgesetzt.

Die Auseinandersetzungen zwischen Israelis und Palästinensern seit der 3. Intifada (Dezember 2008) führen häufig zu Menschenrechtsverletzungen. Angesichts dieser kritischen Lage widmen sich zahlreiche Organisationen der Einhaltung der Menschenrechte. B'Tselem (‚im Bilde [Gottes]', siehe 1 Mos 1, 27), Israels 1989 gegründete große Menschenrechtsorganisation, will die israelische Politik in den ‚besetzten Territorien' ändern und sicherstellen, dass Israels Regierung die Menschenrechte der Bewohner achtet. Die ‚Physicians for Human Rights – Israel' kümmern sich um die medizinische Versorgung in den besetzten Territorien. Rein religiöser Herkunft sind die Schomre Mischpat (‚Wächter des Rechts'). Die 1988 von Rabbinern aller Richtungen gegründeten ‚Rabbis for Human Rights – Israel', in den USA bekannt als ‚Rabbis for Human Rights/North America' – beruft sich auf die jüdische Tradition der Menschenrechte. Für sie ist die Verletzung von Menschenrechten nicht mit den biblischen Geboten über den Umgang mit dem ‚Fremden in deiner Mitte' vereinbar. Sie sind davon überzeugt, dass Israel trotz der Bedrohung die ethischen Gebote der Religion achten soll. Diese Rabbiner bringen Menschenrechtsverletzungen vor den Obersten Gerichtshof und in die Knesset. Sie praktizieren zivilen Ungehorsam, indem sie sich schützend vor palästinensische Häuser stellen, damit diese nicht von der Armee zerstört werden.

TODESSTRAFE

Am bekanntesten auch in nichtjüdischen Kreisen ist das biblische Vergeltungsrecht: „Leben für Leben, Auge für Auge, Zahn für Zahn, Hand für Hand, Fuß für Fuß, Brandmal für Brandmal, Wunde für Wunde, Strieme für Strieme" (2 Mos 21, 23–25; 3 Mos 24, 20; 5 Mos 19, 21). Die Quellen belegen, dass mit Sicherheit schon in der Zeit nach der Zerstörung des Zweiten Tempels (70 n. Chr.) an die Stelle der Vergeltung die Wiedergutmachung gestellt wurde: Schadenersatz, Schmerzensgeld, Heilungskosten, Arbeitsausfallersatz usw.

Die Todesstrafe war im Judentum die Strafe für Ehebruch, Inzest, Blasphemie, Götzendienst, vor allem jedoch für Mord. Er ist wegen der Gottesebenbildlichkeit des Menschen ein so schweres Vergehen, das nur durch das Töten des Mörders gesühnt werden kann. Inzwischen weiß man jedoch, dass lange vor der Zerstörung des Zweiten Tempels die römische Besatzungsmacht dem jüdischen Gerichtshof (Sanhedrin) das Recht verweigerte, Kapitalstrafen zu verhängen. Die Kreuzigung Jesu, von Antisemiten seit Jahrtausenden ‚den' Juden angelastet, konnte daher nur auf Anordnung des römischen Prokurators Pontius Pilatus vollstreckt werden. Insgesamt herrschte bei den Rabbinen eher die Tendenz, die Todesstrafe praktisch abzuschaffen. In Spanien besaßen rabbinische Gerichtshöfe längere Zeit das Recht, Kapitalstrafen für Mord und öffentliche Gotteslästerung auszusprechen.

Als der erste Mordprozess im modernen Israel verhandelt wurde, forderten die beiden mit dem Fall befassten Oberrabbiner den Justizminister auf, die Todesstrafe sofort abzuschaffen. Sie warnten vor einem Todesurteil, weil es eine Sünde wider das jüdische Gesetz wäre. Bis zum Gesetz über die Aufhebung der Todesstrafe (1954) wurden zwar Todesurteile verhängt, aber nie vollstreckt. Dennoch bleibt die Todesstrafe für Völkermord und Hoch-

verrat im Kriegsfalle in Kraft. Bislang wurde die Todesstrafe nur ein einziges Mal vollzogen, nämlich 1962, als der zentral für die Ermordung von sechs Millionen Juden mit zuständige SS-Obersturmbannführer Adolph Eichmann gehängt wurde. Selbst die nach Terroranschlägen gefassten muslimischen Attentäter werden nicht zum Tode verurteilt, auch wenn man ihnen mehrfachen Mord nachweisen kann.

Krieg und Frieden

Schalom (,Frieden') ist einer der Namen Gottes. Schalom spielt eine bedeutende Rolle in der messianischen Zukunft, wenn der Messias als ,Friedefürst' erscheint (Jes 9,6). Der Friedensgedanke ist auch in den jüdischen Gebeten bedeutsam. So endet das ,Achtzehnbittengebet' mit der ,Bitte um Frieden', und das daran anschließende Bittgebet und der Kaddisch schließen mit den Worten ,der [= Gott] Frieden schafft in seinen Höhen'. Auch der ,Priestersegen' (4 Mos 6, 22–27) enthält die Bitte um Frieden.

Die jüdische Ethik verbietet Gewalt und Hass. Weil die Menschen nach dem Ebenbild Gottes geschaffen wurden, sollen sie einander ohne Unterschied lieben. Die Tora enthält das Gebot, den ,Nächsten', zu dem auch der ,Fremdling' (3 Mos 19, 33f.; 5 Mos 10,18f.) gehören kann, wie sich selbst zu lieben. Ps 11,5 zufolge hasst Gott den Gewaltliebenden. Die Tora untersagt, Blut zu vergießen: „Wer Blut des Menschen vergießt, durch Menschen sei des Blut vergossen; denn im Bild Gottes hat er den Menschen gemacht" (1 Mos 9, 6).

Das willkürliche, durch nichts gerechtfertigte Morden jedoch verbietet das Judentum. Die Rabbiner erließen ein Verbot des Blutvergießens. Es gibt Fälle, in denen Töten erlaubt ist. Die Tora verlangt keine Feindesliebe um jeden Preis: „Du sollst nicht untätig beim Blute deines Nächsten stehen" (3 Mos 19,16). Diese Bestimmung betrifft auch Verfolger und Aggressoren, gegen die Gewalt angewandt werden muss, um andere vor der Gefahr zu schützen. Bereits die Rabbinen verpflichteten den Menschen dazu, bedrohtes menschliches Leben zu retten. Neben der Forderung nach absoluter Friedfertigkeit steht der Grundsatz, der gegnerischen Tötungsabsicht zuvorzukommen. Pikkuach nefesch, die ,Wahrung menschlichen Lebens', stellt in manchen Situationen eine Pflicht dar. Sie kann – auf das Volk übertragen – im Falle eines Angriffskrieges militärische Verteidigung erfordern.

Die Rabbinen unterscheiden zwei Varianten des erlaubten Kriegs: den Pflichtkrieg und den freiwilligen Krieg. Für Moses Maimonides (1135-1204) waren Pflichtkriege die Kriege des Königs gegen die sieben Völker im Lande Israel (5 Mos 20, 17), gegen Amalek (5 Mos 25, 17) sowie der Verteidigungskrieg gegen einen Angreifer (Rodef). Als Erzfeind in der jüdischen Literatur gilt Amalek, ein Sohn Esaus und Zwillingsbruder von Jakob. Er soll Kanaanäerinnen zu Frauen genommen haben und dadurch seine Nachkommen zu einem gemischten Volk (1 Mos 36,1) gemacht haben. Amalek wird oft undifferenziert auf alle Israel feindlichen Völker und Mächte angewandt. Der Begriff Rodef (,Aggressor') wird für das antike Volk der Amalekiter verwendet.

Für Kriege zur Ausdehnung des Gebietes Israels benötigte der König die Zustimmung des Sanhedrin (,Rat, Gerichtshof'), der bis 425 n. Chr. die oberste politische, juristische und religiöse Körperschaft der jüdischen Bevölkerung Palästinas darstellte. Da es im heutigen Judentum keine Könige und keinen Sanhedrin mehr gibt, kann diese halachische Bestimmung auf den säkularen Staat, zum Beispiel Israels übertragen werden. Rabbi David Rosen bezeichnete die militärischen Maßnahmen Ariel Sharons gegen den palästinensischen Terror als Pflichtkrieg. Deshalb betrachteten auch orthodoxe Juden den Jom Kippur-Krieg als legitim. Das jüdische Recht macht die Pflicht zur Friedenssuche vor dem Kriegsbeginn zur Pflicht.

Es kann jedoch auch im heutigen Staat Israel keinen bedingungslosen Frieden nach der jüdischen Tradition geben, da der Schutz des Lebens höchster Wert ist. Das gilt ganz besonders nach der Shoa und in der jüngeren Zeit angesichts der Bedrohung des Staates Israel durch einige islamische Staaten.

Wirtschaftsethik
Ein in der Hebräischen Bibel erwähntes wichtiges Prinzip ist Zedaka (,Wohltätigkeit') – zugleich auch eine wesentliche Eigenschaft Gottes. Bis zu einem Fünftel seines Vermögens für die Armen zu geben ist für den Reichen nicht Gnade, sondern Pflicht. Geber und Empfänger sind gleichberechtigt. Höchstes Ziel ist es, dem Verarmten so zu helfen, dass er für sich selbst sorgen kann. Inzwischen wurde Zedaka zum Teil durch das staatliche Sozialsystem ersetzt. Vor Pessach wird jedoch Geld an Notleidende verteilt, und jede Gemeinde besitzt ihre eigene Armenküche und Armenkasse.

Die Rabbinen legten im Talmud die Einzelheiten gerechten Handelns fest: Das gesamte Handelsleben soll von Ethik geprägt sein. So soll der Arbeitgeber angemessenen Lohn zahlen, der Arbeiter entsprechend Qualitätsarbeit leisten. Das Verhältnis zwischen Kaufmann und Kunde soll auf Ehrlichkeit basieren. Einem Menschen durch unredlichen Wettbewerb den Lebensunterhalt zu rauben wird in der rabbinischen Literatur mit Ehebruch verglichen. Der Talmud verbietet Lebensmittelspekulationen, indem er den Aufkauf von knappen Waren untersagt. Kartelle und Monopole, die der Gesellschaft Schaden zufügen, stehen im Widerspruch zur jüdischen Ethik.

In der Moderne werden einige Prinzipien jüdischer Wirtschaftsethik neu interpretiert. Das klassische Zinsverbot beschränkt man auf Wucherzinsen. Macht die Bank mit dem Geld des Kunden Gewinne, darf dieser von ihr Zinsen verlangen. Die Bank darf Darlehenszinsen nehmen, wenn jemand einen Kredit aufnimmt.

Juden betrachten die Arbeit als eine dem Menschen von Gott gestellte Aufgabe. Eng damit verbunden ist das in Verbindung zum Ruhen Gottes am

7. Tag der Schöpfung gesehene Gebot der Arbeitsruhe. Wer die Gebote der Arbeit und Arbeitsruhe einhält, ahmt Gott nach.

Jüdische Wirtschaftsethik verwirklicht sich darüber hinaus im Kibbuzprojekt. Der nach Palästina ausgewanderte Vertreter der zionistischen Arbeiterbewegung Aaron David Gordon (1856–1922) entwickelte eine Arbeitsethik, um den Juden einen Ausweg aus ihrer nationalen Not zu schaffen. Bei seiner 'Religion der Arbeit' spielte die Landwirtschaft eine besondere Rolle. Während Gordon der körperlichen Arbeit gegenüber geistiger Beschäftigung einen gewissen Vorrang zusprach, legten die religiösen Zionisten mit ihrem Slogan: 'Tora und Arbeit' deutlich mehr Gewicht auf die Tora. In einem Kibbuz gehört das Land der Gemeinschaft. Jedes Mitglied muss sich nach der Entscheidung der demokratisch gewählten Führerschaft richten. Obwohl sich nur ein Teil der Kibbuzim religiös verstehen, geht die Idee auf die Hebräische Bibel zurück.

Globalisierung ist aus jüdischer Sicht keine grundsätzlich neue Erscheinung. Seit der Diaspora verdankte das Judentum sein Überleben der Globalisierung und des Geschicks jüdischer Gemeinschaften, über die Landesgrenzen hinaus in Verbindung zu bleiben. Juden waren Wegbereiter des internationalen Handels. Während jedoch die jüdische Wirtschaftsinitiative früherer Jahrhunderte die kulturelle und religiöse Identität des Judentums bewahren sollte, geht es bei der heutigen Globalisierung ausschließlich um wirtschaftliche Interessen. Kritische jüdische Stimmen weisen auf die durch die Globalisierung verursachten Gefahren und die Notwendigkeit religiöser und kultureller Vielfalt hin.

UMWELTETHIK UND TIERSCHUTZ

Der Mensch nimmt unter den Lebewesen als Gottes höchstes Geschöpf, Ebenbild und Statthalter (1 Mos 1,27) den obersten Rang ein. Dennoch soll er mit der nichtmenschlichen Schöpfung bewahrenden Umgang pflegen.

In der Hebräischen Bibel finden sich zahlreiche ökologische Vorschriften: 1. Ruhen der Feldbestellung im 'Sabbath' (Shemitta)- und Jobeljahr (2 Mos 23,11; 34,21; 3 Mos 25). Im jüdischen Schrifttum wird die gesamte Natur als lebend, fühlend und denkend betrachtet. Die Rabbinen untersagten Waschungen im Trinkwasser. Aufgrund der drohenden Luftverschmutzung war es nicht erlaubt, eine Bäckerei, einen Färberladen oder Rinderstall unter einem Speicher zu errichten. In regenarmen Zeiten durften Abwässer oder Müll nicht durch öffentliche Straßen transportiert werden. Früh erkannten die Juden auch die Notwendigkeit von Weideregeln; denn wenn Schafe und Ziegen auf Böden mit dünner Humusschicht grasen, kann dies zur Verkarstung führen.

Wie andere Industrienationen auch hat Israel heute mit erheblicher Umweltbelastung zu kämpfen. Trotz der seit 1961 existierenden Um-

weltschutzgesetzgebung sind viele Flüsse und Teile der Mittelmeerküste verseucht. Auch die Abfallbeseitigung stellt ein erhebliches Problem dar. Jüdische Organisationen sind im Umweltschutz weltweit engagiert.

Dem Tier wird in der Hebräischen Bibel eine Seele zugesprochen; daher gilt es als ‚lebendig' (1 Mos 1,30). Bibel und Talmud enthalten zahlreiche Tierschutzbestimmungen: 1. Fliegenlassen der Vogelmutter bei Wegnahme ihres Nestes (5 Mos 22,7). 2. Hilfeleistung für zusammenbrechende Lasttiere (2 Mos 23,5) 3. Verbot des Tötens von Muttertier und Jungen am selben Tag (3 Mos 22,28). 4. Verbot des Genusses von Teilen eines noch lebenden Tieres (3 Mos 19,19). 5. Verbot des Kreuzens verschiedener Tierarten (5 Mos 22,10). 6. Verbot, verschiedene Tierarten zusammen anzuschirren (5 Mos 22,10). 7. Verbot, den arbeitenden Tieren das Maul zu verbinden (5 Mos 25,4). 8. Arbeitsverbot am Sabbat auch für Tiere (2 Mos 20,10). 9. Verbot von Sexualkontakten mit Tieren (3 Mos 18,23). 10. Verbot der Kastration von Tieren (3 Mos 22,24).

Das rabbinische Denken kennt zwei Rechtsprinzipien in Bezug auf die Umwelt: 1. Zaar Baalei Chajjim (‚Schmerz der Tiere') und 2. Bal Tashchit („Du sollst nicht verderben"). Zum ersten Grundsatz gehören die genannten Verbote sowie die Bestimmungen, dass Tiere nicht hungern, nicht mit möglicherweise vergiftetem Wasser getränkt werden dürfen, einen Anspruch auf Krankenpflege und Ruhe am Sabbat besitzen. Das zweite Rechtsprinzip bezieht sich auf das Verbot der willkürlichen Tötung eines Tiers.

Im Bild vom messianischen Frieden zwischen Mensch und Natur haben die Tiere einen festen Platz (Jes 11,6–9; 35, 9; 65,25). Nach Hos 2,20 will Gott sogar um der Menschen willen einen Bund mit den Tieren schließen. In der Not wenden sich die wilden Tiere an Gott (Joel 1, 20). Noch im späteren Rabbinentum wurde die Frage diskutiert, ob Tiere für das ihnen durch die Menschen auf Erden zuteil gewordene Unrecht nicht auf eine Wiedergutmachung in der anderen Welt Anspruch hätten.

Nutzung von Medien

Das traditionell wichtigste Medium des Judentums sind das geschriebene und gedruckte Wort der Heiligen Schrift (Tora) und ihre Auslegung. Wegen seines Bilderverbots hatte das Judentum lange Zeit ein Problem im Umgang mit Bildmedien. Seit dem Mittelalter gab es jedoch illustrative Darstellungen von Menschen und Tieren. Illustrationen von Gott und Menschen mit religiösen Bezügen werden dagegen grundsätzlich verworfen. In der Malerei und den Reliefs moderner US-Reformsynagogen hat man sich über dieses Verbot oft hinweggesetzt.

Das jüdische Pressewesen entwickelte sich im 17. Jh. von den Niederlanden aus. Jüdische Aufklärer stellten Zeitungen und Zeitschriften in den

Dienst der Volksbildung, entweder im erneuerten Hebräisch oder in der Kultursprache der jeweiligen Umwelt. Juden spielten eine wichtige Rolle dabei, den Film als Kunstform zu etablieren. Das Medium Film wurde zu einem bedeutenden Wirtschaftsfaktor der ersten Generation jüdischer Emigranten in den USA. Die meisten Hollywood-Studios wurden von Juden gegründet bzw. verwaltet. Seit Januar 2003 sendet der erste weltweite englisch- und französischsprachige jüdische Fernsehsatellitenkanal ‚Chai TV'. Das Zielpublikum des Senders sind jüdische Diasporagemeinden in aller Welt. Das seit 1996 gesendete einzige jüdische Fernsehprogramm in Deutschland (‚Babel-TV') wird von jüdischen wie nicht-jüdischen Menschen gesehen. Schon früh hat sich das akademische und geistliche Zentrum des konservativen Judentums weltweit, das Jewish Theological Seminary of America (JTS), mit seinem eigenen Radio and Television Department, des Hörfunks und Fernsehens bedient, um „das Judentum der amerikanischen Öffentlichkeit näher zu bringen, und um Juden eine bessere Wertschätzung ihres eigenen Erbes zu ermöglichen". Ein Meilenstein in der Hörfunk- und Fernsehgeschichte des JTS war die seit 1944 im Radio, seit 1952 zusätzlich im Fernsehen ausgestrahlte Sendung The Eternal Light (‚Das ewige Licht'). In ihrer 40jährigen Geschichte wurden Hunderte von Hörspielen, Dokumentationen, Konzerte, Diskussionen über jüdischen Themen ausgestrahlt.

Alle Richtungen des Judentums bedienen sich bei ihren Selbstdarstellungen und bei der Verbreitung ihrer Lehren des Mediums Internet. Die Orthodoxen stehen den neuen Kommunikationsmöglichkeiten durchaus positiv gegenüber. Es gibt digitalisierte Zeitschriften im World Wide Web wie zum Beispiel das Edah Journal der Modernen Orthodoxie. Die Ultra-Orthodoxen dagegen halten das Internet für „tausendmal gefährlicher (...) als das Fernsehen".

FREIZEIT UND SPORT

Bereits sehr früh und konsequent entwickelte das Judentum durch den Sabbat die Vorstellung von Ruhe und Freizeit. In 2 Mos 20, 8-11 ist vorgeschrieben, dass der Mensch am siebten Tag nicht arbeiten soll, da auch Gott am siebten Schöpfungstag ruhte und diesen Tag heiligte. Es war ein ungeheurer sozialer Fortschritt, dass den Juden vor über 3000 Jahren ein Ruhetag befohlen wurde, der sogar für Sklaven, Knechte und Tiere galt. Dass heute Menschen in vielen Ländern ein Sabbatjahr – einen teilweise sogar bezahlten Urlaub vom Beruf – nehmen können, verdanken sie dem Judentum.

Sportliche Betätigungen in der Freizeit wurden lange als unvereinbar mit den jüdischen Idealen des Lernens und Synagogenbesuchs abgelehnt. Doch seit dem Mittelalter übten einige Juden verschiedene Sportarten wie Ballspiele, Kampfsport und Laufen aus. Moses Maimonides lehrte: Nur der gesunde Körper beherbergt einen gesunden Verstand und eine gesunde Seele.

Der Arzt und Mitkämpfer Theodor Herzls (1860-1904), Max Simon Nordau (1849–1923), prägte in der ,Jüdischen Turnzeitung' von 1900 in seinem gleichnamigen Aufsatz den Begriff ,Muskeljudentum' wohl als Gegenbegriff zu den antisemitisch besetzten ,Nervenjuden'. Nordau forderte in einer Rede auf dem 2. Zionistischen Kongress in Basel (1898) die Notwendigkeit von Gymnastik und körperlichem Training zur Gewinnung von Selbstvertrauen und Selbstachtung. Die Vertreter der jüdischen Sportbewegung in Deutschland hatten das Anliegen, eine neue jüdische Identität, einen ,jüdischen Körper' neben Religion und Territorium zu schaffen.

Die Anfang des 20. Jhs. entstandene Makkabia-Bewegung wollte u.a. dem weit verbreiteten Vorurteil von der angeblich körperlichen Minderwertigkeit von Juden entgegenwirken. Deutschland und dort insbesondere Berlin waren Vorreiter bei der Entstehung zionistischer Turnvereine (z.B. Bar Kochba) der Makkabia-Bewegung. Als 1903 auf dem 4. Zionistischen Kongress 35 jüdische Sportler eine beeindruckende Turnvorführung zeigten, wurde die Dachorganisation der ,Jüdischen Turnerschaft' ins Leben gerufen. Diese ging später in dem Makkabi-Weltverband (World Makkabi Union) auf. Die ,World Maccabi Union' ist heute mit mehr als 400.000 Mitgliedern die größte jüdische Sport- und Jugendbewegung. 1932 fand die erste Makkabiade in Palästina statt, 1935 die zweite Makkabiade mit über 40.000 Besuchern und 5.000 Sportlern aus 30 Ländern. Die jüdischen Sportverbände wurden von den Nazis aufgelöst. Die Zentrale des internationalen Verbandes war bereits 1934 von Deutschland nach London verlegt worden.

1965 wurde Makkabi Deutschland neu gegründet und als Verband in den Deutschen Sportbund aufgenommen. Als eine seiner Hauptaufgaben betrachtet er die Integration der jüdischen Neuzuwanderer aus der ehemaligen Sowjetunion. Er möchte einerseits traditionelle jüdische Werte vermitteln, aber auch durch den Sport zu einem Verständnis zwischen Juden und Nichtjuden beitragen. Die sportlichen Aktivitäten konzentrieren sich auf die Deutschen Makkabi-Meisterschaften, die alle vier Jahre stattfindenden Europäischen Makkabi-Spiele und schließlich die ebenfalls alle vier Jahre abgehaltene internationale Makkabiade.

HAUPTSTRÖMUNGEN IM JUDENTUM

Frühjudentum

In der Zeit nach dem Babylonischen Exil (587-ca. 450 v.Chr.) des jüdischen Volkes wurden die Grundlagen zum Frühjudentum gelegt. Der Begriff Frühjudentum bzw. der von jüdischen Gelehrten verwendete Begriff ‚Judentum zur Zeit des Zweiten Tempels‘, drückt aus, dass das Judentum der hellenistisch-römischen Zeit (200 v.Chr. - 200 n. Chr.) in Bezug auf Christentum und Judentum eine Epoche des Neubeginns war. Die früher übliche Bezeichnung ‚Spätjudentum‘ legte fälschlicherweise nahe, dass es sich um eine zu Ende gehende Epoche gehandelt habe und der Stab der Heilsgeschichte vom Judentum auf das Christentum übergegangen war. Im Frühjudentum lassen sich mehrere religiöse Richtungen unterscheiden: Neben den Priestern, die keine geschlossene Gruppierung darstellten, sowie den Leviten, die zur niederen Geistlichkeit zählten und den Tempeldienst innehatten, gab es die Zadokiden. Diese einflussreiche Priestergruppe stellte zur Zeit Jesu eine maßgebliche Partei im Sanhedrin (‚Rat, Gerichtshof‘: oberste politische, juristische und religiöse Körperschaft der jüdischen Bevölkerung Palästinas bis 425 n. Chr.) dar. Die ‚Schriftgelehrten‘ konnten, mussten aber nicht zur Gruppe der Pharisäer gehören. Die bedeutendste Bewegung waren die Pharisäer, die ‚Abgesonderten‘. In der Frömmigkeit dieser volkstümlichen, liberalen Bewegung verbanden sich Laienfrömmigkeit und Schriftgelehrsamkeit. Neben der geschriebenen Tora war für die Pharisäer auch die mündliche Tora bedeutsam. Der Mensch wurde von den Pharisäern als eigenverantwortliches Wesen gesehen. Die Pharisäer lehrten die Auferweckung der Toten und eine Engelwelt. Die kleinste Gruppierung waren die *Sadduzäer*, eine aristokratische Schicht priesterlicher Abstammung. Sie hatten im Tempel das Sagen und übten damit auch die Staatsgeschäfte lange Zeit vor der Tempelzerstörung aus. Im Wesentlichen stützten sie sich auf die geschriebene Tora. Anders als die Pharisäer lehnten sie eine Auferstehung der Toten und ein Weiterleben nach dem Tode ab.

Eine Abspaltung von den Sadduzäern waren die *Qumran-Essener*. Dieser Rest des ‚wahren Israels‘ stempelte alle zu Abtrünnigen, die sich ihnen nicht anschlossen. Ein ‚harter Kern‘ der asketisch lebenden, rangmäßig gestuften Essener zog vor den ‚Verführungen‘ dieser Welt und angesichts des für verdorben gehaltenen Tempelkults in die Wüste. Hier wollten sie ein reines Leben führen, sich für das bald hereinbrechende Weltende vorbereiten. Sie teilten die Menschheit dualistisch schroff in ‚Söhne des Lichts‘ und ‚Söhne der Finsternis‘ ein. Eine erhebliche Rolle spielten die Zeloten - radikale Widerstandskämpfer, welche die Gottesherrschaft gegen jede Fremdherrschaft gewaltsam herbei zwingen wollten. Durch ihren Massenselbstmord vier Jahre nach dem Fall Jerusalems auf der Festung Massada entzogen sie sich dem Zugriff der Römer.

In der Täuferbewegung um Johannes den Täufer spielte der Gedanke der Umkehr und der Vergebung der Sünden eine große Rolle. Unter Judenchristen versteht man die Mitglieder der ersten christlichen Gemeinden, die zunächst eine reine innerjüdische Bewegung darstellten. Nach und nach koppelte sich das Judenchristentum vom Judentum ab, führte auch innerhalb der christlichen Kirche schließlich ein Sonderdasein.

Heutiges Judentum

Das Judentum teilt sich geographisch-kulturell in zwei große Blöcke: Aschke-
nasen und Sepharden. Aschkenas war im Mittelalter die hebräische Bezeichnung für Deutschland. Später (13./14. Jh.) galt diese Bezeichnung auch für die
aus Frankreich, Britannien und Norditalien stammenden Juden. Unter Sepharden (hebr. Sepharad ‚Spanien'; Sephardim ‚Spanier') verstand man die
1492 von der iberischen Halbinsel vertriebenen Juden, die dann in Südosteu-
ropa, Nordafrika, Asien, aber auch in den Niederlanden, Britannien, Nord-
westdeutschland, USA lebten.

Zum aschkenasischen Judentum gehören die folgenden religiösen Richtungen: Orthodoxe, Konservative und Liberale, zu denen man auch die aus
diesen hervorgegangenen Reformjuden in den USA und England zählt. Die
Rekonstruktionisten sind der einzige rein amerikanische Zweig des Judentums. Sie wurden von Mordechai Kaplan (1881–1983) gegründet. Er verstand
die Erlösung als Möglichkeit der diesseitigen, nicht der jenseitigen Welt.
Die Betonung der Gleichheit der Geschlechter hatte die Einführung der
Bat-Mizwa-Zeremonie für Mädchen zur Folge. Ein wichtiger Unterschied
zwischen den Orthodoxen und allen übrigen Gruppen ist die Deutung des
9. Glaubensgrundsatzes des Moses Maimonides: Die Orthodoxen legen die
unwandelbare Tora, worunter in erster Linie die fünf Bücher Moses verstanden werden, wortwörtlich aus. Im 19. Jh. erlebte die Orthodoxie in der
Auseinandersetzung mit der Haskala, der innerjüdischen Aufklärung, einen
Aufschwung. Die Neu-Orthodoxie Samson Raphael Hirschs setzte sich für
religiöse Reformen ein, forderte aber die strenge Einhaltung der Gebote. Die
osteuropäische Orthodoxie förderte durch die Gründung von Talmudhoch-
schulen das jüdische Lernen und machte Front gegen reformerische Tendenzen. Zentrum der Orthodoxie ist heute neben den USA der Staat Israel.
Dort gibt es nur wenige Gemeinden und Kibbuzim, die sich zum Reformjudentum bekennen.

Neben den Orthodoxen spielen in Israel die Chassidim eine große Rolle.
Der Begriff Chassidismus steht für unterschiedliche Strömungen im Judentum. Das während der Zeit der Kreuzzüge leidgeprüfte deutsche Judentum
brachte im 12./13. Jh. den aschkenasischen Chassidismus hervor. Im Unterschied zur Bedeutung des Wortes chassid (‚Frommer') im Talmud gilt der
chassidische Mystiker nicht als intellektueller, sondern als einfacher, sanft-
mütig-frommer Mensch. Er hält sich von der Welt fern, zeichnet sich durch
seelischen Gleichmut und Uneigennützigkeit aus.

Im polnischen und ukrainischen Chassidismus des 18. und 19. Jhs. stand
die Gottesfreude im Mittelpunkt. Sie drückte sich im religiös-ekstatischen
Tanz, Gesang und Gebet der ergriffenen Männer und im Dienst am Nächsten
aus. Von dem Gründer des ostgalizischen Chassidismus, dem Wanderprediger Israel ben Elieser (geb. vermutlich 1698 in Okup an der galizisch-rumä-
nischen Grenze, gest. 1760) erzählt die Legende, dass er Kinder gern hatte,

ihnen eigene neue Gebetsmelodien beibrachte und die Texte der Kabbala
(‚Überlieferung') studierte. Unter der Kabbala versteht man die Traditionen
jüdischer Esoterik (Geheimlehre) und Mystik. Das Ziel des osteuropäischen
Chassidismus war die Heiligung des Alltags. Heute sind die Chassidim vor
allem auch in den USA und Europa verbreitet. Wie die Orthodoxen halten
sie streng das Gesetz ein. Zu den bekanntesten chassidischen Gruppen zählen die Lubavitscher.

Die Konservativen sind inzwischen in den USA zahlreicher als die Orthodoxen oder Reformjuden. Sie stehen treu zum jüdischen Gesetz, befür-
worten aber auch seine Veränderung, wenn bestimmte Gebote veraltet sein
sollten.

Liberales Judentum und Reformjudentum stehen in der Tradition der
europäischen Reformbewegung des 19. Jhs. Sie hatte praktische religiöse Reformen im jüdischen Erziehungswesen und Gottesdienst zur Folge: Predigt
statt Bibelauslegung; Choräle statt Vorbeter; Orgelspiel; Gebete in Landes-
sprache statt in Hebräisch; Streichung von Passagen aus der Liturgie, die für
die Rückkehr nach Israel eintraten. 1778 gründete David Friedländer in Berlin die erste Freischule, eine schulgeldfeie Schule für jüdische Kinder aus ärmeren Familien. Die ersten Reformen hatten die Umgestaltung des jüdischen
Erziehungswesens und der synagogalen Liturgie zum Ziel. Den Anfang
machte in Deutschland der westfälische Bankier Israel Jacobson (1768–1828).
Er gründete 1801 in Seesen/Harz eine jüdische Schule (bekannt als ‚Jacobson-
schule') für arme jüdische Jungen, die zu Landwirten und Handwerkern erzogen werden sollten. Diese Industrieschule entwickelte sich zu einer auch
christliche Schüler aufnehmenden Bürgerschule. Dies war ganz im Sinne der
Idee Jacobsons, das Miteinander der Religionen zu fördern. Auf dem Schul-
gelände entstand eine Synagoge, in der – erstmalig am 17. Juli 1810 – ein reformierter Gottesdienst gefeiert wurde. Neben der deutschen Sprache in der
Liturgie (Gebete und Predigt) riefen vor allem die Einführung der Orgel und
der Chorgesang den Unwillen traditionsorientierter Juden hervor. 1827 wurde eine Mikwe, ein rituelles Tauchbad für Frauen, fertig gestellt. Nach und
nach entstanden weitere reformorientierte Synagogen, zum Beispiel der
Hamburger Tempel (1818). Seit 2003 finden in der als ‚Wiege der synagogalen
Orgelmusik' bezeichneten Stadt Seesen alle zwei Jahre die ‚Seesener Synago-
gentage' statt. Die Stadt feierte das Ereignis der Synagogeneinweihung 2010
mit zwei Veranstaltungen im Juni und November[3].

Die Vertreter des Reformjudentums stellten das Verhältnis des Menschen zu Gott und zu den Mitmenschen über die Erfüllung der religions-
gesetzlichen Vorschriften. Zu seinen Hauptvertretern gehörten der aus
Frankfurt/Main stammende Reformrabbiner und Gelehrte Abraham Geiger
(1810-1874). Er tat sich auf dem Gebiet der ‚Wissenschaft des Judentums' be-

---

[3]   Festschrift zur 200-Jahresfeier des Seesener Jacobstempels: Der Jacobstempel. Die Synagoge der
       Jacobson-Schule in Seesen, mit Beiträgen von Rolf Ballof u.a., Seesen 2010.

sonders hervor. Unter der Führung von Leo Baeck (1873–1956) erfasste das
liberale Judentum die Mehrheit der deutschen Juden. Das liberale Judentum
schuf viele Reformen. So wurde in den USA die Geschlechtertrennung im
Gottesdienst aufgehoben. In liberalen Gemeinden amtieren Rabbinerinnen,
Kantorinnen und Vorbeterinnen. Fast ein Jahrzehnt (1995–2004) gab es eine
konservative Rabbinerin im deutschen Judentum (Braunschweig, Oldenburg,
Delmenhorst): die aus der Schweiz stammende Bea Wyler. Seit dem Ende
der 80er bzw. Anfang der 90er Jahre meldet sich das liberale Judentum verstärkt zu Wort (‚Union Progressiver Juden in Deutschland, Österreich und
der Schweiz‘). Es knüpft an die große Tradition des liberalen Judentums in
Deutschland vor der Shoa an.

Judentum in Deutschland

Im Mai 1945 lebten im Deutschen Reich nur noch etwa 10.000 bis 15.000 Juden.
1933 waren es dagegen noch über eine halbe Million, was 0,76% der Gesamtbe-
völkerung entsprach. Seit der Wende von den achtziger zu den neunziger Jahren
des 20. Jhs. sind viele Kontingentflüchtlinge aus der ehemaligen Sowjetunion ein-
gewandert. Neue Synagogen entstanden, alte wurden mit neuem Leben erfüllt.
Lebten Ende der achtziger Jahre etwa 25.000 Juden in Deutschland, so ist diese
Zahl inzwischen auf über 120.000 angestiegen. Die Juden in Deutschland haben
sich in großen Gemeinden wie Berlin (12.000), München (9.000), Frankfurt/
Main (8.000), Düsseldorf (7.000) sowie etwa 100 mittelgroßen, kleineren bis
kleinsten Gemeinden organisiert. Ein erheblicher Teil der Juden in Deutschland zählt nicht zu den offiziellen Gemeindegliedern. Dachorganisation aller
jüdischen Gemeinden ist der 1950 gegründete ‚Zentralrat der Juden in Deutschland‘. Nach außen nimmt er die Funktion der politischen Stimme aller Juden in
Deutschland wahr, nach innen berät er Landesverbände und Einzelgemeinden,
kümmert sich um die Angelegenheiten der jüdischen Gemeinschaft, Religion
und Kultur. In Kontinuität zu seinen Vorgängern Heinz Galinski (1912–1992)
und Ignatz Bubis (1927–1999) mischte sich Paul Spiegel (1937–2006) als Präsi-
dent des Zentralrats der Juden in Deutschland immer wieder kritisch in die gesellschaftlichen und politischen Debatten ein. Charlotte Knobloch (geb. 1932),
die nach dem Tod Paul Spiegels zu dessen Nachfolgerin gewählt wurde, setzte
diese Arbeit fort. Die 1917 gegründete ‚Zentralwohlfahrtsstelle‘ in Frankfurt/
Main ist die Dachorganisation der jüdischen Gemeinden in Deutschland und
als solche gesamtverantwortlich für die Unterstützung der Gemeinden in ihrer
Sozialarbeit, wie auch für die Organisation und Koordination der Jugendarbeit.
Neben dem ‚Zentralrat‘ ist sie als nicht-politische Vertretung der jüdischen
Gemeinden die zweite öffentliche Institution der jüdischen Gemeinden in
Deutschland. In allen Bundesländern sind die jüdischen Religionsgemein-
schaften als Körperschaft des öffentlichen Rechts anerkannt.

Die Synagogengemeinden in Deutschland sind in der Regel Einheitsgemeinden und müssen die religiösen Bedürfnisse aller ihrer Mitglieder be-

rücksichtigen. Diese Gemeinden integrieren Juden unterschiedlich strenger Observanz und verschiedener Herkunft. De facto sind die Einheitsgemeinden in den letzten Jahren immer stärker von orthodoxen Kräften beeinflusst worden. Der Gottesdienst wird ausschließlich auf Hebräisch gehalten, instrumentale Begleitung am Sabbath ist generell untersagt. Bemerkenswert war die Entscheidung der Jüdischen Gemeinde Oldenburg, die zur konservativen Richtung zählende Bea Wyler, als erste ‚Frau Rabbiner‘ nach der Shoa in Deutschland einzustellen (s. S. 58).

Die Absolventen der 1979 gegründeten ‚Hochschule für jüdische Studien‘ in Heidelberg decken bisher nicht den Bedarf an den dringend benötigten Lehrkräften. Die weitgehende Assimilation der jüngeren Generationen erweist sich an der hohen Quote von Mischehen. In den religiösen Ausrichtungen ist das gegenwärtige Judentum in Deutschland stark von den großen jüdischen Zentren abhängig.

Immerhin hat es in Deutschland nach dem Zweiten Weltkrieg beachtliche gesellschaftliche, politische, ökonomische und auch kulturelle Bemühungen um Schuld-,Bewältigung‘ und ‚Versöhnung‘ gegeben. In der DDR wurde die kleine Gemeinde der weniger als 1000 Juden toleriert und finanziell unterstützt; hohe SED-Funktionäre aus jüdischen Familien zogen es vor, ihre Herkunft zu verbergen. Wiedergutmachungszahlungen und Unterstützung Israels durch die Bundesregierung seit den 1950er Jahren wurden überschattet davon, dass zahlreiche für die NS-Verbrechen Mitverantwortliche in hohe Staatsämter berufen worden sind.

Als Arbeitsgemeinschaft liberaler und konservativer jüdischer Gemeinden im deutschsprachigen Raum entstand im Juni 1997 die ‚Union progressiver Juden in Deutschland, Österreich und der Schweiz‘. Seit 2002 firmiert sie unter der Bezeichnung ‚Union Progressiver Juden in Deutschland‘. Sie setzt sich für eine Verbesserung des jüdischen Religionsunterrichts ein, erarbeitet Gebetbücher, fördert die Ausbildung und Bereitstellung deutschsprachiger Rabbiner, Kantoren und Religionslehrer und koordiniert die Zusammenarbeit progressiver Rabbiner und des im Jahre 2000 gegründeten Rabbinatsgerichtshofes. 1999 wurde das mit der Universität Potsdam verbundene Abraham-Geiger-Kolleg zur Ausbildungsstätte für Rabbinerinnen und Rabbiner gegründet.

Das Verhältnis von Kirche und Judentum nach der Shoa ist in beachtlichem Ausmaß geprägt durch ernsthafte Bemühungen, die fast 2000-jährige Geschichte des religiös-christlichen Antijudaismus mit ihren oft erbarmungslosen Verfolgungen und zu Hassreaktionen auffordernden Zerrbildern der Juden (so auch in Spätschriften Luthers) abzubrechen. Signale eines Umdenkens und neuen Verhaltens setzten die Verurteilung des Antisemitismus auf der ersten Vollversammlung des Weltkirchenrats 1948 in Amsterdam und die Erklärung ‚Nostra Aetate‘ des zweiten Vatikanischen Konzils (1965). In der Bundesrepublik Deutschland wurde seit Ende der 1940er Jahre eine Reihe von Organisationen und Projekten zur Versöhnung von Christen und Juden gegründet: ‚Gesellschaften für christlich-jüdische Zusammenarbeit‘, ‚Woche der Brüderlichkeit‘, ‚Aktion Sühnezeichen‘. Aspekte des christlich-jüdischen Dialogs werden seit 1961 auf den evangelischen Kirchentagen, seit 1973 auf den Katholikentagen kontinuierlich behandelt.

CHRISTENTUM

CHRISTLICHE SYMBOLE

Abbildung (1) (Kreuz oder Kruzifix)
Das Kreuz ist das zentrale Symbol des Christentums. Es verweist auf Kreuzigung und Auferstehung Jesu Christi. Das Kreuz steht für Leben
und Tod, zugleich auch für Hoffnung und Heil.
Katholische Christen schlagen bei verschiedenen
Gelegenheiten ein Kreuz. Dieser seit dem 2. Jh.
bestehende Ritus dient dazu, sich selber oder andere Menschen, auch Gegenstände, zu segnen.
Kreuze finden sich auf Gesangbüchern, Bibeln,
Todesanzeigen und Grabsteinen. Die im Katholizismus und in den anglikanischen Kirchen beliebte Kreuzwegandacht wird längst auch von
evangelischen Christen praktiziert bzw. geschieht
auf ökumenische Weise. Sie ermöglicht konkrete

Christus-Nachfolge, verhilft dem Frommen dazu, sich in die Leiden Christi
zu versenken, mit ihm im Geiste die traditionellen 14 Stationen seines Lei-
densweges vom Todesurteil im Gericht bis zum Grabe mitzugehen.

Abbildung (2) (Fisch)
Ein weiteres christliches Symbol
ist der Fisch, ursprünglich ein
geheimes Erkennungszeichen der
Christen. Auf Griechisch heißt
Fisch Ichthys. Die frühen Chris-
ten verwandten den Fisch als
Bild für Christus, weil die An-

fangsbuchstaben des griechischen Wortes zentrale Inhalte ihres Glaubens
bezeichneten: I = Jesus, CH = Christus, th = theu, y = hyios, s = soter (‚Jesus Christus, Gottes Sohn, Retter'). Heute verwenden vor allem evangelikale
Christen dieses Symbol. Sie wollen betonen, dass sie sich zu Christus bekennen. Oft sieht man solche Fische als Autoaufkleber.

EINFÜHRUNG

Trotz der unübersehbaren Vielfalt in Gottesdienst, Lehre und Leben in den christlichen Konfessionsfamilien besteht eine unverkennbare Einheit der Welt-Christenheit: Alle christlichen Kirchen berufen sich auf Jesus Christus und die Bibel. Von allen großen Weltreligionen ist das Christentum wohl diejenige, welche sich am stärksten auf eine Person beruft: Jesus Christus.

Im Frühsommer 1989 fand in Basel die ökumenisch-europäische Versammlung ‚Frieden in Gerechtigkeit‘ statt, eine wichtige Etappe auf dem Weg zu einem zukünftigen ökumenischen Friedenskonzil. Ein konziliarer Prozeß ist entstanden: eine die Konfessionen übergreifende Arbeit in Gruppen und Kirchengemeinden an den überlebensnotwendigen Aufgaben: Frieden, Gerechtigkeit und Bewahrung der Schöpfung.

Ein Vergleich ist aufschlussreich: 99% der Teilnehmer der ersten Weltmissionskonferenz von Edinburgh stammten aus dem nordatlantischen Raum. Auf der Weltmissionskonferenz in San Antonio 1989 kamen dagegen 70% der Delegierten aus Gebieten, in die einst die weißen Missionare geschickt worden waren. Großes Elend, Armut, Hunger, Seuchen und Krankheit: Angesichts solcher ‚Geißeln der Menschheit‘ stellen christliche Theologen der Dritten Welt heute nicht nur andere Fragen als (noch) viele ihrer europäischen Kollegen. Sie geben auf alte Fragen oft auch andere Antworten. Mission ist keine Einbahnstraße mehr: vom christlichen Europa in die ‚heidnische‘ Welt der ‚Eingeborenen‘ und ‚Primitiven‘. Neben die ‚alte Kirche‘ sind die ‚jungen Kirchen‘ getreten. Zum Teil haben sie eigene, faszinierende Theologien entwickelt, starren nicht länger gebannt auf die nur allzu oft um sich selbst kreisende abendländische Dogmatik. Die lateinamerikanische ‚Theologie der Befreiung‘, die ‚Schwarze Theologie in Afrika‘, die ‚Minjung-Theologie‘ in Asien, die indische Dalit – sie alle sind Ausdruck der Eigenständigkeit dieser jungen Kirchen. Neue Formen christlichen Zusammenlebens haben ihren Ausdruck u.a. in den kirchlichen Basisgemeinden gefunden, in Europa und USA, vor allem in Lateinamerika. Hier sind es meist arme Menschen, die, oft von Bischöfen und Priestern dazu inspiriert, ihr Schicksal in die Hand nehmen und der befreienden Kraft des Evangeliums vertrauen.

Jesus von Nazareth

Wie wichtig für das Christentum die Person Jesu Christi ist, und nicht eine Lehre, verdeutlicht ein klassischer Vergleich der drei großen ‚Heiligen Nächte‘ in der Religionsgeschichte: Christen feiern Weihnachten als Fest der ‚Menschwerdung Gottes‘ (Inkarnation). In der ‚Nacht der Erwachung‘ entsteht im Buddhismus eine aus dem ‚Leiden‘ herausführende ‚Erkenntnis‘. In der islamischen lailat al-qadr (‚Nacht der Macht‘) offenbart Allah ein Buch, der Koran: „Was die Lehre für den Buddhismus und der Koran für den Islam sind, das ist Christi Person für das Christentum" – so Nathan Söderblom, der schwedische Erzbischof, Friedensnobelpreisträger und Religionswissenschaftler 1920.

Wollte der judäische Wanderprediger Jesus auch keine Religion ,stiften' oder ,gründen', wie man einen e.V. oder eine Firma ,gründet', so muss man ihn vom Resultat seines Wirkens dennoch als Religionsstifter begreifen. Die Geschichte des Christentums beginnt nach dem Tode Jesu. Er selbst gründete eine innerjüdische Erneuerungsbewegung. Es ist bemerkenswert, dass das Christentum als ,neue' Religion die Heilige Schrift ihrer Herkunftsreligion (Hebräische Bibel) beibehielt und um eine weitere Heilige Schrift (Neues Testament) erweiterte.

Josef, von Beruf Handwerker (Zimmermann), war der Name des Vaters Jesu. Vermutlich wurde der Sohn zwischen 8 und 4 v.Chr. in Bethlehem geboren und wuchs dort auf. Er besuchte die Synagogenschule, sprach Aramäisch, konnte lesen und schreiben, auch wenn er selbst nichts Schriftliches hinterließ. Ob er Griechisch und Hebräisch konnte, ist ungewiss. Die Evangelisten schildern ihn als eine beeinduckende Persönlichkeit mit großer Ausstrahlung.

Wie das Leben anderer Religionsstifter[4] enthält auch die Biographie Jesu typische Legendenmotive: Seine Geburt als Jungfrauengeburt geht auf hellenistische und orientalische Vorstellungen zurück. Dort kannte man das Motiv, wonach Helden und bedeutende Könige, z.B. Alexander der Große, aus der Verbindung eines Gottes mit einer menschlichen Frau hervorgegangen waren. Der damals häufige Name Jesus ist eine lateinische Form des griechischen Iesous, eine Form des hebräischen Yehoshua (das biblische ,Yoshua'), was ,YHWH (gesprochen wahrscheinlich Yahweh) ist Heil, Rettung, Erlösung' bedeutet. ,Christus' ist – wie übrigens Buddha – ein Würdename, die europäisierte Version einer griechischen Übersetzung (,christos') des hebräischen Titels Mashiakh (hebr. ,der Gesalbte', Messias). Dieser Name wurde einigen Juden während der apokalyptischen Epoche verliehen, auch Jesus.

Mitteilungen zur Biographie Jesu enthalten die Schriften des Neuen Testaments, darüber hinaus auch ,gnosisnahe Quellen' (Johannes-, Thomasevangelium) sowie gnostische ,Dialogevangelien'. Auch judenchristliche Evangelien bieten Material. Spärliche Hinweise enthalten nicht-christliche Schriftsteller wie Tacitus (55/56 – ca. 120), Sueton (70 – um 140), Plinius der Jüngere (61 – ca. 120) sowie der Historiker Thallus, der die Kreuzigung Jesu erwähnt. Der von dem syrischen Philosophen Mara Bar Sarapion verfasste gleichnamige Brief erwähnt einen ,weisen König der Juden'. Der jüdische Historiker Flavius Josephus (37/38 – nach 100) erwähnt in seinen ,Jüdischen Altertümern' (um 93 n. Chr.) jemanden, „der Christus genannt wird". Es gibt wohl keine einzige

---

[4] Immer noch der Klassiker in diesem Bereich: Gustav Mensching: Leben und Legende der Religionsstifter. Texte ausgewählt und erklärt, Darmstadt 1955 (Neuausgabe hg. von Peter Parusel, Augsburg 1990).

rabbinische Jesus-Erwähnung bis zum Anfang des 3. Jh. Den Erwähnungen
Jesu im Talmud wird im Allgemeinen kein historischer Wert zugesprochen.
Eine immer größere Bedeutung erhalten die Aussagen des Korans über Jesus
(Isa). Das dort gezeichnete Bild vom Gesandten Isa hat sehr alte, judenchrist-
liche Züge bewahrt, führt nah an den historischen Jesus heran.

Von frühester Jugend an bis über das 30. Lebensjahr hinaus arbeitete Jesus wie sein Vater als Bauhandwerker. Er schloss sich der religiösen Bewegung Johannes des Täufers an. Den breiten Massen, vor allem Armen und
Unterprivilegierten, predigte dieser wortgewaltige Täufer das Hereinbrechen
des Gerichts und die Ankunft einer neuen Weltzeit. Johannes' Taufe war
eine Bußtaufe, damit die Bußfertigen dem Tag des Zornes Gottes entrinnen
konnten. Jesus ließ sich von ihm irgendwann in den Jahren 27-28 taufen.
Er selbst aber taufte nie. Schon bald löste er sich von der Täuferbewegung,
wirkte zunächst in Galiläa, später in Jerusalem. In den Synagogen trat er als
wandernder, wundertätiger Rabbi (,Lehrer') auf, ohne jemals ein Fachstudi-
um absolviert zu haben. Manche Forscher deuten ihn als einen Vertreter des
charismatischen Judentums, „als herausragendes Beispiel für frühen Hasidis-
mus oder Frömmigkeit"[5]. Andere sehen Jesus nicht nur als einen Rabbiner,
sondern als charismatische Gestalt, einen Hacham, ,Weisen': Einerseits predigte Jesus von Furcht einflößenden Dingen, anderseits lehrte er die Halacha.
Es entsprach dem Stil der Proto-Rabbiner, die Texte kraft eigener Autorität
freiheitlich auszulegen[6]. Das Volk verehrte ihn als ,Meister' und ,Lehrer'. Jesus war wohl ,ein Torah-treuer Jude' (David Flusser). Er lehrte keinen neuen
Glauben, sondern predigte den Menschen, Gottes Willen zu erfüllen, wie es
„aus dem Gesetz und den anderen Büchern der Schrift" ersichtlich war, so
der protestantische Neutestamentler Julius Wellhausen. Auch der US-ameri-
kanische Theologe Ed Parish Sanders sieht keinen Beweis dafür, dass Jesus
das jüdische Gesetz verletzt hätte. Jesu Gesetzesverständnis reduzierte radikal die Fülle der Einzelbestimmungen auf das eine Notwendige, nämlich
Gott und den Nächsten zu lieben.

Jesus wählte sich seine Jünger und Jüngerinnen selbst aus – meist einfache Menschen aus Galiläa. Er wusste sich ausschließlich zu den Juden gesandt (Mt.10,5f.). Jesus weigerte sich zunächst, einer Syro-Phönizierin zu
helfen (Mt 15,21ff.; Mk 7,24ff.). Seine 12 Jünger berief er in Anlehnung an
die 12 israelitischen Stämme als Repräsentanten des Gottesvolkes. Über den
Zwölferkreis hinaus gab es noch einen weiteren Jüngerkreis. Tagtäglich lebte
Jesus seinen Jüngern vor, was er lehrte. Jesus unterrichtete in den Synagogen,
verkündete die Botschaft vom Reich Gottes und heilte Kranke – meist durch
sein Wort. Als Heiler, Arzt und charismatischer Prediger hinterließ Jesus bei
vielen Zeitgenossen einen starken Eindruck. Viele brachten ihre Kranken zu

---

[5]   Geza Vermes: Jesus the Jew. A Historian`s Reading of the Gospel, 1973, S. 79.
[6]   Philip Sigal: The Halakhah of Jesus of Nazareth according to the Gospel of Matthew, Atlanta
      2007, S. 154.

ihm, baten den ‚Rabbi‘, die Krankheitsdämonen zu vertreiben. Jesu ‚Krafttaten‘, seine Wunder, standen im Zusammenhang mit dem Mittelpunkt seiner Botschaft vom erwarteten Gottesreich. Viele Menschen wünschten sich das Reich Gottes sehnsüchtig herbei. Nationalistische Gruppen verknüpften den Gottesreich-Gedanken mit der Hoffnung auf die Abschüttelung der römischen Fremdherrschaft. Ein Messias-König würde kommen und die Feinde zerschmettern. Wie das im Einzelnen geschehen mochte, darüber waren die Gruppen uneins. Auch Jesus erwartete das Gottesreich. Alles kam für ihn daher auf die ‚Umkehr‘ an, die radikale Gesinnungsänderung. Das Gottesreich war für Jesus nicht von der Beseitigung des Römer-Jochs abhängig. Schon jetzt bricht das Gottesreich an, nicht erst in Zukunft. Wenn Jesus vom Reich erzählte, verwendete er Bilder, sprach in Gleichnissen. Wie ein Dieb in der Nacht, so konnte auch Gottes Reich jeden Augenblick kommen ...

In Gleichnissen verkündete er die Liebe Gottes, die er selbst verwirklichte, indem er ‚Zöllner und Sünder‘ mit einbezog. In Palästina wurden zur Zeit Jesu die Zölle eine Bezirks (Markt-, Grenzzoll) wahrscheinlich an den Meistbietenden verpachtet. Dieser stellte seinerseits Unterpächter an. Sie mussten einen Teil der Einnahme abliefern, kassierten den Zoll jedoch in ihre eigene Tasche. Das System verleitete zu Betrügereien, und viele Zollunterpächter wirtschafteten zu ihrem eigenen Vorteil. Diese ‚Zöllner‘ waren zwar Juden, doch wegen ihrer Unehrlichkeit und ihrer Bindung an die volksfremde römische Besatzungsmacht waren sie sehr verhasst. Man rechnete sie daher nicht zur jüdischen Gemeinde, vermied nach Möglichkeit den Kontakt mit ihnen. Als ‚Sünder‘ galten vom jüdischen Milieu her betrachtet, diejenigen, die den ‚Gerechten‘ gegenüberstehen, die sich nicht ernsthaft um den Gehorsam gegen die Tora kümmerten. Jesus legte größeren Wert auf die innere Einstellung als auf die strikte Beachtung der jüdischen Gebote und Rituale. Er stieß damit auf die Gegnerschaft von Pharisäern und Schriftgelehrten, die zum Teil Pharisäer waren. Diese warfen ihm vor, die Autorität der Tora zu untergraben. Besonders kümmerte sich Jesus um ausgestoßene und gemiedene Menschen, Randexistenzen. Man konnte sehen, wie Jesus mit den ‚Sündern‘ gemeinsam an einem Tisch saß. Sein offener Umgang mit Prostituierten, Witwen und menstruierenden Frauen führte dazu, dass ihn die Pharisäer ablehnten.

Das zentrale Gebet, das Jesus seine Jünger lehrte, ist das Vaterunser. Bis 1967 wurde das ‚Gebet des Herrn‘ von Protestanten und Katholiken unterschiedlich gesprochen. Seither fügen auch katholische Christen den feierlichen Lobpreis Gottes „Denn dein ist das Reich...“, dem Vaterunser an. Im Neuen Testament befindet sich das Gebet an zwei Stellen: in der kürzeren Form bei Lukas (11,2–4), in der längeren bei Matthäus (6,9–13). Diese hatte sich bereits in frühchristlicher Zeit in der kirchlichen Gebetspraxis durchgesetzt:

„Vater unser im Himmel. Geheiligt werde dein Name. Dein Reich komme. Dein Wille geschehe, wie im Himmel so auf Erden. Unser tägliches Brot gib uns

heute. Und vergib uns unsere Schuld, wie auch wir vergeben unsern Schuldi-
gern. Und führe uns nicht in Versuchung, sondern erlöse uns von dem Bösen.
Denn dein ist das Reich und die Kraft und die Herrlichkeit in Ewigkeit. Amen."

Mehrere jüdische Gebete aus der Zeit Jesu klingen wie das Vaterunser. Einzelne Passagen des Kaddisch- und des Achtzehngebets könnten den Eindruck nahe legen, dass Jesus bei der Zusammenstellung des Vaterunsers aus
der jüdischen Gebetstradition geschöpft hat.

Im Gottesbild Jesu steht der ‚himmlische Vater' im Mittelpunkt. Ganz
nahe ist dieser mächtig-heilige Gott den Menschen gekommen. Der ‚liebe
Vater', der die Sünder sucht: Von diesem Gott sprach Jesus immer und immer wieder in seinen Gleichnissen. Gott ist wie jemand, der einem verlo-
renen Schaf nachläuft und die übrige Herde allein lässt. Gottes Willen erfüllt
man, indem man sich den Armen, Zu-Kurz-Gekommenen und Verachteten
so zuwendet, wie Gott selbst dies tun würde. So wie Gott alle Menschen liebt,
so soll der Mensch auch seine Mitmenschen lieben – sogar die Feinde.

Die letzte Reise Jesu nach Jerusalem zum Pessachfest endete mit seinem
Tod durch Kreuzigung, wohl am 7. April des Jahres 30 n. Chr. Die Forscher
vertreten verschiedene Auffassungen darüber, warum Jesu jüdische Gegner
(nicht ‚die Juden' allgemein!) eine Anklage vorbereiteten, ihn verhörten und
meinten, er müsste zum Tode verurteilt werden. Wahrscheinlich bezogen sich
die Anschuldigungen nicht auf einen einzelnen, fest umrissenen Tatbestand.
Die Angabe bei Markus (14,55) wie auch andere Überlieferungen unterstellen,
dass die obersten jüdischen Instanzen die Blutgerichtsbarkeit ausüben durften, was in Wirklichkeit nicht der Fall war. Nur die Römer besaßen das Recht
dazu. Es konnte sich daher nur um die Vorbereitung zur Anklage handeln.
Üblich war es, dass Pontius Pilatus zu großen jüdischen Festen aus seiner
Residenz Caesarea nach Jerusalem reiste. Dabei regelte er auch Rechtsange-
legenheiten in seinem Palast in der Weststadt von Jerusalem. Die Tatsache,
dass Jesus von Pilatus zum Tod durch Kreuzigung verurteilt wurde, läßt darauf schließen, dass man ihn als politischen Aufrührer betrachtete. Jesus trat
nur etwa ein bis zwei Jahre öffentlich in Erscheinung.

Mit Jesu Hinrichtung war aber nicht alles aus. Die Historiker stehen vor
einem höchst bemerkenswerten Phänomen: Kurz nach der Kreuzigung verkündeten die Jünger nämlich, dass Jesus lebt, dass er von Gott auferweckt
und erhöht wurde.

HEILIGE SCHRIFTEN

DIE BIBEL

Für Christen ist die Bibel das ‚Buch der Bücher‘. Ende 2007 existierten Gesamtübersetzungen in 438 Sprachen und Teilübersetzungen in weitere 2454 Sprachen. Die Bibel ist damit das am weitesten verbreitete und am häufigsten übersetzte Buch der Welt. Der Begriff Bibel stammt von dem griechischen Plural biblia (von biblion ‚Buchrolle, Schrift, Brief, Dokument‘). Biblia wird von dem griechisch schreibenden jüdischen Schriftsteller Flavius Josephus (37/38– nach 100) als Begriff benutzt: für die Tora wie auch für die Sammlung aller Heiligen Schriften. Seit dem 4. Jh. begegnete der Begriff auch für die aus den beiden Testamenten bestehende Bibel.

Die Heilige Schrift des Christentums besteht aus dem (von Christen sogenannten) ‚Alten Testament‘ – für Juden die Hebräische Bibel (Tenach) – und dem ‚Neuen Testament‘ (Sammelbegriff aus dem 3. Jh.). Das Wort Testamentum entspricht im Lateinischen dem griechischen Begriff Diatheke. In der griechischen Übersetzung des Alten Testament (Septuaginta) wird mit diesem Wort das hebräische B‘rit (‚Bund‘) wiedergegeben. Die Bibel ist kein einzelnes Buch, sondern eine ganze Bibliothek. Ihr Entstehungszeitraum umfasst über 800 Jahre (Schriften des AT, siehe Kapitel Judentum).

Die Entstehungszeit der neutestamentlichen Schriften reicht vom 1. Thessalonicherbrief des Paulus (kurz vor 50 n. Chr.) bis zum 2. Petrusbrief (130 n. Chr.). Lange Zeit blieb der Umfang des neutestamentlichen Kanons fließend. Während dem Urchristentum die Hebräische Bibel vorgegeben war, besteht erst um ca. 200 n. Chr. ein neutestamentlicher Kanon (‚Rohr, gerader Stab‘; übertragen: Richtscheit, Meßrute, Norm, Richtschnur). Er hat einen Grundbestand von niedrig gerechnet 21 Schriften. Die heute gültigen 27 Schriften wurden zuerst von Bischof Athanasius von Alexandria 367 in einem Osterfestbrief verzeichnet. Er erwähnte auch als erster den Begriff Kanon. Eine weitere Liste stammt von einer Synode (griech. synodos ‚Zusammenkunft‘ von Bischöfen und Gemeindevorstehern zu Beratung, Beschlussfassung und Gesetzgebung. Leiter war der Bischof von Rom, d.h. der Papst) in Rom (382), die auch die Schriften Israels enthielt. Mehrere Synoden schlossen sich dieser Entscheidung an.

Am Anfang des Neuen Testaments stehen die vier Evangelien und die vom Autor des Lukasevangeliums verfasste Apostelgeschichte. Es sind erzählende Geschichtsdarstellungen vom Leben und Wirken Jesu von Nazareth bis zur Missionstätigkeit des Apostels Paulus. Die Verfasser der Evangelien (von griech. euangellion ‚frohe Botschaft‘), die Evangelisten, wollten keine historischen Berichte verfassen. Ihre Schriften sind bereits nachösterliche Verkündigung, gläubig geschriebene Predigttexte. Sie verkündigen den historischen Jesus als von Gott gesandten Erlöser. Daher muss zwischen dem ‚historischen Jesus' und dem 'Christus des Glaubens' unterschieden werden, auch wenn beide Ebenen schwer zu trennen sind. Aus der ursprünglichen Bedeutung 'frohe Botschaft' entwickelte sich der Begriff Evangelium zu einem Ausdruck für eine literarische Textsorte. Die ersten fünf neutestamentlichen Geschichtswerke wurden ungefähr zwischen 70 und 100 n. Chr. geschrieben (Matthäus um 80 n. Chr.; Markus um 70; Lukas um 85; Johannes um 100; Apostelgeschichte des Lukas um 85/95). Sie haben mündlich weitergegebene Überlieferungen in sich aufgenommen.

Es ist üblich, die Evangelien des Matthäus, Markus und Lukas als 'synoptische' Evangelien zu bezeichnen, weil sie einen sehr ähnlichen Aufbau haben. Vermutlich lag den Evangelien des Matthäus und Lukas das Markusevangelium und eine sog. Logienquelle (Q) zugrunde. Ob es sich bei ihr überhaupt um eine schriftliche Quelle handelte, ist unsicher. Sie enthält hauptsächlich Jesus-Worte ('Logien'), jedoch kaum Erzählungen. Außerdem unterscheidet die neutestamentliche Forschung so genanntes 'Sondergut' (z.B. Kindheitsgeschichten bei Matthäus und Lukas), das in keinem anderen Evangelium erwähnt wird. Nach der in der neutestamentlichen Wissenschaft weitgehend anerkannten 'Zweiquellenforschung' gilt Q als zweite Quelle für das Matthäus- und Lukasevangelium.

Der zweite Hauptteil des Neuen Testaments besteht aus Briefen. Zwei Drittel von ihnen machen das sogenannte Corpus Paulinum aus, die Briefe des Paulus. Nur sechs Briefe werden von der Forschung als unzweifelhaft echte Paulusbriefe anerkannt. Diese belegen die Korrespondenz des Paulus mit einigen der von ihm in Kleinasien (Türkei) und Griechenland gegründeten Gemeinden. Dies gilt nicht für den Römerbrief, da in Rom schon eine Gemeinde bestand. Die unbezweifelt echten Paulusbriefe sind: Brief an die Römer; 1.und 2. Brief an die Korinther; Brief an die Galater; Brief an die Philipper; 1. Brief an die Thessalonicher; Brief an Philemon. Daneben existieren die wahrscheinlich von Paulus-Schülern geschriebenen unechten Paulusbriefe. Sie nahmen die Autorität des Apostels in Anspruch, um Probleme zu regeln, die sich in der 1. und 2. Generation nach ihm ergeben hatten. Es handelt sich um folgende Briefe: 2. Thessalonicher; 1. und 2. Brief an die Kolosser; Brief an die Epheser; 1. und 2. Timotheus-Brief; Brief an Titus.

Auf den nicht zu den Paulusbriefen gehörenden Hebräerbrief folgen die sieben katholischen Briefe: Jakobus; 1./2. Petrus; drei Johannesbriefe; Judasbrief. Ein Buch ganz eigener Gattung steht am Schluss des Neuen Testaments: die 'Apokalypse' oder die 'Offenbarung des Johannes'. Ein nicht mit dem Verfasser des Johannesevangeliums identischer, prophetisch begabter Autor schildert in sieben Sendschreiben an sieben kleinasiatische Gemeinden seine Visionen, die das erwartete Ende der Weltgeschichte beschreiben.

Es gehört zur 'definierten katholischen Glaubenslehre', dass die menschlichen Verfasser der Heiligen Schrift unter dem Einfluss von Gottes Geist stehen: „Die göttliche Offenbarung, die in der Heiligen Schrift geschrieben steht und vorliegt, ist unter dem Anhauch des Heiligen Geistes aufgezeichnet worden [...] Zur Abfassung der heiligen Bücher hat Gott Menschen erwählt, die er, indem sie ihre Fähigkeiten und Kräfte anwandten, dazu brauchte, alles das und nur das als echte Verfasser schriftlich weiterzugeben, was er – in ihnen und durch sie wirksam – geschrieben haben wollte.‟

In der protestantischen Schriftlehre galt zunächst der Grundsatz: Scriptura sacra est verbum Dei (‚Die Heilige Schrift ist Wort Gottes‘). Gott ist der Hauptverfasser, der Mensch nur ein Werkzeug seiner Hand. Hier wird die Lehre von der Verbalinspiration ausgebildet, nach der Gott nicht nur Personen einen Anstoß gibt oder den Inhalt inspiriert, sondern die einzelnen Worte, sogar die Vokalpunkte und -akzente des Urtextes. Die Lehre von der Verbalinspiration wurde später von Theologen kritisiert. Man beanstandete, dass dabei die Menschlichkeit der Verfasser nicht genügend berücksichtigt würde, die Bibel gewissermaßen zum ‚papierenen Papst‘ wurde.

Das Verhältnis von Bibel und kirchlicher Lehrtradition führte zu unterschiedlicher Auffassung zwischen den Großkirchen. Die Reformatoren machten gegen das Überwuchern der Schrift durch die Tradition den Grundsatz geltend: Sola scriptura (‚allein die Schrift‘). Damit wollte Luther die Tradition nicht ablehnen, sondern sie der Schrift sachgemäß zuordnen. Echte Tradition entspricht der Heiligen Schrift, falsche Traditionen dagegen widersprechen ihr. Die römisch-katholische Kirche nahm die Lehre des Konzils von Trient (Tridentinum: 1545–1563) im 2. Vatikanischen Konzil (1962–1965) ausdrücklich wieder auf. Der nachkonziliare Katholizismus kennt neben den zwei Glaubensnormen Schrift und Tradition als dritte Größe das Lehramt. Für das Verstehen der Heiligen Schrift (Hermeneutik) sind im Laufe der Zeit verschiedene Methoden entwickelt worden

CHRISTLICHER GLAUBE

Gott

Das Christentum gehört religionswissenschaftlich zu den monotheistischen Religionen und stellt sich die höchste Wirklichkeit personal vor: *der* Eine, neben dem es keine weiteren Götter gibt. Damit sind auch die Unterschiede zu anderen Religionen markiert, die keine ‚Gottperson‘ verehren, sondern sich auf ein impersonales Zentrum beziehen: *das* Dao in der chinesischen Religionswelt, *das* Brahman im Hinduismus, *das* Nirvana im Buddhismus.

Der Gott der Bibel ist *der* Eine (1 Kor 8,6; Eph 4,6; Jak 4,12) und Einzige (Joh 17,3; Röm 16,27; Mt 4,10; 1 Tim 6,15). Gott ist der Höchste und hat zu allem die Macht. Das Neue Testament hebt die göttliche Majestät (Hebr 8,1; 12,2; Off 4,2–6), den ‚lebendigen‘ Gott (Mt 16,16; 26,63; Apg 14,15) hervor. Gott gilt als Schöpfer der gesamten Wirklichkeit, er hat ‚Himmel und Erde gemacht‘ (Apg 4,24; 14,15; 17,24). Er ist Herr der Geschichte, ohne den kein

Sperling vom Dach fällt. Gott ist der ewige, heilige, ,ganz andere‘ (Rudolf Otto) Gott. Die Himmel rühmen seine Herrlichkeit, und die Menschen preisen ihn. Als der Unsichtbare ist Gott menschlichem Sehen unzugänglich (1 Tim 6,16). Gott ist der die Sünder suchende ,liebe Vater‘. Auf dem Hintergrund des vom Judentum her übernommenen Monotheismus zeigt sich eine weitere wesentliche Seite des christlichen Gottesbildes: Gott hat sich zu den Menschen in Jesus Christus herabgeneigt. Es ist die zentrale Botschaft Jesu, dass das Gottesreich und damit das Heil ganz nahe gekommen sind.

Das Vaterunser spricht von Gott als Vater, eine religionsgeschichtlich verbreitete Gottesanrede. Auch Juden verehren Gott als Vater (5 Mos 32,6; Ps 103,13f; Jer 3,4f; Jes 63,1f usw.). Frühjüdische pharisäische Rabbis riefen Gott im Gebet als ,unser himmlischer Vater‘ an. Im Neuen Testament kommt der Vatername um ein Vielfaches häufiger vor als in der Hebräischen Bibel: 170mal redet Jesus von Gott als Vater. Wenn sich Jesus an Gott im Gebet wendet, gebraucht er überhaupt keine andere Anrede. Jesu Gottesvorstellung sprengt nicht den Rahmen des Judentums.

Dogmatische Positionen

Zunächst war Jesus Verkündiger und Anführer einer jüdischen ,Sekte‘. Nach Tod und Auferstehung wurde er zum Verkündigten: dem ,Christus des Glaubens‘. Da die Gläubigen Jesus als Erlöser erfuhren, versahen sie ihn mit Würdetiteln und Sinnbildern aus ihrer jeweiligen Umwelt. Jesus nahm vermutlich keinen der genannten Hoheitstitel für sich selbst in Anspruch: Menschensohn, Gottes Sohn, Sohn Davids, Herr, Heiland, Messias und Christus. Diese Würdenamen sagen viel über den Glauben der frühen Anhänger aus. Nach langen theologischen Klärungsprozessen, ja erbitterten Kämpfen, standen Mitte des 5. Jhs. die Grundpfeiler der christlichen Lehre fest. Das Kernproblem war: Wie läßt sich der Glaube an den einen und einzigen Gott – für Jesus der zentrale Ausgangspunkt – mit dem Glauben an Christus vereinbaren?

In der Auseinandersetzung der christlichen Kirche mit den Umweltreligionen entwickelte sich die christliche Theologie. Nach dem Ende der Christenverfolgungen im Römischen Reich (311) brachen dogmatische Gegensätze auf. Einerseits ging es um das Verhältnis Jesu Christi zu Gott, anderseits um das Verhältnis der göttlichen und menschlichen Natur in Jesus Christus selbst. Die Synode von Konstantinopel (381) bestätigte das schon 325 beschlossene Glaubensbekenntnis, das so genannte Nicänum, um das in der orientalischen Kirche gestritten wurde: „Christus, Sohn Gottes, gezeugt aus dem Vater als einziggeborener, d.h. aus dem Wesen des Vaters, mit dem Vater wesenseins“.

Das so genannte ,Nicäno-Konstantinopolitanum‘ lehrt die Wesensgleichheit des Sohnes mit dem Vater und die Trinität vom „Heiligen Geist [...] der aus dem Vater ausgeht, der mit dem Vater und dem Sohne zusammen angebetet und verherrlicht wird“.

Das ‚Nicäno-Konstantinopolitanum' ist ökumenisch, verbindet also die Weltchristenheit:

„*Wir glauben an den einen Gott, / den Vater, den Allmächtigen,/ der alles geschaffen hat, / Himmel und Erde, / die sichtbare und die unsichtbare Welt. / Und an den einen Herrn Jesus Christus, / Gottes eingeborenen Sohn, / aus dem Vater geboren vor aller Zeit: / Gott von Gott, Licht vom Licht, / wahrer Gott vom wahren Gott, / gezeugt, nicht geschaffen, / eines Wesens mit dem Vater; / durch ihn ist alles geschaffen. / Für uns Menschen und zu unserm Heil / ist er vom Himmel gekommen, / hat Fleisch angenommen/ durch den Heiligen Geist/ von der Jungfrau Maria / und ist Mensch geworden. / Er wurde für uns gekreuzigt unter Pontius Pilatus, / hat gelitten und ist begraben worden, / ist am dritten Tage auferstanden nach der Schrift/ und aufgefahren in den Himmel. / Er sitzt zur Rechten des Vaters / und wird wiederkommen in Herrlichkeit, / zu richten die Lebenden und die Toten; / seiner Herrschaft wird kein Ende sein. / Wir glauben an den heiligen Geist, / der Herr ist und lebendig macht, / der aus dem Vater und dem Sohn hervorgeht,/ der mit dem Vater und dem Sohn / angebetet und verherrlicht wird, / der gesprochen hat durch die Propheten, / und die eine, heilige, christliche und apostolische Kirche. / Wir bekennen die eine Taufe zur Vergebung der Sünden. / Wir erwarten die Auferstehung der Toten / und das Leben der kommenden Welt. / Amen.*"

Die vierte ökumenische Synode in Chalcedon (451) formulierte die Christologie endgültig: Christus galt als ‚wahrhaft Gott und wahrhaft Mensch'. Seine beiden ‚Naturen' bestehen unvermischt, unverwandelt, ungetrennt, unverteilt.

Auf die Frühzeit der Kirche geht ein anderes, die meisten christlichen Kirchen miteinander verbindendes Glaubensbekenntnis zurück: das ‚Apostolikum'. Trotz seines Namens stammt es nicht von einem oder gar von allen 12 Aposteln. Seine heutige Form lässt sich auf den Anfang des 5. Jhs. datieren. Es war zunächst ein Tauf- und kein Lehrbekenntnis. Im Bereich der Westkirche, vor allem in Westeuropa, wurde es zum meistverwendeten Glaubensbekenntnis. Der traditionelle Ort des Apostolikums ist die Gottesdienstfeier. Der Aufbau des Bekenntnisses ist dreigliedrig (Vater, Sohn, Heiliger Geist):

„*Ich glaube an Gott, / den Vater, den Allmächtigen, / den Schöpfer des Himmels und der Erde. / Und an Jesus Christus, / seinen eingeborenen Sohn, unsern Herrn, / empfangen durch den Heiligen Geist, / geboren von der Jungfrau Maria, / gelitten unter Pontius Pilatus, / gekreuzigt, gestorben und begraben, / hinabgestiegen in das Reich des Todes, / am dritten Tage*

> *auferstanden von den Toten, / aufgefahren in den Himmel; / er sitzt zur Rechten Gottes, / des allmächtigen Vaters; / von dort wird er kommen, / zu richten die Lebenden und die Toten. / Ich glaube an den Heiligen Geist, / die heilige christliche Kirche, / Gemeinschaft der Heiligen, / Vergebung der Sünden, / Auferstehung der Toten / und das ewige Leben. / Amen."*

Monotheismus und dreieiner Gott

Das monotheistische Christentum hat allmählich trinitarische Züge angenommen. Theologen sehen dies anders. Der evangelische Systematiker Hans-Martin Barth schreibt: „Christliche Gotteslehre ist prinzipiell Trinitätslehre. Die Trinitätslehre darf nicht als zusätzliche Profilierung, als nachträgliche dogmatische Extrapolation des christlichen Gottesglaubens verstanden werden, etwas, dass nur ‚Fachleute' wissen müssten. [...] Christlicher Gottesglaube ist von vornherein Glaube an den dreieinen Gott."

Die christliche Lehre vom dreieinen Gott erweist sich oft als Stolperstein des Verständnisses – für andere Religionen, auch für Christen selbst. Die Kirchen lehren: Der eine und einzige Gott entfaltet sich als Vater, Sohn (Christus) und Heiliger Geist. Diese drei ‚Personen' haben ein einziges Wesen. Das Verhältnis dieser drei zueinander wurde im Verlauf der frühen christlichen Religionsgeschichte ebenso diskutiert wie die Frage, wie sich die Aussagen über die Dreiheit mit dem Glauben an den *einen* Gott vereinbaren ließ (s. S. 70f.).

Menschenbild

Nach christlicher Überzeugung wurde der Mensch als Mann und Frau „nach dem Bilde Gottes" geschaffen. (1 Mos 1, 26f.; 9,6). Als ‚Krone der Schöpfung' verlieh ihm Gott einen Herrschaftsauftrag über die Schöpfung. Mit seinen Nachkommen soll er die Erde bevölkern, sie bebauen und bewahren. Zerstören und verderben darf er die Schöpfung jedoch nicht. Die gute Schöpfung Gottes ist nicht fertig und ein für allemal abgeschlossen. Der Mensch soll sie bearbeiten, verbessern, zur Vollendung führen.

Grundlage der christlichen Ethik ist die Botschaft Jesu, sein ‚Doppelgebot der Liebe'. Als Jude war für Jesus klar: Der Mensch soll die Gebote der Tora halten und Gott lieben. Ein solcher Mensch gilt als Zaddik (‚Gerechter'). Als ein jüdischen Gesetzeslehrer Jesus nach dem ‚vornehmsten Gebot im Gesetz' fragte, zitierte Jesus zwei Verse (5 Mos 6,5; 3 Mos 19,18): „Du sollst lieben Gott, deinen Herrn, von ganzem Herzen, von ganzer Seele und von ganzem Gemüte. Dies ist das vornehmste und größte Gebot. Das andere ist dem gleich: Du sollst deinen Nächsten lieben wie dich selbst. In diesen zwei Geboten hängt das ganze Gesetz und die Propheten." Gedacht ist hierbei an das öffentliche und politische Zusammenleben des Jahwe-Volkes Israel. Nächstenliebe war gleichbedeutend mit Solidarität, kein privates, persönlichintimes Gefühl. Der zu liebende ‚Nächste' war der Stammes- bzw. Volksgenosse, die ‚Brüder' bzw. ‚Söhne/Kinder deines Volkes' (3 Mos 19, 13–17). Jesus ordnete alle anderen Gebote radikal diesem einen unter. Außerdem weitete er den Kreis derer erheblich aus, auf die sich Nächstenliebe bezog: ‚Nächste' waren für ihn nicht mehr nur die Volksangehörigen, sondern sogar die als ‚Feinde' des Judentums angesehenen ‚Fremden' im Land.

Christliches Handeln orientiert sich außerdem an biblischen Weisungen, in erster Linie an den ‚Zehn Geboten' (Dekalog). Diese zeigen, wie der Mensch ein Gott wohlgefälliges Leben führen kann. Sie fordern den Menschen auf, Gott als einzigen Herrn anzuerkennen, seinen Namen nicht zu missbrauchen und den Ruhetag zu achten. Man soll Vater und Mutter ehren. Christen sollen nicht töten, nicht lügen, nicht stehlen, keine Ehe zerstören (s. S. 28).

In der ‚Bergpredigt' bzw. ‚Feldrede' deutete Jesus diese Weisungen neu. Zur Grundorientierung des christlichen Handelns gehört die ‚Goldene Regel' in ihrer positiven Fassung: „Alles, was ihr also von anderen erwartet, das tut auch ihnen." Wesentlich für die christliche Ethik ist der Gedanke der Nachfolge Jesu. Jesus berief seine Jünger, ihm nachzufolgen. „Auf, mir nach!" – so lautet die bei Markus (1,17) überlieferte Aufforderung Jesu an die beiden künftigen ‚Menschenfischer' Simon und Andreas. Jesus rief Menschen dazu auf, ihm nachzufolgen, ihm zu gehorchen, die heimatlichen Zelte abzubrechen, hinter ihm herzugehen und die Strapazen des Umherziehens durchzuhalten. Wer Jesus nachfolgte, setzte sich mit ganzer Kraft für dessen Vorhaben ein, stellte sich in den Dienst Gottes. Nicht nur Asketen, Mönche, Missionare und Heilige taten dies. Auch ‚normale' Christen stehen in der Nachfolge Jesu. Alle drei Synoptiker überliefern das entscheidende Nachfolge-Wort Jesu: „Wer mein Jünger sein will, der verleugne sich selbst, nehme sein Kreuz auf sich und folge mir nach" (Mt 16,24; Mk 8,34; Lk 9,23).

Auf Thomas von Aquin geht die Lehre von den Kardinaltugenden (lat. cardo = ‚Angel, Türangel') zurück, die zum Kernbestand christlicher Ethik gehört. Zu den bei Aischylos, Platon und anderen antiken Philosophen bekannten Kardinaltugenden werden meist vier gerechnet: Klugheit, Gerechtigkeit, Tapferkeit, Besonnenheit.

Als ‚Erlösungsreligion' verspricht das Christentum, die Menschen aus der ‚sündhaften' Unheilssituation zu befreien. Dem schuldig gewordenen, leidenden Menschen verkündete Jesus Gottes Gnade. Weil Christus auferstanden ist, werden auch die an ihn Glaubenden nicht im Tod bleiben, sondern von Gott zum Leben erweckt werden.

In der Bibel hat der Gedanke der Sünde große Bedeutung. So ist die alltägliche Erfahrung des Menschseins nicht allein durch Heil, Glück, Liebe gekennzeichnet, sondern auch durch Unheil und Leid. Der biblische Ausdruck für diese unheilvolle ‚Gesamtsituation' (Gustav Mensching) des Menschen lautet ‚Sünde'. Dieser Begriff meint nicht in erster Linie moralisches Versagen, sondern zielt auf etwas Allgemeines und Grundlegendes im menschlichen Leben ab, ist eine „generelle und existenzielle Unheilssituation" (Mensching). In der Hebräischen Bibel bedeutet Sünde Verfehlung: „sich auflehnen, sich gegen jemanden empören", gegen Gott rebellieren. Neben der Sünde, die es nur im Singular gibt, kennt das Christentum auch aktuelle und konkretisierte Sünden.

Bereits das 1. Buch Mose erzählt davon, wie die Sünde auf der Erde zunimmt (Gen 4,3-24; 6,1-4; 11,1-9). Diese Linie setzt das Neuen Testament fort. Auch die Evangelien handeln vom Menschen und seinem beständigen Schuldigwerden. Jesus ist gekommen, um die Sünder zur Buße zu rufen (Mk 2,17). Er hat die Vollmacht, Sünden zu vergeben und überträgt diese auch auf seine Nachfolger (Mk 11,25; Mt 6,14; Joh 20,23). Für Paulus ist Sünde eine auch als Person vorgestellte Macht. Seit Adams Fall beherrscht sie die Menschheit bis zur Erlösung durch Christus. Sünde ist Schicksal und Verhängnis (Röm 7,15–20; 5,12). Durch die Sünde ist der Tod in die Welt gekommen. Der Mensch ist ihr bis zur Erlösung durch Christus sklavisch ausgesetzt.

Nach Augustins Erbsündenlehre besitzt der Mensch nach dem Sündenfall ein prinzipielles „Unvermögen, nicht zu sündigen". Die Reformatoren verstanden die Sünde radikal als Ungehorsam, Unglaube, hochmütige Emanzipation, verkehrtes Verhältnis zu Gott. In der protestantischen Orthodoxie (17./18. Jh.) sind Erbsünde und Tatsünde miteinander verwoben, die eine ist die Wurzel der anderen. Luthers Betonung der Personsünde ging in der Orthodoxie zugunsten ihres Interesses an der Erbsünde wieder verloren. Deshalb verstanden Aufklärungstheologie und Idealismus Sünde nicht mehr als überpersönliche Kategorie, sondern als personales Tun.

In der kirchlichen Praxis kam es bei den aktuellen Sünden zur Lehre der Sündenstaffelung und Unterscheidung zwischen ‚Todsünden' und ‚lässlichen Sünden'. Eine Todsünde begeht, wer gegen Gott in einer wichtigen Sache bei klarem Bewusstsein und zugleich mit voller Einwilligung sündigt. Durch Gewohnheit werden solche Todsünden zum Laster. Als Folgen der Todsünden werden genannt: Verlust des Gnadenlebens und aller Verdienste für den Himmel sowie zeitliche Strafen und die ewige Verdammnis. Lässliche Sünden können verschieden groß sein. Sie beziehen sich auf weniger wichtige Sachen und „trüben die Liebe zu Gott und bringen zeitliche Strafen" (Katholischer Kurzkatechismus, 1971). Alle Sünden, auch die schwersten, können nach katholischer Auffassung durch Christi Verdienste am Kreuz nachgelassen werden – vorausgesetzt, der Sünder wendet sich Gott in Reue und Buße zu, bittet ihn um Verzeihung.

Seit einigen Jahrzehnten merken Christen kritisch an, dass sich das Furcht einflössende autoritäre christliche Gottesbild negativ auf ihre Persönlichkeitsentwicklung ausgewirkt hat. Die christliche Auffassung von Sünde wird für eine ‚verklemmte' Sexualmoral verantwortlich gemacht. In der zeitgenössischen theologischen Diskussion hat der Begriff Sünde einen Bedeutungswandel erfahren. Für Karl Barth (1886–1968) war Sünde Hochmut, Trägheit und Lüge. Emil Brunner (1889–1966) qualifizierte sie wesentlich als Rebellion, deren Ausdruck der Sündenfall ist. Paul Tillich (1886–1965) sprach von der tragischen Universalität der ‚Entfremdung' als Zustand der Existenz: „Der Mensch ist entfremdet vom Grund des Seins, von den anderen Wesen und von sich selbst." Der katholische Theologe Piet Schoonenberg führte den Begriff des ‚existentiellen Situiert-Seins' ein. Neue Wege der Interpretation beschritt u.a. die evangelische Theologin Dorothee Sölle (1929–2003). Sie lehnte ein Verständnis von Sünde ‚im spezialistisch-religiösen Sinn' ab, verstand den Begriff ‚weltlich'.

STAMMZELLENFORSCHUNG

Alle drei Großkirchen in Deutschland lehnen die gentechnischen Möglichkeiten ab, die einen Verbrauch menschlicher Keime ab der Vereinigung des Erbguts von Ei- und Samenzelle mit sich bringen. Nach christlicher Auffassung beginnt das Leben mit der Zeugung. Demzufolge gilt ein nur aus wenigen Zellen bestehender Embryo bereits als Mensch. Er ist genauso schutzwürdig wie ein bereits Geborener. Forschung mit embryonalen Zellen, den Stammzellen, sind Menschenexperimente und für Christen tabu. Gegen grüne Gentechnik und gentechnische Eingriffe bei Tieren erhebt die Kirche keine grundsätzlichen Einwände, wenn sie durch Pflanzen- und Tierzüchtung die Verbesserung der Lebensbedingungen bewirkt, bei der Herstellung wirtschaftlich und therapeutisch wichtiger Produkte hilft.

Mann und Frau

Im Kreis um Jesus spielten Frauen eine größere Rolle, als sie ihnen sonst im Frühjudentum zukam. Von Anfang an gab es Frauen als Jüngerinnen in den Ortsgemeinden und als charismatische Wanderapostel. Im Neuen Testament begegnen uns mehrere Prophetinnen, z. B. Anna/Hanna (Lk 2,36) bzw. vier prophetisch begabte Frauen (Apg 21,9). Das traditionelle Rollenverständnis sah für die Frau im Innern des Hauses einen ‚dienende' Tätigkeit vor. In den Kirchen wurde dieses Rollenverständnis oft mit Textstellen aus Briefen des Apostels Paulus begründet. Sein Wort, wonach die Frau in der Kirche zu schweigen hat (1 Kor. 14,33), wird von der neutestamentlichen Forschung als späterer Einschub gedeutet.

In 1 Kor.11,7f. bezieht Paulus die Gottebenbildlichkeit des Menschen auf den Mann: „Der Mann aber soll das Haupt nicht bedecken, denn er ist Gottes Bild und Abglanz; die Frau aber ist des Mannes Abglanz. Denn der Mann ist nicht vom Weibe, sondern das Weib ist vom Manne. Und der Mann ist nicht geschaffen um des Weibes willen, sondern das Weib um des Mannes willen". Der Epheserbrief (5, 22-24) rät Frauen, ihren Männern als Herrn untertan zu sein; „denn der Mann ist des Weibes Haupt, gleichwie auch Christus das

Haupt ist der Gemeinde". Auch der nicht-paulinische 1. Timotheusbrief ent-hält klare Aussagen zur Unterordnung der Frau.

Seit der alten Kirchengeschichte war das Bild der Frau mit sexueller Ge-fahr verbunden, und Eva galt als die erste Verführerin. Maria, die ‚Mutter Gottes', dagegen wurde in der römisch-katholischen Kirche zum Modell der opferbereiten und hingebungsvollen Frau. Sie wies einen Weg zum Heil durch vollkommenen Gehorsam. Außerhalb der Ehe konnte sich eine Frau nur im Martyrium oder durch ein Leben im Kloster verwirklichen. Als Heili-ge erlangten manche Frauen großes Ansehen.

Luthers Lehre vom ‚Priestertum aller Gläubigen' führte zumindest the-oretisch zu einer religiösen Gleichwertigkeit der Frau. Doch wurden in den protestantischen Kirchen Frauen erst spät zu Pfarrerinnen ordiniert. In Preu-ßen durften Frauen erst seit 1908 studieren. Als erste Landeskirche führte die heutige Ev. Kirche in Berlin-Brandenburg 1921 das Amt der Vikarin mit pädagogischen, seelsorgerlichen und karitativen Aufgaben ein. Kriegsbedingt durften Frauen nach dem 2. Weltkrieg Gemeindepfarrämter vertreten. Erst ab 1978 hob man alle Sonderregelungen für Frauen auf, und Frauen erhiel-ten die für Pfarrer geltenden Rechte. Hanna Jursch (1902–1972) war die ers-te evangelische Theologin mit einem Lehrstuhl für Kirchengeschichte und christlicher Archäologie (1956) an einer deutschen Universität (Jena). 1969 habilitierte sich die katholische Theologin Uta Ranke-Heinemann als erste Frau in katholischer Theologie. 1970 wurde sie die weltweit erste Professorin in diesem Fach.

In der römisch-katholischen Kirche betonten lehramtliche Äußerungen nach dem 2. Vatikanischen Konzil die Gleichwertigkeit und Gleichrangigkeit der Geschlechter. Dennoch besteht keine volle, gleichberechtigte Mitwirkung der Frau in der Kirche. Nach wie vor lehnen die römisch-katholische Kirche und die orthodoxen Kirchen die Übertragung des Priesteramtes an Frauen ab.

Kirche/n

„Jesus verkündete das Reich Gottes, gekommen aber ist die Kirche" – so drückte sich der katholische Reformtheologe Alfred Loisy (1857–1940) aus. Die Geschichte der christlichen Kirche ist eine Geschichte vieler Kirchen. Die großen ‚Konfessionsfamilien' Protestantismus, Katholizismus und Or-thodoxie unterscheiden sich durch unterschiedliche Frömmigkeitsstile, ver-schiedene Auffassungen vom Wesen der Kirche und ihren Sakramenten, im Verständnis von Heiliger Schrift, kirchlicher Tradition und kirchlichem Lehramt.

‚Freikirchen' regeln ihre Belange unabhängig vom Staat, verstehen sich als ‚Freiwilligkeitskirchen'. Ihre Mitglieder wollen aufgrund eines freiwilli-gen Entschlusses in die Kirche aufgenommen werden. Freikirchen sind mis-sionarisch sehr aktiv, engagieren sich für Glaubens- und Gewissensfreiheit. Zu den bedeutendsten Freikirchen zählen: Mennoniten, Baptisten, Quäker,

Herrnhuter Brüdergemeine, Methodisten, Heilsarmee, Pfingstbewegung. Im Unterschied zu Deutschland bestehen in den USA und Frankreich nur Frei-kirchen.

Jesus selbst gründete aus religionswissenschaftlicher Sicht keine Kirche. Sie entstand als eine sich von der jüdischen Gemeinschaft unterscheidende Gemeinschaft unter Berufung auf den gekreuzigten und wieder auferstande-ne Jesus. Das Bekenntnis zu Jesus als Messias, Taufe und Abendmahl bildeten zunächst ihre Grundlage, nicht aber eine eigene Verfassung und Organisa-tion mit hierarchisch gestuften Ämtern. Der in den germanischen Sprachen übliche Begriff Kirche (schwedisch kyrka, niederländisch kerk, englisch church) bedeutet ‚dem Herrn gehörig‘, steht für ‚Haus oder Gemeinde des Herrn‘. In den romanischen Sprachen wird der unmittelbare Zusammenhang mit dem neutestamentlichen Begriff ekklesia (französisch église, spanisch iglesia) deutlich: ‚Versammlung‘. Die frühen Judenchristen benutzten den Be-griff in der Auseinandersetzung mit den Juden, um die ‚wahre Gottesgemein-de‘ der Endzeit zu bezeichnen.

Der Begriff Kirche wird in verschiedenen Zusammenhängen verwendet. Der Singular bezeichnet die weltweite Gemeinschaft der an Jesus Christus Glaubenden. Der Plural bezieht sich in erster Linie auf die vielen Konfessi-onen und Denominationen (lutherische / reformierte Kirchen, Baptisten, Methodisten usw.). Der Begriff Gemeinde wird in den reformatorischen Kir-chen oft gleichbedeutend mit Kirche gebraucht. Er legt das Schwergewicht stärker auf die überschaubare, örtlich begrenzte Gemeinschaft.

Einen Sturm der Entrüstung entfachte Papst Benedikt XVI., als er 2007 die universelle Vorrangstellung der katholischen Kirche bekräftigte. Ein von ihm gebilligtes Dokument erklärt, dass andere christliche Vereinigungen wie zum Beispiel die Protestanten „keine Kirchen im eigentlichen Sinn" seien. Der Vatikan billigt den reformatorischen Kirchen diesen Titel nicht zu, weil diese Gemeinschaften „nach katholischer Lehre die apostolische Sukzessi-on im Weihesakrament nicht besitzen". Deshalb fehlt ihnen ein wesentliches Element des Kircheseins, weswegen sie nach katholischer Lehre nicht Kir-chen im eigentlichen Sinn genannt werden könnten. Die Ostkirchen besit-zen dagegen trotz ihrer Trennung wahre Sakramente – „und zwar vor allem Kraft der apostolischen Sukzession das Priestertum und die Eucharistie". Doch leidet die orthodoxe Kirche unter einem Mangel, weil sie das Primat des Papstes nicht anerkennt und ihr damit ein inneres Wesenselement fehlt. Die Glaubenskongregation hatte bereits in dem umstrittenen Schreiben ‚Do-minus Iesus‘ (2000) die Einzigartigkeit und den Vorrang der katholischen Kirche unterstrichen.

Katholiken und Protestanten vertrauen gleichermaßen auf Gottes Gnade. *Wie* der sündige Mensch gerechtfertigt wird, *welche* Rolle die Kirche dabei spielt, sieht man unterschiedlich. Auch in der Sakramentenlehre bestehen Unterschiede. Beide Kirchen lehren gemeinsam: In Predigt und Abendmahl spricht Gott das Heil in Christus zu. Unter Sakrament wird ein Gnadenzeichen verstanden. Katholiken und Orthodoxe lehren sieben von Jesus gegebene wirksame Sakramente: Taufe, Eucharistie, Buße/Beichte, Firmung, Ehe, Priesterweihe, Krankensalbung. Protestanten erkennen nur Taufe und Abendmahl an. Eine weitere Unterscheidung betrifft das Verhältnis von Heiliger Schrift, kirchlicher Tradition und kirchlichem Lehramt. Die römisch-katholische Kirche lehrt: Die Bibel muss vom Gesamtzeugnis der Kirche ausgelegt werden. Über dessen Reinheit wacht das kirchliche Lehramt (Papst und Bischöfe). Protestanten vertrauen darauf, dass Gott trotz menschlicher und kirchlicher Unvollkommenheit und Irrtumsfähigkeit der Kirche die Seinen in der Wahrheit erhalten werde.

Maria

Die Mutter Jesu, Maria, wird in der christlichen und islamischen Frömmigkeitsgeschichte sehr verehrt. Über die historische Maria ist wenig bekannt. Außer Jesus hatte sie noch andere Söhne und Töchter. Diese gehörten nach Jesu Hinrichtung zur frühchristlichen Gemeinde. Nur Lukas lässt als einziger Evangelist Ansätze einer Marienverehrung erkennen. Für ihn ist Maria die begnadete Jungfrau und beispielhaft Glaubende (Lk 1,26ff.). Die Apostelgeschichte zählt Maria zum Kreis der Urgemeinde, hebt sie aber nicht besonders hervor. Paulus hat nur geringes Interesse an ihr. Vor allem in der römisch-katholischen und in der Ostkirche hat die Verehrung der ‚Mutter Gottes‘ große Bedeutung. Seit dem Mittelalter wird Maria, die ‚Mutter der Glaubenden‘, als Fürsprecherin gesehen. Die Marienerscheinungen an so bekannten Wallfahrtsorten wie Fátima (Portugal) und Lourdes (Südwestfrankreich), haben im 19. Jh. die Marienverehrung stark gefördert. Die Reformatoren übten an ihrer für übertrieben gehaltenen Form Kritik, schlossen aber die Hochschätzung ihrer Person nicht aus. Möglichkeiten und Grenzen einer protestantischen Verehrung der Mutter Gottes hat Christiane Eilrich in ihrer Jenaer theologischen Dissertation (Gott zur Welt bringen: Maria, 2009) ausgelotet.

Von der Marienverehrung ist die Mariologie zu unterscheiden, die theologische Lehrbildung zur Gestalt Marias. Diese erhielt 431 auf der Synode von Ephesus den Titel Theotokos (griech. ‚Gottesgebärerin‘). Ihre immerwährende Jungfräulichkeit wurde auf dem Konzil von Trient (1555) dogmatisiert. Am 8.12.1854 dogmatisierte Papst Pius IX die theologische Lehre über die unbefleckte Empfängnis. Papst Pius XII verkündete am 1.11.1950 das Dogma von Marias leiblicher und seelischer ‚Aufnahme in die himmlische Glorie‘. Das bekannteste katholische Mariengebet ist das ‚Ave Maria‘, das den Gruß des Engels (Lk 1,28) und Elisabets (Lk 1,42) mit der Bitte um Fürsprache verbindet:

„Gegrüßet seist du, Maria, voll der Gnade, der Herr ist mit dir. Du bist gebenedeit unter den Frauen und gebenedeit ist die Frucht deines Leibes, Jesus. Heili-

ge Maria, Mutter Gottes, bitte für uns Sünder, jetzt und in der Stunde unseres Todes. Amen"

FESTE AM LEBENSWEG

Taufe

Die Taufe ist ein Initiationsritus, durch den die Kirche den Täufling aufnimmt. Christen deuten die Taufe als ein Versprechen Gottes, diesen Menschen ganz in seine Barmherzigkeit und Gemeinschaft aufzunehmen. Der Täufling bzw. stellvertretend seine Eltern verpflichten sich, nach Gottes Willen und in der christlichen Gemeinschaft zu leben. Zur christlichen Taufe hinzu gehört notwendigerweise Wasser, ein religionsgeschichtliches Symbol des Lebens. Bei der Taufe gießt der Geistliche etwas Wasser über den Kopf des Täuflings. In manchen Kirchen ist es üblich, den ganzen Körper des Täuflings unterzutauchen. Dabei spricht der Geistliche den Namen des Täuflings aus und die dreigliedrige Taufformel: „Ich taufe dich im Namen des Vaters und des Sohnes und des Heiligen Geistes!" Wer getauft ist, gilt als neu geboren. Die Taufe soll deutlich machen, dass das Kind nicht nur seinen Eltern gehört, sondern ein Kind Gottes ist. Die ursprüngliche Erwachsenentaufe besiegelte im frühen Christentum die Abkehr von den ‚heidnischen' Göttern. Daraus entwickelte sich die Kinder- bzw. Säuglingstaufe. Heute praktiziert man beide Formen nebeneinander. Da die Taufe an einem bestimmten Tag des Heiligenkalenders stattfindet, ist es bei katholischen Christen bis heute üblich, neben dem Geburtstag auch den Namenstag, d.h. den Tauftag, zu feiern. Der römisch-katholische Taufgottesdienst hat liturgische Elemente aus der alten Kirche bewahrt: Salbung des Täuflings mit Öl; Übergabe der Taufkerze. Die Taufpaten versprechen, das Kind im christlichen Glauben zu erziehen. Die kirchliche Amt der Patenschaft wird im Allgemeinen von den Gliedern der eigenen Kirche übernommen. Nicht zur eigenen Kirche gehörige Paten werden in der katholischen Kirche und in einigen evangelischen Kirchen ‚Taufzeugen' genannt.

Erstkommunion – Firmung – Konfirmation

Katholische Kinder im Alter von ungefähr neun Jahren werden zum ersten Mal zur Beichte eingeladen. Sie sprechen vor einem Priester offen aus, was sie ‚Böses' getan haben, ob sie etwa zu Eltern oder Geschwistern unfreundlich waren. Der Priester erteilt ihnen die Absolution, die Zusage, dass Gott ihnen verzeiht. Dann dürfen sie zum ersten Mal, festlich gekleidet, in der Messe zur ‚Kommunion' (von lat. communio ‚Gemeinschaft') gehen. Kommunion bedeutet den Empfang von Brot (Hostie, von lat. hostia = Opfertier) in der heiligen Messe und bei besonderen Gelegenheiten Wein. Kommunion ist auch Bezeichnung für das Brot selbst, wie an der Wendung ‚die Kommunion empfangen‘ deutlich wird. Auf Wunsch wird die Kommunion auch zu Kranken und Gebrechlichen gebracht.

Die Kommunion ist ein wichtiges Fest in Familie und Gemeinde. Es wird oft am ersten Sonntag nach Ostern, dem auf das 16. Jh. zurück gehenden so genannten ‚Weißen Sonntag‘, in Gemeinde und Familie begangen. Mögliche andere Tage, so etwa Christi Himmelfahrt, sind üblich. Die Mädchen sind oft wie kleine Bräute gekleidet, die Jungen tragen festliche Anzüge. Viele Gemeinden verzichten zunehmend auf Kleiderprunk.

Die Firmung (begründet mit Apg 8,14–17) wird von einem Bischof oder einem eigens dazu bevollmächtigten Priester gespendet. Sie legen dabei ihre Hand auf den Firmling, salben seine Stirn mit geweihtem Chrisam (Salböl). Außerdem gehört ein (nur angedeuteter) Backenstreich zum Bestandteil der Firmung. Analog dem so genannten Ritterschlag soll er Kraft verleihen. Theologisch gilt die Firmung als Zeichen dafür, dass der Heilige Geist dem Firmling mitgeteilt wird. Dieser Akt besiegelt und vollendet die Taufe. Religionswissenschaftlich gesehen, ist die Firmung wie Konfirmation, Bar Mizwa usw. eine Initiation in das Erwachsenenalter.

Evangelische Kinder werden konfirmiert bzw. ‚eingesegnet‘. Die Konfirmation ist nach evangelischem Verständnis kein Sakrament. Ihr geht in den evangelischen Kirchen ein unterschiedlich langer Katechumenen- bzw. Konfirmationsunterricht voraus. Bei der Konfirmation wiederholen die Konfirmanden ihr ‚Ja‘ zur Taufe. Gefirmte und Konfirmierte sind vollwertige Mitglieder ihrer Kirchen, besitzen alle Rechte und Pflichten der Christen.

Trauung

Nach katholischem Verständnis ist die Ehe ein Sakrament. Das Brautpaar spendet sich dieses selbst vor dem Priester und besiegelt damit die Ehe. Kirchenrechtlich gilt die katholische Trauung als die gültige Eheschließung. Im Protestantismus ist die Trauung dagegen kein die Ehe rechtlich begründender Akt. Sie ist ein Segensgottesdienst aus Anlass der bürgerlichen Heirat, bei dem wie auch in jedem anderen Gottesdienst Gottes Zuspruch im Mittelpunkt steht. In Gebet und Fürbitte bringen das Paar und die Gemeinde die Eheschließung vor Gott. Die (monogame) Ehe gilt bis zum Tode als unauflöslich. Dies wird mit dem gegenseitigen ‚Ja‘ vor Pfarrerin und Pfarrer bzw. Priester besiegelt.

Tod und Bestattung

Nach christlichem Glauben behält der Tod nicht das letzte Wort. Christen glauben an ein ‚neues Leben‘ bei Gott. Die Hoffnung darauf schöpfen sie aus der Auferstehung Jesu. In der theologischen Tradition wurde der Tod meist als ‚Folge der Sünde‘ (Röm 5,2; 6,23) gedeutet. Das Neue Testament spricht von einem Sterben, das nicht im Gegensatz zum Leben steht, sondern als eigentliches Merkmal des Lebens gilt. Christliche Existenz wird verstanden als ‚Sterben mit Christus' (Röm 6,3–8).

Wenn ein Christ gestorben ist, findet einige Tage danach ein Trauergottesdienst (katholisch: Requiem, Seelen- oder Totenmesse) statt. Man gedenkt dabei sowohl der Verstorbenen als auch der Hinterbliebenen. Die Verstorbenen werden der Gnade Gottes anempfohlen. Katholiken feiern eine Gedenkmesse anlässlich des Jahrestages des Todes. ‚Seelenmessen' finden am 7., 30. oder 40. Tag bzw. in jährlichem Rhythmus nach dem Tod statt.

FESTE IM JAHRESKREIS

Die westlichen Kirchen beginnen ihr Kirchenjahr am 1. Advent. Auf den Weihnachtsfestkreis (Martinstag, Advent, Nikolaustag, Weihnachten, Heilige Drei Könige/Epiphanias) folgen die Passionszeit und der Osterfestkreis (Aschermittwoch, Karwoche, Ostern, Christi Himmelfahrt), Pfingsten und der Pfingst- bzw. Trinitatiskreis (Dreifaltigkeitssonntag, Fronleichnam, Mariä Himmelfahrt, Erntedankfest, Reformationsfest, Allerheiligen/Allerseelen, Buß- und Bettag, Totensonntag/Ewigkeitssonntag).

Advent und Weihnachten
Advent (lat. adventus ‚Ankunft') bezeichnet die vierwöchige Zeit vor Weihnachten. Man kennt sie erst seit dem 4. Jh. Über längere Zeit war die Zahl der Adventssonntage regional unterschiedlich. Erst seit 546 ist die abendländische Vierzahl für Italien bezeugt. Zunächst war Advent eine Buß- und Fastenzeit. Die liturgische Farbe violett verrät dies noch heute. Advent bedeutet theologisch Erinnerung und Erwartung: Christen glauben, dass die Ankunft des Messias sich in Jesus erfüllt hat. Darüber hinaus erwarten sie seine endgültige Wiederkunft am Jüngsten Tag.

Die Sitte, Kerzen des Adventskranzes anzuzünden, geht auf einen norddeutsch-protestantischen Brauch aus dem späten 19. Jh. zurück. Der katholische Süden und Südosten leisteten anfangs Widerstand dagegen. Noch 1932 kannte man den Adventskranz keineswegs überall in Deutschland. Als sein ‚Erfinder' gilt der evangelische Theologe, Pädagoge und Motor der Inneren Mission Johann Hinrich Wichern (1808–1881). Die grünen Zweige des Adventskranzes sollen die Hoffnung versinnbildlichen. Die roten Kerzen stehen für Liebe, die violetten Bänder für Buße und Umkehr. Die Advents- und Weihnachtszeit mit ihrem Sinn für Familie und behagliche Häuslichkeit spiegelt den Geist des modernen Bürgertums im 19./20. Jh. wider.

In den Advent gehören u.a. die Feste von Nikolaus, Barbara und Luzia. Am 25. Dezember feiern westliche Christen Weihnachten (aus dem Germanischen ‚Geweihte Nacht'): das Fest der Geburt Christi. Das Weihnachtsfest entwickelte sich erst in der 2. Hälfte des 4. Jhs. in Rom als eigenständiges Geburtsfest. In den evangelischen und katholischen Kirchen beginnt das Weih-

nachtsfest mit der Christvesper bzw. der Vigilmesse am Heiligabend. Die
Feier der Geburt Jesu wird mit vielerlei geistlichen und volkstümlichen Liedern, Spielen und Bräuchen um Krippe und Hirten in Kirchen und Familien
begangen. Der festlich geschmückte Weihnachts- bzw. Christbaum verbindet
Symbole des Lichts mit denen des Lebens. Die immergrünen Zweige versinnbildlichen das Leben. Der Brauch, den Baum mit Äpfeln, Nüssen und Gebäck
zu schmücken, mag mit dem Gedanken zusammenhängen, den Christbaum
in Verbindung mit dem Paradiesbaum zu bringen. Einige Länder kennen einen 2. Weihnachtsfeiertag.

Passionszeit und Ostern
Dem Weihnachtskreis folgt der Osterfestkreis. Vor Ostern liegt die Fastenzeit. Sie beginnt Aschermittwoch und endet Ostersamstagnacht. Die 40 Tage
der Fastenzeit erinnern an die 40 Tage dauernde Sintflut, die 40 jährige Wanderung der Isrealiten durch die Wüste sowie an die 40 Fastentage Jesu vor
seinem öffentlichen Auftreten in der Wüste. Viele Christen verzichten während der Fastenzeit auf unterschiedliche Nahrungs- und Genußmittel. Bildliche Darstellungen, das Kruzifix werden mit einem Tuch verhängt, wegen
der Fastenzeit auch Hungertuch genannt.

Ostern wird nach dem auf Frühlingsanfang folgenden Vollmond gefeiert.
Ostern wurde bereits im 4. Jh. als christliches ,Fest der Feste' hoch geschätzt.
Nach dem englischen Mönch und Kirchenlehrer Beda Venerabilis (672/73–
735) stammt der Name Ostern von der germanischen Gottheit Ostera ab, der
angelsächsischen Göttin der Morgenröte und des aufsteigenden Lichts. Einer
anderen Erklärung zufolge geht Ostern auf ostra zurück. Dieses althochdeut-
sche Wort benennt den Zeitpunkt, an dem die Sonne genau wieder im Osten
aufgeht.

Der erste wichtige Feiertag der Karwoche (altdeutsch chara ,Wehklage,
Trauer') ist Gründonnerstag, an dem Jesus nach neutestamentlicher Überlieferung mit seinen Jüngern das letzte Abendmahl einnahm. Man gedenkt
auch der Fußwaschung, die Jesus als Zeichen der Demut an seinen Jüngern
vornahm. In manchen Kirchen finden nach dem Vorbild Christi Fußwa-
schungen an Armen und Kranken statt. Manche leiten ,Gründonnerstag' von
,greinen' oder ,grunen' (büßen) ab, weil früher an diesem Tag die Büßer aus
ihrer Schuld entlassen und wieder in die kirchliche Gemeinschaft aufgenommen wurden.

Der Karfreitag steht mit seiner Stille und Nachdenklichkeit, Trauergesän-
gen und Fasten ganz im Zeichen der Trauer um den Tod Jesu. Glocken und
Orgel schweigen an diesem Tag. Im Mittelpunkt des Wortgottesdienstes steht
die Leidensgeschichte Jesu.

In den ersten Jahrhunderten galten die 50 Tage nach Ostern bis zum
Pfingstfest als eine geschlossene Festzeit. Seit dem 4. Jh. wurde am 40. Tag
nach Ostern ein besonderes Fest eingeführt: Christi Himmelfahrt. Der 40.

Tag wurde gewählt, weil es in der Apostelgeschichte (1,3) heißt: „40 Tage hindurch ist er (Jesus Christus) ihnen erschienen."

Pfingsten

Zum Pfingstkreis gehören: Pfingsten, Trinitatis, Fronleichnam; Reformationsfest der evangelischen Kirchen, Fest für alle Heiligen der (katholischen) Kirche (Allerheiligen), Allerseelen, Totensonntag / Ewigkeitssonntag.

Das sieben Wochen nach Ostern gefeierte jüdische Schawuot (hebr. ‚Wochenfest‘), ein Erntefest, wurde im Christentum zum Pfingstfest (von griech. pentekoste ‚der 50. Tag‘ nach Ostern), zum Fest der Ausgießung des Heiligen Geistes (Apg 2,1–47). Die Kirche feiert Pfingsten als Fest der Vollendung der Auferstehung Christi, seiner Gegenwart durch das Wirken des Heiligen Geistes und als Gründungsfest der Kirche. Dies soll auf den neuen Paradiesgarten hinweisen, der durch Gottes Geist in dieser Welt entsteht (s. S. 40).

Am ersten Sonntag im Oktober feiert man in Deutschland das Erntedankfest, um Gott für seine guten Gaben zu danken. An diesem Tag wird die Kirche mit Blumen und Getreide geschmückt. Neben den Altar werden Obst, Gemüse und Brot gelegt. Christen sollen an diesem Tag auch darüber nachdenken, wie sie mehr Gerechtigkeit erreichen und die Gaben Gottes besser (ver)teilen können.

Am 31. Oktober begehen evangelische Christen das Gedächtnis der Reformation. Der Überlieferung nach schlug Martin Luther am Vortag des Allerheiligenfestes 1517 seine 95 Thesen zu Ablass und Buße an die Tür der Wittenberger Schlosskirche. Dieses Ereignis gilt allgemein als Beginn der reformatorischen Bewegung.

Im November wird der Buß- und Bettag begangen. Allerheiligen am 1. November ist das Fest aller Menschen, die nach ihrem Tod die Gemeinschaft mit Gott erreicht haben, also nicht nur derer, die heilig gesprochen wurden. Am darauf folgenden Allerseelen gedenkt die katholische Kirche aller Verstorbenen, welche die Vollendung noch nicht erreicht haben, und legt Fürbitte für sie ein. Mit Allerseelen verbunden ist der Brauch des Gräbergangs.

Der 11. November ist der Gedenktag des Bischofs Martin von Tours (316/17–397), der sich bei katholischen und evangelischen Christen großer Beliebtheit erfreut. Für Protestanten ist dieser Tag zugleich der Tauf- und Namenstag Martin Luthers.

Zur römisch-katholischen Frömmigkeit gehören die Marienfeste, z.B. Mariä Verkündigung am 25. März. Einige Feste der ‚Gottesmutter‘ Maria reichen bis in das 4. Jh. zurück

Fronleichnam

Fronleichnam bedeutet auf Mittelhochdeutsch ‚Leib des Herrn‘. Dieses wichtige katholische Fest wird 10 Tage nach Pfingsten begangen. Im Mittelpunkt steht dabei die Zurschaustellung des Altarsakraments in der Monstranz. 1209 hatte die Nonne Juliana von Lüttich eine Vision. Sie sah beim Vollmond eine dunkle Stelle. Den Mond deutete sie als ein Sinnbild der Kirche und die dunkle Stelle als ein noch fehlendes Fest. Dieses wurde 1246 in der Diözese Lüttich zum ersten Mal eingeführt. In Deutschland setzte sich rasch der Name Fronleichnam durch. An diesem Festtag trägt die katholische Kirche ihr „kostbarstes Kleinod, den eucharistischen Heiland, aus dem Heiligtum hinaus in Gottes freie Natur, und das Volk huldigt ihm als den ‚König der Ehren‘, der seinen festlichen Umzug hält" (Friedrich Heiler).

HEILIGE ORTE

Die Kirchen haben ein unterschiedliches Verständnis vom ‚heiligen Raum‘. Für Katholiken ist der Kirchenraum als solcher ‚heilig‘. Er ist geweiht, vom profanen Raum getrennt worden. Auch für orthodoxe Christen ist die Kirche als solche ein ‚heiliges Gebäude‘. Für evangelische Christen ist die Kirche in erster Linie ein Versammlungsort der Gemeinde. Nach reformatorischer Überzeugung bindet sich Gott nicht an bestimmte Räume, sondern an Menschen. Die Kirche *wird* für Protestanten zum ‚heiligen Raum‘, wenn sich dort Menschen zum Gottesdienst versammeln. Ein wichtiger Unterschied beruht auf dem Abendmahlsverständnis. Nach katholischem Glauben bleiben die einmal vom Priester geweihten Hostien und Wein Leib und Blut Christi. Die Hostien werden im Tabernakel aufbewahrt, und zum Zeichen der ‚leibhaftigen Anwesenheit‘ Christi brennt in katholischen Kirchen das ‚ewige Licht‘.

Kirchen
Christliche Gotteshäuser heißen Kirchen. Dieser Begriff wird auch für die Gemeinschaft der an Jesus Christus Glaubenden verwendet. Zu den Hauptkirchen zählen: Dom (lateinisch domus Dei ‚Haus Gottes‘), Münster (lateinisch monasterium ‚Kloster‘), Kathedrale (griechisch kathedra ‚Bischofssitz‘), Pfarr- und Gemeindekirchen sowie kleinere Bauten wie Kapellen, Baptisterien (Taufkapellen) und Mausoleen (Grabmale). Kirchen waren im Unterschied zu Tempeln Versammlungsstätten der Gemeinde zur Feier der Liturgie mit Predigt und Feier des Abendmahls. Durch die Zunahme des Reliquienkultes und der Aufbewahrung der Hostien im Tabernakel gewann die Kirche den Charakter des Tempels zurück und entwickelte sich zum ‚Gotteshaus‘. Erst durch die Reformation – und im römischen Katholizismus durch das 2. Vatikanische Konzil – setzte sich das Verständnis der Kirche als Versammlungsraum der Gemeinde stärker durch.

Zur Kirchenausstattung gehören: Altar mit Kruzifix bzw. Kreuz, Abendmahlsgeräte, Taufstein (bzw. Becken), die Kanzel als Ort der Predigt, Kirchenbänke, Emporen, Liedertafeln usw. Auch der Kirchturm mit den Glocken, die Kirchturmuhr, die Sakristei (ein Nebenraum für den Geistlichen bzw. die Presbyter und die Abendmahlsgeräte), die Eingangshalle und andere Nebenräume werden zur Kirchenausstattung gerechnet.

Das Luthertum hebt im Kirchenraum die Abgrenzung zwischen Klerus (Geistlichen) und Laien auf und konzentriert die Richtung auf Altar und Kanzel. Eine besondere Rolle spielt die Kirchenmusik, die vor allem im Barockzeitalter aufblühte. Musik wird zu einem wesentlichen Merkmal protestantischer Frömmigkeit (Kirchenliederdichtung Paul Gerhards; Kompositionen Johann Sebastian Bachs). Bei den Reformierten tritt an die Stelle des Altars der Abendmahlstisch. Es herrscht eine starke Bilderabneigung vor.

Jerusalem, Rom, Compostela
Aus den ursprünglichen Grabstätten der Märtyrer, an denen vor allem an ihrem Todestag Gottesdienste gefeiert wurden, entstanden seit dem 4. Jh. Grabeskirchen. Schon bald hatten sie überregionale Bedeutung. Das Grab Christi in Jerusalem wurde besonders bedeutsam. Kaiser Konstantin der Große ließ über dieser Stätte eine Grabeskirche erbauen. Palästina, das ‚Gelobte Land Israels‘, ist auch zum ‚Heiligen Land‘ der Christen geworden. Die beiden anderen großen Wallfahrtsstätten der abendländischen Christenheit sind aus Märtyrergräbern hervorgegangen: Rom (Petrus und Paulus) seit frühchristlicher Zeit und Compostela (der ‚Maurentöter‘ und Patron der Reconquista Jakobus/Santiago) in Westspanien seit dem 9. Jh.

Zu den bekanntesten heiligen Stätten der Orthodoxie zählen neben Jerusalem, Gethsemane, Bethlehem, Nazareth, der Berg Sinai und der Berg Athos. Auf griechischem Boden sind es die sechs Meteora-Klöster, die Panagia auf der Insel Tinos, die Demetriuskirche in Thessaloniki usw. Neben russsischen, bulgarischen und rumänischen heiligen Stätten hat das Kloster Milesevo mit dem leeren Grab des Nationalhelden Savvas für die serbische Orthodoxie herausragende Bedeutung.

Zu den großen heiligen Orten der Christenheit zählen Jerusalem (für alle Konfessionen), Rom (für römische Katholiken), Konstantinopel und Moskau (für orthodoxe Christen). Auch wenn die Geschichte der Reformation mit Orten (Wittenberg, Genf, Basel) verknüpft ist, so sind diese Orte im Bewusstsein evangelischer Christen keine ‚heiligen‘ Orte. Überhaupt ist der Gedanke heiliger Orte dem Protestantismus fremd.

RELIGIÖSE HANDLUNGEN

Gottesdienst/Messe
Gottesdienst ist nach christlichem Verständnis nicht nur eine rituelle, kultische Handlung. Vielmehr soll das ganze Leben eines Christen nach Paulus (Röm 12,1) ein Gottesdienst sein. Gottesdienste im kultischen Sinn bzw. Messen (katholisch) finden im Allgemeinen in Kirchengebäuden statt. Nach evangelischem Verständnis kann überall, in jedem Raum, auch im Freien, ein

Gottesdienst gefeiert werden – ein Konzept, wie es auch für den Islam kennzeichnend ist. Der christliche Gottesdienst ist aus dem Gottesdienst der Synagogen hervorgegangen, der aus Gebet, Schriftlesung und Predigt besteht.

Im Unterschied zum jüdischen Sabbat, dem letzten Tag der Woche, feiern Christen ihren Gottesdienst am Sonntag, dem ersten Tag der Woche. Der Sonntag gilt als symbolischer Tag der Weltschöpfung und der Auferstehung Jesu. An kirchlichen Feiertagen finden in vielen Gemeinden besondere Gottesdienste statt: Osternachts-, Weihnachtsgottesdienst, Erntedankfest. Ferner gibt es Gottesdienstveranstaltungen für besondere Gruppen, z.B. für Kinder, Jugendliche und Senioren.

Abendmahl/Eucharistie

In allen Kirchen gilt das Abendmahl als Sakrament. Es versinnbildlicht die Vereinigung Jesu Christi mit den Gläubigen. Abendmahl ist die Bezeichnung der letzten Mahlzeit Jesu vor seinem Tod mit seinen Jüngern. Ob dieses Mahl eine jüdische Sederfeier war, ist in der Forschung umstritten. Die Texte der drei Synoptiker legen dies aber nahe. Die vier ‚Einsetzungsberichte‘ (Mt 26,26–29; Mk 14,22–25; Lk 22,15–20; 1 Kor 11,23–25) unterscheiden sich in ihrem Wortlaut. Jesus sprach zu Brot und Kelch (Wein) so genannte Deuteworte. Diese mögen ursprünglich gelautet haben: „Dies ist mein Leib" und „Dies ist mein Blut, vergossen für die Vielen". Jesus deutete sein Leiden als Sühnetod. Er nahm ihn stellvertretend für alle Menschen auf sich, um diese wieder mit Gott zu versöhnen. Jesus stellte das letzte Abendmahl in einen Zusammenhang mit dem anbrechenden Gottesreich. Es galt als Vorwegnahme derjenigen Mahlzeit, die Gott mit Jüngern, Anhängern, auch Zöllnern und Sündern, in seinem Reich feiern wird. Im frühen Christentum wurde das Abendmahl – Paulus nennt es ‚Herrenmahl‘ – täglich gefeiert, später am 1.Tag jeder Woche (Sonntag).

Die orthodoxe, römisch-katholische sowie die anglikanischen Kirchen sprechen von Eucharistie (griech.-lat. ‚Danksagung‘). In katholischen Kirchen bringt der Priester das Messopfer auf dem Altar dar. In den meisten katholischen Kirchen gibt es einen ‚Hochaltar‘ und mehrere Seitenaltäre. Alte Altäre haben eine ‚Retabel‘, eine Bilderwand, mit dem Tabernakel (lat. ‚Zelt‘) in der Mitte. Dort werden die Hostien (von lat. hostia ‚Opfergabe‘), die beim Abendmahl gereichten geweihten Brotstückchen oder Oblaten, und die Monstranz (Gefäß zum Zeigen und Aufbewahren der Hostien) aufbewahrt. In evangelischen Kirchen gibt es keinen Tabernakel, weil die Reformatoren diese Art der Aufbewahrung der Hostie ablehnten. Der Altar galt als Ort des Schutzes, wo selbst Schwerverbrecher nicht ergriffen werden durften, sondern Asyl genossen.

RELIGIÖSE AUTORITÄTEN

Bereits in der Urgemeinde wurden verschiedene Funktionen unterschieden. Neben dem Kreis der (hebräisch sprechenden) ‚Zwölf‘ gab es die (griechisch sprechenden) ‚Sieben‘. Die nicht auf diese beiden Kreise beschränkten Apostel waren die ersten Zeugen, welche die Christusbotschaft verkündigten und Gemeinden gründeten. Propheten und Prophetinnen, Evangelisten und Helfer verschiedener Art gehörten zu den frühen christlichen Autoritätspersönlichkeiten. Im Zentrum der frühen Christenheit stand die Diakonie (von griech. diakonia ‚[Tisch-]Dienst‘). Nach einem häufig überlieferten Jesuswort soll der ‚Höchste der (Tisch-)Diener aller sein‘.

Die im Laufe der Geschichte entstandenen Kirchen sind unterschiedlich organisiert. In der katholischen Kirche ist bei der Weihe von Geistlichen die apostolische Legitimation erforderlich. Die Weitergabe der Apostellehre ist mit der apostolischen Nachfolgereihe verknüpft: Sie setzt sich bei jeder Priesterweihe durch den Bischof fort – geht zurück auf den Apostel Petrus. In den orthodoxen Kirchen, bei Anglikanern und Altkatholiken geschieht dies durch Geistmitteilung und Handauflegung. Evangelische Amtsträger werden berufen.

Die stärkste hierarchische (griech. ‚heilige Herrschaft‘) Struktur weist die römisch-katholische Kirche auf. Sie sieht im Papst den ‚Stellvertreter Christi‘.

Die Kirchen der Reformation brachen mit dieser Tradition. Die vorherrschende Leitungsstruktur in den evangelischen Kirchen in Deutschland besteht darin, dass ein Ältestenkreis, auch Presbyterium genannt, die jeweilige Gemeinde zusammen mit dem Pfarrer leitet. Delegierte und Pfarrstelleninhaber vertreten sie in Synoden (‚Zusammenkunft‘). Zwischen den Synoden übt ein landeskirchliches kollegiales Gremium die Leitung aus. Diese Ordnung geht auf die Reformationszeit zurück.

Abt/Äbtissin: Der Vorsteher eines Männerklosters wird Abt genannt. Dieses Wort stammt von dem aramäischen Wort Abba ab und bedeutet Vater. Die Vorsteherin eines Nonnenklosters heißt Äbtissin. Ein Kloster ist ein Haus, in dem Mönche oder Nonnen leben. Das Wort leitet sich vom lateinischen claustrum (‚verschlossener Raum‘) her. Viele Klöster wurden von christlichen Orden gegründet. Zum Kloster gehören oft eine Kirche, zahlreiche Nebengebäude und Landwirtschaft, so dass ein Kloster eine abgeschlossene Gemeinschaft sein kann, in der man für sich lebte und arbeitete.

Bischof: Leiter eines Kirchenbezirks. In der evangelischen Kirche leitet der Bischof eine Landeskirche, in der katholischen Kirche eine Diözese.

Erzbischof: Seit dem 4. Jh. in der Ostkirche Bezeichnung für Inhaber der bedeutendsten Bischofssitze. Seit dem 8. Jh. in der Westkirche Begriff für den 1. Bischof (Metropolit) einer Kirchenprovinz. Ihm unterstehen die übrigen Bischöfe. Erzbischöfe gibt es heute außer im römischen Katholizismus nur in der anglikanischen sowie in einigen lutherischen Kirchen Skandinaviens und des Baltikums.

Papst (von griech. pappos ‚Vater‘): Oberhaupt der römisch-katholischen Kirche mit Sitz im Vatikan (Rom). Der Papst wird von den Kardinälen gewählt. Nach römisch-katholischem Verständnis ist der Papst Nachfolger des Apostels Petrus und Stellvertreter Christi. Er hat die volle und oberste Leitungsgewalt über die Kirche, gilt als ‚unfehlbar‘, wenn es um die Festlegung von Glaubensinhalten oder der Moral geht. Der Papst wird von Katholiken mit dem Ehrentitel ‚Heiliger Vater‘ angesprochen.

Pastor: Titel für einen Geistlichen in der christlichen Kirche. Das aus dem Lateinischen stammende Wort bedeutet ‚Hirte.‘

Pfarrer / Pfarrerin: Nach evangelischem Kirchenrecht der ordentliche Inhaber eines Pfarramts. Ein Pfarrer ist in erster Linie mit der Ausübung der Seelsorge beschäftigt: durch Wortverkündigung in Predigt und Katechese, Gottesdienst, Sakramentenverwaltung, Krankenseelsorge, Armenfürsorge. Pfarrer werden im Ordinationsgottesdienst berufen. Sie verpflichten sich, das Evangelium gemäß der Heiligen Schrift und dem Bekenntnis zu verkündigen und die Sakramente zu verwalten. Seit 1991 werden in allen evangelischen Landeskirchen auch Frauen zum Pfarramt ordiniert.

DAS CHRISTENTUM ANGESICHTS AKTUELLER PROBLEME DER GEGENWART

Familienplanung

Zu den Leitlinien der katholischen Familienplanung gehören: Ablehnung der Abtreibung, Verbot der künstlichen Befruchtung, keine Manipulation von Embryonen, Achtung vor dem beginnenden menschlichen Leben.

Die Enzyklika Humanae vitae (lat. ‚des menschlichen Lebens‘) Papst Pauls VI. vom 25.7.1968 legte fest, dass jeder einzelne eheliche Akt auf Kinder ausgerichtet sein muss. Inzwischen spricht die katholische Kirche von verantwortlicher Elternschaft. Kinder dürfen bei der Planung nicht ausgeschlossen werden; aber es genügt, wenn die Ehe als Ganzes für Kinder offen ist. Da das menschliche Leben vom Augenblick der Empfängnis als Person absolut zu achten und zu schützen ist, lehnt der Katholizismus Abtreibung ausdrücklich ab. Selbst wenn das Leben der Mutter durch die Tötung des Kindes gerettet werden könnte, behält diese Bestimmung ihre Gültigkeit.

‚Natürliche Familienplanung‘ ist erlaubt, zum Beispiel die Beschränkung des Geschlechtsverkehrs auf die mutmaßlich unfruchtbaren Tage. Verboten sind Methoden wie die Einnahme von Kontrazeptiva, welche die Empfängnis auf dem Wege einer faktischen Abtreibung ausschließt.

Die kategorische Ablehnung der Abtreibung kann in Konflikt zum staatlichen Recht geraten, das inzwischen eine Abtreibung ermöglicht. In der katholischen Kirche Deutschlands wurde diskutiert, ob die nach deutschem Recht für eine straffreie Abtreibung notwendige Bescheinung einer stattgefundenen Schwangerschaftsberatung von kirchlichen Beratungsstellen ausgestellt werden darf. Nachdem dies zunächst erlaubt worden war, verbot Papst Johannes Paul II. eine solche Beratung als unrechtmäßige Mitwirkung an der verwerflichen Abtreibung. Daraufhin gründeten im Jahre 1999 katholische Laien den von der offiziellen Kirche abgelehnten Verein Donum Vitae (,Geschenk des Lebens') als Träger katholischer Beratungsstellen mit Scheinvergabe. Sie sind überzeugt, durch das Verbleiben in der gesetzlichen Schwangerschaftskonfliktberatung Frauen eher davon überzeugen zu können, ein Leben mit Kind zu wagen.

Die katholische Morallehre erlaubt vorgeburtliche Diagnostik, sofern sie auf das Leben und die Gesundheit des Ungeborenen zielt und nicht Begründungen für eine eventuelle Abtreibung liefert. Sie gestattet Eingriffe in den Embryo zur Heilung, schließt jedoch Manipulationen zur Stammzellengewinnung aus.

Die evangelische Ethik erhebt keinen grundsätzlichen Einspruch gegen Geburtenplanung. Jedoch stellt Schwangerschaftsabbruch ein kontroverses Thema dar. Insbesondere die Frage der ,medizinischen Indikation' im Fall einer schweren Gefahr für Leben oder körperliche Gesundheit warf seit den 1920er Jahren die Frage auf, ob ein solcher Schwangerschaftsabbruch als ,Grenzfall' der Ethik anzusehen sei. Nach 1945 diskutierte man darüber, ob es zulässig sei, eine durch Vergewaltigung entstandene Schwangerschaft abzubrechen. Der Rechtsausschuss der Evangelischen Frauenarbeit in Deutschland stellte 1962 in seinem ,Wort zur Frage der ethischen Indikation' fest: „Nimmt die Frau eine Schwangerschaftsunterbrechung vor, so läuft dies Gottes Geboten zuwider. Jedoch hat der Staat nicht das Recht, einen Menschen zu strafen, der eine Konfliktlage nicht bewältigt, die besonders hohe Anforderungen an ihn stellt." Seit dem 1. Oktober 1995 ist ein Gesetz in Kraft, das den Schwangerschaftsabbruch nach § 218 StGB durch eingehende Beratung und Indikationenbestimmung regelt.

In der protestantischen Ethik hat sich die Auffassung durchgesetzt, dass es einen Unterschied zwischen einer ethischen und strafrechtlichen Beantwortung der Frage des Schwangerschaftsabbruchs gibt. Zwar steht Abtreibung im Widerspruch zur christlichen Lehre, doch kann man sie nicht gegen den Willen der Mutter verbieten. In den 1990er Jahren sprachen sich die evangelischen Kirchen für eine ,Pflicht zur Beratung' aus, die zwar ,entscheidungsoffen', aber zugleich eindeutig für das Lebensrecht des Kindes einzutreten habe. In seinem Urteil vom 28. Mai 1993 korrigierte das Bundesverfassungsgericht die ursprüngliche Fristenlösung, da der staatliche Schutzauftrag für das Ungeborene aufgrund dessen ‚Grundrechtsträgerschaft' uneingeschränkt gelte. Eine Abtreibung wäre demnach nur bei ‚medizinischer' oder ‚kriminologischer Indikation' gestattet. Für all diejenigen Abbrüche, die ohne Indikation, aber nach erfolgter Beratung vorgenommen werden, gilt die Formulierung, dass sie ‚rechtswidrig, aber straffrei' sind. 1995 legte das Gesetz fest, dass ein Schwangerschaftsabbruch innerhalb der ersten zwölf Wochen straffrei sei, sofern die Schwangere mindestens drei Tage vor dem Eingriff eine anerkannte Beratungsstelle aufgesucht hat und die Beratung durch eine ‚Bescheinigung' dem behandelnden Arzt gegenüber nachweisen kann.

Die grundlegende „Gemeinsame Erklärung des Rates der Evangelischen Kirche in Deutschland und der Deutschen Bischofskonferenz" – 1989 veröffentlicht unter dem Titel „Gott ist ein Freund des Lebens" –, stellte im Hinblick auf die Frage nach dem Beginn des menschlichen Lebens übereinstimmend fest: Beim vorgeburtlichen Leben mit der Verschmelzung von Ei- und Samenzelle handelt es sich nicht um rein vegetatives Leben, sondern um werdendes individuelles Menschenleben. Dieses darf nicht zum Gegenstand menschlicher Manipulation gemacht werden.

GLEICHGESCHLECHTLICHE LIEBE

Sexualität dient nach katholischer Auffassung ausschließlich der Fortpflanzung der Gattung. Konsequent werden daher alle Sexualformen abgelehnt, die nicht dem Zeugungszweck dienen, wie zum Beispiel Selbstbefriedigung und Homosexualität.

Die römisch-katholische Kirche, die orthodoxen Kirchen, einige konservativere anglikanische Kirchen und die meisten evangelikalen und pfingstlerischen Protestanten vertreten die Überzeugung, dass Lesben und Schwule nur Akzeptanz in den Augen Gottes finden, wenn sie heterosexuelle Ehen eingehen oder abstinent leben. In jüngster Zeit wird der katholischen Kirche vorgeworfen, dass sie eine umstrittene Sexualmoral verfolge, die Homosexualität nach außen verteufelt, im Inneren aber lebt und duldet und benutzt, um die von ihr abhängigen Priester besser kontrollieren zu können.

Inzwischen hat die protestantische Sexualethik in den 1990er Jahren gegenüber Homosexualität einen neuen Standpunkt entwickelt. Viele evangelische Kirchen spenden aus diesem Grund homosexuellen Partnerschaften ihren Segen. Dieser Wandel gipfelte 2003 in der Ernennung eines sich offen zu seiner Homosexualität bekennenden Bischofs in der US-Episkopalkirche.

Die alt- und neutestamentlichen Stellen, die Homosexualität verurteilen, kritisieren Theologen heute aufgrund ihrer falschen Vorstellungen von der menschlichen Natur. Viele protestantische Theologen räumen ein, dass eine homosexuelle ‚Prägung' zu akzeptieren ist.

Eine tolerantere Einstellung zur gleichgeschlechtlichen Liebe nehmen folgende Kirchen ein: die Metropolitan Community Church, die Altkatholische Kirche, die United Church of Christ, die lutherischen, reformierten und unierten Landeskirchen der EKD, die reformierten Kantonalkirchen des Schweizerischen Evangelischen Kirchenbundes, die Protestantische Kirche in den Niederlanden, die Evangelical Lutheran Church in America, die lutherischen Staatskirchen Skandinaviens sowie liberalere anglikanische Kirchen (vor allem in Nordamerika). In Deutschland vertreten die Interessen von Homosexuellen in den Kirchen: die Ökumenische Arbeitsgruppe Homosexuelle und Kirche (HuK e. V.), die evangelikale Initiative Zwischenraum und die ehemals mit ihr assoziierte ökumenische Initiative Christlich-Sicher-Geborgen.

Menschenrechte

Der moderne westliche Verfassungsstaat mit seinen ideellen Grundlagen: Volkssouveränität, Menschenrechte, weltanschaulicher Pluralismus wurde früher von der Katholischen Kirche nicht vorbehaltlos gut geheißen. Noch 1885 bezeichnete Papst Leo XIII. die Menschenrechtsideen als von der Reformation inspirierte ,zügellose Freiheitslehren'. In der Enzyklika ,Rerum novarum' (1891) setzte er sich jedoch für das Recht der Arbeiter auf gerechten Lohn und Freizeit ein sowie für das Recht, sich in Interessenvereinigungen zusammenzuschließen.

Das 2. Vatikanische Konzil stellt in seinem Staatsverständnis und seiner Anerkennung der Menschenrechte und der Religionsfreiheit einen deutlichen Neuanfang dar. Auch Papst Johannes Paul II. sprach sich wiederholt für die Unteilbarkeit der Menschenrechte ein.

Für Menschenrechte und gegen soziale Ungerechtigkeit kämpften im lateinamerikanischen Christentum so genannte Befreiungs-Theologen: Camillo Torres (1929–1966), Dom Helder Camara (1909–1999), Oscar Romero (1917–1980), Ernesto Cardenal (geb. 1925). Umstritten ist die von Cardenal vertretene Bejahung von Gewalt als ,ultima ratio der Liebe'. Dieser aus Nicaragua stammende suspendierte katholische Priester, sozialistische Politiker und Dichter forderte, Gerechtigkeit, Freiheit und Teilhabe an den vorhandenen ökonomischen und materiellen Ressourcen zu ermöglichen.

Die Neujahrsbotschaft Johannes Paul II. zum Jahre 1999 trug den Titel „In der Achtung der Menschenrechte liegt das Geheimnis des wahren Friedens". Mit eindeutigen Worten forderte der Papst ein gerechtes Wirtschafts- und Finanzsystem, kritisierte die Auswirkungen der Globalisierung. Dennoch stehen in der katholischen Kirche der Umgang mit Abweichlern von der offiziellen Lehre sowie die fehlende Teilhabe der Frauen und Laien an Ämtern und Entscheidungen der Kirche im Kreuzfeuer der Kritik. In jüngster Zeit hat der Missbrauchsskandal und der in diesem Zusammenhang nicht immer sensible Umgang mit den Opfern sowohl die katholische als auch die evangelische Kirche in ihren Grundfesten erschüttert.

Die im Protestantismus vorherrschende Auffassung vom Gegensatz zwischen dem Reich Gottes und der Welt führte dazu, dass Christen darauf verzichteten, das politische Leben mitzugestalten. Die auf den Reformator Johannes Calvin (1509–1546) zurück gehende Vorstellung von der Königsherrschaft Christi schon hier auf Erden relativierte jeden politischen Geltungsanspruch der Politik. Die ‚Barmer Theologische Erklärung‘ vom 31. Mai 1934, das Bekenntnis gegenüber der vom Nationalsozialismus geprägten Verfälschung christlicher Lehren durch die Deutschen Christen, betonte, dass weder der Staat „die einzige und totale Ordnung des Lebens", noch die Kirche zu einem Organ des Staates werden dürfen.

Unter dem Eindruck des zweiten Weltkriegs änderte sich die Stellung der evangelischen Theologie zu diesem Thema. Angesichts der Barbarei des Nationalsozialismus gewann der Gedanke der unveräußerlichen Menschenwürde neue Bedeutung. Außerdem setzte sich die ‚Ökumenische Bewegung‘ für Glaubens- und Gewissensfreiheit ein. Heute sieht die christliche Ethik das Verhältnis von Kirche und Staat zwischen strikter Trennung und vertrauensvoller Zusammenarbeit.

TODESSTRAFE

Im Katholizismus ist die Todesstrafe umstritten. Der ‚Katechismus der Katholischen Kirche‘ (1997) hält sie als äußerstes Mittel in ‚schwerwiegendsten‘ Fällen für angemessen (Ziffer 2266). Soweit unblutige Mittel hinreichen, um das Leben der Menschen gegen Angreifer zu verteidigen und die öffentliche Ordnung und die Sicherheit der Menschen zu schützen, hat sich die Autorität an diese Mittel zu halten, denn sie entsprechen besser den konkreten Bedingungen des Gemeinwohls und sind der Menschenwürde angemessener" (2267). Gegner lehnen die Todesstrafe mit dem Hinweis ab, dass allein Gott der Herr über Leben und Tod ist. Überdies bleibe unklar, ob die beabsichtigte abschreckende Wirkung tatsächlich durch sie erreicht wird. Eine Todesstrafe ist nicht revidierbar und nimmt dem Verurteilten jede Möglichkeit der Umkehr und Besserung. 1969 wurde im Vatikan die Todesstrafe abgeschafft. Das letzte Urteil im Kirchenstaat war 1870 vollstreckt worden. Bei einem USA-Besuch bezeichnete Papst Johannes Paul II. die Todesstrafe als „grausam und unnötig". Moderne Gesellschaften könnten sich schützen, ohne Verbrechern für immer die Chance der Reue zu verweigern. Im Jahr 2000 unterstützte der Papst die weltweite Kampagne gegen die Todesstrafe, 2001 ließ er sie endgültig aus der Verfassung des Vatikans streichen.

> Das Thema Todesstrafe war 1999 Schwerpunkt der Menschenrechts-
> arbeit der Evangelischen Kirche in Deutschland (EKD). Der damalige
> Ratsvorsitzende Wolfgang Huber betonte, dass die Todesstrafe ein falsches
> Zeichen setze. Durch ihre Vollstreckung relativiere der Staat selbst den Wert
> des menschlichen Lebens. Gewalt wird mit Gegengewalt beantwortet.
> Viele Christen auf der ganzen Welt engagieren sich gegen die Todesstra-
> fe. Fundamentalistische Christen in den USA verteidigen Hinrichtungen
> nach wie vor.

Krieg und Frieden

Jesu Liebe zu den Verachteten, Armen und Schwachen gilt als Vorbild für
Friedfertigkeit und Nächstenliebe. Neben den Weisungen Jesu zu Gewalt-
verzicht und Feindesliebe in der Bergpredigt (Mt 5,38ff) kennt die christliche
Ethik auch die Aufforderung zur grundsätzlichen Anerkennung der politischen Gewalt (Rö 13,1ff.).

Aus dieser Anerkennung entstand das bis in die Gegenwart bestehende
zwiespältige Verhältnis des Christentums zum Kriegsdienst. Die Auffassung
einer zumindest bedingten Kriegsbejahung führte zu der von Augustinus
(354-430) begründeten, später weiter entwickelten Lehre vom ,gerechten
Krieg'. Demnach gilt ein Krieg als gerecht, wenn eine legitime Obrigkeit den
Krieg führt, ein gerechter Grund und die rechte Absicht vorliegen, Krieg nur
das letzte mögliche Mittel darstellt, er Aussicht auf Erfolg hat und die Ver-
hältnismäßigkeit des angerichteten Schadens und des erstrebten Gutes sowie
die Anwendung gerechter Mittel vorliegen. Luther schränkte die Möglichkeiten eines gerechten Krieges ein: Wer Krieg anfängt, ist im Unrecht; niemand soll Richter in eigener Sache sein. Er rechtfertigte Kriege nur, wenn sie
als Verteidigungs- oder Notmaßnahmen absolut unvermeidbar und notwendig waren. Im Spätwerk Luthers zeigt sich eine Tendenz, in manchen Fällen
einer Kriegsführung zuzustimmen, etwa im Kampf gegen die Türken.

Die Tatsache, dass die christliche Kirche in der Vergangenheit häufig
Kriege legitimiert und unterstützt hat, sehen heute viele Christen kritisch.
Radikale Kriegsdienstverweigerung aus christlichen Motiven kann sich auf
theologische Stimmen in der frühen Kirchengeschichte berufen. Eine bemerkenswerte Tradition der Kriegsdienstverweigerung kennen die Reformierten
sowie Quäker und Mennoniten (sog. ,Friedenskirchen').

Der Baptistenpfarrer Martin Luther King, Jr. setzte die Idee des gewalt-
freien Widerstands als Mittel der politischen Veränderung in der schwarzen
amerikanischen Bürgerrechtsbewegung erfolgreich um.

Pazifistische Richtungen innerhalb der katholischen Kirche nehmen das
Friedensengagement des Martin von Tours († 397) zum Vorbild. Mit der Begründung, dass er als Soldat Christi nicht mehr kämpfen dürfe, quittierte er

den Militärdienst. Auch orientiert man sich an dem Ordensgründer Franz von Assisi († 1226). Dieser untersagte in seiner Ordensregel ausdrücklich das Mitführen einer Waffe. Zwischen den beiden Weltkriegen wirkte in bemerkenswerter Weise der *Friedensbund Deutscher Katholiken*.

Auf die durch ABC-Waffen, Terrorismus, weltweite Ungerechtigkeit bezüglich der Verteilung der materiellen Güter reagiert die christliche Friedensethik einerseits mit der Beteiligung an der atomaren Abschreckung in der Tradition des gerechten Krieges, andererseits mit ökumenischen Bestrebungen und Rückbesinnung auf die Bergpredigt.

In der katholischen Kirche wandte sich Johannes XXIII. in seiner Enzyklika ‚Pacem in terris‘ (1963) kritisch von der traditionellen Lehre vom ‚gerechten Krieg‘ (bellum iustum) ab. Johannes Paul II. ersetzte sie durch die Lehre vom ‚gerechten Frieden‘ (pax iusta). Johannes XXIII. legte dar, dass es der Vernunft im Atomzeitalter widerstrebe, „den Krieg noch als das geeignete Mittel zur Wiederherstellung verletzter Rechte zu betrachten" (Nr. 127). 1981 forderte Johannes Paul II. vor dem Friedensdenkmal in Hiroshima: „Entscheiden wir uns feierlich, hier und jetzt als Mittel zur Lösung von Streitigkeiten nie mehr Krieg zuzulassen oder gar zu suchen!" Er verurteilte alle Kriege, auch den US-amerikanischen Angriff auf den Irak. Trotzdem hält der ‚Weltkatechismus‘ an der traditionellen Lehre vom gerechten Krieg fest, erlaubt den ‚staatlichen Behörden‘, „den Bürgern die zur nationalen Verteidigung notwendigen Verpflichtungen aufzuerlegen". Bei den ‚Weltgebetstreffen für den Frieden‘ jeweils in Assisi (27.10.1986; 24.01.2002) und bei der Eröffnung der 6. ‚Weltkonferenz der Religionen für Frieden‘ (3.11.1994) unterstrich der Papst den interreligiösen Aspekt seiner Friedensbemühungen.

Wirtschaftsethik

Die weltweite Finanz- und Wirtschaftskrise von 2008 hat die ungebremste Geldgier und das verhängnisvolle Machtstreben mancher Wirtschaftskreise entlarvt. Dabei wurde die Frage nach religöser Wirtschaftsethik erneut aktualisiert. Im Laufe seiner Geschichte hat sich im Christentum ein breites Spektrum von Vorstellungen über gerechte Wirtschaftsverhältnisse entwickelt.

Die in der Urgemeinde in Erwartung der nahen Gottesherrschaft entstandene Gütergemeinschaft in Jerusalem war später nur noch für Ordensgemeinschaften verbindlich. Der Prophet Amos formulierte mit seinen Wendungen gegen den Wucher der Reichen (Amos 8, 4–14) vehement eine Perspektive, die bis heute leitmotivisch die römisch-katholische, auf Nächstenliebe ausgerichtete Wirtschaftsethik prägt. Thomas von Aquin (1225–1274) modifizierte das biblische Zinsverbot, das schließlich nur noch für Wucherzinsen galt. Das Christentum erhebt keine grundsätzlichen Einwände gegen Privateigentum, da dieses die bessere Nutzung der Güter im Sinne der Gemeinschaft gewährleistet. Das Einhalten der Sonntagsruhe und der Feiertage sollen dazu beitragen, das Leben nicht nur von Profitstreben und Arbeit beherrschen zu lassen.

Im Katholizismus und Protestantismus sind eine Reihe von Konzepten einer christlich funduierten Wirtschaftsordnung entworfen worden. Martin Luther (1483–1546) betrachtete die menschliche Arbeit als weltlichen Gottesdienst und prägte den Begriff des ‚Berufes‘ neu. Unter dem Einfluss von Calvinismus und Puritanismus wurden Arbeitsleistung und -erfolg zu innerweltlichen Zeichen der göttlichen Erwählung. Nach Calvin hat Gott die Menschen bereits vor ihrer Geburt erwählt oder zur ewigen Verdammnis verworfen. Ein äußeres Zeichen dafür, dass Gott den Menschen ausgewählt hat, ist dessen wirtschaftlicher Erfolg, was bei den Gläubigen zu rastloser Arbeit und Streben nach Wohlstand führte. Das protestantische Berufsethos trug wesentlich zum wirtschaftlichen Aufschwung in der Moderne bei. Die protestantische Ethik ließ einen Menschen entstehen, der sich durch Leistungsstreben, Risikobereitschaft und Nutzenkalkulation von wirtschaftlichen Chancen auszeichnete. Zur Untermauerung dieser Ethik diente die Heilige Schrift. Das ‚Gleichnis vom anvertrauten Geld‘ (Mt 25, 14–30) lieferte die Rechtfertigung für eine am Nutzen orientierte Lebensführung. Johannes Calvin (1509–1564) interpretierte die Austeilung der ‚Talente‘ des Herrn an die Knechte folgendermaßen: Wir bringen „Gott selbst Frucht und Gewinn (...), wenn wir unseren Brüdern soviel wie möglich nützen.“

Der Calvinismus breitete sich von seinem Heimatland Schweiz in Frankreich, England, den Niederlanden, vor allem in Nordamerika aus. 1904/05 veröffentlichte der Soziologe Max Weber nach einer Amerikareise seine zweiteilige Studie: „Die protestantische Ethik und der Geist des Kapitalismus“. Darin legte er die erläuterten Zusammenhänge zwischen der Prädestinationslehre Calvins und der Entstehung des Kapitalismus dar.

Die seit dem vorigen Jahrhundert entwickelte ‚Katholische Soziallehre‘ entwarf eine gerechte Ordnung des menschlichen Zusammenlebens als Voraussetzung für richtiges Handeln. Papst Pius XI. schlug in seinem Sozialrundschreiben von 1931 eine ‚berufsständische‘ Ordnung vor, welche die Zusammenarbeit von Arbeitnehmern und Arbeitgebern fördern und so die Klassengegensätze überwinden helfen sollte.

In neuerer Zeit haben die Kirchen auf die individuellen und internationalen Gefahren des kapitalistischen Wirtschaftssystems hingewiesen. Papst Johannes Paul II. formulierte in seinem Sozialrundschreiben von 1981, dass die Interessen der Arbeitenden gegenüber den Kapitalinteressen Vorrang hätten. In seiner Enzyklika ‚Besorgnis über gesellschaftliche Angelegenheiten‘ von 1987 kritisierte der Papst die Überentwicklung einer sozialen Schicht von ‚Besitzenden‘ in einer verschwenderischen Konsumgesellschaft des ‚krassen Materialismus‘.

In ihrer Wirtschaftsdenkschrift ‚Gemeinwohl und Eigennutz‘ (1991) stellte die Evangelische Kirche in Deutschland (EKD) fest, dass zwischen dem Entstehen moderner Wirtschaftspraktiken und dem Christentum eine ‚Verantwortungsgemeinschaft‘ besteht. Es müsse ein Mittelweg zwischen Wirtschaftsliberalismus und christlicher Nächstenliebe gefunden werden.

1997 erschien „Für eine Zukunft in Solidarität und Gerechtigkeit. Wort
des Rates der Evangelischen Kirche in Deutschland und der Deutschen Bischofskonferenz zur wirtschaftlichen und sozialen Lage in Deutschland".
Dieses ‚Wort' drückte die gemeinsame Überzeugung aus, dass die soziale
Marktwirtschaft angesichts von Arbeitslosigkeit, Vermarktung der Märk-
te und internationaler Wirtschaftskriminalität, Benachteiligung von Frauen
und auseinander klaffenden Einkommen revidiert werden müsse. Die christlichen Wirtschaftsethiker heben hervor, dass ökumenische Zwänge nicht alle
Lebensbereiche dominieren dürfen. Eine Gesellschaft, in der Verdienst und
Gewinn die allein bestimmenden Faktoren sind, büßt auf Dauer Mitmenschlichkeit und gegenseitige Verantwortung ein. Formuliert wurde das Leitziel
der ‚Nachhaltigkeit' und die ethische Notwendigkeit der Partizipationserwei-
terungen in den Unternehmen.

In neuester Zeit wird christlich motivierte Kritik an der wirtschaftlichen
Globalisierung laut. Angesichts der Wohlstandsentwicklung in den Indus-
trieländern ist die Forderung der Länder der südlichen Erdhalbkugel nach
Teilnahme an den internationalen Märkten ein dringliches Problem. Wirtschaftsethiker diskutieren die Frage, ob internationale politische Regulie-
rungen von Weltwirtschaftsfragen dazu führen kann, mehr Gerechtigkeit
und einen fairen Welthandel zur verwirklichen.

Aufgrund der Herausforderungen durch die Globalisierung besteht die
Gefahr, dass ausschließlich die Frage der gerechten Verteilung durch den
Staat im Mittelpunkt steht und die Realität globaler Produktions- und Be-
schäftigungsmärkte unberücksichtigt bleiben. Christliche Ethik kann sich für
eine gerechtere Wirtschaftsordnung durch die Stärkung internationaler Institutionen und den Abbau von Handelshindernissen für Staaten der Dritten
Welt einsetzen.

UMWELTETHIK UND TIERSCHUTZ

*Der Mensch ist Gottes Ebenbild und von seinem Schöpfer bevollmächtigt,
über die Natur zu herrschen und sie für seine Zwecke zu nutzen. Nach 1
Mos 2,15 soll der Mensch sorgsam mit der Natur umgehen, sie bebauen und
bewahren. Im Neuen Testament werden Schöpfer und Schöpfung noch enger zusammengeschlossen.*

*Die Aufklärungsphilosophen hoben den Menschen aus der übrigen Na-
tur heraus und lehrten, dass dieser auch keinem Gott mehr Rechenschaft
schulde. Für Francis Bacon (1561-1626) und René Descartes (1596-1650)
lieferte der biblische Herrschaftsauftrag Argumente für die Ausbeutung
der Natur. Im Kontext der Umweltkrise setzten sich viele engagierte Theologen mit der Kritik an den ruinösen Folgen des einseitig verstandenen
Herrschaftsauftrages auseinander. Doch ist eine direkte Ableitung der Um-*

weltkatastrophe aus Texten der Bibel einseitig und übersieht viele andere gesellschaftliche, wirtschaftliche, kulturelle Prägekräfte.

Inzwischen bestehen über die Konfessionen hinweg Bemühungen um eine christlich geprägte Umweltethik. Sie äußern sich in theologischen Neuorientierungen, allgemeinen Erklärungen sowie Aktionen und Initiativen. Man plädiert für die gerechte Verteilung der Umweltgüter. Für viele Umweltethiker bildet der Mensch weiterhin den Mittelpunkt der Schöpfung. Wenn er sich für den Umweltschutz engagiert, schütze sich der Mensch in erster Linie selbst, seine Gesundheit und Lebensqualität. Verstärkt wird heute die Position vertreten, dass die biblisch begründete Sonderstellung des Menschen nicht nur anthropozentrisch auszulegen ist, dass vielmehr Tiere und Pflanzen, Luft und Wasser um ihrer selbst willen geschützt und die Umwelt als natürliche Mitwelt begriffen werden soll.

Die beiden großen Kirchen setzen sich für eine Umweltpolitik ein, übernehmen vor Ort und weltweit Verantwortung. Seit Mitte der 1970er Jahre werben die Kirchen auch für einen umweltgerechten Lebensstil, Energiesparen zu Hause und in der Gesellschaft sowie umweltgerechten Konsum.

Jesus erwähnte in seinen Gleichnissen zwar Tiere, doch sprach er keine besonderen Gebote zu ihrer Behandlung aus. Augustin argumentierte, dass das Leiden der Tiere „den Menschen nicht (tangiert), denn das Tier entbehrt einer vernünftigen Seele und ist deshalb nicht mit uns durch eine gemeinsame Natur verbunden" (De moribus ecclesiae catholicae 2,12, 54,59). Das Gebot „Du sollst nicht töten" betrifft nicht „die unvernünftige Tierwelt", deren Leben und Sterben „unserem Nutzen angepasst" wird (De Civitate Dei I, 20).

Andererseits beschreiben tierfreundliche Legenden, wie in der Umgebung christlicher Heiliger der Friede zwischen Mensch und Tier wiederhergestellt ist: Wilde Tiere suchen in der Nähe von Eremiten Zuflucht, scheue Vögel erweisen sich als zahm. Franz von Assisi (1182-1226) sprach vom ‚Bruder Tier'. Er kaufte Fische, um ‚Schwester Schleie' in das Wasser zurück zu setzen. Tierfreundliche Geschichten von Heiligen und Mönchsvätern werden aus Irland überliefert, wo es sogar ein kleines Kloster eigens für Tiere gegeben haben soll.

Als besonders verhängnisvoll erwies sich zu Beginn des 17. Jhs. die so genannte Automatentheorie des französischen Philosophen René Descartes. Demnach wären die Zuckungen eines gepeinigten Tiers den Reaktionen einer in Bewegung gesetzten Maschine vergleichbar. Von dieser Auffassung ausgehend, sind Tierversuche, qualvolle Massentransporte und unwürdige Tierhaltung entschuldbar. Descartes Theorie blieb nicht unwidersprochen. In den 1820er Jahren gründeten der irische Parlamentsabgeordnete Richard Martin und der englische Jude Lewis Gompertz zusammen mit dem anglikanischen Pfarrer Arthur Broome eine ‚Gesellschaft zur Verhütung von Grausamkeiten gegen Tiere‘, den ersten Tierschutzverein der Welt. In Deutschland rief der Stuttgarter Pfarrer Albert Knapp 1864 die deutsche Tierschutzbewegung ins Leben. Albert Schweitzer prägte den Begriff der ‚Ehrfurcht vor dem Leben‘, die auch die nichtmenschliche Kreatur umfasste. Der Zürcher evangelische Kirchenhistoriker Fritz Blanke (1900–1967) prägte wohl schon 1959 den Terminus ‚Mitgeschöpflichkeit‘. Die Neuorientierung christlicher Ethik reicht von einem religiös begründeten Vegetarismus bis zur Kritik an Massentierhaltung, unnötigen Tierversuchen, Ausrottung gefährdeter Arten und falscher Behandlung von Haustieren. Theologinnen und Theologen bedauerten 1988 im ‚Glauberger Schuldbekenntnis‘ das Schweigen der Kirchen angesichts des Leidens der Tiere. In neuerer Zeit finden Tiergottesdienste statt, in denen die Versöhnung und Gemeinschaft mit dem Tier gefeiert werden.

Nutzung von Medien

Über Jahrhunderte nutzten religiöse Spezialisten wie Priester und Mönche keine Medien, sondern bedienten sich ihres eigenen Körpers als gestaltendes Instrument. Solche ‚Menschmedien‘ (Werner Faulstich) waren Mittler zwischen Gott und Welt, Hüter und Übermittler heiliger Traditionen, Träger der Bildung. Oft genossen sie ein hohes Ansehen, waren politisch einflussreich. Eine gewichtige Rolle im frühen Christentum spielte das Buch in Gestalt des Kodex. In den mittelalterlichen Klosterschreibstuben und Universitätsbibliotheken erlebte das Medium ‚Buch‘ einen beispiellosen Aufschwung, verstärkt durch die Erfindung des Buchdrucks. Darüber hinaus vermittelten weitere Gestaltungsmedien christliche Inhalte: Bildmedien, zum Beispiel die Kirchenfenster der mittelalterlichen Kathedralen mit ihren Bibelszenen und Heiligenviten, Ikonen, Skulpturen und Plastiken, Gedenk- und Grabsteine, Kultbauten. Zunächst nahm man das Bilderverbot des Alten Testaments ernst. Allmählich setzte sich aber eine bilderfreundliche Tendenz durch, und es entstanden christliche Bilder: zunächst in Form von Symbolen (Fisch, Guter Hirte u.a.), Szenen aus der Bibel und dem Leben der Märtyrer. Seit dem 4. Jh. gewinnen die christlichen Bilderfreunde Überhand gegenüber den Kritikern.

Der schweizer Reformator Ulrich Zwingli (1484–1531) betrachtete Bilder als eine Verführungsmacht, verbannte sie deshalb aus den Zürcher Kirchen. Martin Luthers Einstellung zu Bildern war toleranter, und er gestaltete eine textgemäße Bilderbibel. Der Protestantismus bediente sich der zeitgenössischen neuesten Medien: Durch den Einsatz der Druckerpresse wurden nicht nur Schriften verbreitet; darüber hinaus versuchte man, durch den pädagogischen und polemischen Einsatz von Bildern die reformatorische Botschaft den des Lesens unkundigen Bevölkerungsteilen näher zu bringen.

Verglichen mit römisch-katholischer Messe und ostkirchlicher Liturgie, bei denen die visuellen (liturgische Gesten, Bilder/Ikonen, Gewänder) und olfaktorischen (u.a. Weihrauch, Kerzen) Wahrnehmungen besonders angesprochen werden, tritt im evangelischen Gottesdienst das Auditive hervor. Primär geschieht die Wahrnehmung von Glocken, Orgel, Lied, Votum, Psalm, Gebet, Verkündigung, Lesung, Bekenntnis, Predigt, Fürbitten, Vaterunser, Abkündigungen, Segen über das Gehör. Selbstverständlich sind auch die anderen Sinne beteiligt, doch gegenüber Katholizismus und Orthodoxie hat sich der Schwerpunkt in Richtung Hören verschoben.

Dabei war die Haltung der Reformatoren zur Musik geteilt, und ihre Sichtweise beeinflusste Jahrhunderte lang das Verhältnis ihrer Kirchen zur Musik. Die schweizer Reformatoren Zwingli und Johannes Calvin (1509-1564) vertraten puristische Einstellungen. Der musikalisch sehr begabte Zwingli untersagte alle gottesdienstliche Musik. Rechte Andacht brauche die Stille. Für Johannes Calvin war Musik eine Schöpfergabe und fand ihren rechten Gebrauch im Lob Gottes. Doch aus pädagogisch-psychologischen Gründen ließ er nur einstimmigen Psalmengesang zu. Der Musikliebhaber Martin Luther (1483-1546) betrachtete Musik als ein Geschenk Gottes. Es macht die Seelen fröhlich, verjagt den Teufel, weckt Freude und herrscht in der Zeit des Friedens (Über die Musik, 1530). Luther förderte die gottesdienstliche Musik, setzte sich für ein- und mehrstimmigen Gesang, Orgel und Instrumentalmusik ein: „Gott hat das Evangelium auch durch die Musik gepredigt." Der einstimmige Gemeindegesang entwickelte sich zu einem wichtigen Bestandteil des reformierten Gottesdienstes. Im Barockzeitalter blühte die Kirchenmusik auf. Paul Gerhards Kirchenlieder und Johann Sebastian Bachs Kompositionen lassen die zentrale Äußerung protestantischer Frömmigkeit in der Musik erkennen.

Seit der Aufklärung entwickelte sich das Verhältnis der Kirchen zu den Medien ambivalent. Lange bestanden Vorurteile gegenüber den Printmedien. Die Kirchen äußerten Vorbehalte gegenüber den in den verschiedenen Jugendkulturen favorisierten Medien (Kino, Radio, Pop- und Rockmusik). Die Neuorientierung während des 2. Vatikanischen Konzils (1962–1965) hatte in der römisch katholischen Kirche eine größere Wertschätzung der modernen Massenmedien zur Folge.

Die Kirchen begleiten einerseits kritisch die Massenmedien, anderseits bedienen sie sich ihrer, um die Aufgabe der Berichterstattung (Pressedienste, Fachredaktionen) zu erfüllen und ihren Verkündigungsauftrag durch Rundfunkgottesdienste, Radioevangelisation (die adventistische ‚Stimme der Hoffnung') das ‚Wort zum Sonntag' im Fernsehen, Kurzandachten in Hörfunk und TV wahrzunehmen. An der Universität Erlangen-Nürnberg besteht der einzige deutsche Lehrstuhl für ‚Christliche Publizistik'. Zwischen Verkündigung und Berichterstattung sind die Produkte der kirchlichen Printpublizistik angesiedelt, zum Beispiel Kirchenzeitungen, Kirchenblätter sowie die

Präsenz im Internet. Insbesondere in den USA sind ‚electronic churches‘ (Fernsehkirchen) entstanden. Fundamentalistische und charismatische Programme konzentrieren sich im so genannten Bible Belt im Süden der USA, Programme der katholischen Kirche im Nordosten, Mittleren Westen und Südwesten. Auch in Europa sind christliche Themen in Literatur, Musik und Film verbreitet, haben oft heftige Kontroversen ausgelöst, zum Beispiel das Musical ‚Jesus Christ Superstar‘ oder die inzwischen über 120 Jesusverfilmungen bis zu Mel Gibsons ‚Die Passion Christi‘ (2004). Voll von religiösen Botschaften sind die bei jugendlichen Medienkonsumenten so beliebten Videoclips.

FREIZEIT UND SPORT

Als Gegenbegriff zur modernen Arbeitswelt wurde der Begriff ‚Freizeit‘ entwickelt. Diese nimmt durch reduzierte Arbeitszeiten, Ausbreitung des Urlaubs, verlängerte Altersruhe einen immer größeren Raum ein. Auch die Kirchen verstehen Freizeit immer mehr als sinnvolle Beschäftigung jenseits religiös gebotener Ruhe. Sie reagieren mit einer Fülle von Freizeitangeboten.

Der christliche Sonntag gilt in Anlehnung an den Sabbat als Ruhetag. Mit dem Slogan ‚Ohne Sonntag ist jeder Tag ein Arbeitstag‘ wehrte sich die evangelische Kirche gegen die Öffnung von Geschäften am Sonntag. Der christliche Sonntag war früher eher ein feierlicher Ruhetag und bot nur begrenzt die Möglichkeit zu unbeschwerten Freizeitaktivitäten. Heute stellt die Kirche nur noch selten außerreligiöse Freizeitaktivitäten in Frage. Doch wird bis heute von christlicher Seite die konsumorientierte Freizeitindustrie kritisiert, der übertriebene Medienkonsum und allzu genussorientierte Aktivitäten.

Erst während der Aufklärungszeit im 17. und 18. Jh. beschäftigten sich evangelische Theologen grundsätzlicher mit sportlichen Freizeitaktivitäten. In Deutschland verfasste der Theologe Johann Christoph Friedrich GutsMuths (1759-1839) im Jahre 1793 ein erstes Lehrbuch der körperlichen Erziehung mit dem Titel ‚Gymnastik für die Jugend‘. Der Sport sollte zur Erziehung der Menschheit beitragen, der körperlichen Ertüchtigung dienen und den Menschen als Ganzen formen.

1990 gaben die Deutsche Bischofskonferenz und die Evangelische Kirche in Deutschland eine gemeinsame Erklärung zum Sport ab: Dabei wurden der Freizeit- und Breitensport als gesundheitlich sinnvoll betrachtet und auf die Wichtigkeit des sozialen Verhaltens beim Sport hingewiesen.

Christliche Denker halten neben sportlicher Betätigung einen gesunden Lebensstil, ausgewogene Ernährung und ausreichende körperliche Erholung für sinnvoll. Da der Mensch als soziales Wesen Sport auch mit anderen

> *Menschen zusammen betreibt, befürwortet die christliche Ethik Rücksicht-*
> *nahme, Teamgeist und Fairplay. Der katholische Theologe Thomas Ryan*
> *betrachtet sportliche Übungen als ‚Disziplinen des geistlichen Lebens‘. Der*
> *Sport führt den Sportler zu seiner wahren Existenz. Das Erleben, ganz hin-*
> *gebungsvoll eine Tätigkeit auszuüben, hat der ungarisch-amerikanische*
> *Psychologe und Glücksforscher Mihalyi Czikzentmihalyi flow (‚Fließen‘)*
> *genannt. Der Philosoph und Ruderer Hans Lenk (geb. 1935) hat Trance-Zu-*
> *stände aus eigenem Erleben beschrieben. Gerade das Laufen – als Dauer-*
> *lauf oder Jogging – ist für manche eine ideale Übung, die Sinne wach zu*
> *halten, bewusst zu werden, ja Gott zu erfahren.*

HAUPTSTRÖMUNGEN IM CHRISTENTUM

Christentum ist ein Sammelbegriff für knapp zwei Milliarden Menschen und umfasst verschiedene Konfessionen, Kirchen, Denominationen mit jeweils typischen, heute zunehmend schwindenden charakteristischen Milieus. Auch wenn sie sich alle auf Jesus und die Bibel berufen, so bieten sie in der Realität oft erhebliche Unterschiede bei Gottesdienst, Lehre und Leben in den jeweiligen ‚Konfessionsfamilien‘.

Über 300 Mitgliedskirchen (jeweils mindestens 25.000 Mitglieder) aus etwa 100 Ländern sind im ‚Ökumenischen Rat der Kirchen‘ (ÖRK, Sitz in Genf) zusammengeschlossen, repräsentieren rund 400 Millionen Gläubige. Über die Hälfte stammt aus südlichen Kontinenten. Hinzu kommen 29 ‚angeschlossene Kirchen‘ (solche mit jeweils bis 10.000 Mitgliedern).

Die römisch-katholische Kirche, selbst nicht Mitglied des ÖRK, besitzt Beobachterstatus. Die Weltchristenheit setzt sich aus 22 ‚Konfessionsfamilien‘ zusammen:

- In Afrika entstandene Kirchen
- Anglikanische Kirchen
- Assyrische Kirche des Osten
- Baptistengemeinden
- Katholische Kirche
- Jünger Christi / Kirchen Christi
- Evangelikale Bewegung
- Freunde (Quäker)
- Heiligungskirchen
- Lutherische Kirchen
- Mennonitengemeinden
- Methodistische Kirchen
- Evangelische Brüder-Unität

- Altkatholische Kirchen
- Östlich-orthodoxe Kirchen
- Orientalisch-orthodoxe Kirchen
- Pfingstkirchen
- Reformierte Kirchen
- Die Heilsarmee
- Siebenten-Tags-Adventisten
- Vereinigte und sich vereinigende Kirchen
- Freikirchen und unabhängige Kirchen

CHRISTENTUM IN DEUTSCHLAND

Die zweitgrößte christliche Religionsgemeinschaft in Deutschland ist die römisch-katholische Kirche mit knapp 25,2 Millionen Mitgliedern (2008). Ihr Oberhaupt ist der Papst, und sie ist in 27 von Bischöfen geleiteten Bistümern organisiert.

Der deutsche Protestantismus ist ein facettenreiches Gebilde: Neben der EKD, den konfessionellen Kirchenbünden – Vereinigte Evangelisch-Lutherische Kirche Deutschlands (VELKD), Evangelische Kirche der Union (EKU), Arnoldshainer Konferenz, Reformierter Bund – sowie den Landeskirchen gibt es die überwiegend evangelikal geprägten Freikirchen. Von den Freikirchen sind ‚Sondergemeinschaften‘ zu unterscheiden. Auch diese entspringen dem Gesamtstrom des Protestantismus, haben sich aber aufgrund von Sonderanschauungen in kultischer, theologischer bzw. ethischer Hinsicht zu selbständigen Organisationen entwickelt und lehnen ökumenische Beziehungen im allgemeinen ab. Die seit 1948 bestehende EKD ist eine Zusammenfassung von 22 Landeskirchen. Im Jahre 2008 betrug die Zahl der Mitglieder einschließlich Freikirchen rund 24,8 Millionen. Der Ursprung der Landeskirchen liegt in der Reformationszeit, als die protestantischen Landesherren das kirchliche Leben in ihren Territorien neu ordneten. Dabei legten sie entweder das lutherische oder reformierte Bekenntnis zugrunde. Nachdem die organisatorische Verflechtung von Kirche und Staat (Losung: ‚Thron und Altar‘) 1918 fortgefallen war, blieb das landeskirchliche Prinzip weiterhin erhalten und bildet ein prägendes Merkmal des deutschen Protestantismus. Seit der Coburger Synode (28.-30.6.1991) ist die EKD das Organ aller 22 Landeskirchen.

Mehr als 600.000 Christen gehören in Deutschland zu den orthodoxen Kirchen. Die weltweiten und ökonomischen Krisen wie auch Kriegsbedrohungen haben in neuester Zeit die Zahl orthodoxer Christen in Deutschland sehr erhöht. Sie sind größtenteils als ausländische Arbeitnehmer oder als Zuflucht suchende Asylbewerber gekommen. Bei weitem überwiegen die durch die byzantinische Glaubenstradition geeinten orthodoxen Kirchen. Die größte Gemeinschaft bildet die Griechisch-Orthodoxe Metropolie von Deutschland. Neben der Griechisch(Rum)-Orthodoxen Kirche von Antiochien spielen die Russische, Serbische Mazedonische, Rumänische, Bulgarische, Polnische und Ukrainische Orthodoxe Kirche eine Rolle. Hinzu kommen die Orientalischen Orthodoxen Kirchen (Syrische, Äthiopische, Armenische, Eritreische).

Gestalt gewordener Protest gegen die auf dem ersten Vatikanischen Konzil von 1869/70 beschlossenen Papstdogmen ist die Alt-Katholische Kirche.

Die neuzeitliche Geschichte des Christentums ist durch den Prozess der religiösen Pluralisierung als Folge eines umfassenden gesellschaftlichen Modernisierungsprozesses charakterisiert. Während des Säkularisierungsprozesses sind weitere religiöse und nichtreligiöse Angebote der Weltdeutung aufgetreten, so dass die Großkirchen ihre Bedeutung für die Gesellschaft als Ganzes verloren haben. Aufgrund dieser gesellschaftlichen Veränderung erhält das Individuum die Möglichkeit, eigenständig über seine religiöse Zugehörigkeit zu entscheiden. Diese Privatisierung der Religion führte zu einer Vervielfältigung der religiösen Orientierungen nach dem Motto: „Jeder soll nach seiner Façon glücklich werden".

Im Zeitraum 1871/1970 blieb die Kirchenmitgliedschaft ziemlich konstant: Zwischen 48,6 und 52,0 Prozent gehörten einer evangelischen Kirche an, einschließlich der Freikirchen, zwischen 44,1 und 47,5 Prozent der römisch-katholischen Kirche. Die Jahre 1970 bis 1987 führten zu größeren Verschiebungen: Der Anteil evangelischer Christen verringerte sich um etwa 14 Prozent, derjenige der Katholiken nur um etwa vier Prozent. Der Anteil der ‚Sonstigen' stieg um 130 Prozent. Dies lag an den Kirchenaustritten und dem gestiegenen Ausländeranteil. Seit 1990 setzt sich der Trend in Westdeutschland weiter fort. Die evangelische Kirche verliert weiterhin Mitglieder, hat im Westen ihre Stellung als größte Religionsgemeinschaft zugunsten der römisch-katholischen Kirche aufgegeben. Der Anteil der Konfessionslosen sowie sonstiger Religionsgemeinschaften steigt weiterhin an. In Ostdeutschland gehörten zu Beginn der 1990er Jahre etwas mehr als ein Drittel der Menschen einer Kirche an, etwa 27 Prozent einer evangelischen, sechs Prozent der römisch-katholischen Kirche.

Die Bereitschaft, Kinder taufen zu lassen und kirchlich zu heiraten, sank in der alten Bundesrepublik Deutschland zwischen 1960 und 1990 stark. Anfang der 1960er Jahre wurden mit knapp 95 Prozent nahezu alle Kinder katholischer Eltern getauft. Drei Jahrzehnte später ist diese Quote auf etwa 85 Prozent gesunken. Eine ähnliche Tendenz zeigt sich für Kinder evangelischer Eltern. Hier sank die Taufquote von knapp 90 auf 79 Prozent. Ein ähnlicher, wesentlich stärkerer Rückgang, ist für den Bereich der kirchlichen Trauungen auszumachen. 1960 wurden noch 95 Prozent der Ehen zwischen katholischen Partnern und deutlich über 80 Prozent der Ehen zwischen evangelischen Partnern auch kirchlich vollzogen. 1990 galt dies nur noch für zwei Drittel der konfessionell gleichen Ehen. Mit dem Schwinden der Kirchlichkeit nimmt auch die christliche Religiosität ab. Immer weniger Menschen glauben heute an die zentralen Aussagen des Christentums, zum Beispiel das Jüngste Gericht.

Zugenommen hat unter Christen die so genannte ‚Patchwork-Religiosität‘, die Tendenz, Elemente unterschiedlicher Religionstraditionen miteinander zu verknüpfen. Im Westen ist sie unter den Jüngeren stärker ausgeprägt als unter den Älteren und unter Katholiken weiter verbreitet als unter Protestanten. In Ostdeutschland ergibt sich ein etwas anderes Bild. Hier ist die Gruppe mit gemischten Glaubensüberzeugungen kleiner als im Westen, und es lässt sich keine Zunahme dieser Gruppe feststellen.

ISLAM

SYMBOLE
Muslime haben zwei wichtige Symbole: das
Wort Allah und die Sichel des Neumonds.
Der arabische Schriftzug von Allah befindet
sich vergrößert in vielen Moscheen und Wohnungen. Muslime wollen darauf hinweisen,
wie wichtig für sie der Glaube an den einen
und einzigen Gott ist. Daneben ist auch der
erste Teil des islamischen Glaubenszeugnisses
anzutreffen: ‚Es gibt keine Gottheit außer dem
Gott.' Wenn Muslime den kunstvoll gestalteten
arabischen Schriftzug sehen, wissen sie sich in
der Nähe des barmherzigen Gottes geborgen.

Die Sichel des Neumondes (Hilal) wird oft unge-
nau Halbmond genannt. Da das islamische Jahr
nach dem Mondkalender berechnet wird, sind
zahlreiche religiöse Feste und andere wichtige
Termine vom Erscheinen des neuen Mondes
abhängig. So beginnt der Fastenmonat Ramadan erst mit der Sichtung der Mondsichel. Das
Motiv der Mondsichel wurde in der islamischen
Kunst und beim Prägen von Münzen verwandt.
Heute findet sich die Mondsichel auf Flaggen,
Hoheitszeichen sowie anderen Emblemen muslimischer Staaten und Organisationen. Das Gegenstück zum Roten Kreuz ist in islamischen
Ländern der Rote Halbmond.

EINFÜHRUNG

Weit über eine Milliarde Muslime leben auf der Welt. Mehr als 20
Millionen Muslime sind westeuropäische Staatsbürger, ohne
die islamisch-orientalisch geprägte Türkei mit zu rechnen. In
Deutschland leben ca. 3,5 Millionen Muslime, davon 2.640.000 Sunniten.
Damit ist der Islam neben der katholischen und den evangelischen Kirchen
die drittgrößte Religionsgemeinschaft. Er ist nicht mehr wie in früheren
Jahrhunderten ein ‚fremdes', von außen kommendes Phänomen, sondern ein

kulturprägendes Element mitten in Europa. Jahrhundertelang war die Begegnung zwischen dem christlichen und islamischen Kulturkreis von Kämpfen und Ablehnung geprägt. Gegenüber kaum einer anderen Religion haben die Abendländer so viele Vorurteile wie gegenüber dem Islam. So gilt er als eine gewalttätige, frauenfeindliche ‚Gesetzesreligion‘. Diese wurde mit ‚Feuer und Schwert‘ ausgebreitet, und der ‚Heilige Krieg‘ ist eines seiner furchtbarsten Merkmale.

Auch der Islam hat seine Vorurteile gegenüber dem Christentum und dem Westen. Heikle Punkte sind die ‚Gottessohnschaft‘ Jesu Christi und das den reinen Monotheismus verwässernde trinitarische Gottesverständnis. Einerseits gilt das Christentum als Religion des Kolonialismus und Imperialismus, andererseits als düstere Jenseits- und ‚Karfreitagsreligion‘, die eine freie und natürliche Entwicklung des Menschen verhindere und zur Schicksalsergebenheit führe[7].

GRUNDBEGRIFFE

ISLAM – RELIGION DER EINHEIT UND DES GROSSEN BUNDES

Das arabische Wort Islam leitet sich vom IV. Stamm der Wurzel s-l-m ab: ‚heil sein, ganz sein, unversehrt sein‘. Das zugrunde liegende Verb aslama bedeutet ‚sich hingeben, sich [Gott] ergeben, den Islam annehmen‘. Die Anhänger des Islam heißen nicht ‚Mohammedaner‘, ‚Islamiten‘ oder ‚Muselmanen‘, wie gelegentlich noch zu lesen ist, sondern Muslime bzw. Moslems. Wie man an den Konsonanten (s-l-m) beider Wörter feststellen kann, stammen beide Begriffe von derselben Wurzel ab. Muslim ist die Partizipialform von ‚aslama‘, bedeutet ‚derjenige, der sich Gott hingibt‘. Das aus dem Persischen abgeleitete Moslem ist bedeutungsgleich.

Der wichtigste Wesenszug des Islam ist sein Glaube an die Einheit und Einzigkeit Gottes (arab. tauhid). Muslim ist derjenige Mensch, der sich diesem einzigen Gott, der es gut mit seinen Geschöpfen meint, freiwillig anvertraut.

Islam ist wie Buddhismus, Hinduismus, Konfuzianismus, Christentum usw. die Bezeichnung für eine konkrete Religionsgemeinschaft. Weiterhin bedeutet Islam das von Herzen kommende Praktizieren der allen Gläubigen auferlegten religiösen Pflichten. Schließlich bezeichnet das Wort die eine und wahre, ewige, seit der Schöpfung existierende Menschheitsreligion. Der Koran enthält in Sure 7, 172 den grundlegenden Gedanken der universalen Ur-Offenbarung Gottes:

---

[7]   Udo Tworuschka (Hg.): Die Weltreligionen und wie sie sich gegenseitig sehen, Darmstadt 2008; Heinz-Jürgen Loth/Michael Mildenberger/Udo Tworuschka (Hg.): Christentum im Spiegel der Weltreligionen. Kritische Texte und Kommentare, Stuttgart 1978³.

„Und damals als dein Herr aus der Lende der Kinder Adams deren Nachkommenschaft nahm und sie gegen sich selber zeugen ließ! Er sagte: ‚Bin ich nicht euer Herr?' Sie sagten: ‚Jawohl, wir bezeugen es.'"

Dieser Text handelt vom Uranfang. Die einleitenden Worte „Und damals..." entsprechen dem ‚Im Anfang...' der Schöpfungserzählungen anderer Religionen. Gott offenbarte sich allen Menschen, verlangte von ihnen, seine Einheit zu bezeugen. Der Inhalt dieser ‚Uroffenbarung' ist der reine Monotheismus. Als ‚natürliche Religion' ist er allen Menschen eingepflanzt, welche Rasse, Hautfarbe, Kultur, Sprache und Religion sie auch immer haben mögen. Das tagtäglich gesprochene Glaubenszeugnis des Muslim („Ich bezeuge, dass es keine Gottheit gibt außer dem Gott. Ich bezeuge, dass Mohammed der Gesandte des Gottes ist") verbindet die jeweilige Gegenwart des Betenden mit dieser mythischen Urzeit der Koranerzählung. Nach islamischer Vorstellung hat Gott einen ‚großen Bund' mit allen Menschen geschlossen – nicht nur mit einem einzelnen bevorzugten Volk.

Viele Muslime bringen Islam mit einem anderen Wort desselben Wortstammes zusammen: Salam (s-l-m). Es bedeutet Unversehrtheit, Wohlfahrt, Heil, Frieden und entspricht dem hebräischen Schalom.

Der Islam ist eine Religion der Ganzheit. Er beansprucht, den ganzen Menschen in allen Bereichen seines Lebens zu erfassen. Zur islamischen Lebensordnung gehören nicht nur Glaubenssätze, sondern auch sittliche Ge- und Verbote als Normen des Handelns. Alle Handlungen des Menschen sollen vom Geist der Ibada, des Gottesdienstes, geprägt sein und in diesem Sinne vollzogen werden. Sie betreffen den individuellen und gesellschaftlich-politischen Bereich. Von Anfang an war der Islam eine politische Religion. Sie geht von der grundsätzlichen Untrennbarkeit von Religion und Staat aus: Gott ordnet das gesamte Leben – und davon kann der Bereich des gesellschaftlichen und staatlichen Zusammenlebens nicht ausgenommen bleiben.

DIE ANFÄNGE

Das vorislamische Arabien

Schauplatz der Entstehung des Islam war nicht die Wüste, sondern eine Siedlung des Hidschaz im Westen des heutigen Saudi-Arabien: Mekka. Zur Zeit des 6. Jhs. war diese Stadt auf der arabischen Halbinsel ein bedeutendes regionales und internationales Handelszentrum. Mekka lag an der sich von Südarabien bis Syrien ziehenden ‚Weihrauchstraße'.

Der Städter Mohammed wurde in eine durch ihren Stammes-Charakter geprägte Gesellschaft hineingeboren. Diese zerfiel in Nomaden und Städter, die sich teilweise gegenseitig verachteten. Innerhalb der Familie war der Vater die unumstrittene Autorität. Dem entsprach innerhalb von Sippe und Stamm der Sayyid oder Scheich. Er musste eine Führerpersönlichkeit aus angesehener Familie mit reiner Abstammung sein, für die Armen sorgen und Gastfreundschaft gewähren. In Mekka lebten verschiedene Sippen und Unterstämme der Quraish. Sie verwalteten die Kaaba, kümmerten sich um die Pilgerscharen, sorgten für die Sicherheit der Karawanenstraßen, unternahmen Handelsgeschäfte.

Die Identität des Einzelnen war durch seine Stammeszugehörigkeit bestimmt. Der Gesamtstamm trug die Verantwortung für den Einzelnen im positiven wie negativen Sinn. Ethisches Ideal war die Muruwa, die ‚Mannhaftigkeit‘. Man besaß sie aufgrund edler Abstammung. Dieser ‚Stammes-Humanismus‘ verwirklichte sich u.a. in der Gastfreundschaft: Der Fremde war zugleich Feind bzw. Gast (vgl. das lateinische hostis). Die zwischen den einzelnen Stämmen herrschenden Fehden galten als Zeichen von Sportlichkeit und Tapferkeit. Der Besitz des Besiegten ging als Beute in die Habe des Siegers über. Das Verbrechen eines Einzelnen wurde vom ganzen Stamm gesühnt. Umgekehrt galt: Stieß dem Einzelnen etwas zu, war der übrige Stamm zur ‚Blutrache‘ verpflichtet.

Im alten Arabien gab es unterschiedliche Eheformen, die der Frau größere bzw. geringere Rechte einräumten. Weiblicher Nachwuchs wurde ungern gesehen. Im extremen Fall wurden neugeborene Mädchen lebendig im Sand begraben. Die Stammesgemeinschaft fiel mit der Religionsgemeinschaft zusammen, war also im Sinne Menschings eine Volksreligion.

Die Glaubensform der altarabischen Stammesreligionen war der Polytheismus: der Glaube an die Existenz mehrerer großer, personaler, nach ihren Funktionen abgegrenzter Gottheiten. Bekannt war bereits der Hochgott Allah. Hochgottglaube ist kein Monotheismus, sondern eine Erscheinungsform innerhalb des Polytheismus. Hochgötter stehen über den übrigen Gottheiten, werden mit der Weltschöpfung in Verbindung gebracht. Für das tägliche Leben jedoch waren sie oft bedeutungslos, wurden darum weniger verehrt.

Die vorislamische Kaaba (‚Würfel‘), an deren einer Ecke sich ein schwarzer Stein befindet, bildete den Kultmittelpunkt für die altarabischen Gottheiten. Jedes Jahr trafen sich hier alle arabischen Stämme, um miteinander zu handeln und ihre Rituale auszuführen. Während dieser dreimonatigen Zeit herrschte eine Art ‚Gottesfrieden‘.

Mohammed

Mohammed wurde als Mitglied der angesehenen Sippe der Hashimiten vom Stamme der Quraish im Jahre 570/1 n. Chr. in Mekka geboren. Da sein Vater vor seiner Geburt gestorben war, lebte Mohammed bei seiner Mutter Amina. Als er sechs Jahre alt war, starb seine Mutter, und Mohammed wurde von seinem Großvater Abdalmuttalib erzogen. Nach dessen Tod übernahm diese Aufgabe sein Onkel Abu Talib. Er nahm ihn mit auf eine Geschäftsreise. Der 25jährige Kaufmann Mohammed lernte die wohlhabende Kaufmannswitwe Chadidscha kennen und nahm ihre Handelsgeschäfte zuverlässig wahr.

Die wesentlich ältere Chadidscha heiratete Mohammed, den wegen seines ehrlichen und aufrichtigen Charakters viele Menschen damals schätzten. In Mekka war Mohammed als al-Amin, ,der Zuverlässige, Treue' bekannt. Sieben Kinder gingen aus der Ehe hervor. Nur eine Tochter, Fatima, blieb am Leben und hatte selber Nachkommen. Nach Chadidjas Tod ging Mohammed weitere Ehen ein.

Der Wendepunkt in Mohammeds Leben ereignete sich im Alter von ungefähr 40 Jahren, um das Jahr 610 herum. Mohammed begann, intensiver nach dem Sinn des Lebens zu fragen. Er nahm an dem oberflächlichen Treiben und unsozialen Verhalten der mekkanischen Gesellschaft Anstoß. Manche reichen Kaufleute nutzten ihre Macht schamlos aus, um die sozial Schwachen zu übervorteilen. Dadurch gerieten viele Menschen in Not.

Mohammed zog sich oft zu einsamen Andachtsübungen am Berge Hira zurück. Dort erhielt er vom Erzengel Gabriel den Auftrag: „Stehe auf und warne!" Die Menschen sind von Gott abgefallen, und das Jüngste Gericht steht bevor. Nach dem Erlebnis auf dem Berge Hira kamen die Offenbarungen regelmäßig zu Mohammed. Bald darauf fing er an, seine mekkanischen Mitbürger zu ermahnen und vor dem baldigen Gericht Gottes zu warnen. Hauptinhalte seiner Predigt waren der Glaube an den barmherzigen Schöpfergott und der Aufruf zu einem besseren Lebenswandel angesichts des nahe bevorstehenden Gerichts.

Mohammeds Botschaft fand jedoch wenig Anklang in Mekka. Erste Anhänger waren Chadidscha und sein junger Vetter Ali. Dann folgten jüngere Leute aus teils vornehmen, teils weniger einflussreichen Familien. Auch Angehörige unterer sozialer Schichten, zum Beispiel freigelassene Sklaven, hörten auf die neue, befreiende Botschaft.

In den Folgejahren nahm der Widerstand in Mekka derartig zu, dass Mohammed eine Gruppe von Muslimen nach Abessinien auswandern ließ. Der Hauptgrund für die Ablehnung des Propheten lag in der wichtigen Rolle der Stadt Mekka, die zugleich Handelsmetropole und religiöses Zentrum war. Mohammeds Predigt bedrohte den Polytheismus und die Wallfahrtsfeste. Diese konzentrierten sich um das mekkanische Heiligtum, die Kaaba, brachten den führenden Familien wirtschaftliche Vorteile. Nach der Rückkehr aus Abessinien nahmen die Verfolgungen in Mekka noch größere Ausmaße an. Die Mekkaner bestritten die Echtheit von Mohammeds göttlicher Sendung. Sie warfen ihm vor, nur ein Dichter zu sein, der unter dämonischem Einfluss stünde, ein Besessener, der nicht Gottes-, sondern Menschenwort verkündete.

Nachdem die Lage in Mekka unerträglich geworden war, siedelte Mohammed auf die Aufforderung einiger Stämme hin, die einen Friedensrichter suchten, 622 n. Chr. nach Yathrib über, das spätere Madinat an-Nabi, ,Stadt des Propheten', kurz: Medina. 622 war das Jahr der Hidschra, der ,Auswanderung' in das Exil. Es wurde zum Beginn der islamischen Zeitrechnung.

Nachdem Mohammed zwei sich befehdende Stämme vereint hatte, bekannte sich ein großer Teil der Bevölkerung zur neuen Lehre. Einige zögerten jedoch noch, bezweifelten die Echtheit seiner Sendung. Vor allem solche Juden, die zum Teil durch wirtschaftliche Abkommen an die Mekkaner gebunden waren, ließen sich nicht davon überzeugen, dass beide Religionen überein stimmten. Mohammed zwang zwei jüdische Stämme zur Auswanderung. Ein anderer wurde vernichtet, die Frauen und Kinder versklavt. Nach der Auseinandersetzung mit den Juden änderte Mohammed die Gebetsrichtung von Jerusalem nach Mekka. Dort hatte nach der Überlieferung Ibrahim (Abraham), der Stammvater aller Gläubigen, mit seinem Sohn Ismail die Kaaba erbaut.

In der medinensischen Phase wuchs Mohammed immer stärker in die Rolle des Staatsmanns hinein. Neben der Erfüllung seiner religiösen Aufgaben ging es ihm darum, für seine Mitauswanderer und die neuen Verbündeten ein gemeinsames Leben in gutem Einvernehmen zu sichern. Das Ausscheiden der jungen muslimischen Gemeinde aus dem mekkanischen Stammesverband war ein folgenschwerer Schritt. Daher erließ Mohammed 623 die ‚Gemeindeordnung von Medina‘. In ihr wurde feierlich proklamiert, dass von nun an die Gläubigen untereinander Brüder und die Stammesbindungen aufgehoben seien. Diese neue ‚Gemeinschaft‘ (Umma) gilt Muslimen als Idealbild eines islamischen Staates, in dem Solidarität, Gerechtigkeit und Brüderlichkeit die höchsten Werte sind.

Die Mekkaner blieben weiterhin erbitterte Gegner. Im März 624 errang ein kleiner Trupp von Muslimen einen strahlenden Sieg bei Badr, dem bald eine herbe Niederlage in der Nähe des Berges Uhud folgte. Die Mekkaner griffen Medina erfolglos an, konnten aber die Stadt nicht erobern. 628 versuchte der Prophet, eine Pilgerreise nach Mekka zu unternehmen, wurde aber von den Mekkanern abgewiesen. Diese erklärten sich zu einer zehnjährigen Waffenruhe bereit. Dieser Vertrag mit den Mekkanern wurde jedoch nicht eingehalten. Daher zog Mohammed anläßlich eines Beduinenstreits 630 nach Mekka, wo ihm nur wenig Widerstand geboten wurde. Fast ausnahmslos wurden die Mekkaner mit unerwarteter Milde behandelt, so dass sie sich größtenteils zum Islam bekehrten. Mohammed zerstörte die Götterbilder in der Kaaba, behielt das Gebäude aber als Heiligtum bei. Als Mohammed 632 starb, war er Führer fast der gesamten arabischen Halbinsel.

Mohammed im Glauben seiner Gemeinde

Obwohl Mohammed sich als reiner Mensch verstand, dem der Koran offenbart wurde, verweisen einige Verse des Koran auf seine herausragende Bedeutung hin: Er wurde als ‚Barmherzigkeit‘ für die Welten gesandt (21,107). Gott und die Engel segneten ihn (33,56). „Er ist wahrlich von edler Natur" (68,4). Die spätere Prophetenverehrung findet u.a. ihre Begründung in der mehrfach im Koran wiederholten Anweisung: „Gehorchet Gott und seinem

Gesandten!" (8,1) Im Volksglauben entwickelte sich der Brauch, Mohammed anzubeten, ihn darum zu ersuchen, bei Gott Fürbitte einzulegen. Auch Mohammeds Biographie wurde von verklärenden Legenden umrankt: Wunderzeichen begleiteten seine Geburt. Der Palast des persischen Herrschers erzitterte. Ein See trocknete aus. Aus der Brust seiner Mutter drang ein wunderbares Licht bis nach Syrien. Die Sterne neigten sich tief zur Erde herab. Eine Heilszeit brach an. Engel erschienen auf Erden und verkündeten seine Geburt. Ein christlicher Mönch, dem der junge Mohammed auf einer Handelsreise begegnete, weissagte die künftige Bedeutung des Gesandten. Mohammed unternahm zu Lebzeiten eine Himmelsreise. Die Muslime ehren und verehren Mohammed. Man nennt oder schreibt nie seinen Namen, ohne hinzuzufügen: „Gott spreche Heil und Segen über ihn". Man schwört bei seinem Namen, benennt mit Vorliebe die eigenen Kinder nach ihm. In Anlehnung an das Christentum wird auch der Geburtstag des Propheten feierlich begangen.

Im politischen Bereich gilt er als Ideal eines gerechten Führers. Islamische Denker deuteten Mohammed als Sozialreformer, manche sogar als Sozialisten – zumindest aber als Verfechter einer gerechteren Gesellschaftsordnung.

Größte Empörung rief Salman Rushdies Roman ‚Die Satanischen Verse' (1989) hervor. Denn der Roman stellte die Glaubwürdigkeit des Propheten grundsätzlich in Frage. ‚Satanische Verse' ist die Bezeichnung für später nicht mehr für verbindlich gehaltene Koran-Verse. Nach einer bei dem Gelehrten Tabari erhaltenen Überlieferung ergänzte Mohammed Sure 53 Vers 19f. über die vorislamischen Göttinnen Al-Lat, Uzza und Manat aufgrund der Einflüsterung des Satans um folgende Worte: „Das sind die erhabenen Kraniche. Auf ihre Fürbitte darf man hoffen." Die neue, gereinigte Fassung des Korans verdrängte diese Göttinnen. Denn ihre Verehrung stand im krassen Gegensatz zu dem von Mohammed verkündeten Glauben an einen Gott.

Darüber hinaus erscheint Mohammed in den ‚Satanischen Versen' als Betrüger und Bastard, wird in obszöner Sprache verunglimpft. Auch wird ihm ein homosexuelles Verhältnis zum Erzengel Gabriel angedichtet, seine Ehefrauen werden zu den Huren im ersten Bordell der Stadt in Beziehung gesetzt. Muslime auf der ganzen Welt empfanden dies als abscheulichen Religionsfrevel. Nachdem das Buch erschienen war, sprach der politische und spirituelle Führer der islamischen Revolution und Gründer der Islamischen Republik Iran, Ruholla Khomeini (1902–1989), am 14.2.1989 ein Fatwa (‚Religionsgutachten') aus, in dem er den Autor und Publizisten, die über den Inhalt des Buches Bescheid wussten, zum Tode verurteilte. Im März 1989 sprachen sich die Mitgliedstaaten der Islamischen Konferenz mit Ausnahme des Iran gegen das Fatwa aus. Dennoch wurden auf zahlreiche Verleger, die das Buch veröffentlichen wollten, Anschläge verübt, und Salman Rushdie musste untertauchen. Knapp 20 Jahre später kam es im Juli 2007 angesichts der Ankündigung, Rushdie in den Ritterstand zu erheben, erneut zu Straßenprotesten in Iran, Pakistan und Malaysia. Im Juni 2008 erhob Königin Elisabeth II. Salman Rushdie zum ‚Knight Bachelor.'

Einen weiteren Eklat stellte der ‚Karikaturenstreit' dar. Im September 2005 veröffentlichte die dänische Tageszeitung Jyllands-Posten zwölf Karikaturen über Mohammed. Bereits seine Abbildung stellte in den Augen vieler Muslime eine Herabwürdigung dar. Anfang 2006 erstellten dänische Imame ein Dossier zusammen, in dem neben den originalen zwölf Karikaturen auch solche abgebildet waren, die nicht aus Jyllands-Posten stammten und beleidigend-obszönen Inhalts waren. Daraufhin protestierten weltweit islamische Organisationen, dänische Produkte wurden boykottiert, gewalttätige Auseinandersetzungen führten zu Toten und Verletzten. Die Karikaturen lösten eine Diskussion über die Religions-, Presse-, Kunst- und Meinungsfreiheit aus.

Kritische Blicke auf das Leben Mohammeds
Einige westliche Islamwissenschaftler bezweifeln die historische Existenz Mohammeds. Denn die Quellen über sein Leben sind alle ausschließlich islamischen Ursprungs. Man glaubte, einen christlich-häretischen Ursprung des Korans nachweisen zu können. Andere betrachteten den Islam als Konstrukt späterer Generationen. Mohammed war in dieser Sichtweise ein Mythos mit dem Zweck, den arabischen Stämmen einen eigenen, den jüdischen vergleichbaren Propheten zu geben.

In den letzten Jahren sind weitere neue Werke über Mohammed entstanden, die bisher als ‚gesichert' geltende Tatsachen kritisieren oder die historische Existenz Mohammeds grundsätzlich bezweifeln. Der niederländische Islamwissenschaftler Hans Jansen kommt in seinem Buch ‚Mohammed' (2008) zu dem Ergebnis, dass die historische Existenz Mohammeds ungesichert sei. Da der Koran Mohammed der Überlieferung zufolge persönlich offenbart wurde, müssten alle Suren die Zeit zu Anfang des siebten Jhs. widerspiegeln. Doch sprachlich und inhaltlich enthalten sie Sachverhalte, die erst ein- bis zweihundert Jahre später bekannt waren. Jansen vermutet, dass große Teile des Korans erst in diesem zeitlichen Abstand geschrieben wurden und aus verschiedenen Quellen stammen.

Die in der Fachwelt am meisten beachteten Werke sind Tilman Nagels ‚Mohammed – Leben und Legende' und ‚Allahs Liebling' (beide 2008). Nagel vertritt einen gemäßigten Standpunkt zwischen allzu skeptischer und glorifizierender Beurteilung Mohammeds. Beide Bände wollen das Bild Mohammeds von zahlreichen Legenden und dogmatischen Interpretationen befreien und durch eine sachgemäße historisch-kritische Darstellung ersetzen. Einen Kern des ursprünglichen Quellenmaterials hält Nagel weiterhin für wahr. Viele Vorstellungen von wunderbaren Ereignissen und Aussprüchen werden hier aus dem geschichtlichen Zusammenhang erklärt. Dabei steht Nagel vor dem Problem, dass die vorhandenen ältesten Quellen (der Koran, die Hadithe mit überlieferten Worten und Taten Mohammeds sowie die älteste

Lebensbeschreibung Mohammeds von Ibn Ishaq [704–767]) keine kritische Mohammedbiographie gestatten. Trotzdem kann Nagel aus seiner umfangreichen Kenntnis arabischer Quellen ausreichende Fakten für eine Mohammedbiographie schöpfen, um Mohammeds Historizität nicht anzuzweifeln. Nagel bettet Mohammeds Lebensweg in die große politische Geschichte des byzantinischen Reiches und der persischen Sassaniden ebenso ein wie in die Familiengeschichten in Mekka und auf der arabischen Halbinsel. Die Schilderung von der Berufung Mohammeds (Sure 96) hält der Autor für nicht ursprünglich, greift stattdessen auf eine komplizierte Entstehungsgeschichte zurück. Nagel betrachtet Allahs Offenbarungen als Mohammeds ‚Alter Ego‘. Auch bezweifelt er, dass Mohammed in Mekka ein verfolgter Prophet war und erst in Medina zum politischen Staatsmann wurde. Die Hidschra ist kein Wendepunkt mehr in seinem Leben. Mohammed ist für Nagel Repräsentant einer im 4. Jh. beginnenden hochreligiösen Durchdringung des arabischen Heidentums. Der historische Mohammed kämpfte zunächst vergeblich um die Macht in Mekka. Von Medina aus veranlasste er die Ausdehnung des islamischen Machtbereichs, die durch die politischen Verhältnisse erleichtert wurde. Zwei Jahrzehnte nach seinem Tod konnte die Eroberungswelle nicht fortgesetzt werden. Enttäuscht begannen die Gläubigen, die Zeit des Propheten zu verklären. Diese idealisierende Betrachtungsweise wurde zu einem Bestandteil der islamischen Geschichte.

HEILIGE SCHRIFTEN

Der Koran
Der arabische Begriff Qur'an stammt von dem Verb qaraa (‚vortragen, rezitieren‘) ab. Für Muslime ist der Koran Urkunde der göttlichen Offenbarung sowie Hauptquelle und Maßstab des rechten Glaubens und Handelns. Der Koran enthält die Botschaft, die Mohammed im Laufe seines prophetischen Wirkens zwischen 610 und 632 verkündete.

Der Koran wurde nicht auf einmal, sondern von 610 an 23 Jahre lang zunächst in Mekka, dann in Medina (ca.10½ Jahre) entsprechend den jeweiligen Notwendigkeiten und Offenbarungsanlässen offenbart. Der Koran besteht aus 114 Suren (Abschnitte), die sich aus einzelnen Ayat, Versen, zusammensetzen. Wörtlich bedeutet Aya ‚Zeichen [Gottes]‘. Mohammed diktierte seinen Schreibern die von Gott empfangenen Verse. Die heutige verbindliche Koranausgabe geht auf den dritten Kalifen Uthman (644–656) zurück. Dabei konnte er sich auf die Zustimmung der übrigen Muslime stützen, von denen viele den Koran auswendig kannten.

Die Überschriften der Suren enthalten Namen der Hauptperson, von der berichtet wird (Josef, Noah, Maria). Manche Suren werden auch nach einem eindrucksvollen Wort benannt: ‚das Licht‘ (24), ‚der Donner‘ (13). Die Suren in der heute verbindlichen Endfassung des Korans sind nicht chronologisch, sondern nach dem Prinzip der fallenden Länge geordnet. Es gibt Ausnahmen: Am bekanntesten ist die erste Sure al-Fatiha („die Eröffnende') mit nur sieben Versen. Die zweite und längste hat 286, die kürzeste Sure (108) nur drei Verse. Die kürzeren Suren stammen vorwiegend aus mekkanischer Zeit, die längeren aus Medina.

Der folgende Koranvers preist die Offenbarung des Korans in der ‚Nacht der Macht'. Das Wunder dieser herrlichen Nacht ist von Heil und Frieden begleitet:

„Siehe,
WIR ließen IHN niedersteigen
zur herrlichen Nacht.
Kannst Du dir ausdenken,
was diese herrliche Nacht?
Diese herrliche Nacht
ist besser als tausend Monde.
Da stiegen die Engel herab und der Geist
auf ihres Herrn Geheiß mit der Ganzheit
des Wortes.
Heil(bringend) war sie
bis zum Aufstieg des Morgenrots."
(Sure 97, 1-5)

Über 90% der Koranverse befassen sich mit ethischen Werten, dem Aufbau und den Regeln der islamischen Umma (‚Gemeinschaft'), mit Gott und seinen Eigenschaften, den Propheten und Gesandten sowie der gesamten ‚wunderbaren' Schöpfung, also Himmel, Erde, Mitgeschöpfe, Naturerscheinungen, metaphysischen Wesenheiten wie Engel usw., vergangenen Völkern und ihrer Geschichte. Nur etwa 6% des Korans enthalten konkrete Vorschriften. Sie betreffen: Familienrecht, Schlichten von Konflikten, politisches Zusammenleben, Sicherung des Wirtschaftlebens, Einstellung zu Nichtmuslimen und Strafrecht. Anders als die zusammenhängend vom Leben Jesu erzählenden Evangelien des Neuen Testaments enthält der Koran keinen Lebenslauf Mohammeds. Nur einige Verse nehmen auf besondere Umstände seines Lebens Bezug.

Viele Stellen des Korans bezeichnen ihn als ‚Buch', andere benennen ihn als ‚Ermahnung' (21,24 u.ö.). Teile des Korans gelten als Mathani, d.h. sich wiederholende Verse (15,87). Dies sind entweder die sieben Verse der ersten Sure oder die sieben Legenden, die sich um Noah, Abraham, Loth, Schu'aib,

Hud, Salih, Mose und die jeweiligen ‚Gemeinden‘ oder ‚Städte‘ ranken, oder die sieben langen Koransuren. Manche Stellen nennen den Koran al-Furqan: ‚Unterscheidungsnorm‘ (25,1).

Die Nähe der Themen des Korans zu biblischen Inhalten ist offensichtlich. Bis heute ist unbewiesen, dass es eine arabische Übersetzung der Bibel oder auch nur des Neuen Testaments gegeben hat. Als gesichert darf gelten, dass sich Mohammed bewusst mit den Vorstellungen der Juden und Christen auseinandergesetzt hat, soweit sie ihm ihren allgemeinen Gedanken nach bekannt waren. Ein alt- bzw. neutestamentliches Buch hat er wohl nie gelesen. Seine Kenntnisse der beiden Religionen gehen auf mündliche Überlieferungen zurück. Zu den im Großraum Mekka lebenden oder auf ihren Karawanenzügen dorthin pilgernden Christen hatte Mohammed Kontakte. Auch seine Karawanenzüge nach Syrien machten ihn mit den Christen bekannt. Mit Gedanken des Judentums wurde Mohammed vor allem in Medina vertraut.

Der Koran wurde nach islamischem Glauben zur ‚Rechtleitung‘ der Menschen herabgesandt. Er gilt als größte Gnade des barmherzigen Gottes und stellt sich selbst in einen Zusammenhang mit den Schriften der Juden und Christen. Er gilt als Abbild eines präexistenten Urbuches, der ‚Mutter des Buches‘ oder der ‚wohlverwahrten Tafel‘, mit der er bis in die Orthographie hinein übereinstimmt. Gott selbst hat dieses Buch mit der göttlichen ‚Feder‘ verfasst. Dass der Koran ein ‚wunderbares‘ Buch ist, beweist für Muslime nicht zuletzt auch seine literarische Unübertrefflichkeit. Immer wieder versuchten islamische Denker, die Einmaligkeit des koranischen Stils nachzuweisen. Nicht nur der gesamte Koran, sondern jeder einzelne Vers gilt als ‚Wunderzeichen‘ (Aya). Der verbal inspirierte Koran darf nicht mit Werken menschlicher Literatur auf eine Stufe gestellt werden.

Später arbeiteten islamische Theologen die Lehre von der Unübertrefflichkeit des Korans aus. Dieser enthält keine inneren Widersprüche und ausschließlich zutreffende Prophezeiungen, ja sogar die Vorwegnahme einiger naturwissenschaftlicher Erkenntnisse.

Der Koran will ‚rezitiert‘, ‚vorgetragen‘ werden. Seit dem Mittelalter sind die Art der Aussprache, das Sprechtempo und die Stimmführung genau festgelegt worden. Das Arabische gilt als ‚heilige‘ Sprache. An dem von diesem Buch ausströmenden ‚Segen‘ (Baraka) nimmt derjenige teil, der mit dem Klang und dem Rhythmus des Buches ‚konform‘ wird. Der den Koran verinnerlichende, ihn auswendig lernende, in sein Herz, Gemüt und Verstand aufnehmende Hafiz (‚Bewahrer‘), letztlich jeder Muslim, der den Koran rezitiert, kommt Gott außerordentlich nahe. Im Unterschied zum Christentum, das in der Übersetzung der Bibel nie Probleme sah, ist für den Islam das Arabische, die ‚heilige Ursprache‘, von herausragender Bedeutung. Viele Muslime äußern Bedenken gegen Übersetzungen; geben diese doch das Original nur annäherungsweise wieder. Übersetzung bedeutet immer Veränderung.

Übersetzungen werden im Islam nicht für kultische, sondern nur für Unterrichtszwecke herangezogen. Die besondere Bedeutung des Korans ist auch an der Kalligraphie ablesbar, der vom Islam gepflegten religiösen Schönschreibkunst.

Sunna und Hadith

Die zweite Quelle des Glaubens ist die Sunna (arab. sanna = ,gelten, in Gebrauch sein'), die gewohnte Handlungsweise des Propheten. Sehr bald nach dem Tode Mohammeds wurden seine Lebensweise und Aussprüche zur Richtschnur für die Gläubigen. Die Sunna enthält sogenannte Hadithe (,Mitteilungen'), Entscheidungen, Handlungen und Aussagen Mohammeds und anderer frühislamischer Autoritäten.

Formal besteht ein Hadith aus der ,Überliefererkette' und dem eigentlichen Text. Die Überliefererkette setzt sich aus einer Reihe von Autoritäten zusammen, von denen die letzte ein Augenzeuge oder Teilnehmer des Ereignisses gewesen sein muss. Muslime haben sich intensiv mit der Frage beschäftigt, ob eine Überlieferung verlässlich (,gesund') ist oder nicht. Sie prüfen genau, ob die Glieder der Gewährspersonen sich gegenseitig gekannt haben konnten, ob sie überhaupt glaubwürdige Personen waren. Von 900 nach Chr. an wurden umfangreiche Traditionssammlungen zusammengestellt. Diese reduzierten die im Umlauf befindlichen Überlieferungen nach einer genauen Prüfung beträchtlich. Im Allgemeinen gelten die Sammlungen von sechs Sammlern als ,gesund'. Sie konnten darum in der Folgezeit neben Koran und Sunna zu Rate gezogen werden. Die Schiiten besitzen eigene Hadithsammlungen.

Die Scharia

Findet man in Koran und Sunna keine eindeutige Regelung, dann zieht man als dritte Quelle die durch Koran und Sunna begründete Übereinstimmung der Rechtsgelehrten zumindest einer Generation zu Rate. Eine Übereinstimmung liegt vor, wenn etwa eine Generation lang nach Bekanntwerden einer Lehre – vorausgesetzt, es herrschen Meinungsfreiheit und normale Verhältnisse – kein Widerspruch bekannt wird.

Vierte Quelle der Rechtsfindung ist der Analogieschluss: Dabei führt man ein aktuelles Problem auf eine Regel zurück, die für einen gleichartigen oder ähnlich gelagerten Fall geschaffen worden war. Die Schiiten erkennen den Analogieschluss nicht an.

Im 8. und 9. Jh. entstanden vier sunnitische ,Rechtsschulen'. Man benennt sie nach ihren ersten Lehrern. Abgesehen von Koran und Sunna, die alle vier für verbindlich halten, unterscheiden sie sich in der Anerkennung einiger Zusatzquellen. Im Allgemeinen fühlen sich heute die Muslime einzelner Staaten jeweils einer dieser Rechtsschulen verpflichtet. In einigen Ländern sind auch mehrere Rechtsschulen verbreitet. Die Schiiten besitzen eigene Rechtsschulen.

1. die hanafitische Schule (benannt nach Abu Hanifa, 699-767)
2. die malikitische Schule (nach Malik ibn Anas, 715-795)
3. die schafiitische Schule (nach as-Shafii, 767-820)
4. die hanbalitische Schule (nach Ahmad ibn Hanbal, 780-855)
5. die imamitische Schule, die bedeutendste Rechtsschule der Schia, deren Hauptautorität der Urenkel Mohammeds, Imam Dscha'far as Sadiq (gest. 765) gewesen ist. Nach ihm wird die Schule auch *dschafaritisch* genannt.

ISLAMISCHER GLAUBE

Das islamische Glaubensbekenntnis enthält fünf (bzw. sechs) Artikel:
1. Glaube an den einen und einzigen Gott
2. Glaube an Gottes Engel
3. Glaube an Gottes Bücher
4. Glaube an Gottes Gesandte
5. Glaube an den Jüngsten Tag
6. Die Sunniten fügen noch den Glauben an die Vorherbestimmung hinzu.

Das ‚Zeugnis' des Glaubens
Das islamische Glaubenszeugnis lautet in seiner vollständigen Form folgendermaßen:
„Im Namen Gottes, des barmherzigen Erbarmers.
Gott ist groß (allahu akbar, wörtl. „Gott ist größer")
Es gibt keinen andern Gott außer Gott.
Gott ist groß.
Gott ist groß und allen Lobes würdig.
Er ist heilig.
Tag und Nacht sollen wir ihn loben.
Gott ist groß!
Gott ist groß!
Es gibt keinen anderen Gott außer Gott!
Gott ist groß!
Gott ist groß, und alles Lob gilt ihm!
O ihr Gläubigen, so sprach der Prophet, auf dem die Gnade und der Friede Gottes ruhen mögen, opfert euer Opferlamm mit euren eigenen Händen.
Dies war der Weg, der von Abraham gelehrt wurde, der Friede sei mit ihm!
Er ist ohne Mitregenten, ohne einen Gleichrangigen.
Jedes Lob gebührt ihm.
Heilig ist er, der die Reichen großmütig macht, der die Opfer für die Waisen beschafft.
Er ist groß und keiner kommt ihm gleich.
Hört! Ich bezeuge: Es gibt keinen anderen Gott außer ihm.

Er ist allein, ohne einen Mitregenten.
Dieses Zeugnis ist klar wie das erste Morgenrot,
glänzend wie der ruhmreiche Festtag.
Mohammed ist sein Diener, der uns seine Botschaft überliefert hat.
Auf Mohammed, seiner Familie und seinen Gefährten möge der Friede Got-
tes ruhen.
Auf Mohammed und seiner Familie und auf seinen Glaubensgenossen möge
der Friede Gottes ruhen.
Auf euch, die ihr zugegen seid, Gemeinde Mohammeds, möge die Gnade
Gottes für immer ruhen.
O Diener Gottes, eure erste Pflicht ist es, Gott zu fürchten und liebenswür-
dig zu sein.
Gott hat gesagt: Ich will mit denen sein, die mich fürchten und liebenswert
sind".

Glaube an Gott
Juden, Christen und Muslime verehren den lebendigen Gott als Schöpfer von
Himmel und Erde, loben ihn als ihren Erhalter, preisen ihn als Herrn der Geschichte und zukünftigen Weltenrichter. Der eine und einzige, personale Gott
wird im Islam als ‚lebendiger Gott' gesehen, der die Welt geschaffen hat, sie
einem Ziel zuführt, in und an ihr handelt. Nach seiner Schöpfung hat er sich
auf dem Thron niedergelassen (2, 255).

DIE WUNDERBAREN ZEICHEN GOTTES

„Gott lässt keimen das Korn und den Dattelkern. Er bringt das Leben-
dige aus dem Toten hervor und das Tote aus dem Lebendigen. Das ist
Gott. Warum erkennt ihr dies nicht an? Er lässt den Morgen anbrechen
und schafft die Nacht als Ruhepause. Sonne und Mond lässt er zur Zeit-
rechnung entstehen. Alles dies geschieht auf Anordnung des Mächtigen,
des Wissenden. Er hat die Sterne geschaffen, damit ihr mit ihrer Hilfe in
der Finsternis zu Lande und zu Wasser rechtgeleitet werdet. Wir haben
die Zeichen für Leute auseinander gesetzt, die Bescheid wissen. Er ist der-
jenige, der euch aus einem einzigen Wesen geschaffen hat und euch einen
Ort der Ruhe und der Zuflucht gab. Wir haben die Zeichen nun deutlich
für einsichtige Leute erklärt, und er ließ vom Himmel Wasser herabkom-
men. Dadurch haben wir Wachstum aller Art hervorgebracht und daraus
das Grüne, aus dem wir dichtes Korn hervorbringen, und aus den Blüten-
scheiden der Palmen lassen wir nieder hängende Fruchtbüschel entstehen
und Gärten voller Weintrauben, Oliven und Granatäpfel, einander ähnlich
und unähnlich. Schaut euch ihre Frucht an, wenn sie keimt und reift. Ja,
dies sind Zeichen für Menschen, die glauben." (6,95- 99)

Nach der Auffassung des Korans verkünden alle Gesandten und Propheten von Abraham bis zu Mohammed ein und denselben Gott. Der Gott der Juden und Christen ist nach islamischem Glauben auch der Gott der Muslime. Allah (arab. ‚der Gott') meint es gut mit seinen Geschöpfen. Zwischen dem fern-erhabenen Allah und dem Menschen besteht eine enge, auf dem Prinzip der ‚Barmherzigkeit' (Rahma) beruhende Beziehung. Der Islam versteht Gott nicht als Vater. Gott ist der ‚Herr' und Lehrer (Rabb), dem der Mensch als ‚Diener' (Abd) gegenüber steht. Gott ist aber trotz seiner Macht „milder und barmherziger als hundert Väter und Mütter" (islamische Überlieferung). Meist wird der Ausdruck Vater im Islam physisch verstanden: Wenn Gott Vater ist, muss er eine Frau haben. Die konsequente Verweigerung der Vater-Anrede erklärt sich aus dem altarabischen Polytheismus. Mehr als 700mal spricht der Koran von Gottes ‚Barmherzigkeit'. Gott wird als ‚barmherziger Erbarmer' erfahren. Jede Sure, mit Ausnahme der neunten, beginnt mit der Formel: „Im Namen des barmherzigen Erbarmers". Nach islamischem Verständnis ist Religion kein menschlicher Versuch, sich aus eigener Kraft zu Gott aufzuschwingen. Sondern sie geht von Gott aus. Wichtige Hinweise auf die göttliche Barmherzigkeit sind die Schöpfung und die wohltätige Ordnung der Natur, sodann die vielerlei ‚Zeichen', die von verständigen Menschen in ihrer symbolischen Beziehung zu Gott entschlüsselt werden. Ein weiterer Erweis der grundlosen Barmherzigkeit Gottes ist die Sendung der Propheten und Gesandten. Das größte Ereignis seines Angebotes an die Menschen aber ist der Koran. Gottes wichtigste Eigenschaften hatte die islamische Tradition auf die Formel der 99 ‚schönen Namen' Gottes gebracht. Sie lassen sich den folgenden Themen zuordnen: Gottes Barmherzigkeit und Güte, Schöpfertätigkeit und Gerechtigkeit.

Bilderverbot
Von Gott dürfen sich Muslime kein Bild oder Abbild machen. Denn Gott allein ist ‚Schöpfer und Gestalter' (59,24). Angesichts der menschlichen Unvollkommenheit wäre jede Darstellung Gottes unvollkommen, ja lästerlich. Auch Engel dürfen nicht bildlich dargestellt werden. Einmütigkeit herrscht in der islamischen Welt darüber, dass die Gesandten Gottes, wie zum Beispiel Mohammed, Jesus u.a., sowie andere herausragende Gläubige nicht bildlich dargestellt werden dürfen. Als zu groß gilt die Gefahr, dass sie dadurch zu Idolen bzw. Götzen werden.

Im Koran findet sich kein ausdrücklicher Hinweis auf das Bilderverbot. Die Verse 21,56 und 34,13 beziehen sich auf Götzendienst bzw. tadeln Bildwerke nicht. Seit den letzten beiden Jahrzehnten des 7. Jhs. wurde in der islamischen Welt aber über ein Bilderverbot diskutiert. Endgültig entschieden war es vermutlich Anfang des 8. Jhs. Unter die Bestimmungen fallen nicht nur Bilder von Menschen, sondern auch solche von Tieren, nicht aber Abbildungen von Bäumen und anderen Pflanzen. Darstellungen von Lebewesen sind nicht zu beanstanden, wenn ihnen der Kopf vom Rumpf getrennt wurde bzw. wenn sie nicht aufrecht im Raum stehen (zum Beispiel an der Wand angebrachte Bilder), sondern am Boden liegen (zum Beispiel in Form von Teppichen, Liege- bzw. Sitzkissen). So kann man auf sie treten. Und das, worauf man tritt, „ist nicht wie ein Götze (der angebetet sein will); denn es ist nicht hochgeschätzt."

Glaube an Gottes Engel
Engel sind Gott lobende und preisende geistige Wesen. Als Diener Gottes begleiten sie die Menschen und die anderen Geschöpfe. Engel gelten als makellos, sind von schöner Gestalt. Sie haben von Gott die Aufgabe erhalten, die Ordnung im Weltall aufrechtzuerhalten. Sie bewachen und schützen die Menschen, verzeichnen ihre Taten, nehmen die Seelen der Toten in Empfang. Neben den Engeln Dschibril (Gabriel), der Mohammed den Koran überbrachte, Mikail (Michael), Israfil und Azrail (beide im Koran nicht erwähnt), Harut und Marut sowie dem gefallenen Engel Iblis, erwähnt der Koran zwei Engel-Gruppen: die ‚Wächter der Hölle' (74,312) und die ‚Nahegebrachten' (4,172).

Der Engel Gabriel wird im Koran als ‚treuer' und ‚heiliger Geist' beschrieben. In 19,17f. wird er als ‚unser Geist' bezeichnet, der sich Maria als ‚ein ebenmäßiger Mensch' zeigt. Gabriel und Michael üben vermittelnde Funktionen beim Offenbarungsvorgang aus: Oft wird Gabriel als Bote eingesetzt. Israfil taucht nur in Endzeit-Legenden auf. Der Teufel Iblis wurde aus dem Paradiesgarten vertrieben, weil er sich weigerte, vor dem Menschen niederzufallen.

Glaube an Gottes Bücher
Muslime verehren nicht nur den Koran, sondern auch die Bücher der voran gegangenen Gesandten. Juden und Christen heißen im Koran ‚Leute des Buches' bzw. ‚Schriftbesitzer', weil sie göttliche Offenbarungstexte besitzen: die ‚Blätter Abrahams', die ‚Tora', die ‚Blätter des Mose', den ‚Psalter' Davids und das ‚Evangelium' (Singular) Jesu. „Es ist für den Muslim verpflichtend, nicht nur an den Koran zu glauben, sondern auch an die gesamten Offenbarungen der vorislamischen Propheten" (Mohammed Hamidullah). Mohammed kritisierte an den Juden und Christen seiner Zeit, dass sie den ursprünglichen Sinn ihrer Schriften entstellt hätten (2,75; 5,14). Die muslimischen Vorwürfe gegen die heutige Bibel, die nicht mehr mit ihrer Urfassung übereinstimmt, drückt der Begriff Tahrif (‚Veränderung, Verfälschung') aus. Islamische Theologen deuten Tahrif unterschiedlich: als Fehldeutung biblischer Texte, als vorgenommene Veränderungen und Verfälschungen.

Glaube an Gottes Gesandte
Mohammed gilt als ‚Siegel der Propheten' (33,40). Schon vor ihm hatten andere Propheten und Gesandte die Botschaft von dem einen und einzigen

Gott zu ihren jeweiligen Völkern gebracht. Der Monotheismus war allen Menschen von der Schöpfung an mitgegeben worden. Wegen der menschlichen Vergesslichkeit und Schwachheit mussten ‚Propheten‘ (Nabi) und ‚Gesandte‘ (Rasul) die Menschen wieder an diese Tatsache ‚erinnern‘. Im Unterschied zum Propheten bringt der Gesandte eine Schrift. Die Botschaft der Gottesmänner ist überall und zu jeder Zeit im Kern die gleiche: „Es gibt keinen Gott außer mir. Dienet mir!“ (21,25). Die Propheten erlitten ein typisches Prophetenschicksal: Ihre Botschaft wurde nicht akzeptiert, sie wurden angefeindet und verfolgt. Doch Gott errettete sie stets und bestrafte die Ungläubigen. Neben altarabischen Propheten erwähnt der Koran biblische Propheten, insbesondere der als erster Prophet geltende Adam, Noah, Abraham, Mose und Jesus.

Exkurs: Jesus im Islam

Zu allen Zeiten hat Gott Gesandte geschickt, die von seiner Freundlichkeit und Barmherzigkeit erzählten. Einer von ihnen war Jesus. Im Koran lautet sein Name Isa. Seine Mutter Maria wird als reine Jungfrau dargestellt. Sie hat Isa ohne Zutun eines Mannes sein Leben geschenkt. Josef wird im Koran nicht erwähnt. Die koranischen Erzählungen von Maria haben starke Anklänge an apokryphe Evangelien (zum Beispiel Protevangelium des Jakobus): Maria wird als Kind in den Tempel gebracht, wächst dort unter priesterlicher Obhut auf. Sie gilt als von Gott ‚auserwählt‘ (3,42). Der demütigen Frau wird Isa als ‚Wort von Gott‘ (3,45) angekündigt. Maria zieht sich vor ihren Verwandten zurück. Der Bote Gottes erscheint vor ihr in menschlicher Gestalt, verkündet einen ‚lauteren Jungen‘ (19,19). Ohne mit einem Mann geschlechtlichen Verkehr gehabt zu haben, wächst in ihrem Leib der Isa-Knabe heran. Mehrere Koranverse erwähnen Isa, meist im Zusammenhang mit den anderen Gesandten. Isa ist Gottes ‚Diener‘ (Abd), ‚Prophet‘ (Nabi), ‚Gesandter‘ (Rasul), ‚Messias‘ (al-Masih), ‚Wort‘ Gottes (Kalima), sein ‚Geist‘ (Ruh) und Bringer des als ein einziges Buch aufgefassten Evangeliums. Der Koran nennt Isa ‚Sohn der Maria‘, nicht jedoch ‚Sohn Gottes‘. Denn diese gegen den Eingottglauben verstoßende Aussage käme wörtlich verstanden einer Gotteslästerung gleich. Isa wird als Zeuge gegen die Christen angerufen: Die Christen haben ihn vergöttlicht und in ihrer Trinitätslehre zu Einem von Dreien gemacht. Isa ist gestorben und zu Gott erhöht worden. Auch wenn die Juden glaubten, sie hätten ihn an das Kreuz geschlagen, so haben sie sich getäuscht, da sie nur Isas menschliche Hülle töten konnten, nicht aber seinen Geist.

Wie die anderen Propheten und Gesandten vor ihm bestand Isas Auftrag darin, den Dienst der Menschen gegenüber dem einen und einzigen Gott zu verkünden: „Gott ist mein Herr und euer Herr; dient ihm also! Das ist ein gerader Weg!“ (Sure 19,36; 43,64 u.ö.). Isa werden außerordentliche Beschaffenheiten zugesprochen, die in ihrer Gesamtheit im Koran niemandem, nicht einmal Mohammed, zugeschrieben werden: Wie Adam, so entstand Isa, ohne von einem menschlichen Vater gezeugt worden zu sein – einfach auf einen Befehl Gottes. Isas Mutter Maria wird wegen ihrer ‚Reinheit' über ‚die Frauen in aller Welt' gehoben. Nach seinem Tode wird Isa von Gott in den Himmel ‚erhöht'. Vom koranischen Isa werden nicht nur außergewöhnliche ‚Zeichen' – Heilungen, Totenerweckungen – berichtet. Isa gilt vielmehr selbst als ‚Zeichen Gottes'. Dieser Zeichencharakter unterscheidet ihn von allen anderen Propheten, Mohammed eingeschlossen.

Glaube an den Jüngsten Tag

Wenn der Muslim seine ‚letzte Reise' antritt, erwartet ihn ein himmlischer Garten (‚Garten des Paradieses, Garten der Ewigkeit, Garten der Wonne'). Adam und seine Frau lebten ‚damals' in dem Paradies(garten). Von der Schlange verführt, wurde das Urelternpaar zur Erde ‚hinab geschickt'. Zwischen Gott und den Menschen kam es dadurch aber zu keinem endgültigen Bruch. Nachdem Adam seine Sünden bereut hatte, verzieh ihm Gott wieder. Dereinst dürfen die ‚Rechtgeleiteten' zur Belohnung im Himmelsgarten weilen. Daran knüpft der Koran die Forderung, dass die Menschen sich im diesseitigen Leben für die Bedürftigen eingesetzt haben. Das Gartenparadies ist einer fruchtbaren Oase vergleichbar: mit Quellen, Wasserläufen, Bächen von Milch, Honig und Wein, Lagerstätten, Teppichen, kostbaren Decken. Die Paradiesbewohner treffen dort auf Jungfrauen mit großen Augen und züchtig niedergeschlagenen Blicken. Sie begegnen Jünglingen, die einen Wein bereit halten, der keine Kopfschmerzen verursacht: in silbernen Gefäßen, Humpen, Krügen bzw. randvoll gefüllten Bechern. Die Paradiesbewohner sind mit wertvollen Gewändern, goldenen und silbernen Armringen und Perlen bekleidet.

Das Paradies heißt Dar as-Salam (‚Haus des Friedens'). Über die Verbesserung irdischer Verhältnisse hinaus geht es vor allem um Vergeistigung: ideale, gelingende Verständigung, gute soziale Beziehungen, ganzheitlich-unzerstückeltes Leben. Sure 10,27 verspricht den Rechtschaffenen das „Beste – und noch mehr". Islamische Ausleger haben in diesem ‚noch mehr' das höchste Ziel des Paradieses gesehen: die ‚Schau Gottes'.

„Wenn diejenigen in das Paradies eingetreten sind, die es verdient haben, wird Gott sie fragen: Bedürft ihr noch irgend etwas, was ich euch geben könnte? Alle werden sich wundern und keinen Wunsch wissen. Aber Gott wird seinen Schleier lüften, und nichts von dem, was sie empfangen haben, wird ihnen teurer sein als der Anblick und die Betrachtung ihres Herrn."

Menschenbild

Der Mensch – Mann und Frau – wird im Koran als höchstes und bestes ‚Geschöpf Gottes' beschrieben. Gott stellt dem Menschen seine Schöpfung zur Verfügung. Der Islam kennt zwar eine Ursünde, die Tat des Urelternpaares, jedoch keine Erbsünde im christlichen Sinne. Das Christentum reflektiert die Stellung des Menschen vor Gott auf der Grundlage von Schöpfung – Sündenfall – Erlösung. Dem Islam sind die Begriffe Erbsünde und Erlösung von Hause aus fremd. Islamisches Glaubensdenken spannt vielmehr den folgenden Bogen: Schöpfung – Bewährung – Vertrauen in die göttliche Barmherzigkeit angesichts des Jüngsten Gerichtes. Der Koran betrachtet den Menschen als Gottes ‚Stellvertreter‘ (Khalifa). Er besitzt den freien Willen, sich für oder gegen Gott zu entscheiden. Der Teufel verführte einst im Paradies das Ur-Elternpaar: Adam und seine Frau mussten daraufhin den Garten verlassen. Doch reichte Gott Adam wieder die Hand, und Adam bereute sein Tun. Der Gedanke von Reue und Verzeihung bestimmt das Verhältnis des Menschen zu Gott. Ständig sind die Menschen den Versuchungen des Satans ausgesetzt. Daher sind sie allezeit auf Gottes Barmherzigkeit und Vergebung angewiesen.

Auch wenn der Mensch Gottes gelungene Schöpfung ist, sein bestes Geschöpf, sein ‚Stellvertreter‘ auf Erden, so haben viele den Menschen betreffende Aussagen des Korans einen realistisch-düsteren Zug. Schon die Tatsache des Geschaffenseins weist auf seine Schwäche hin: „Der Mensch möge bedenken, aus was für einem Stoff er erschaffen ist" (86,5). Er ist von Natur aus schwach, unbeständig, unzuverlässig, kleinmütig, ungeduldig, unwissend. Er neigt zur Ungerechtigkeit, zeigt wenig Interesse, den Glauben anzunehmen. „Die Seele verlangt gebieterisch nach dem Bösen!" (12,53).

Die Paradiesgeschichte lässt nicht nur mangelnde Standhaftigkeit als Symptom der menschlichen Unheilssituation erkennen. Es heisst auch, dass Adam „ungehorsam" wurde, „in Sünde verfiel" (20,119). Islamische Apologeten unterschlagen oft diese realistisch-düsteren Aspekte im Menschenbild des Korans. In bewusster Kontrastierung zur christlichen Anthropologie, deren Erbsündenlehre als negativ und versklavend empfunden wird, heben sie den Gedanken des Stellvertretertums Gottes hervor. Der Mensch wird für prinzipiell in der Lage gesehen, eine ideale Gesellschaftsordnung zu entwickeln.

Der Mensch wurde gut geschaffen und besitzt die Möglichkeit, frei zu entscheiden. Dabei ist er der Wirkung äußerer und innerer Kräfte ausgesetzt. Diese bewegen ihn zum Guten oder Bösen, doch die Verantwortung für seine Entscheidung hat er jedoch selbst zu tragen. Was die Existenz der Werte Gut und Böse betrifft, so sind sich alle islamischen Schulen und Richtungen einig: Beide entsprechen Gottes Willen. Es heißt: „Gott will das Böse, aber er hat keinen Gefallen daran."

Zu den wichtigsten Werten, die schon islamischen Kindern vermittelt werden, zählt der koranische Grundsatz „Gutes gebieten und Schlechtes verbieten" (3,110). Ein Muslim soll niemandem Schaden zufügen und sich bemühen, dem Guten zur Geltung zu verhelfen. Ehrlichkeit, Aufrichtigkeit, Zuverlässigkeit sind ebenso islamische Tugenden wie Strebsamkeit und Arbeitsamkeit. Das Vertrau-

en auf Gott soll zu innerer Zufriedenheit und Geduld führen. Die zum Wohle
des Menschen erlassenen Gebote Gottes dienen als Richtschnur für ein auf Gott
hin ausgerichtetes – dies bedeutet Islam – heilvolles Leben in psychischer und
physischer Hinsicht. In der islamischen Werteerziehung spielen die Hadithe
eine große Rolle. Islamische Vermittlungsliteratur hebt den Einsatz für Natur
und Mitmenschen hervor. Muslime sollen sich aktiv, sogar unter Einsatz ihres
Lebens, für die gute Sache des Islam einsetzen. Den folgenden Korantext lernen schon Kinder im Grundschulalter: „Gott verändert nicht den Zustand
eines Volkes, bis es sich nicht selbst ändert" (13,11). Geduld und Standhaftigkeit
im Glauben sowie Treue zu Mohammed sind groß geschriebene Werte. Geschichten frommer Religionsvertreter – der vielen namenlosen wie auch Helden
vom Range der Frau Mohammeds, Chadidscha, und seiner Tochter Fatima –
dienen dazu, islamische Ideale zu personalisieren: Aufrichtigkeit, Gerechtigkeit,
Einsatz gegen Unterdrückung und Armut, Liebe und Hilfsbereitschaft und Brüderlichkeit zwischen den Muslimen. „Die Gläubigen sind Brüder": Brüderlichkeit, Solidarität und gegenseitige Verantwortung sind hohe islamische Werte.

Der folgende Korantext (17,22 ff.) enthält eine Aufstellung von Geboten,
die den biblischen Zehn Geboten vergleichbar sind:

*„1. Setz nicht (dem einen) Gott einen anderen Gott zur Seite, damit du
(schließlich) nicht getadelt und verlassen dasitzest! 2. Und dein Herr hat bestimmt, dass ihr ihm allein dienen sollt. 3. Und zu den Eltern (sollt ihr) gut
sein. Wenn eines von ihnen (Vater oder Mutter) oder (alle) beide bei dir (im
Haus) hochbetagt geworden (und mit den Schwächen des Greisenalters be-
haftet) sind, dann sag nicht ‚Pfui!' zu ihnen und fahr sie nicht an, sondern
sprich ehrerbietig zu ihnen. Und senke für sie in Barmherzigkeit den Fittich
der (Selbst-)Erniedrigung und sag: ‚Herr! Erbarm dich ihrer (ebenso mitlei-
dig), wie sie mich aufgezogen haben, als ich klein (und hilflos) war!' Euer
Herr weiß wohl, was ihr in euch bergt. (Er erkennt) falls ihr rechtschaffen
seid (euren guten Willen an, auch wenn ihr seinen Geboten nicht durchweg
nachzukommen vermögt). Den Bußfertigen ist er bereit zu vergeben. 4. Und
gebt dem Verwandten, was ihm (von Rechts wegen) zusteht, ebenso den
Armen und dem, der unterwegs ist. Aber sei (dabei) nicht ausgesprochen
verschwenderisch! Diejenigen, die verschwenderisch sind, sind Brüder der
Satane. Und der Satan ist seinem Herrn gegenüber undankbar. Und falls du
dich von ihnen abwendest (ohne ihnen etwas zu geben), indem du erwar-
test, dass dein Herr, wie du hoffst, sich (ihrer) erbarmen wird, dann sprich
(wenigstens) begütigend zu ihnen!*
*Mach nicht, dass deine Hand (gleichsam) an deinen Hals gefesselt ist
(d.h. sei kein Geizkragen). Aber streck sie (auch) nicht vollständig aus (in-*

dem du hemmungslos Geschenke austeilst), damit du (schließlich) nicht getadelt und (aller Mittel) entblößt dasitzest! (...) 5. Und tötet nicht eure Kinder aus Furcht vor Verarmung! Wir bescheren ihnen und euch (den Lebensunterhalt). Sie zu töten ist eine schwere Verfehlung. 6. Und laßt euch nicht auf Unzucht ein! Das ist etwas Abscheuliches – eine üble Handlungsweise! 7. Und tötet niemanden, den (zu töten) Gott verboten hat, außer wenn ihr dazu berechtigt seid! Ihm wird (beim Vollzug der Rache) geholfen. 8. Und tastet das Vermögen der Waise nicht an, es sei denn auf die (denkbar) beste Art! (Laßt ihr Vermögen unangetastet) bis sie volljährig geworden ist (und selber darüber verfügen darf)! 9. Und erfüllt die Verpflichtung (die ihr eingeht). Nach der Verpflichtung wird (dereinst) gefragt. 10. Und gebt, wenn ihr zumesst, volles Maß und wägt mit der richtigen Waage! So ist es am besten (für euch) und nimmt am ehesten einen guten Ausgang".

STAMMZELLENFORSCHUNG

Muslimische Rechtsgelehrte unterscheiden zwischen dem Frühstadium einer Schwangerschaft (die ersten 40 Tage) und den späteren Stadien. Nach der Scharia ist zwischen tatsächlichem und potentiellem Leben zu unterscheiden. Der Islam trifft eine deutliche Unterscheidung zwischen einer befruchteten Eizelle in einer Petrischale oder einem Reagenzglas im Labor und einem befruchteten Ei in der Gebärmutter einer zukünftigen Mutter. Auch wenn der Embryo wertvoll ist und in sich das Potenzial trägt, zu einem menschlichen Wesen heranzuwachsen, ist er nach islamischem Verständnis noch kein Mensch. Die Vernichtung solcher Embryonen ist keine Abtreibung und kann auch nicht als solche bezeichnet werden. Gentherapie gilt dementsprechend als prinzipiell erlaubt. Hinsichtlich der Keimbahntherapie gehen die Ansichten auseinander, ob Teile des Erbgutes so verändert werden, dass ein Eingriff in die genealogische Abstammung vorliegt. Künstliche Befruchtung und Stammzellenforschung mit Mensch-Rind Embryonen sind erlaubt.

Mann und Frau

Die westliche Vorstellung vom islamischen Frauenbild wird genährt durch die weit verbreitete Realität in islamischen Gesellschaften sowie durch die gängige Rechtspraxis: Vorrang des Mannes in der Familie, Polygamie, einseitiges Scheidungsrecht, Ausschluss der Frau aus dem gesellschaftlichen Leben. Bis heute kommen Misshandlungen von Frauen und ‚Ehrenmorde', Mädchenbeschneidungen vor, wobei sich manche Täter sogar auf den Koran berufen. Viele die Frau betreffenden Verhaltensweisen und Tabus sind nur zum

Teil religiös bedingt, sondern oft Bestandteile eines vorislamischen Gewohnheitsrechts. Auch die ausgeprägten Ehrvorstellungen in Bezug auf weibliche Familienangehörige haben ihre Ursachen nicht ausschließlich im Islam.

Ein wichtiger Grundsatz des Korans lautet: „Die gläubigen Männer und Frauen sollen sich gegenseitig unterstützen, sich für das Gute einsetzen und das Böse verhindern. Sie sollen das Gebet verrichten, die Pflichtabgabe entrichten und Gott und seinem Gesandten gehorchen. Solcher Menschen wird sich Gott dereinst erbarmen. Ja, Gott ist mächtig und weise" (9,71).

Der Mann darf seiner Frau keine Befehle erteilen, außer in religiösen Angelegenheiten. Andererseits soll auch die Frau ihren Mann bei religiösen Verfehlungen zurechtweisen. Außer sexuelle Beziehungen darf der Mann von seiner Frau rechtlich nichts verlangen. Sie darf hingegen für Dienstleistungen, sogar für das Stillen des eigenen Kindes, vom Mann Geld beanspruchen.

Obwohl die Stellung der Frau durch die Reformen Mohammeds entscheidend verbessert wurde, entwickelte sich im Islam unter dem Einfluss der orientalischen Umwelt eine vornehmlich patriarchalische Familienstruktur. Traditionell ist der Vater – oder im Fall seines Todes der älteste Sohn – das Oberhaupt der Familie. Bezeichnend für die islamische Familie ist jedoch weniger die Vorherrschaft eines Geschlechts, als die Regelung, dass Mann und Frau jeweils reservierte Bereiche haben. Zwischen Mann und Frau besteht eine ausgeprägte Arbeitsteilung. Alleinige Aufgabe des Mannes ist es, förmliche Entscheidungen zu treffen, die Familie nach außen zu repräsentieren, wichtige Geschäfte abzuschließen. Reine Frauensache ist dagegen die Haushaltsführung, die praktische Kindererziehung (nicht grundsätzliche Entscheidungen darüber), und in ländlichen Regionen große Teile der Feldarbeit. Juristisch gesehen, übt der Mann die gesetzliche Vertretung (Wilaya) und die Frau die Personensorge (Hadana) aus. Die Wilaya umfasst das Bestimmungsrecht über Erziehung, Ausbildung und Aufenthalt der Kinder, die Verwaltung ihres Vermögens und die Zustimmung zur Heirat. Hadana bedeutet, die Kinder zu ernähren, zu beaufsichtigen und zu beschützen. Früher endete sie oft mit dem siebten Lebensjahr. Heutige Bestrebungen gehen dahin, sie zu verlängern, in Ägypten für Mädchen sogar bis zur Heirat.

 Als Kleinkinder werden Jungen und Mädchen noch gleich erzogen. Die Mädchen werden aber frühzeitig von ihren Müttern zur Hilfe im Haushalt und Betreuung jüngerer Geschwister herangezogen. Von der Pubertät an müssen sie sich hauptsächlich in den häuslichen Bereich zurückziehen. Dort werden sie für ihre künftige Rolle als Frau und Mutter vorbereitet. Keuschheit gilt als höchstes Gut. Die Ehre einer Familie hängt entscheidend von dem Benehmen der Töchter ab. In den westlichen Gesellschaften sind die Mädchen der Migrantenfamilien daher einem besonderen Druck ausgesetzt. Ihre Eltern betrachten es als Pflicht, sie vor den ‚Gefahren' einer allzu ‚freizügigen Lebensweise' in Europa zu bewahren. Das hat zur Folge, dass junge Musliminnen oft nicht einmal an harmlosen Freizeitvergnügungen teilnehmen dürfen. Immer stehen sie unter dem Verdacht, in irgendeiner Form die Familie zu entehren. In extremen Fällen führen solche Konflikte dazu, dass die Mädchen sogar gegen ihren Willen während eines Heimaturlaubs verheiratet, bei Verwandten untergebracht oder in Extremfällen wegen des Verstoßes gegen die ‚Ehre' von ihren eigenen Angehörigen ermordet werden.

Einige Erziehungsziele betreffen Jungen und Mädchen gleichermaßen: Beide müssen die religiösen Grundpflichten erfüllen. Sie müssen wissen, dass den Eltern Gehorsam und dem Alter Achtung und Respekt gebühren. Ehre, Würde, Fleiß, Geduld, Selbstbeherrschung und Disziplin sollen zu ihren vornehmsten charakterlichen Merkmalen werden. Unbedingt vermeiden sollen sie Lüge, üble Nachrede, Beschimpfung und Betrug.

Der Koran beschränkt die im vorislamischen Arabien teilweise übliche Polygamie auf vier Ehefrauen. Sure 4,3 knüpft diese Mehrehe gleichzeitig an die Bedingung, dass der Mann seine Frauen gleichermaßen gerecht behandeln muß. Viele Reformer haben diesen Vers aufgrund der Unmöglichkeit der gleichen Behandlung als indirekte Aufforderung zur Einehe gelesen. Bis heute ist in einigen islamischen Ländern die Mehrehe erlaubt. Sie ist aber nur für besser Verdienende finanzierbar. In manchen Staaten, z.B. der Türkei und Tunesien, ist sie verboten. In vielen Ländern muss die Erstfrau einer zweiten Heirat zustimmen.

Seit dem 19. Jh. werden in den islamischen Ländern, auch unter dem Einfluss der Frauenbewegung im Westen, kontroverse Diskussionen zur Stellung der Frau geführt. Man analysiert, was von den oben genannten Phänomenen kulturabhängig, und was originär islamisch ist. Reformer setzten sich für eine bessere Ausbildung der Mädchen und für ein verändertes Ehe- und Scheidungsrecht ein.

Die Mondawana-Reform (2003) des marokkanischen Familienrechtes sieht vor: Recht der Frau, ohne Vormund den Ehemann selber auszusuchen; Polygamie nur mit richterlicher Genehmigung gestattet; Frau kann zum Wohl des Kindes auch das Sorgerecht erhalten.

Viele Erfolge zugunsten der Frau bzw. zur Unterbindung der Willkür des Mannes konnten bereits erzielt werden, wenn auch das Erstarken der islamistischen Kräfte in einigen Ländern zur deutlichen Verschlechterung der Stellung der Frau geführt hat. Erreichte Teilerfolge wurden vielfach, wenn auch nicht überall wieder zurückgenommen.

SCHLEIER

Der Koran enthält keine Bestimmung darüber, dass Frauen ihr Gesicht verschleiern müssen und ihr Wirkungsbereich auf das Haus beschränkt ist. Es gibt einen Vers, der es guten Musliminnen gebietet, sich außerhalb des Hauses schamvoll zu kleiden (24,30 ff.). Doch ist im Koran von einem Ge-

sichtsschleier nicht die Rede. Der Koran wollte mit dieser Bestimmung die Frauen nicht aus der Öffentlichkeit verbannen. Er wollte dazu beitragen, dass sie als anständige Frauen erkannt wurden, da die Sitten in den damaligen Oasenstädten relativ freizügig waren: „Und sprich zu den gläubigen Frauen, dass sie ihre Blicke niederschlagen und ihre Scham hüten und dass sie nicht ihre Reize zur Schau tragen, es sei denn, was außen ist, und dass sie ihren Schleier über ihren Busen schlagen..." (24,31).

Als nach der Kalifatsübernahme durch die Abbasiden (ab 750) byzantinische und persische Gewohnheiten den Lebensstil der Muslime zu prägen begannen, wurde das Tragen von Gesichtsschleiern üblich, und islamische Gelehrte legten es als verpflichtend fest. Während westliche Beobachter und islamische Reformer des 19. Jhs. den Schleier als Symbol der Unterdrückung der Frau und ihrer Verbannung aus dem öffentlichen Leben betrachteten, sehen ihn heutzutage viele Muslime und Musliminnen als Ausdruck islamischer Eigenständigkeit und Identität.

HEILIGE ZEITEN
FESTE AM LEBENSWEG

Die wichtigsten Ereignisse im Leben eines Menschen – Geburt, Erwachsenwerden, Hochzeit und Tod – werden im Islam von besonderen Gebräuchen und Festen begleitet. Sie besitzen oft dann noch Bedeutung, wenn die religiöse Bindung des Menschen schwächer geworden ist.

Feste um Schwangerschaft und Geburt
Schwangerschaft und Geburt gelten im Koran als ‚Zeichen der Auferstehung': Gott kann die Menschen aus dem Grab befreien, wie er sie aus dem Mutterschoß hervorholt. Ein neugeborenes Kind soll als erstes den Ruf zum rituellen Pflichtgebet hören. Der erste Teil dieses Rufes wird ihm ins rechte, der zweite Teil ins linke Ohr geflüstert. Aus vorislamischer Zeit ist die Sitte erhalten geblieben, zur Geburt eines Kindes ein Tier zu schlachten und sein Fleisch an Bedürftige zu verteilen.

Im Allgemeinen findet die Namengebung (Aqiqa-Zeremonie) am 6., öfter noch am 7. Tag nach der Geburt statt. Beliebte Namen sind die des Propheten, seiner Familienangehörigen, bei Schiiten die Namen Ali und Husain. Man schneidet dem Kind bei der Zeremonie etwas Haar ab. Es wird gewogen und der Gegenwert seines Gewichtes in Silber oder Geld den Armen als Almosen gespendet. Verfügt man über ausreichende Mittel, so opfert man ein Schaf, um Freunde und Arme damit zu speisen. Nach dem Koran soll das Kind zwei Jahre lang gestillt werden.

Beschneidung

Im Islam werden alle Jungen beschnitten. Der Koran schreibt dies jedoch nicht vor. Das Beschneidungsalter variiert von Land zu Land: vom siebten Tag bis zum 14. Lebensjahr. Die Beschneidung wird entweder von einem Arzt oder einem speziell ausgebildeten Beschneider vorgenommen. Dadurch wird der Junge in die Umma aufgenommen. Fast immer ist die Beschneidung ein großes Familienfest. Die meisten in Deutschland lebenden türkischen Eltern lassen ihre Kinder während eines Heimaturlaubes beschneiden. Zum einen, weil es für den Jungen dort leichter ist, und zum andern, weil man Verwandte und Freunde bequemer einladen kann. Da das Beschneidungsfest sehr aufwendig gefeiert wird, herrscht allgemein der Brauch, das Fest für mehrere Jungen der Verwandtschaft gemeinsam auszurichten. Mehrere Tage vor dem Ereignis tragen die Jungen ein Festkleid und erhalten Geschenke. Der erste Abend des zweitägigen Festes heißt ‚Henna-Abend'. Dann werden dem Jungen drei Finger mit Henna rot gefärbt. Diese ‚Henna'-Nacht feiert der Junge noch in der Gesellschaft der Frauen. Am Tag darauf beginnt das Fest der Männer. Koranlesungen finden statt, und nach Gebeten und Moscheebesuch führen die erwachsenen Männer den Jungen in einer Art Prozession durch die Stadt. Anschließend wird der Knabe beschnitten. Nach dem Eingriff müssen die Jungen einige Tage eine Art Nachthemd tragen. Alle Leute, die einen Jungen in solchem Gewand sehen, beglückwünschen ihn und schenken ihm Süßigkeiten oder Geld.

Trauung

Die Eheschließung ist nach traditioneller Vorstellung eine Vereinbarung zweier Familien. In Koran und Prophetenüberlieferung gilt die Ehe als eine empfohlene selbstverständliche Einrichtung. Beide Partner sollen sich einander in Liebe und Verständnis begegnen. Prägend für die eheliche Partnerbeziehung soll die Rahma (‚Barmherzigkeit') sein, die Mitgefühl und Rücksichtnahme einschließt.

Die Ehe ist kein Sakrament, eher eine religiöse und zivile Angelegenheit. Im Zentrum steht die Unterzeichnung des Ehevertrags. Die Ehe wird im Dabeisein von Zeugen geschlossen. Ein männlicher Verwandter der Braut fungiert als ‚Bevollmächtigter'. Er achtet darauf, dass die Rechte und Wünsche der Frau im Vertrag berücksichtigt werden. Der religiöse Aspekt der Eheschließung kommt durch die Anwesenheit eines Imams oder einer anderen lokalen religiösen Autorität zum Ausdruck. Er fragt die Zeugen, ob die Familien dem Vertrag zustimmen. Nach der Unterschrift führt er die Hände des Paares zusammen. Anschließend wird gebetet, und die Anwesenden sprechen die Sure al-Fatiha, die ‚Eröffnende'. Eine besondere Trauformel gibt es nicht.

In der Türkei ist die Ziviltrauung vorgeschrieben, jedoch ist eine Ehe nach traditionellem Verständnis erst nach Unterzeichnung des Ehevertrages gültig.

Die Hochzeit selbst besteht aus drei Teilen: der Unterzeichnung des Ehevertrags, der Zug in das Haus des Bräutigams und schließlich als Abschluss der Feierlichkeiten ein großes Festessen.

Zahlreiche Ehen kommen auch heute durch Vermittlung zustande. Die Heirat durch Vermittlung soll dem Mädchen helfen, einen Partner zu finden, ohne mit der herrschenden Sexualmoral und Familienehre in Konflikt zu geraten. Ein Muslim darf eine Nichtmuslimin ehelichen. Denn es wird davon ausgegangen, dass der Vater die religiöse Erziehung der Kinder bestimmt, also kein Verlust für die islamische Gemeinschaft entsteht. Eine Muslimin darf jedoch keinen Nichtmuslim heiraten, da ihre Kinder sonst in einem anderen Glauben aufwachsen. In vielen islamischen Ländern ist eine Gehorsamspflicht der Frau gegenüber dem Mann mehr oder weniger selbstverständlich, auch wenn dies mit dem Koran nicht immer in Einklang steht. Obwohl der Trend zur Kleinfamilie auch in islamischen Ländern zunimmt, dominiert die Struktur der Großfamilie, was auch eine Einordnung der Ehefrau unter die älteren Frauen der Familie bedeutet. Frauen können sich aus verschiedenen Gründen scheiden lassen. Dazu gehören: eine gefährliche Erkrankung des Mannes, die Verletzung der Unterhaltspflicht, eine grausame Behandlung der Frau, unlautere Geschäfte im Sinne des Islam. In Pakistan wird zu den möglichen Scheidungsgründen auch die Unvereinbarkeit der Charaktere gezählt. Nach dem neuen Ehegesetz von 1984 wird der Frau im Iran das Scheidungsrecht zum Beispiel gestattet, wenn der Mann ohne Einverständnis seiner Frau eine andere Frau heiratet. Dass er dies nicht darf, muss allerdings vorher vertraglich geregelt sein. Im Falle einer Scheidung erhält der Vater in der Regel das Sorgerecht für die Kinder. Vor allem deshalb, weil die Frau in der orientalischen Gesellschaft früher kaum in der Lage war, ein Kind allein großzuziehen. Meistens behält die Mutter das Sorgerecht für Söhne, bis diese zwei Jahre alt und für Töchter, bis diese sieben sind. Teilweise dürfen die Kinder sogar selber wählen, welches Elternteil sie bevorzugen. In immer mehr islamischen Ländern, zum Beispiel Syrien, Tunesien, Irak und dem ehemaligen Südjemen, geht man vom Wohl des Kindes aus. Im Jahr 2000 reformierte Ägypten sein Scheidungsrecht: Die Frau kann eine Scheidung ohne Zustimmung des Mannes erwirken, wenn sie die Morgengabe zurückgibt.

Tod und Bestattung
„Wir gehören Gott und zu ihm kehren wir zurück" (2,156). Diese Sure wird oft bei einem Todesfall zitiert. Der Muslim lebt in dem Bewusstsein, dass sein irdisches Dasein ein vorübergehendes Geschenk Gottes ist. Der Tod hat für viele Muslime eine zwiespältige Bedeutung: Einerseits besitzt er düstere, schattenhafte, und lebensverneinende Momente, anderseits enthält er die lebensbejahende Gewissheit, dass danach die Unsterblichkeit beginnt. Obwohl Gott der Richtende ist, hat er sich grundsätzlich „zur Barmherzigkeit verpflichtet" (6,12 u.54).

Nach der Überlieferung trennt der Todesengel die Seele vom Körper des Verstorbenen und führt sie zum Himmel. Gehört sie zu den ‚Gerechten‘, dann erfährt sie, dass später der Paradiesgarten für sie bestimmt ist. Doch kehrt sie noch einmal zu ihrem irdischen Körper zurück. Zählt sie zu den Verdammten, so bringen die Höllenwärterengel sie zum Versammlungsort der Verbannten. Auf das Zwischengericht im Himmel folgt nach der Bestattung des Leichnams die Befragung im Grab: „Wer ist dein Gott? Wer ist dein Prophet? Was ist deine Religion? Was ist deine Gebetsrichtung?" Antwortet der bzw. die Verstorbene richtig, so verbringen er oder sie die Wartezeit bis zum Jüngsten Gericht in Verheißung auf das Paradies. Nachdem der Tod eingetreten ist, wird der Leichnam gewaschen. Dabei wird die 36. Sure verlesen. Anschließend wird der Tote in ein weißes Tuch gehüllt und zur Moschee oder dem Friedhof getragen. Die Trauernden wechseln einander als Träger ab. Auch Fremde sind behilflich. Dieser letzte Dienst gilt als Pflicht des Gläubigen.

Islamische Friedhöfe sind ähnlich schmucklos wie jüdische. Blumen sind nicht üblich. Das Grab soll so angelegt sein, dass der Tote auf der rechten Seite liegt, mit dem Gesicht nach Mekka. Nach einem Trauergottesdienst schließen die Anwesenden selbst das Grab. In den folgenden 40 Tagen sollen Armenspeisungen und Koranlesungen in der Moschee veranstaltet werden.

Bisher wurden viele muslimische Tote in Deutschland ausgeflogen, um im Heimatland ihre letzte Ruhe zu finden. Da die Zahl der älteren Muslime zunimmt, hat sich im Bereich des Bestattungswesens ein erhebliches Problem aufgetan.

DIE FESTE IM JAHRESKREIS

Der islamische Jahreszyklus wird nach dem Mondwechsel berechnet. Ein Monat entspricht der Zeit zwischen zwei Neumonden, d.h. 29-30 Tagen. Das islamische Jahr ist kürzer als unser Sonnenjahr. Da die islamischen Feste auf bestimmte Tage im Mondjahr festgelegt sind, verschieben sich die Termine in unserem Kalender von Jahr zu Jahr um 11 Tage.

Muharram

In Erinnerung an die ‚Auswanderung‘ des Propheten Mohammed von Mekka nach Medina begehen die Muslime am 1. Muharram, dem ersten Monat ihres Kalenders, den Neujahrstag. Sie schenken sich Süßigkeiten, erzählen spannende und erbauliche Geschichten von Mohammed und seinen Prophetengefährten. Diese Auswanderung geschah nach unserer Zeitrechnung im Jahr 622. Für Muslime ist es das Jahr 1 ihrer Zeitrechnung. Der 1. Muharram ist kein großer Feiertag. Die Schiiten feiern am 1. Muharram kein Neujahr, sondern den Beginn ihres Trauermonats.

Aschura-Tag

Der Aschura-Tag am 10. Muharram ist der Höhepunkt des Monats für die Schiiten. An diesem höchsten Feiertag gedenken die Gläubigen des Märtyrertodes von Husain. Die Söhne des Kalifen Ali, Husain und Hasan, wurden im Jahre 680 bei Kerbela von dem umaiyadischen Kalifen belagert. Husain fand dabei den Tod. Die Festlichkeiten, die schon Tage früher beginnen, erreichen ihren Höhepunkt in Prozessionen und Passionsspielen. Für Männer und Frauen getrennte ‚Versammlungen‘ werden abgehalten, bei denen die Leiden des Prophetenenkels vorgetragen werden. Die Frauen sind in dunkle Gewänder gehüllt.

Die Türken feiern Aschure dagegen als Fest der Errettung der Arche Noahs. Als diese am Berge Ararat strandete, wurde ein Festessen aus allen Lebensmittelresten gekocht. Darum bereitet man am 10. Muharram eine Süßspeise aus 40 Zutaten. Man verteilt sie auch an Nachbarn und Freunde.

DIE FÜNF HEILIGEN NÄCHTE

Nacht der Empfängnis des Propheten

Muslime feiern am Anfang des Monats Radschab die Empfängnis des Propheten Mohammed. Der Überlieferung zufolge gelangte das göttliche Licht auf der Stirn von Mohammeds Vater Abdallah in den Schoß seiner Mutter Amina. In der Türkei wird diese Nacht wie weitere andere vier Nächte als Kandil (‚Licht‘)-Nacht begangen. In diesen Nächten werden die Moscheen erleuchtet.

Nacht der Geburt des Propheten

Im Frühislam wurde das Fest noch nicht gefeiert. Größere Geburtstagsfeiern gehen auf das 10./11. Jh. in Ägypten zurück. In der Geburtstagsnacht erleuchten in der Türkei ungezählte Kerzen und Lampen die Moscheen. Der Tag selbst heißt Mevlid Kandili (‚Lichterfest zum Geburtstag‘). Man begeht ihn mit besonderen Zusammenkünften, gedenkt des Propheten mit Lobpreisungen und Erzählungen aus seinem Leben. In Pakistan dreht sich der ganze Monat um das Andenken an den Gottesgesandten.

Nacht der Nachtreise

An dem am 27. *Radjab* begangenen Fest der Nachtreise und Himmelfahrt des Propheten erinnern sich Muslime daran, dass Muhammad auf dem geflügelten Reittier Buraq nachts von Mekka nach Jerusalem flog und auf dem Felsen landete, wo heute der Felsendom steht. Von dort stieg er auf einer Leiter in den Himmel, traf dort die früheren Propheten Adam, Abraham, Mose und Jesus. Schließlich erreichte er durch die Fürsprache Moses die Reduzierung der ursprünglich von Gott vorgesehenen fünfzig Gebete auf fünf.

Nacht des Schuldenerlasses

Diese den Gläubigen freigestellte Feier in der Nacht vom 14. auf den 15. Scha-aban ist ein Bußtag. Die Frommen bitten Gott, der alle Taten der Menschheit des vergangenen Jahres aufschreibt, um Vergebung ihrer Sünden.

Nacht der Macht/Bestimmung

Die ‚Nacht der Macht/Bestimmung‘ wird meist in der 27. Nacht des Fasten-monats Ramadan gefeiert. Die türkische Bezeichnung lautet Kadir Gecesi. Dabei wird der Offenbarung der ersten fünf Verse der 97. Sure des Korans an Mohammed gedacht.

Fest des Fastenbrechens (Id al-Fitr)

Das dreitägige Fest (türkisch: Ramasan Bayrami oder Seker Bayrami) am Ende der Fastenzeit mit seinen Glückwünschen und Geschenken ist für viele Muslime das wichtigste Fest im Jahr. Der türkische Name Seker Bayrami bedeutete zunächst wohl ‚Dankfest‘, wird heute aber mit den Sü-ßigkeiten (Seker = Zucker) in Verbindung gebracht, die an diesem Tag verschenkt werden. Das Fest ist eine Zeit der Danksagung, weil Gott den Muslimen die Einhaltung des Fastens ermöglicht und die Übertretungen vergeben hat. Man besucht Freunde und Verwandte. Jeder Muslim, der nicht unter Armut leidet, ist verpflichtet, Bedürftige durch eine Gabe an der Festfreude teilnehmen zu lassen.

Opferfest (Id al-Adha)

Im Mittelpunkt dieses viertägigen höchsten islamischen Festes (türkisch: Kurban Bayrami) steht die Hingabe des Menschen an Gott und Got-tes Barmherzigkeit. Der Anlass zu diesem Fest ist eine Erzählung, die in der Bibel (1 Mos 22,1-19) und im Koran (Sure 37,100 ff.) enthalten ist. In ihr fordert Gott Abraham auf, seinen Sohn Ismail (Isaak) als Zeichen des Gehorsams zu opfern. Im letzten Augenblick verzichtet Gott auf das Opfer des Kindes, schickt an seiner Stelle ein Schaf. Zur Erinnerung kaufen viele muslimische Familien, die es sich leisten können, ein Schaf, das nach den religiösen Regeln geschlachtet und gemeinsam verzehrt wird. Bedürftige erhalten ein Drittel des Fleisches, ein weiteres Drittel die Verwandtschaft. Das letzte Drittel ist für einen selbst bestimmt. Neben dem gemeinsamen Festmahl besucht man die Moschee und liest im Koran. Auch Geschenke werden an diesem Tag verteilt.

Alis Geburtstag

Am 13. Radschab begehen die Schiiten den Geburtstag von Ali, Vetter und Schwiegersohn Mohammeds sowie vierter Kalif. Für die Schiiten ist Ali der erste ‚Imam‘.

Id al-Gadir Homm
Am 18. Dhul-Hidschdscha wird dieses Fest in der schiitischen Welt begangen, weil nach schiitischem Glauben Mohammed seinem Vetter und Schwiegersohn Ali den Rang eines Nachfolgers beim Teich Gadir-Homm verliehen
hatte.

HEILIGE ORTE

Moschee
Die Moschee (arab. Masdschid) ist ‚der Ort, an dem man zum Gebet nieder-
fällt'. Schon zu Mohammeds Lebzeiten wurde das Wort auf Gebäude angewandt, wo man Gott verehrte und sich zum öffentlichen und privaten Gebet
zusammenfand. Die erste Moschee nach der Kaaba errichtete man in Medina.
Der Moscheebau entwickelte sich zu einer eigenen Kunstform. Je nach Epoche
und Ort lassen sich verschiedene Typen von Moscheen unterscheiden.

Jeder größere Ort in islamischen Ländern besitzt zumindest eine Frei-
tagsmoschee, in der das Freitagsgebet stattfindet, sowie zahlreiche kleinere
Gebetsstätten. In jeder größeren Moschee befindet sich eine nach Mekka zei-
gende ‚Gebetsnische' (Mihrab), eine ‚Kanzel' (Minbar), gelegentlich ein Platz,
von dem aus der Gebetsrufer den Gebetsverlauf laut verkündete (Dakka), ein
‚Koranständer' (Rahla) sowie ein Brunnen oder eine andere Waschanlage
für die rituellen Reinigungen. Der Innenraum einer Moschee ist mit Matten
und Teppichen ausgestattet. Statt Bilder und Kunstgegenstände ist kunstvolle
Kalligraphie vorhanden. Die meisten Moscheen besitzen einen oder mehrere
Minarette (‚Türme').

Als Ort des Gebets und der inneren Einkehr besitzt die Moschee eine
besondere Aura[8]. Sie darf nicht mit Schuhen betreten werden. Vor allem die
Freitagsmoscheen sind als Hauptmoscheen Zentren des gesellschaftlichen
Lebens. Zeitweilig beherbergte die Moschee die öffentliche Verwaltung. Oft
befanden sich auch eine Apotheke und eine Armenküche in ihrer unmittel-
baren Nähe. Moscheen sind nicht nur Gebetsstätten, sondern auch Gerichts-
ort und Unterrichtsstätte für Schüler. Als Ort der religiösen Unterweisung
genießt heutzutage insbesondere die Al-Azhar-Universität in Kairo besondere Bedeutung.

Mekka, Medina und Jerusalem
Das ‚ehrwürdige Mekka' mit dem heiligen Bezirk um das würfelförmige Heiligtum der Kaaba ist religiöser Mittelpunkt des Islam. Mekka, die ‚Mutter der
Städte', gilt als unverletzlicher, heiliger Ort. Nichtmuslime dürfen diesen Bereich nicht betreten. Um dorthin zu gelangen, benötigt jeder Pilger ein Wall-

---

[8]   Rudolf Otto: Das Leere in der Baukunst des Islam. In: Ders. Aufsätze das Numinose betreffend,
     Stuttgart/Gotha 1923, S.108-113.

fahrtsvisum von den saudiarabischen Behörden. Die Heilige Moschee steht im Mittelpunkt von Mekka. Im Mittelpunkt der Moschee befindet sich die Kaaba als Zentrum islamischer Frömmigkeit. Weil die Kaaba im Koran als ‚erstes Gotteshaus' (3,96) bezeichnet wird, gebührt Mekka der erste Platz unter den heiligen Stätten des Islam.

An zweiter Stelle steht das ‚erleuchtete Medina'. Hier gründete Mohammed die Umma der Muslime. Die Grabesmoschee des Propheten war jahrhundertelang ein gern von Muslimen besuchter Ort.

Die dritte bedeutende Stadt ist Jerusalem. Seit der islamischen Eroberung (638) blieb diese Stadt – mit einer Unterbrechung während der Kreuzzugszeit – bis zur Entstehung des Staates Israel in islamischen Händen, der heilige Bezirk sogar bis 1967. Die Muslime schätzen besonders den Felsendom, der über dem Felsen als der Stätte des Abrahamopfers erbaut wurde. Hier hat nach islamischem Glauben Mohammed seine Himmelsreise angetreten.

RELIGIÖSE HANDLUNGEN

Im islamischen Glauben gibt es Pflichten, die der Mensch Gott schuldet, und Pflichten, die er gegenüber den Mitmenschen hat. Bei den fünf Grundpflichten, oft die fünf ‚Säulen' (Arkan) des Islam genannt, sind beide Pflichtbereiche betroffen. Das richtige Handeln in der Gemeinschaft gibt dem Muslim Halt und Orientierung. Theoretisch kennt der Islam keinen Bereich, der sich dem religiösen Einfluss entzieht. Protestantische Christen haben den Islam oft abwertend als ‚Gesetzesreligion' bezeichnet. Der Islam ist für Muslime aber keine Gesetzesreligion in dem Sinne, dass er aus einer Summe von Gesetzen besteht, die den Gläubigen einschränken. Er kennt stattdessen Handlungen, die das Verhältnis im Dreieck Mensch-Gott-Gemeinschaft verwirklichen sollen. Der Islam ist schon gar keine religiöse ‚Leistungsreligion', wie vor allem lutherische Christen glauben. Denn der Islam lehrt keine Gerechtigkeit durch menschliche Werke. Gott schenkt dem Menschen seine Gnade, fordert aber auch Handlungen von ihm. „Letztlich sind es nicht die guten Werke, die uns darauf hoffen lassen, in das Reich Gottes zu gelangen, denn seine Großzügigkeit und Gnade"[9]

DIE FÜNF SÄULEN

Glaubenszeugnis
Die erste Pflicht des Muslims ist das Aussprechen des Glaubenszeugnisses, der Schahada. Das Verb schahida bedeutet ‚bezeugen, Zeugnis ablegen' und wird auch in der juristischen Sprache (Unfallzeuge usw.) verwendet. Der

[9]   Fuad Kandil: Leben im Zeichen der großen Hoffnung. Vorstellungen von Leben und Tod in der muslimischen Volksgläubigkeit. In: Jürgen Court/Michael Klöcker (Hg.): Wege und Welten der Religionen. FS Udo Tworuschka, Frankfurt/Main 2008, S. 255-262, hier S. 262.

Muslim bezeugt nicht nur den einen und einzigen Gott (Monotheismus). Zugleich verneint er auch alles, was diese Einheit in Frage stellt. Wer andere Größen an die Stelle Gottes stellt (Personen, Reichtum, Interessen usw.), begeht Schirk (‚Beigesellung‘). Schirk bedeutet soviel wie ‚Götze‘, ‚etwas vergötzen‘. Die Schahada lautet: „Ich bezeuge, dass es keine Gottheit [keinen ilah] gibt außer dem Gott [al-lah]. Ich bezeuge, dass Mohammed der Gesandte [Rasul] des Gottes ist."

Rituelles Pflichtgebet

Fünfmal am Tag, zu genau festgesetzten Zeiten, schreibt der Islam den Muslimen das rituelle Pflichtgebet vor. Dieses Pflichtgebet ist nicht mit dem freien, spontanen ‚Gebet‘ zu verwechseln, das Muslime ebenfalls bei verschiedenen Anlässen sprechen. Das rituelle Pflichtgebet mit seinen genau vorgeschriebenen Grundpositionen (Stehen, Beugen, Niederwerfen, Sitzen) bringt eine ‚innere Einstellung‘ zum Ausdruck: die ‚Anwesenheit des Herzens‘, demütige Ergebenheit, Vertrauen in die den Menschen umsorgende Barmherzigkeit Gottes. Das Stehen vor Gottes Antlitz strahlt Würde und Individualität des Muslim aus; Beugen und Niederwerfen symbolisieren seine ehrfurchtsvolle Hingabe und ‚Gottesfurcht‘. Außerdem versinnbildlicht das Pflichtgebet den Gedanken der Brüderlichkeit und Solidarität.

Vor dem rituellen Pflichtgebet müssen die Muslime sich reinigen. Auch ihre Kleidung und der Ort, an dem sie pflichtgemäß beten, müssen rein sein. Gebetet wird in Richtung Mekka und zu folgenden Zeiten: vor dem Morgengrauen, Mittag, Nachmittag, Abend (mindestens eine Stunde vor Sonnenuntergang), vor Einbruch der Nacht.

Das rituelle Pflichtgebet bezieht Eltern, Verwandte, Freunde, Hilfsbedürftige mit ein. Nur am Freitagmittag soll man zum Pflichtgebet in die Moschee gehen. Dann versammeln sich alle Betetenden in Reihen hinter dem Vorbeter, dem Imam. Frauen beten von Männern getrennt.

Fasten

Der Ramadan ist der 9. Monat des islamischen Mondkalenders. Er dauert 29 bzw. 30 Tage. Jedes Jahr beginnt dieser Fastenmonat im europäischen Kalender ca. 11 Tage früher als im Vorjahr. Beginn und Ende des Fastenmonats sind am Erscheinen des jeweiligen Neumondes abzulesen, sobald wieder das ‚Neulicht‘ sichtbar wird, meist 2-3 Tage nach Neumond.

Viele Muslime gehen dem Fastenmonat erwartungsvoll entgegen. Fasten bedeutet eine noch intensivere Hingabe an Gott, noch größere Solidarität mit den Mitgläubigen in der ganzen Welt. Muslime fasten von der Morgendämmerung bis zum Untergang der Sonne. Je nach Jahreszeit können dies bis zu 20 Stunden sein. Während des Zeitraums der Helle enthalten sich alle erwachsenen, ihrer Sinne mächtigen und gesunden Muslime der Nahrung, Getränke, Genussmittel (z.B. Rauchen) und des Geschlechtsverkehrs. Das

Fasten gilt als ein Gebot Gottes. Es hat eine ökumenische Dimension, stellt die Muslime in die Tradition der früheren ‚Schriftbesitzer':

„Ihr Gläubigen! Euch ist vorgeschrieben zu fasten, so wie es den Menschen, die vor euch lebten, vorgeschrieben war. Vielleicht werdet ihr gottesfürchtig sein (...). Gott will es euch leicht und nicht schwer machen" (2,183.185).

Fasten ist Ausdruck der Ehrfurcht vor Gottes barmherziger Gegenwart. Diese Ehrfurcht macht nach islamischer Auffassung den Menschen als einzigartigen, über den anderen Geschöpfen stehenden ‚Statthalter Gottes' im Vollsinn zum Menschen. Das Fastengebot stellt die Muslime ausdrücklich in die jüdischen und christlichen Fastentraditionen hinein.

Gott will es den Gläubigen ‚leicht machen'. Der Islam will dem Menschen das abverlangen, wozu dieser in der Lage ist. Die Fastenforderungen sind daher kein sklavisch zu befolgendes Gesetz, sondern passen sich den Umständen flexibel an: Altersschwache, unheilbare Kranke und Kinder sind vom Fasten befreit. Reisende, schwangere und stillende Frauen, Kranke und Alte können ihr Fasten verschieben. Menstruierende Frauen dürfen nicht fasten. Liberale muslimische Theologen neigen dazu, Schwerstarbeitern eine Unterbrechung des Fastens zu gestatten. Vertreter mancher Berufe (Piloten u.ä.) sind aufgrund besonderer Rechtsgutachten vom Fasten befreit. Als Ersatzleistung ist eine Armenspeisung vorgesehen: Sie müssen einen Armen einen Monat lang so mit Grundnahrungsmitteln versorgen wie sich selber bzw. Geld in entsprechender Höhe spenden.

Fasten verändert das Bewusstsein. Daher gilt der Ramadan als hervorragende Gelegenheit, sich Gott einmal wieder konzentriert zuzuwenden. Das islamische Menschenbild basiert auf der Ganzheit des Menschen, der aus Körper, Geist und Seele besteht. Nicht das Gebet ‚im stillen Kämmerlein' ist gefordert, vielmehr der volle Einsatz des Körpers und die geistig-innere Haltung, ohne die das Fasten wertlos wäre. Das Fasten hat eine wichtige ethische Seite: Es ist ungültig, wenn der Muslim lügt und betrügt, anderen Menschen übel nachredet, grobe und verletzende Worte gebraucht.

Jeden Abend findet das ‚Fastenbrechen' statt, ein kommunikatives Ereignis im Kreise von Verwandten, Nachbarn und Freunden. Es ist guter Brauch, sich um die Mittellosen zu kümmern. Der Ramadan ist eine Zeit der Buße und Versöhnung. Man soll die Abendstunden nutzen, um wieder Frieden zu stiften.

Die Ramadanzeit hat zwei Höhepunkte. Üblicherweise am 27. Ramadan wird die ‚Nacht der Bestimmung' gefeiert. Höhepunkt und Abschluss der Fastenzeit ist das große ‚Fest des Fastenbrechens', ein kommunikatives Ereignis im Kreise von Verwandten, Nachbarn und Freunden.

Rituelle Pflichtabgabe
Zakat ist eine steuerähnliche Pflichtabgabe, kein freiwilliges Almosen. Das Wort leitet sich von dem arabischen Verb zaka (‚reinigen') ab. Muslime deu-

ten die Pflichtabgabe als Handlung der Reinigung von Habgier. Zakat beruht auf folgenden Grundsätzen: Sie ist Dankbarkeit gegenüber Gott, der es seinen Geschöpfen möglich macht, im Wohlstand zu leben. Die Begüterten haben die Pflicht, mit ärmeren Mitmuslimen ihren Besitz zu teilen. Die Armen haben ein Recht auf einen Teil des Besitzes der Bessergestellten. Zakat führt zu Freigebigkeit und Liebe unter den Menschen.

Pilgerreise
Jeder erwachsene Muslim soll einmal im Leben eine Pilgerfahrt nach Mekka unternehmen. Dazu ist er aber nur verpflichtet, wenn ihn finanzielle, gesundheitliche, politische oder andere zwingende Gründe nicht davon abhalten. Der vorgeschriebene Zeitpunkt für die Pilgerfahrt ist zehn Wochen nach dem Fastenbrechen am Ende des Monats Ramadan. Im Mittelpunkt der Wallfahrt steht die Erinnerung an den Bau der Kaaba durch Abraham un der Abschiedsreise Mohammeds.

„Das erste Gotteshaus, das den Menschen aufgestellt worden ist, liegt in Mekka zum Segen und zur Rechtleitung der Menschen in aller Welt... Es ist der heilige Platz Abrahams. Wer ihn betritt, ist in Sicherheit. Und die Menschen sind Gott gegenüber verpflichtet, die Wallfahrt nach dem Haus zu machen, sofern sie dazu eine Möglichkeit finden ...“ (3,96).

Vor Beginn der Pilgerfahrt versetzt sich der Pilger in einen Weihezustand. Deshalb tauscht er seine Alltagskleider gegen das Pilgergewand ein. Die Pilgerreise besteht aus mehreren Teilen: In Mekka angekommen, umläuft man siebenmal die Kaaba. Manche küssen den in einer Ecke eingemauerten schwarzen Stein. Wenn möglich, trinkt der Pilgernde Wasser aus dem Zamzam-Brunnen. Anschließend läuft er zwischen den Hügeln Safa und Marwa dreimal hin und zurück und einmal wieder hin. Dies erinnert an die Suche Hagars, der Frau Abrahams. Hagar, die mit ihrem Sohn Ismail in der Wüste zurückgeblieben war, suchte verzweifelt nach Wasser, um ihren und den Durst Ismails zu stillen. Sieben Mal lief sie zwischen den beiden Bergen Safa und Marwa hin und her, hoffte eine Quelle zu finden. Schließlich füllte der Engel Gabriel zu Ismails Füßen eine versiegte Quelle mit frischem klaren Wasser, um Hagars Leben und das ihres Kindes zu retten. Diese Quelle wurde Zamzam genannt.

Nachdem die Pilger eine Predigt gehört haben, ziehen sie gruppenweise zum Berg Arafat und von dort zur Stadt Mina, wo sie die Nacht verbringen. Höhepunkt der Pilgerfahrt ist die Besteigung des Berges Arafat nach Sonnenaufgang. Dort ‚steht‘ der Gläubige Gott mit vorbehaltloscr Hingabe gegenüber. Die überwältigende Erfahrung der Nähe Gottes drückt der Gläubige dadurch aus, dass er mehrfach den Satz: „Da bin ich Herr“ wiederholt.

Nach Sonnenuntergang ziehen die Pilger über Muzdalifa nach Mina zurück, wo sie eine große Anzahl von Steinchen auf drei verschiedene Steinsäulen werfen. Dies bedeutet eine symbolische Steinigung des Teufels. Danach findet ein großes Opferfest zur Erinnerung an das Opfer Abrahams statt

(37,107). Wie bei den anderen Pflichten stehen auch bei der Pilgerfahrt die Gedanken Gleichheit und Zusammengehörigkeit der Muslime im Mittelpunkt. Dies wird durch das gleiche Pilgergewand für arm und reich zum Ausdruck gebracht.

Essen und Trinken

Prinzipiell gilt für Muslime: „Esst und trinkt von den guten Dingen, aber treibt keine Verschwendung" (7,29). Die dem Menschen von Gott zur Verfügung gestellte Nahrung soll zweckmäßig gebraucht werden. Der Islam kennt ‚reine' und ‚unreine' Speisen. Muslime dürfen nur das Fleisch rituell geschlachteter Tiere verzehren. Türkische Fleischereien verkaufen es als Halal et (‚rituell reines Fleisch'). „Sprich: Ich finde nichts in dem, was mir offenbart ward, dem Essenden verboten zu essen, als Krepiertes oder vergossenes Blut oder Schweinefleisch – denn dies ist ein Greuel – oder Unheiliges, über dem ein anderer als Gott angerufen ward. Wer aber gezwungen wird, ohne Begehr und ohne Ungehorsam wider Gott, nun dann ist dein Herr verzeihend und barmherzig" (6,146). Verboten sind dem Muslim auch aus Schwein hergestellte Produkte, etwa Kartoffelchips und manche Käsesorten. Islamische Gesundheitsexperten untermauern heute das Schweinefleischverbot mit medizinischen Argumenten. Der Koran verbietet den Genuss von Alkohol.

RELIGIÖSE AUTORITÄTEN

Der Islam ist eine Religion ohne Priester, ohne Sakramente. Zwischen den religiösen Autoritätspersonen und den Laien besteht kein grundsätzlicher Unterschied, so dass sich Parallelen zum Judentum und Protestantismus ergeben.

Ayatollah (‚Zeichen Gottes'): Mit diesem höchsten Ehrentitel bezeichnen die Schiiten besonders verdienstvolle Theologen. Ayatollah ist ein Würdetitel für hochqualifizierte Theologen, die den Rang eines Mudschtahids bekleiden. Es gibt keinerlei Institutionen, die den Ayatollah-Titel formal verleihen könnten. Es ist allerdings notwendig, dass die übrigen Mudschtahids den Ayatollah ‚anerkennen'. In neuerer Zeit tragen den ruhmvollen Titel auch solche Personen, die nach klassischem Verständnis kein Anrecht darauf gehabt hätten.

Derwisch (persisch ‚Armer, Bettler'): Mitglied einer islamischen religiösen Bruderschaft, die sich um einen Sufi-Lehrer schart und eine eigene Nachfolger-Kette besitzt. (vgl. Faqir)

Faqir (arabisch ‚Armer'): Ausdruck für jemanden, der körperliche und geistliche Bedürfnisse hat. Der Begriff meint entweder einen Bettler oder im religiösen Sinn jemanden, der sich von Gott abghängig weiß. Im

Sufismus, der islamischen Mystik, bezeichnet Faqir jemanden, der sich auf der spirituellen (inneren wie äußeren) Reise zu Gott befindet.

Hodscha: Türkische Bezeichnung für einen an einer Medrese („Schule') ausgebildeten Geistlichen. Neue Amtskleidung Weiß mit Stickereien in Gold. Auch Religionslehrer werden so genannt.

Imam: Der Imam ist bei den Sunniten der Vorbeter beim rituellen Gemeinschaftsgebet. Er sorgt dafür, dass die Betenden die verschiedenen Gebetsabschnitte möglichst gemeinsam ausführen. Er benötigt auch keine spezielle Berufsausbildung, es sei denn, er ist an einer größeren Moschee beschäftigt. Dort wird darauf geachtet, dass der Imam eine juristische und theologische Ausbildung besitzt. Der Imam muss über ausreichende Arabischkenntnisse verfügen. Imame großer Moscheen haben über die Aufgabe des Vorbetens hinaus noch andere Pflichten im religiösen und rechtlichen Bereich. Sie erhalten im Unterschied zum bloßen Vorbeter ein Gehalt.

Kadi („Richter'): Er ist an die Rechtsgutachten gebunden und mit der islamischen Rechtsprechung vertraut. In der Rechtsprechung der heutigen arabischen Länder werden die Kadis meist vom Staat beauftragt.

Khatib („Prediger, Redner'): Er hält die Freitagspredigt in der Moschee. Im frühen Islam war er oft eine bedeutende politische Persönlichkeit. Große Moscheen haben mehrere Khatibs, die häufig ein besonderes Ansehen genießen.

Muallim: Lehrer an einer Koranschule.

Mudschtahid: Diejenige Gelehrtenautorität, die theologische und juristische Fragen selbstständig entscheidet, d.h. den Idschtihad ausübt. Manche wissenschaftlich hervorragenden, ethisch-vorbildlichen und frommen Mudschtahids genießen oft einen solchen Ruf, dass sie Marja i-Taqlid („oberste theologische Autorität') werden. Solchen theologischen Berühmtheiten wird der Ehrentitel Ayatollah vom Volk gleichsam angetragen.

Mufti: Gelehrter, der in „Rechtsgutachten' (Fatwa) Fragen religiösrechtlicher Natur behandelt. Das bereits im 8. Jh. gegründete Amt erreichte zur Zeit der Osmanen eine solche Autorität, dass europäische Reisende es als „türkisches Papsttum' beschrieben. Die an einen Mufti gerichteten Fragen sind weniger theologisch-theoretischer Natur, sondern im Wesentlichen praktische Alltagsfragen. Heute hat jedes islamische Land eigene Muftis. Im Libanon ist der „Mufti der Republik' Vorsteher der islamischen Glaubensgemeinschaft.

Mullah: Titel des rangniedrigsten Geistlichen bei den Schiiten. Er ist zum Teil mit unserem Gemeindepfarrer vergleichbar.

DER ISLAM ANGESICHTS AKTUELLER
PROBLEME DER GEGENWART

Familienplanung

Im klassischen Islam gab es zwei Hauptrichtungen hinsichtlich der Beurteilung von Geburtenregelung.

Die erste Richtung betrachtete die ökonomisch begründete Geburteneinschränkung als Zweifel an der göttlichen Fürsorge. Denn der werdende Mensch ist als ‚Diener Gottes‘ (19,93) Eigentum seines Schöpfers (10,68) und nicht der Verfügungsgewalt seiner Eltern unterworfen. Eine Ablehnung von Empfängnisverhütung aus solchen Erwägungen kommt bis heute solchen sozialen Schichten zugute, die traditionell in einer zahlreichen Nachkommenschaft ihre einzige Sozialversicherung sehen müssen.

Die zweite Richtung bezweifelte nicht die göttliche Fürsorge. Ihre Anhänger waren aber davon überzeugt, dass der allmächtige Gott trotz menschlicher Maßnahmen Leben entstehen lassen kann und Geburtenplanung diese Allmacht nicht zwangsläufig in Frage stellt. Zu ihren prominentesten Vertretern gehörte der persische Theologe, Philosoph und Mystiker al-Ghazali (1058–1111), lateinisch als ‚Algazel‘ bekannt. Er erlaubte Empfängnisverhütung unter bestimmten Voraussetzungen. Al-Ghazali analysierte die Motive eines Wunsches nach Empfängnisverhütung. Die Furcht vor der Geburt eines Mädchens oder eine Abneigung der Frau gegen Geburt und Stillen akzeptierte er nicht als stichhaltige Argumente. Größeres Verständnis zeigte er hingegen für die Befürchtung, man könnte durch allzu viele Kinder in schwere Not geraten und bei der mühevollen Beschaffung des Lebensunterhalts sogar zu unehrlichen Geschäften verleitet werden. Nachvollziehbar und somit gestattet waren für ihn die Absicht, Schönheit und Leben der Frau zu erhalten, sowie begründete Angst vor den Gefahren des Kindbetts.

Der ägyptische Großmufti veröffentlichte bereits 1937 auf Anfrage ein Rechtsgutachten, das Empfängnisverhütung bei Einwilligung beider Partner erlaubte, wenn sie zur Wahrung der Gesundheit der Frau oder aus wirtschaftlicher Not praktiziert wird.

Die Rechtsschulen vertreten unterschiedliche Meinungen über den Beginn des menschlichen Lebens. Nach traditioneller islamischer Auffassung ist ein menschliches Wesen erst dann vollkommen entwickelt, wenn sich bestimmte Teile des Körpers herausgebildet haben und dem Embryo die Seele eingehaucht wurde. Dieser Zeitpunkt war nach Ansicht einiger Rechtsgelehrter 120 Tage nach der Zeugung, nach Meinung anderer schon früher. Heute wird die Schutzbedürftigkeit und -würdigkeit des menschlichen Lebens vom Zeitpunkt der Zeugung an stärker hervorgehoben.

Obwohl inzwischen Rechtsgelehrte auf ein generelles Verbot der Abtreibung drängen (1. Internationale Konferenz für Islamische Medizin 1981 in Kuwait), bestehen Ausnahmen: In Ägypten, Algerien, Iran, Pakistan und

Türkei ist Abtreibung prinzipiell verboten. Jedoch werden Ausnahmen einge-
räumt, wenn das Leben der Mutter in Gefahr ist. Tunesien und Marokko fassen die medizinische Indikation weit: Anerkannt werden hier nicht nur die
Rettung des Lebens der Mutter, sondern auch der Schutz ihrer Gesundheit.
Jedoch wurden Verfügungen erlassen, um willkürliche Abtreibungen zu verhindern. Tunesien hat die Fristenlösung der klassischen Rechtsschulen wieder aufgenommen und eine Abtreibung vor dem Ablauf des dritten Monats
erlaubt. Diese Bestimmung wird als Regulativ für die Bevölkerungsexplosion
begriffen.

Teile der hanafitischen Rechtsschule (u.a. in der Türkei) erlauben einen Abort vor dem 120. Tag. Andere nur, wenn ein triftiger Grund vorliegt:
Wenn die Mutter befürchtet, dass ihre Milch durch erneute Schwangerschaft
versiegt und ihr jetziges Kind Schaden erleidet. Die offizielle Stillzeit beträgt
nach dem Koran zwei Jahre (2,233). Ein Schwangerschaftsabbruch ohne
stichhaltigen Grund gilt als eine Sünde. Sie bringt moralische Verurteilung
mit sich, ist jedoch kein strafrechtlich verfolgtes Verbrechen.

Die malikitische Rechtsschule (in Teilen Afrikas) verbietet den Schwangerschaftsabbruch grundsätzlich. Bis zum 40. Tag ist er bei Einverständnis
beider Eltern unter bestimmten Umständen erlaubt. Für die hanbalitische
Rechtsschule (hauptsächlich in Saudi-Arabien) ist die Abtreibung nach dem
40. Tag der Schwangerschaft verboten.

Die überwiegende Mehrheit der schafiitischen Rechtsschule (in Teilen
Ägyptens) hält eine Abtreibung vor dem 120. Tag für erlaubt, ein anderer Teil
verbietet sie generell. Die schiitischen Dschafariten und Ismailiten verhängen
eine Geldstrafe für Abtreibungen vor dem 40. Tag, erklären sie nach diesem
Zeitpunkt für verboten. Die schiitischen Zaiditen (im Jemen) erlauben die
Abtreibung vor dem 120. Tag, vergleichen sie in diesem frühen Stadium mit
Empfängnisverhütung.

Verschiedene Gutachten in islamischen Ländern begrüßen eine gezielte
Familienplanung, sofern durch die Verhütungsmaßnahmen keine andau-
ernde Unfruchtbarkeit hervorgerufen wird. Umgekehrt erlaubt der Islam
künstliche Befruchtung, wenn der Mann der Samenspender ist und der Vorgang innerhalb der Ehe stattfindet.

GLEICHGESCHLECHTLICHE LIEBE

*Das in islamischen Ländern geltende Verbot homosexueller und les-
bischer Liebe lässt sich nur indirekt aus dem Koran ableiten. Das Verhalten
der Männer aus dem Volke Lots, sich lieber mit Männern als mit Frauen
abzugeben, bezeichnet der Koran als eine „Abscheulichkeit" (7,81). In der
Praxis wurde Homosexualität jedoch meist geduldet. Sie galt in manchen
Kreisen als üblich und wurde in der Literatur häufig beschrieben.*

Da der Koran keine Bestrafung festlegt, sind sich die Rechtsgelehrten über das Strafmaß für Homosexualität nicht einig. Während die Hanafiten als größte Rechtsschule des Islam die Entscheidung dem Richter überlassen, reicht das Strafmaß in anderen Rechtsschulen von Züchtigung und Verbannung bis Hinrichtung durch Steinigung. Homosexualität verletzt nach islamischem Verständnis das ‚göttliche Recht‘, gehört wie Alkohol-, Drogenmissbrauch und Ehebruch zu den die islamische Gesellschaft zerstörenden Delikten. In sieben islamischen Ländern kann homosexueller Sex mit dem Tode bestraft werden: im Jemen, Iran, Sudan (nördliche Landesgebiete), in Saudi-Arabien, Nigeria (nördliche Landesgebiete), Mauretanien und in den Vereinigten Arabischen Emiraten. In vielen anderen Staaten werden Haftstrafen verhängt, während nur in wenigen islamisch geprägten Ländern wie in Albanien, in der Türkei, in Indonesien und in Jordanien keine Bestrafung vorgesehen ist.

In den vergangenen Jahrzehnten sind Personen und Organisationen aufgetreten, welche Homosexualität mehr Verständnis entegegen bringen. Die nach der ersten Koransure ‚Al-Fatiha‘(Die Eröffnende) benannte, 1998 von dem Pakistaner Faisal Alam gegründete Organisation wendet sich an lesbische, schwule, bisexuelle und transsexuelle Muslime und deren Familien und Freunde. Sie tritt für die islamischen Ideale Friede, Gleichheit und Gerechtigkeit ein und ist seit 1999 in den USA ein anerkannter gemeinnütziger Verein. Abgesehen von Ortsgruppen in sieben amerikanischen Bundesstaaten besitzt Al-Fatiha Schwesterorganisationen in Großbritannien (Iman = ‚Glaube‘), Kanada (Salam = ‚Friede‘), und Südafrika (Fitrah = ‚Schöpfung‘).

Der Generalsekretär des Islamrats der Muslime in Deutschland Aiman Mayzek erklärt, dass der Islam Homosexualität als Lebensweise nicht akzeptiere. Man müsse jedoch auch Menschen mit abweichendem Verhalten dulden. Ausdrücklich kritisiert er Muslime, die homosexuellen Glaubensbrüdern ihre Würde absprechen. Es gäbe keine Rechtfertigung, Homosexuelle im Namen des Islam zu verfolgen oder zu diskriminieren. Wenn ein Homosexueller zum Islam übertritt, sei er aufgrund seiner Neigung kein schlechterer Gläubiger. Er müsse jedoch akzeptieren, dass seine Lebensweise von der Gesellschaft, die auf Ehen mit daraus hervor gehenden Kindern gründet, abgelehnt wird.

Hilal Sezgin vom Zentralrat der Muslime in Deutschland erklärte, dass heute auch die Liebe zwischen zwei Menschen gleichen Geschlechts vor Gott und der Gesellschaft akzeptabel sei, wenn sie miteinander ehrlich, vertrauensvoll, zärtlich und hilfsbereit umgehen.

Menschenrechte

Das islamische Recht hat zwar dazu beigetragen, dass der Islam zu einer der tolerantesten Religionen der vorindustriellen Kultur wurde. Doch nach westlichem Verständnis beziehen sich die Menschenrechte insbesondere auch auf die Autonomie des Individuums gegenüber dem Staat, die der Islam nicht in gleicher Weise akzeptiert. Der Koran führt den Ursprung aller Rechte auf Gott zurück. Er teilt nicht den bereits von dem Vorsokratiker Protagoras (490–411 v.Chr.) formulierten und von der Aufklärung aufgegriffenen Grundsatz: „Der Mensch ist das Maß aller Dinge".

Der Niederschlag der antiken und mittelalterlichen Denkweise hat in einem Teil der islamischen Strafjustiz dazu geführt, dem Islam eine mangelnde Sensibilität für die Menschenrechte nachzusagen. Für islamistisch eingestellte Muslime sind Menschenrechte nur im Rahmen der Scharia gültig.

Die Dokumente der ,Allgemeinen Erklärung der Menschenrechte' im Islam (19. September 1981) – verfasst von namhaften islamischen Theologen und Gesellschaftswissenschaftlern – und die ,Kairoer Erklärung über Menschenrechte im Islam' (5. August 1990) entfalten eine spezifische islamische Sichtweise der Menschenrechte, die als Gegenmodell zu den westlichen Schutzsystemen verstanden werden kann. Wie 1981 auf einer Internationalen Gelehrtenkonferenz in Paris herausgefunden wurde, formulierte bereits der Koran nicht weniger als 20 grundlegende Menschenrechte: Recht auf Leben, Würde und Freiheit des Menschen, auf Schutz gegen Übergriffe und Misshandlung, Recht auf Asyl, Minderheitenschutz, Hausfrieden, soziale Sicherheit und Arbeitsschutz sowie auch (mit Einschränkungen) Glaubensfreiheit.

In das Kreuzfeuer westlicher Kritik sind die Frage der Glaubensfreiheit und Todesstrafe geraten. Der Koran formuliert das Prinzip der Toleranz (2,257): „Es gibt keinen Zwang im Glauben". Diese Maxime wurde hauptsächlich auf den Bekehrungsverzicht von Juden und Christen, später auch anderer Religionsgemeinschaften angewendet. Ali, Schwiegersohn Mohammeds und vierter Kalif, schrieb an Malik ibn-Harith anlässlich dessen Ernennung zum Gouverneur von Ägypten: „Möge dein Herz den Einwohnern deiner Provinz gegenüber mit Barmherzigkeit und Liebe erfüllt sein! In den Bürgern, die an Gott glauben, sollst du Brüder gemäß dem Glauben sehen. Jene aber, die nicht glauben, sollst du als deinesgleichen gemäß der Schöpfung behandeln".

Dieses Nichtmuslimen teilweise gewährte Recht findet jedoch keine innerislamische Anwendung. Wenn auch nicht im Koran verankert, so wird entsprechend dem islamischen Recht ein vom Islam abgefallener Mann mit dem Tode und eine Frau mit Gefängnis bestraft. Denn Glaubensabfall war im Frühislam gleichbedeutend mit Fahnenflucht oder Verrat an der um ihre nackte Existenz kämpfenden Gemeinschaft. Für Islamisten hat diese strafrechtliche Strenge auch heute ihre Berechtigung. Dem Afghanen Abdul Rahman drohte 2006 die Todesstrafe, weil er zum Christentum übergetreten war. Aufgrund internationaler Proteste wurde das Urteil 2006 aufgehoben. Der zwischenzeitlich in den Niederlanden lehrende ägyptische Literaturwissenschaftler Nasr Abu Zaid (1943–2010) wurde in Ägypten aufgrund seiner kritischen Äußerungen als Glaubensabtrünniger verfolgt und von seiner Ehefrau zwangsgeschieden. Zu Menschenrechtsverletzungen kommt es immer wieder im sexuellen Bereich. Eine Frau kann nur des Ehebruchs überführt werden, wenn vier Zeugen dies beeiden. Falsche Anschuldigungen werden streng bestraft (24,2). Erhebt der Ehemann den Vorwurf, so muss er ihn fünfmal beeiden und zieht sich im Fall einer Falschaussage den Fluch Gottes zu. Ebenso kann die Frau fünfmal ihre Unschuld beteuern. Das Urteil liegt dann im Ermessen des Richters. An dieser Stelle entsteht jedoch eine erhebliche Benachteiligung der Frauen dadurch, dass der Ehebruch eines Mannes auf diese Weise kaum nachweisbar ist, während bei Frauen eine Schwangerschaft zum Indiz für unerlaubte sexuelle Handlungen werden kann.

Der Koran erwähnt die Praxis der Genitalverstümmelung – beschönigend Mädchenbeschneidung genannt – nicht. Dennoch ist sie in einigen islamischen Ländern verbreitet, wird zum Teil von muslimischen Gelehrten legitimiert. Erst vor wenigen Jahren wurde das mühsam durchgesetzte Verbot von einem ägyptischen Staatsgericht wieder aufgehoben. In Ägypten wird bis heute der größte Teil der islamischen, auch der christlich-koptischen Mädchen verstümmelt. Diese Praxis sei notwendig zum Erhalt von Sitte und Moral in der Gesellschaft. Große Teile der Bevölkerung Afrikas, wo sie vor allem praktiziert wird, halten an diesem Brauch fest. Autorisierte islamische Exegeten sprechen sich ausdrücklich gegen die Beschneidung von Frauen aus, zum Beispiel der Großscheich der al-Azhar-Universität Mohammed Sayyid Tantawi (1928–2010). Der einflussreiche ägyptische Gelehrte beschrieb diese Praxis als einen vom Islam unabhängigen afrikanischen Brauch. Anderseits weisen sogar Musliminnen darauf hin, dass die Mädchenbeschneidung der Tradition entspricht und damit sinnvoll sei. In islamischen Ländern wie Saudi-Arabien, Afghanistan, Iran ist Mädchenbeschneidung so gut wie unbekannt.

TODESSTRAFE

Das islamische Recht sieht die Todesstrafe als eine unter mehreren Strafmöglichkeiten vor. Allerdings vertreten die Rechtsgelehrten unterschiedliche Auffassungen über ihre Verhängung. Im islamischen Raum steht hinter Strafen ein von abendländischen Vorstellungen abweichendes Rechtsverständnis. Der Islam geht von unterschiedlichen Pflichten des Menschen gegenüber seinem Schöpfer und seinem Mitmenschen aus. Neben Gott und dem Individuum ist die Gemeinschaft die dritte, den Rechtsvollzug bestimmende Größe. Die im Koran zur Vollstreckung vorgesehenen Strafen sind insbesondere die Todesstrafe, das Abtrennen von Gliedmaßen, körperliche Züchtigungen und Verbannung. Eine Gefängnisstrafe kennt das traditionelle islamische Recht nicht.

Als Verletzung des göttlichen Rechts gilt eine bestimmte, im Koran festgelegte Kategorie von Straftaten, welche die Gesellschaft gefährden können: Alkoholgenuss, Straßenraub, schwerer Diebstahl, widerrechtlicher Geschlechtsverkehr, falsche Bezichtigung der Unzucht. Aufgabe der islamischen Justiz ist es, diese Delikte im Namen Gottes zu bestrafen. Früher lag die Rechtsprechung in der Zuständigkeit des Richters. Dieser stützte sein Urteil auf der Grundlage von Geständnissen des Angeklagten, Zeugenaussagen und Gutachten von Rechtsgelehrten. Heute werden damit oft religiöse und staatliche Gerichte beschäftigt. Nach Ansicht der Rechtsgelehrten ist eine Überführung des Angeklagten streng genommen nur nach dessen Geständnis möglich. Um Fehlurteile auszuschalten, berücksichtigt das islamische Recht auch die Zurechnungsfähigkeit und Strafmündigkeit des Beklagten. Ein wichtiges Prinzip lautet: Jede Art von Zweifel verbietet den Strafvollzug. Auch wenn im Koran verankert ist, dass Vergebung und Nachsicht nachahmenswerte göttliche Eigenschaften sind und man reuigen Sündern Verzeihung gewähren soll (5,34; 64,14), werden in islamistisch regierten Ländern viele Todesstrafen im Namen der Religion verhängt und vollstreckt.

Krieg und Frieden

Die Worte ‚Barmherzigkeit‘ und ‚Frieden‘ kommen weit häufiger im Koran vor als ‚Kampf‘ und ‚Krieg‘. Von den 99 ‚schönen Namen Gottes‘ sind sehr viele dem Bereich ‚Barmherzigkeit‘ zuzuordnen. Vom islamischen Standpunkt aus ist es völlig abwegig, sich Gott etwa als obersten Kriegsherrn vorzustellen. Keiner seiner Beinamen verweist auch nur andeutungsweise in diese Richtung.

Der Begriff Dschihad bedeutet wörtlich ‚Anstrengung, Mühe und Einsatz‘. Er findet sich bereits in den ersten mekkanischen Offenbarungen, als das Thema Krieg für die junge muslimische Gemeinde nicht aktuell war. Ausgehend von dieser Grundbedeutung bezeichnet Dschihad in Medina den ‚Einsatz [für den Islam]‘ schlechthin, mit der Betonung auf ‚Einsatz von Vermögen und Leben‘ sowie eine entschlossene geistige Haltung. Wesentlich ist, dass Dschihad von seiner wörtlichen Bedeutung weder ‚Krieg führen‘ noch ‚Töten‘ beinhaltet. Ferner widerspricht es dem koranischen Wesensgehalt von Dschihad, ihn als ‚heiligen‘ Krieg zu bezeichnen. Krieg ist in islamischer Sicht niemals heilig. Selbst ein Verteidigungskrieg stellt nur ein notwendiges Übel dar. Schließlich haben die Worte Islam und Salam (‚Frieden‘) dieselbe Wurzel.

Im Gegensatz zur Absicht des Korans erhielt Dschihad in der Zeit nach Mohammeds Tod einen anderen Stellenwert: Weltliche Kämpfe und Kriege um wirtschaftliche und politische Macht erhielten eine ‚religiöse Weihe' und wurden – vergleichbar den Kreuzzügen – zu einem Dschihad stilisiert.

Nach der Lehre des islamischen Völkerrechts ist die Welt in ein ‚Gebiet des Islam' (Dar al-Islam) und ein ‚Gebiet des Krieges' (Dar al-Harb) unterteilt. Diese Einteilung ist spätestens seit dem 8. Jh. nachweisbar. Bezeichnenderweise wird hier das ‚weltliche' Wort Harb verwendet. Dies verdeutlicht, dass in erster Linie die Interessen des islamischen Staates betroffen sind. Das ‚Gebiet des Krieges' konnte aber auch zu einem ‚Vertragsgebiet' (Dar al-Ahd) werden.

Mohammed unterschied nach einer Überlieferung zwischen einem ‚kleinen' und einem ‚großen Dschihad'. Während die Opferung von Vermögen und Leben als ‚kleiner Dschihad' gilt, bezeichnet der ‚große Dschihad' den Kampf gegen das Böse und die eigenen schlechten Eigenschaften.

Moderne islamische Autoren unterscheiden mit Vorliebe drei Erscheinungsformen des Dschihad: 1. Persönliche Opfer gegen einen äußeren Feind; 2. Kampf gegen die eigenen schlechten Eigenschaften; 3. Kampf für die Verwirklichung höherer Werte. Im 20. Jh. hat der Begriff Dschihad neue politische Interpretationen erfahren: 1. Befreiungskampf gegen Kolonialismus; 2. Kampf gegen ungerechte Herrscher und Systeme (gab es bereits in der islamischen Geschichte); 3. Einsatz auf wirtschaftlichem und kulturellem Gebiet.

Eine seit den 1970er Jahren erfolgte Umdeutung des Begriffs Dschihad ist nur für einen begrenzten Teil der Muslime repräsentativ. Als Ausgangspunkt für diese Neuinterpretation gilt die Dissertation von Umar Abdar-Rahman an der theologischen Hochschule al-Azhar in Kairo. In dieser Schrift radikalisierte Abdar-Rahman den Begriff Dschihad als bewaffneter Kampf gegen alle Ungläubigen mit dem Ziel, sie zum Islam zu bekehren. Bei dieser neuen Auslegung des Begriffs wird Dschihad zur sechsten Grundpflicht jedes Muslim, während er nach der Interpretation des islamischen Völkerrechts nur bei Bedarf für einen Teil der Gläubigen verpflichtend war. Diese nicht haltbare Erweiterung der Grundpflichten wird weder im Koran legitimiert noch von den meisten Theologen anerkannt, hat aber bei einigen extremistischen Gruppen, zum Beispiel den Islamisten in Algerien und den Taliban in Afghanistan, eine verheerende Funktion übernommen. Eine wichtige Person im Zusammenhang mit der neuen Dschihad-Idee ist Adbullah Azzam, der Begründer der islamistischen Hamas in Palästina, der nach der sowjetischen Invasion Afghanistans junge Männer in diesem Land rekrutierte und dabei von dem aus Saudi-Arabien stammenden Millionär Usama bin Laden unterstützt wurde. Für Abdullah Azzam setzt Dschihad einen Einsatz mit der Waffe in der Hand voraus, der so lange dauert, bis ein islamisches Kalifat errichtet und alle unterdrückten Muslime in der Welt befreit sind. Für Verhandlungen ist bei seiner Auslegung kein Raum.

AUS DEM KORAN

„Vielleicht [geschieht es], dass Gott zwischen euch und denjenigen unter ih-
nen, mit denen ihr verfeindet seid, Frieden stiftet. Denn Gott ist ein All-
mächtiger. Gott ist vergebungsreich und barmherzig." (60,7)

„Gott verteidigt diejenigen, die gläubig sind [...].Denjenigen, die bekämpft
werden, ist die Erlaubnis gegeben, sich zu verteidigen, weil ihnen vorher
Unrecht geschehen ist. Gott hat die Macht, ihnen zu helfen." (22,38).

„Und kämpft um Gottes willen gegen diejenigen, die euch bekämpfen. Aber
begeht keine Übertretung. Gott liebt diejenigen nicht, welche Übertretung
begehen. Und tötet sie, wo immer ihr auf sie stoßt, und vertreibt sie, von wo
sie euch vertrieben haben, denn die Verführung zum Unglauben ist schlim-
mer als töten [...].Wenn sie aber aufhören, so ist Gott verzeihend und
barmherzig. Und bekämpft sie, bis es keine Verführung mehr gibt und der
Glaube an Gott da ist. Wenn sie aber aufhören, so soll es keine Gewalttat
geben außer gegen die, die Unrecht tun." (2,190-194)

Wirtschaftsethik
Dem Menschen stehen als Stellvertreter Gottes die Reichtümer der Erde zur
Verfügung; jedoch bedarf er der göttlichen ‚Rechtleitung‘ beim Erwerb und
Gebrauch der irdischen Güter. Die materiellen Erwägungen des Wirtschaftslebens müssen daher auf einer gesunden religiösen und moralischen Basis
stehen. Der einzelne und die Gemeinschaft besitzen ein Nutzungsrecht, sind
aber gleichzeitig Treuhänder des göttlichen Besitzes auf Erden. Sie sind verpflichtet, diese Güter verantwortungsvoll zu verwalten.

Die Menschen sollen nicht in Armut leben. Doch sollen sie bereit sein,
einen Teil ihres Vermögens Bedürftigen zu geben und für wohltätige Zwecke zu spenden. Diese Forderung wurde im Islam in der ‚Pflichtabgabe‘ (Zakat) verankert. Besitz anzuhäufen wird verurteilt, wenn er nicht durch eigene
ehrliche Arbeit erworben wurde oder zum Zweck der Ausbeutung und Verschwendung oder zum Ungehorsam gegen Gott verwendet wird.

Aus diesem Grund ist eine Gewinnbeteiligung an Geschäften verboten,
die zu sozialen Konflikten führen können. Der Islam nennt in diesem Zusammenhang Spekulationen, Wetten und Glücksspiele. Gewerbetreibende
werden ermahnt, nicht zu betrügen und den Arbeitenden einen gerechten
Lohn zu zahlen.

Rechtmäßig erworbener Privatbesitz wird heute im Allgemeinen anerkannt,
gilt als schützenswertes Gut. Nur bei natürlichen Ressourcen – Bodenschätzen,
aber auch Wasser – sind Einschränkungen möglich, wenn es um den Schutz

des Allgemeinwohls geht. Unternehmergeist und produktive Arbeit gelten als Voraussetzungen persönlichen und gesellschaftlichen Wohlergehens.

Grundvoraussetzung für wirtschaftlichen Erfolg ist die menschliche Arbeit. Zwei Vorschriften des klassischen islamischen Rechts können in Konflikt zu den international üblichen Formen des Wirtschaftslebens geraten. Im Koran gilt Handel als erlaubt, Riba hingegen als verboten. Während eine zunehmende Zahl von Rechtsgelehrten darunter (Wucher-)Zinsen versteht, dürfte die Mehrheit jede Form von Zinsnehmen untersagen. Das ist u.a. auf die im Frühislam herrschenden ungerechten Zinspraktiken zurückzuführen. Zum Beispiel bei Notkrediten nach einer Missernte war es üblich, den Schuldkredit zu verdoppeln, wenn er zum Fälligkeitstermin nicht zurückgezahlt werden konnte.

Zeitgenössische Juristen versuchen, den Sinn der Riba-Vorschrift neu zu deuten und den Verhältnissen der Zeit anzupassen. Sie berücksichtigen dabei den Zeitwert des Kapitals. Zinsanteile sollen nur den Wertverlust des Kapitals durch Inflation und Verwaltungskosten abdecken. Nach dieser Auslegung werden auch Verzugszinsen als legitimer Schadensersatz anerkannt. 1989 erließ der Mufti von Ägypten ein Fatwa, dem zufolge auch verzinsliche Staatsschatzbriefe nicht gegen das Riba-Verbot verstoßen. Seine Ansicht ist jedoch in der islamischen Welt nicht unumstritten.

Dem Muslim sind Glücksspiel, Spekulationsgeschäfte und das Horten von Waren und die Ausnützung von Monopolen untersagt. Dies kann bei Bankgeschäften und dem Abschluss von Verträgen mit noch nicht im Einzelnen feststehenden Vertragsleistungen zum Problem werden. Dabei werden Vorstöße dahingehend unternommen, die Gesamtheit der Versicherten mit zu berücksichtigen, was die Wahrscheinlichkeit des Eintritts bestimmter Schäden vergrößert und den Vorwurf der Spekulation entkräftet.

Deutsche und schweizer Banken bieten inzwischen islamische Aktienfonds zur Geldanlage an, bei denen Geschäfte mit Glücksspiel, Alkohol, verzinslichem Kredit, Versicherungen, religiös illegitimer Sexualität ausgeschlossen sind. Die Gewinne werden nicht ausgeschüttet, sondern direkt wieder investiert.

UMWELTETHIK UND TIERSCHUTZ

Nach islamischem Verständnis ist die Natur voll von Gottes ‚Zeichen' (Ayat) und wurde in erster Linie zum Wohl des Menschen geschaffen. Jedoch fehlt der Hinweis auf den Untertanencharakter aller nichtmenschlichen Kreatur und Natur. Der Mensch als edelstes aller Geschöpfe und Gottes Stellvertreter auf Erden ist verpflichtet, Bodenschätze und andere Gaben der Natur ausfindig zu machen und zum Wohl der Allgemeinheit zu verwenden. Die gegenwärtige Umweltzerstörung wird als eine moralische Krise des Menschen begriffen. Aufgrund von Gier, Unwissenheit und hohen Ansprüchen vergisst der Mensch, dass er und die Umwelt Gottes Schöpfung sind. Die Erde gehört – obwohl sie dem Menschen eine Zeitlang zur Verfügung gestellt ist – letztlich Gott.

Nach islamischer Auffassung müsste ethisch-moralisches Handeln wieder Vorrang vor einem rein zweck-profitorientierten ökonomischen Denken bekommen, so dass Umweltzerstörung verhindert werden kann. In diesem Kontext wird eine Rückkehr zu den alten religiösen Tugenden wie Genügsamkeit, Verzicht auf Luxus und verschwenderische Eitelkeit, Mitgefühl mit der Kreatur gefordert.

Einerseits steht der Mensch in der Schöpfungsordnung eindeutig über dem Tier – schon deshalb, weil er im Gegensatz zum ‚ungläubigen Vieh‘ Verstand besitzt, also zum Glauben wie auch zum Unglauben fähig ist (5,1; 8,22; 8,57). Anderseits wird im Koran eine prinzipielle Gleichheit zwischen menschlicher Schöpfung und Tierwelt angedeutet: „Kein Getier gibt's auf der Erde und keinen Vogel, der mit seinen Schwingen fliegt, die nicht wären Völker gleich euch" (6,38).

Nach Sure 16,5ff. hat Gott die Tiere aus zwei Gründen erschaffen: zum Nutzen des Menschen und zu seiner eigenen Verherrlichung. Bereits der frühe Islam kannte den Tierschutz. Für das Verletzen von Kamelen wird in Sure 26,156 Strafe angedroht. In 81,4 gilt das Vernachlässigen schwangerer Kamelstuten als Inbegriff alles Negativen. Sure 17,39 tadelt die ‚Überheblichkeit‘ des Menschen, worunter ein Kommentar auch das sinnlose Jagen und Quälen von Tieren versteht. Was die Versorgung der Tiere betrifft (11,8.59), so hebt der Koran in erster Linie die Fürsorge Gottes hervor, weniger die Verpflichtung des Menschen. Obgleich Hunde im Islam eher verachtet werden, hat eine dem Propheten Mohammed zugeschriebene Überlieferung die Fürsorge gegenüber diesen Tieren zum Thema.

Seit jeher haben Kamele und Pferde im Islam eine Sonderstellung eingenommen. Vor allem das Kamel stellte in der Wüste ein unentbehrliches Transportmittel dar, war ein wichtiger Lebensgefährte für die Beduinen. In ihrer Hirtenkultur, die aus der engen Schicksalsgemeinschaft von Mensch und Tier hervorging, wurde die Wüste erst durch das Kamel für den Menschen bewohnbar. Aus dem wiegenden Gang der Tiere entwickelte sich das klassische Versmaß der arabischen Literatur. 160 verschiedene Namen kennt die arabische Sprache für das Kamel. Es symbolisiert nicht nur Reichtum und Besitz, sondern bedeutete auch die Existenzgrundlage der Großfamilie, Richtschnur der sozialen Ordnung, Strafmaß für viele Vergehen und Maßeinheit der Hochzeitsgabe.

Die ‚Erste internationale Konferenz für islamische Medizin‘ (Kuwait 1981) sprach sich erstmals entschieden gegen grausame Tierversuche aus. Inzwischen hört man häufig islamische Proteste gegen Massentierhaltung, und Tiertransporte.

Nutzung von Medien

Bevor neue Medien anerkannt wurden, mussten sie von islamischen Autoritäten genehmigt werden: 1727 die Druckerpresse vom osmanischen, 1903 der Telegraf vom ägyptischen Staatsmufti. Das Pressewesen entwickelte sich in islamischen Ländern Ende des 19. und Anfang des 20. Jhs. Radio und TV stießen zunächst auf die Kritik der Theologen, wurden dann aber verstärkt von der politisch orientierten Geistlichkeit genutzt. Die Anfänge der Filmindustrie islamischer Länder liegen in Ägypten. Bemerkenswerte Filmindustrien haben die Maghreb-Länder entwickelt, deren alljährliches Filmfestival in Karthago (Tunesien) ein international anerkanntes Forum darstellt.

1976 fand die Premiere des ersten Mohammed-Films statt: ‚Die Botschaft‘. Dieser Film des syrisch-amerikanischen Regisseurs Mustafa Akkad, dessen Drehbuch verschiedenen islamischen Religionsgelehrten zur Begutachtung vorgelegt worden war, löste bereits während der Dreharbeiten heftige Reaktionen aus, was zu seinem Verbot in fast allen islamischen Ländern führte. Die Hauptkritik von islamischer Seite sah nicht nur in der Verkörperung des Propheten selbst – der in dem Film nicht gezeigt wurde (nur sein Kamel und sein Stock sind zu sehen) –, sondern auch in der Darstellung seiner Gefährten durch Schauspieler die Gefahr einer Trivialisierung. Auch befürchtete man, dass schon kleine Fehler und Ungenauigkeiten den Islam disqualifizieren könnten.

Inzwischen kann man Animationsfilme der Filmemacherin Zahira über das Leben des Propheten Mohammed und anderer Propheten des Korans über die Internetseite IslamicVideos.net kostenfrei herunterladen. Das Gesicht Mohammeds ist nicht zu sehen, es erscheint wie eine helle Flamme. Dies geschieht ebenfalls in dem großen Animationsfilm ‚Mohammed. The Last Prophet‘ (2004), der vor Drehbeginn von der Al-Azhar Islamic Research Academy geprüft und akzeptiert wurde.

Die Ende 2005 zu Ende gegangene Ära unter dem Reformpräsidenten Mohammed Khatami hatte nach der Khomeini-Phase in Iran dazu geführt, Musik, Kino und Bilderausstellungen wieder zuzulassen. Die Künstler mussten sich jedoch den ideologisch-moralischen Vorstellungen der Regierenden anpassen. So dürfen Frauen zum Beispiel nicht solo singen; im Duett jedoch oder zu mehreren ist es ihnen unbenommen, auch zusammen mit männlichen Kollegen zu singen. In Theater und Film müssen Frauen immer ein Kopftuch tragen, auch in häuslichen oder im Ausland spielenden Szenen. Liebesszenen und Umarmungen zwischen nicht verheirateten Darstellern sind undenkbar. Ein Film, der sich über die Mullahs und ihre Beschränktheiten lustig machte, brach iranische Kassenrekorde.

In manchen Ländern kann die Geistlichkeit die Radio- und Fernsehprogramme umfassend bestimmen. Die Anzahl der Internetnutzer im islamischen Raum nimmt trotz anfänglicher Bedenken erheblich zu. So wenden sich islamische Fernsehmuftis und Tele-Islamisten in Fatwa-Sendungen im

Satellitenfernsehen und Internet an ihre Anhänger. Einige rufen via Satellit sogar zu Terroraktionen in Europa auf.

Der seit 2001 sein Programm auch in Europa ausstrahlende libanesische Fernsehsender Al-Manar (‚Der Leuchtturm‘) wird von der radikal-islamischen Terror-Organisation Hisbollah betrieben und stellt den Judenhass in den Mittelpunkt. Der saudiarabische Sender Iqra (‚Rezitiere‘) oder aus Qatar stammende TV-Sender Al-Dschasira (‚Die Insel‘) stehen Al-Manar in nichts nach. Al-Manar wurde auf europäischen Satelliten-Systemen verboten. Doch sind arabische Satellitenanbieter wie Arabsat oder Nilesat weiterhin zu empfangen. Die EU hat auf diese Sender bisher keinen rechtlichen Einfluss.

Moderne Methoden des Koranunterrichts hat Mohammed Hamid in seinem ‚Haus des Korans‘ eingeführt. Auf Iqra bekam er seine eigene Koran-Lernshow. Unbestrittener Star unter den Pop-Islamisten ist der Ägypter Amr Khaled (geb. 1967). Über arabische Satellitensender, seine eigene Website, Bücher, CDs und Kassetten verbreitet er seine Botschaft.

Wirkungsvoll ist die Nutzung von Internet (YouTube), Handy, Twitter und Blogs bei der iranischen Opposition seit dem Wahlbetrug von 2009. Hier werden schockierende Bilder ins Netz gestellt, um die (internationale) Öffentlichkeit zu erreichen. Neuester Hit: der von 'Blurred Vision' aktualisierte Song 'Hey, Ayatollah, leave these kids alone' nach Pink Floyds 'Another brick in the wall'.

FREIZEIT UND SPORT

Mohammed empfahl Sportarten wie Laufen, Kamelreiten, Ringen und Bogenschießen. Männer dürfen zusammen mit ihren Ehefrauen diese Sportarten ausüben, jedoch nicht im Beisein anderer Männer. Mohammed selbst soll im Alter von 50 Jahren häufig mit seiner Frau Aischa um die Wette gelaufen sein. Sport und Spiel gelten in islamischen Schriften als menschliche Grundbedürfnisse. Grundsätzlich befürwortet der Islam Sport und Bewegung für Frauen zur Erhaltung ihrer Gesundheit und Schönheit, aber auch, weil Bewegung Freude bereitet. Doch beim Umgang mit dem weiblichen Körper sind zahlreiche Schicklichkeits- und Anstandsbestimmungen zu beachten. Dies erschwert gemischte geschlechtliche Sportveranstaltungen und gemeinsame Tanzvergnügen.

Generell verbietet der Islam Wetten und den Einsatz von Geld bei sportlichen Wettkämpfen. Auch soll der Sport keine überdurchschnittlich wichtige Rolle im Leben des Menschen einnehmen, noch sollen sportliche Vorbilder übermäßig verehrt werden, weil dies an ‚Götzendienst‘ grenzt. Da der Mensch mit dem ihm von Gott geschenkten Leben sorgsam umgehen soll, bestehen Vorbehalte gegenüber Extremsportarten und solchen mit hohem Gefahrenrisiko. Oft kritisieren islamische Denker das Freizeitverhalten der Muslime als zu westlich orientiert und nicht mit der Religion vereinbar.

Im 20. Jh. entstanden in der Türkei, Ägypten, Irak und Iran Sportplätze und Sporthochschulen. Bereits 1910 schloss sich das ägyptische Olympische Komitee der Olympischen Bewegung an, entsandte 1912 den ersten Athleten zu den Spielen. Auch islamische Gemeinden in Europa bieten Sportaktivitäten an. 1936 nahmen zum ersten Mal zwei Frauen aus der Türkei an Olympischen Spielen teil. Ägypten entsandte 1984 sechs weibliche Athleten zu den Olympischen Spielen. Die Re-Islamisierung und die damit einhergehende Verschärfung der islamischen Kleiderordnung hat den Frauensport und die Teilnahme von Frauen an internationalen Wettkämpfen erschwert.

In einigen streng islamischen Ländern, wie zum Beispiel Iran, dürfen Frauen nur in islamischer Kleidung Sport treiben oder aber in reinen Frauengruppen unter Ausschluss der männlichen Öffentlichkeit in normaler Sportkleidung trainieren. Immer wieder stellen muslimische Mädchen oder ihre Eltern in Europa Anträge, um vom Sport-, insbesondere Schwimmunterricht befreit zu werden. Sie finden es unschicklich, dass sich Jungen und Mädchen fast unbekleidet sehen. In islamischen Ländern und in einigen größeren europäischen Städten bieten Kommunen daher getrennte Schwimmzeiten für Frauen an.

Die oft erwähnte Musikfeindlichkeit des Islam ist nicht im Koran begründet. Erst spätere Prophetenüberlieferungen und einige orthodoxe Gelehrte erklärten das Hören von Musik zu den ‚verbotenen Freuden‘. Islamische Gelehrte lassen Musik dann zu, wenn sie islamischen Werten und Normen nicht widerspricht. Eine besondere Rolle spielt die Musik bei den Derwischbruderschaften vor allem in der Musik des Mevliyye-Ordens seit dem 13. Jh.

Im Zuge von Re-Islamisierung und Islamismus wurde die Unterhaltungsmusik stark abgewertet. Als der ehemalige Singer-Songwriter Cat Stevens 1977 zum Islam übertrat, fortan Yusuf Islam hieß, beendete er gleichzeitig seine Sängerkarriere. Inzwischen weist Yusuf Islam darauf hin, dass Mohammed zum Singen ermutigt habe. Seinen klassischen Hit „Father and Son" singt er inzwischen zusammen mit Ronan Keating. Die familienfreundliche Grundaussage des Liedes stimmt für Yusuf Islam ganz mit der Botschaft des Islam überein.

Eine neue Generation junger Mittelschicht-Muslime in der arabischen Welt folgt der Botschaft des ‚Pop-Islam‘. Dieser tritt ein für Sahwa (‚Bewusstwerdung‘) und Nahda, den ‚Aufschwung‘ des Islam. Viele Internet-Seiten, Fernseh- und Radiostationen unterstützen diese Idee, haben außergewöhnlich großen Erfolg bei Jugendlichen. Der Südafrikaner Zain Bhikha (geb.1974) gehört zu den ersten Singers und Songwriters von englischen Nasheeds (‚Liedern‘). Inzwischen produzieren verschiedene islamische Boy groups Nasheeds: Native Deen im Hip Hop-Stil, Seven&Six stärker in Richtung Rhythm and Blues.

HAUPTSTRÖMUNGEN DES ISLAM
SUNNITEN UND SCHIITEN

Zwei große Glaubensrichtungen gibt es im Islam: Sunna (‚Gewohnheit‘, Orthodoxie) und Schia (‚Abspaltung‘). Ihre Gläubigen nennen sich Sunniten und Schiiten.

Im Frühislam trennten sich die Schiiten von der Mehrheit der Muslime: den später sogenannten Sunniten. Diese hatten andere Vorstellungen von der Propheten-Nachfolge, verlangten nicht, dass der Kalif aus der Familie, wohl aber aus dem Stamm des Propheten kommen müsste. Nach schiitischer Überzeugung hatte Mohammed vor seinem Tod Ali als Nachfolger bestimmt. Doch die Mehrheit der Muslime hatte sich darauf verständigt, zunächst Abu Bakr (632–634), nach desen Tod Umar (634–644) und dann Uthman (644–656) zum Kalifen zu wählen. Nach der Ermordung Uthmans 656 ging Ali siegreich aus den Machtkämpfen hervor. Doch hielten die Anhänger Uthmans ihn für schuldig am Tod seines Vorgängers. Bei der Schlacht von Siffin (657) zwischen beiden Parteien hefteten die Anhänger Muawiyas Koranblätter an ihre Lanzen, um zu bekunden, dass sie den muslimischen Bruderkampf verabscheuten. Das Schiedsgericht von 658 verweigerte Ali seine Legitimation.

Aus der Schlacht von Siffin gingen die auch für die weitere Entwicklung bedeutsamen islamischen Gruppierungen hervor: die Anhänger Muawiyas, die man als Vorläufer der Sunniten bezeichnen kann, und die Anhänger Alis, die späteren Schiiten sowie eine dritte Gruppe, die sich aufgrund der Ereignisse von Siffin von beiden Gruppen lossagte: die Kharadjiten (‚Ausziehenden‘). Sie vertraten die Ansicht, dass Menschen von ungenügender Frömmigkeit, wie Ali und schon vor ihm Uthman, nicht Leiter der Gemeinde sein durften.

Unter Sunniten versteht man inzwischen die Anhänger der vier islamischen Rechtsschulen, die sich seit dem 9. Jh. als Vertreter der Sunna des Propheten und der Gemeinschaft der Muslime bildeten. Mit über 85 Prozent bilden die Sunniten die Mehrheit der Muslime. Die Schiiten verlangen, dass der Führer der islamischen Gemeinschaft ein Nachkomme Alis und der Prophetentochter Fatima sein muss. Diesen Führer nennen sie Imam. Obwohl sie meistens offiziell die Herrschaft der sunnitischen Kalifen anerkannten, betrachteten sie die Imame als ihre eigentlichen Führer. Ein zentrales Ereignis ist für Schiiten die Tragödie von Kerbela. Im Jahre 680 fand der dritte schiitische Imam, Husain, Enkel des Propheten Mohammed, während einer Schlacht gegen die Armee des Kalifen Yazid den Tod. Hatte sie sich bis dahin als eine rein politische Bewegung verstanden, so nahm sie nach ihrem politischen Scheitern immer mehr religiöse Züge an. Schiiten verehren Husain seitdem als Märtyrer.

Auch in ihrem Menschenbild unterscheiden sich die Schiiten von den Sunniten. Unter dem Einfluss neuplatonischer Philosophie entwickelte sich bei den Schiiten die Lehre von der Gottebenbildlichkeit des Menschen.

Im Gesamtislam sind die Schiiten eine Minderheit, etwa 10-15%. Schiiten gibt es hauptsächlich in Iran und Süd-Irak, als Minderheiten in Syrien, Libanon, Jemen und Türkei.

Die Imame besitzen in der Schia absolute Autorität für das wahre Verständnis des Islam, gelten als unfehlbar und verfügen über vererbbare übernatürliche Fähigkeiten. Allerdings variieren die Ansichten der verschiedenen Gruppen über die Gestalt dieses Imams: Die zahlenmäßig bedeutendste Gruppe sind die ‚Zwölferschiiten‘, die in Iran die Mehrheit bilden. Nach ihrer Überzeugung ist der zwölfte Imam nicht gestorben, sondern wurde durch ein göttliches Wunder bis heute in die Verborgenheit entrückt. Als Mahdi kehrt er dereinst zurück. Gewaltiges wird er vollbringen: So besiegt er die Tyrannen und richtet ein Reich der Gerechtigkeit und des Friedens auf. Die ‚Siebenerschiiten‘ anderseits glauben an die Rückkehr des siebten Imams als Mahdi. Die Zaiditen, auch ‚Fünferschiiten‘ genannt, erkennen entsprechend im fünften Imam den rechtmäßigen Nachfolger, lehnen aber die Mahdi-Lehre ab.

ALEVITEN

Diese hauptsächlich in der Osttürkei vertretene Religionsgemeinschaft entstand im 11./12. Jh. Sie nennt sich nach Ali (gest. 661 nach Chr.), dem Schwiegersohn Mohammeds. Ihn und seine Familie verehren die Aleviten sehr, obwohl sie sich nicht der Schia zurechnen. In der Türkei werden Aleviten als Häretiker betrachtet, weil sie einige islamische Pflichten nicht anerkennen. Aleviten versuchen, stärker auf das Innere bei der Frömmigkeit zu achten, orientieren sich daher nicht so sehr an äußeren Formen. Von den fünf ‚Säulen‘ beachten sie vor allem die erste, das ‚Glaubenszeugnis‘. Die übrigen Pflichten praktizieren sie wenig bzw. in abgewandelter Form. So kennen sie das fünfmalige rituelle Pflichtgebet in der üblichen islamischen Form nicht. Statt der islamischen Gebetspositionen achten sie auf eine bestimmte Fußstellung, legen sie ihre Hand auf das Herz. Die Fastenzeit beträgt bei Aleviten einen halben Monat. Rituelle Waschungen spielen keine Rolle, den Moscheebesuch betrachten sie als unwesentlich. Die Pilgerfahrt nach Mekka ist für Aleviten kein religiöses Gebot. Im Allgemeinen finden einmal jährlich nach Sonnenuntergang die Dschems, die religiösen Versammlungen, statt, an denen Männer und Frauen beteiligt sind. Alevitische Frauen kleiden sich weniger streng als ihre türkisch-sunnitischen Geschlechtsgenossinnen und tragen zum Beispiel keine Kopftücher.

Brüderlichkeit, Menschenliebe, Solidarität mit den Armen und der Kampf gegen Unterdrückung gehören zu ihren ethischen Hauptwerten. Die in der Türkei traditionell zwischen Sunniten und Aleviten bestehenden Spannungen, die seit dem Militärputsch von 1980 und der damit einhergehenden

Re-Islamisierung zunahmen, bestehen auch in Deutschland. Seit den 1990er Jahren bekennen sich die Aleviten in der Türkei zunehmend zu ihrer religiösen Identität. Sie organisieren sich politisch, wollen vom Staat als eigenständige Religionsgemeinschaft anerkannt werden. Ein erheblicher Teil der Aleviten sind Kurden.

ISLAM IN DEUTSCHLAND[10]

Zu den wohl ersten Muslimen in Deutschland zählen türkische Kriegsgefangene aus den Jahren 1686 bis 1698, deren Zahl bis in die mehreren Hunderte ging. Die ältesten erhaltenen Grabstätten bzw. Grabsteine sind die des sechsjährigen Mustaf in Brake (1689) sowie die von Hammet und Hassan in Hannover (1691). 1731 überreichte ein Herzog aus dem heutigen Lettland dem Preußenkönig Friedrich Wilhelm I. 20 türkische Gardesoldaten als Geschenk. Dies war die Grundsteinlegung für die erste muslimische Gemeinde, die ihre Rechtfertigung aus einem königlichen Dekret (1731) bezog. Muslimische Soldaten beteiligten sich an den Preußenkriegen; andere Muslime kamen als Kriegsgefangene nach Deutschland

1740 schrieb Friedrich der Große an den Rand einer Eingabe aus Frankfurt/Oder, ob ein Katholik in der evangelischen Stadt Bürgerrecht erwerben dürfte, die berühmt gewordenen Zeilen: „Alle Religionen sind gleich und gut, wenn nur die Leute, die sich zu ihnen bekennen, ehrliche Leute sind. Und wenn die Türken (...) kämen und wollten hier im Lande wohnen, dann würden wir ihnen Moscheen (...) bauen". Die erste Moschee auf deutschem Boden ist die ‚Rote Moschee' in Schwetzingen. Nach 1870/71 wurde sie von kriegsgefangenen kranken Muslimen als Gebetsstätte verwendet.

Nach dem Ersten Weltkrieg kamen wiederum Militärs und Kriegsgefangene nach Deutschland. Bei Berlin entstanden zwei Lager zur Internierung muslimischer Gefangener aus den alliierten Streitkräften. In einem dieser Lager errichtete man 1915 die erste ‚richtige' Moschee Deutschlands. Mit dem Ende des Krieges blieb eine Reihe muslimischer Exilanten und Flüchtlinge in Berlin. Durch den Zuzug von Studierenden, Akademikern und Intellektuellen entfaltete sich bald ein reges islamisches Gemeindeleben, dem sich deutsche Konvertiten anschlossen und von dem heute noch die 1924 gegründete Wilmersdorfer Moschee zeugt. Diese Moschee steht für eine besondere Richtung des Islam: die Ahmadiyya-Gemeinschaft. Sie gab von 1924 bis 1940 die Zeitschrift Moslemische Revue heraus, und einer ihrer Imame legte 1939 die erste deutsche Koranübersetzung aus muslimischer Feder vor. Die Muslime in Berlin organisierten sich in mehreren Vereinen. Nicht alle islamischen Gemeinden konnten sich der politischen Instrumentalisierung durch die

---

[10]   Vgl. Handbuch der Religionen. Kirchen und andere Glaubensgemeinschaften in Deutschland, hg. von Michael Klöcker/Udo Tworuschka, Landsberg/München 1997ff. (z.Zt. 26. Ergänzungslieferung 2010).

Nationalsozialisten entziehen. Bevor der Großmufti von Jerusalem mit den Nazis paktierte, durften Christen und Juden sogar Mitglied der ‚Deutsch-Muslimischen Gesellschaft‘ in Berlin werden. Die seit langem in Hamburg ansässigen iranischen Händler und Kaufleute schufen sich 1961 ihre eigene Moschee an der Außenalster. Mit der Einreise von Studierenden und Akademikern entstanden noch vor der Anwerbung islamischer Arbeitsmigranten in den 1960er Jahren in Aachen und München die bis heute bekannten Islamischen Zentren. Sie boten hauptsächlich arabischen Studenten ein Forum. Die bedeutende muslimische Minderheit unserer Tage geht jedoch im Wesentlichen auf die Arbeitsmigration seit den 1960er Jahren zurück, die erstmalig Männer und Frauen aus islamischen Ländern in größerer Zahl nach Deutschland führte und den Grundstein zu einer dauerhaften muslimischen Präsenz mittlerweile in der dritten Generation legte. Ein lebhaftes muslimisches Gemeindeleben begann mit dem Eintreffen der muslimischen, überwiegend türkischen, Gastarbeiter. Die Moscheen dienen als Ort der Begegnung, als Gebets- und Ruheplatz, Ausbildungsstätte für Theologen, Rechtsgelehrte wie auch als Koranschule. Zu größeren Moscheen gehören auch Lebensmittelgeschäfte und Teehäuser sowie Bibliotheken. Außerdem werden Alphabetisierungs- und Nähkurse für Frauen sowie Hausaufgabenhilfe angeboten. Heute leben ca. 3,5 Millionen Muslime in Deutschland. Davon sind rund 2,4 Millionen türkischer Nationalität. Weit über eine Million Muslime leben in Nordrhein-Westfalen. Wobei diese Zahlen zunächst nicht die ‚konfessionellen‘ Unterschiede abbilden, die zwischen Sunniten, Schiiten, Aleviten oder aus dem Islam entstandenen Sondergemeinschaften wie die Ahmadiyya oder mystischen Gruppierungen bestehen, oder Rückschlüsse auf die Intensität von Religiosität ermöglichen. Die Zahl deutschstämmiger Muslime wird auf ca. 14.300 geschätzt. 950.000 Muslime besitzen insgesamt die deutsche Staatsangehörigkeit. Überregionale und/oder supranationale muslimische Spitzenverbände wie der ‚Zentralrat der Muslime in Deutschland‘ (ZMD), der ‚Islamrat für die Bundesrepublik Deutschland/Islamischer Weltkongress Deutschland‘ und die sich ausschließlich für türkische Belange einsetzende und dem türkischen Staat unterstehende ‚Türkische Anstalt für religiöse Angelegenheiten‘ (DITIB) übernehmen die Vertretung vieler, jedoch nicht aller muslimischen Dachverbände, einiger Verbände auf Länderebene und vieler Gemeinden. Nach manchen Angaben gehören ca. 23 Prozent der Muslime islamischen Organisationen an (die dem Vereinsmitglied angehörende Familie nicht mit eingerechnet). Wobei auch Doppelmitgliedschaften innerhalb der Dachverbände bestehen.

Daneben existieren auch andere bundesweite Dachorganisationen wie die ‚Föderation der Aleviten-Gemeinden in Deutschland‘ (Almanya Alevi Birlikleri Federasyonu (AABF)), der im August 2000 aus dem ‚Zentralrat der Muslime‘ ausgetretene ‚Verband der Islamischen Kulturzentren‘ (VIKZ) (Islam Kültür Merkezleri Birliği), aber auch die ‚Ahmadiyya‘ und andere

kleinere Gemeinschaften, die sich außerhalb der oben genannten Spitzenverbände organisiert haben.

HINDUISMUS

SYMBOL: A U M: Heilige Silbe des Hinduismus, Symbol des Brahman. Das dreiteilige
Symbol steht für die körperliche, geistige und
unbewusste Welt. Das Symbol deutet gleichzeitig auf drei Bewusstseinszustände, wobei A für
Wachbewusstsein, U für Traumbewusstsein,
M für traumlosen Tiefschlaf stehen. Der außerhalb befindliche Punkt versinnbildlicht das
höchste Bewusstsein des mit dem Brahman
identischen Atman. Es schaut ihnen zu bzw.
durchdringt sie. Rudolf Otto deutete AUM als
‚numinosen Urlaut‘: Die heilige Silbe „bezeichnet (...) keinerlei Begriff. Sie ist (...) nichts als

ein Laut. Sie ist nicht einmal ein Wort, ja nicht einmal eine Silbe. Denn das
m, das sie schließt, ist kein m, sondern nur die nasale, beliebig langgedehnte
Forttönung des o-o-o. Sie ist eigentlich nichts als eine Art Raunen, das re-
flexartig in gewissen Zuständen von numinoser Ergriffenheit aus dem Innern
hervordröhnt als eine Selbstentladung des Gefühls von fast physikalischer
Nötigung, die man noch nachfühlen kann, wenn einem diese Zustände des
Einsinkens und Untertauchens im ‚Ganz Anderen‘ nachfühlbar sind"[11].

EINFÜHRUNG

Hinduismus ist eine Sammelbezeichnung für verschiedene Religionen. Erst seit dem ausgehenden 18./19. Jh. versteht sich *der* Hinduismus als die Religion Gesamtindiens. Die Hindus selbst bezeichnen
ihre Religion als Arya Dharma (‚edle Ordnung‘), Sanatana Dharma (‚ewige
Ordnung‘) oder Varnashrama Dharma (‚Ordnung der Stände und Lebensstadien‘).

Der Hinduismus ist keine gestiftete Religion mit bindenden Lehren, sondern eine aus verschiedenen Traditionen zusammengewachsene Religion:
hoch entwickelten wie einfacheren. Manche Hindus verehren die höchste
Wirklichkeit bildlos, andere bevorzugen farbenprächtige Kultbilder. Neben
der Anrufung des einen und einzigen Gottes, z.B. Vishnu, Shiva, steht die
Verehrung von Bäumen, Schlangen, Steinen. Nach dem Glauben vieler Hindus reinigt bereits ein einziges Bad an einer heiligen Stätte von allen ‚Sün-

---

[11]   Rudolf Otto: Numinose Urlaute. In: Ders.: Aufsätze das Numinose betreffend, Stuttgart/Gotha
         1923, S.11-15, hier S.14.

den'. Für andere leitet nur die höchste Erkenntnis zur Weisheit, äußerliche Kultformen dagegen gelten ihnen als wertlos. Neben der Ansicht, dass man kein lebendes Wesen töten darf, ist die Praxis blutiger Tieropfer an heiligen Stätten verbreitet. Diese bunte Vielfalt des Hinduismus ist das Ergebnis einer langen religionsgeschichtlichen Entwicklung.

'Hinduismus' ist keine Selbstbezeichnung. Der Begriff taucht wohl erst gegen 1808 in der englischen Fachliteratur auf und ist eine Sammelbezeichnung für verschiedene Religionen. Erst seit dem ausgehenden 18./19. Jh. versteht sich der Hinduismus als Religion Gesamtindiens. Das Wort Hindu hat ursprünglich eine geographische Bedeutung, geht auf den Flussnamen Sindhu (bei den Ariern, Persern) bzw. Indos (bei den Griechen) zurück. Hindus sind aus der Sicht der islamischen Eroberer die Menschen auf der anderen, der östlichen Seite des Flusses.

Der Hinduismus lässt sich nicht von irgendeiner Lehre her definieren. Von allen Hindus gleichermaßen anerkannte Lehrsätze, ja Dogmen, gibt es nicht. Selbst der von den meisten geteilte Glaube an die heiligen Veden ist kein sicheres Unterscheidungsmerkmal. Gustav Mensching sah im Kastensystem das hauptsächliche Wesensmerkmal des Hinduismus und definierte Hinduismus als ‚Leben in der Kaste'. Doch hat selbst der Verlust der Kastenzugehörigkeit nicht zur Folge, dass der Betreffende fortan nicht mehr zum Hinduismus zählt. Außerdem sind die Kastenregeln bei den sich im vierten Lebensstadium befindenden und das orangefarbige Gewand des vollkommenen Verzichts tragenden Samnyasins (Sanskrit: ‚Entsagender') unwirksam. Es gibt auch überzeugte Hindus, die entschiedene Gegner des Kastensystems sind.

Auch die Definition des Hinduismus als ‚Glaubens- und Lebensform der Inder' ist nicht befriedigend. Man kann nämlich Hindu sein, ohne aus Indien zu stammen. Die in den USA und Europa missionierenden Hindu-Gemeinschaften zeigen dies. Die neuzeitliche, sich an Einzelne wendende Missionstätigkeit ohne gleichzeitige Ausbreitung des Kastensystems ist für den Hinduismus neu. So wurde im Sinne Menschings aus der einstigen hinduistischen ‚Volksreligion' eine ‚Weltreligion'. Denn sie wendet sich an den Einzelnen in seiner „generellen und existentiellen Unheilssituation".

Der indische Religionswissenschaftler Ramchandra Narayan Dandekar (1909-2001) schlug folgende Begriffsbestimmung vor: „Hindu ist derjenige, der von Hindu-Eltern abstammt und der nicht öffentlich dem Hinduismus abgeschworen hat."

GRUNDKATEGORIEN

Eine der markantesten Selbstbezeichnungen der Hindus lautet Varnashrama Dharma (,Dharma der Stände und Lebensstadien'). Dieser Begriff enthält zentrale Inhalte der hinduistischen Welt- und Lebensauffassung: Dharma, Varna, Ashrama.

Dharma

Dharma ist ein grundlegender Begriff des Hinduismus. Er bedeutet wörtlich ,tragen, halten' und ist eine umfassende Bezeichnung für ,Ordnung'. Dharma ist ,Seins- und Sollensgesetz' (Gustav Mensching). Als Gesetz des Seins regelt Dharma die Ordnung in Kosmos, Natur und Gesellschaft: Dass die Sonne morgens auf- und abends untergeht, dass es vier Jahreszeiten gibt und sich die Gestirne im Weltall auf vorgeschriebenen Bahnen bewegen, – dies alles ist Ausdruck von Dharma als ,Gesetz des Seins'. Als ,Gesetz des Sollens' umfasst es den Bereich von Moral, Kultus, Recht und Sitte. Ein Dharma gemäßes Leben bewirkt ,jenseitiges Heil'.

'Varna' und ,Ashrama' beziehen diesen allgemeinen Dharma auf einzelne soziale Gruppen, so dass Varnashramadharma die jeweils unterschiedliche Ordnung der ,Stände' und ,Lebensstadien' ist. Die Sanskrit-Lehrbücher der Dharmasutras und Dharmashastras sind bestrebt, den spezifischen Kasten-Dharma (Svadharma: das, was eine jede Person ist und was sie deshalb tun sollte) mit dem ,ewigen Dharma' (das, was alle tun sollten: die Wahrheit sagen, nicht töten, tugendhaft sein usw.) in Einklang zu bringen.

Varna

Die Ständeordnung ist religiös begründeter Ausdruck von Dharma. Die Portugiesen führten dafür den Begriff Kaste (von lat. castus ,keusch, das nicht Vermischte') ein. Hindus sprechen von Varna (Sanskrit ,Farbe'). Damit mag ursprünglich ein rassischer Gegensatz zwischen den in der Mitte des zweiten vorchristlichen Jahrtausends in teils friedlichen, teils kriegerischen Streifzügen eindringenden, hellhäutigen Ariern (Sanskrit arya ,gastlich') – indoiranischen Viehnomaden aus Zentralasien oder dem vorderen Orient – und der einheimischen Bevölkerung Indiens gemeint gewesen sein.

Die Hindu-Gesellschaft ist bis heute theoretisch in vier Varnas unterteilt. Die zu den obersten drei Kasten gehörenden Hindus nennt man wegen ihrer zweiten, ,geistigen Geburt' durch das Vedastudium ,Zweimalgeborene' und unterscheidet sie von den bloß ,Einmalgeborenen'.

Ein später Text aus dem Rigveda (RV X, 90) enthält eine Erzählung von der Weltentstehung. Sie begründet die Einteilung in die vier Varnas religiös. Der Ur-Mensch Purusha (,Mensch, Mann') wird zerteilt, und aus seinen einzelnen Körperteilen entstehen neben Tieren, liturgischen Elementen, Himmel, Erde, Göttern u.a. auch die einzelnen Gesellschaftsschichten: So gehen

aus dem Mund die Brahmanen hervor, aus den Armen die herrschende Krie-
gerschicht (Kshatriya). Die beiden Schenkel werden zum Vaishya, zum Kaufmann und Händler, Bauern und Viehzüchter. Der dienstleistende Shudra
schließlich entsteht aus den Füßen. Die Vertreter dieser einzelnen Stände
zeichnen sich – so lehrt der Mythos – durch charakteristische Wesensmerk-
male und Eigenschaften (Gunas) aus: Brahmanen haben von Natur aus Sattva (‚Klarheit, Reinheit, Lauterkeit, abgeklärte Güte‘). Im Krieger dominieren
Rajas (‚Aktivität, Leidenschaft‘). Bei den Kaufleuten befinden sich Rajas und
Tamas (‚Schwere, Unbeweglichkeit‘) in einer ausgewogenen Mischung; denn
sie müssen Besitz erwerben, ihn aber auch bewahren. Shudras sind ausschließlich durch Tamas charakterisiert.

Der gesellschaftliche Alltag Hindu-Indiens wird weniger durch die Varnas als durch die Jatis bestimmt. Das aus dem Sanskrit stammende Wort Jati
(Verbalwurzel jan/ja = ‚geboren werden‘) bezeichnet die mehrere Tausend
‚Unterkasten‘, die sich im Laufe der Jahrhunderte durch berufliche Speziali-
sierung, Frömmigkeit, Volkszugehörigkeit usw. gebildet haben. Sanskrit ist
eine altindische, heute nicht mehr gesprochene Sprache. In ihr sind die meisten heiligen Schriften des Hinduismus verfasst.

Kasten sind Geburts- und keine Wahlgemeinschaften. Man kann nicht
aus der Kaste austreten wie aus einer freiwillig gewählten Gemeinschaft.
Allenfalls kann man ausgeschlossen werden, wenn man gegen die Kastengesetze verstößt. Die Zugehörigkeit zu einer Kaste ist aufgrund der Karma-
Lehre erblich. Geheiratet werden soll nur innerhalb derselben Kaste. Hindus
dürfen nur mit Angehörigen derselben Kaste speisen bzw. aus ihren Händen
das Essen empfangen.

Zwischen Kastenhindus und Kastenlosen, den outcasts, ‚Unreinen‘, besteht ein großer Abstand. Zwar hat die Verfassung das Kastensystem für
abgeschafft erklärt und die Gleichheit aller gesellschaftlichen Gruppen und
Religionen verkündet, doch ist die gesellschaftliche Wirklichkeit Hindu-Indiens weiterhin durch viele Diskriminierungen geprägt.

Die ca. 250 Millionen ‚Kastenlosen‘ leben unterhalb der Varnaordnung,
sind kein Teil des Varnasystems. Daher darf man sie nicht mit den Angehörigen der untersten Kaste, den Shudras, verwechseln. Die ‚Unberührbaren‘ ord-
nen sich selbst wieder in verschiedene Jatis. Daher ist die Formulierung ‚die
Unberührbaren‘ im Sinne einer einheitlichen Großgruppe unangemessen.
Die offizielle Bezeichnung für diese aus über 600 Untergruppen bestehenden
‚Unberührbaren‘ lautet ‚scheduled casts‘.

Trotz seiner konservativen Einstellung zum Varnasystem nahm sich Gandhi gerade dieser Menschengruppe an, nannte die Angehörigen der ‚scheduled casts‘ euphemistisch *Hari-jan*, Kinder Haris (Vishnus).

Hauptsächlich politisch aktive Gruppierungen bezeichnen die ‚scheduled
castes‘ seit Jahrzehnten als Dalit. Dalit bedeutet ‚Zerbrochene, Ausgebeute-
te, Unterdrückte‘. Jyotiba Phule, Vater der indischen Sozialrevolution, wandte

diesen Begriff im ausgehenden 19. Jh. für die Opfer des Kastensystems an. Die Dalits bilden den Ausschuss der indischen Gesellschaft. Dalit ist längst zur Selbstbezeichnung, zum Ausdruck des Stolzes geworden: auf den Widerstand gegen Unterdrückung, Ausbeutung und Diskriminierung. Zugleich dient Dalit als identitätsstiftender Oberbegriff für die verschiedenen Untergruppen der ‚scheduled casts‘. Sie üben Berufe aus wie Fäkalienschlepper, Leichengräber, von Kastenhindus abgelehnte Tätigkeiten wie das Gerben von Leder. Dabei benutzen sie in der Regel ihre nackten Hände, ohne Schutz durch Handschuhe. Selbst der Schatten eines Dalit kann einen Kastenhindu verunreinigen. Erschütternde Beispiele für diese Ausgrenzung von Menschen beschreibt einer der Gründerväter des indischen Romans, Mulk Raj Anand (1905-2004), in seinem Werk ‚Der Unberührbare‘ (1985).

Die Dalits haben immer noch ein schweres Los, obwohl die Praxis der Unberührbarkeit verboten wurde und die Regierung sich verpflichtete, die Kastenlosen zu fördern. Zum ersten Mal in der indischen Geschichte wurde 1997 mit K. R. Narayanan ein Dalit, noch dazu ein christlicher, zum Präsidenten gewählt.

Für den Politiker Ambedkar stellte der Buddhismus die einzig völlig akzeptable Religion dar. Auf seinen Aufruf an die Unberührbaren 1950, zum Buddhismus überzutreten, folgte die Massenkonversion von 1956. Im Unterschied zu Gandhi ist Ambedkar seit den 1960er Jahren der große Hoffnungsträger der Dalits. Die ‚Ambedkarisierung‘ Indiens geht so weit, dass Regierungsgebäude, Parks, Straßen, Krankenhäuser usw. nach ihm benannt werden. Politiker aus hohen Kasten lassen Ambedkar-Denkmäler errichten, um ihren Einsatz für die Menschen der ‚scheduled castes‘ sinnfällig zu demonstrieren.

Mehr als 70 Prozent der indischen Christen stammen aus den ‚scheduled castes‘. Christliche Dalits werden von der indischen Gesellschaft weiterhin diskriminiert und ausgegrenzt. Die Sonderschutz- und Förderungsmaßnahmen des indischen Staates gelten nicht für die christlichen Dalits. Sogar innerhalb der Kirche ist das Problem der Kastendiskriminierung nicht überwunden. Politisch und sozial engagierte Dalit-Theologen sind dabei, eine ‚Theologie der Befreiung‘ für die ‚Zerbrochenen‘ zu entwickeln. Die Anschläge der Hindu-Nationalisten gegen Christen in Nordwest- und Zentralindien richten sich primär gegen Dalit-Gemeinden.

Karma

Karma bedeutete in vedischer Zeit die Opfertat, später ganz allgemein das Tun, die Tat. Nach hinduistischer Auffassung ist eine Tat nicht abgeschlossen, wenn die Handlung zu Ende ist. Sie ist vielmehr eine neue Größe, die von sich aus, automatisch, weiterwirkt und die der Täter nicht mehr beeinflussen kann. Karma ist das Tun selbst sowie die Folgen einer Tat. Die vergangenen Taten des Menschen bestimmen seinen zukünftigen Körper, Familie, beruf-

liche Stellung bzw. seine Kaste und Unterkaste. Da Taten aus guten wie bösen
Wünschen und Absichten entstehen ist es letztlich das Begehren, das gutes
oder schlechtes Karma entstehen lässt. Karma resultiert aus den vielfältigen
Eindrücken und Neigungen im Bewusstsein des Menschen, die letztlich seinen Charakter prägen. Der Mensch hat den freien Willen, diesen Tendenzen
zu folgen oder sie zu bekämpfen.

Samsara

Die Inder haben eine andere Vorstellung von der Zeit als die Europäer und
Amerikaner. Sie denken in kosmischen Zeiträumen: Was bis jetzt noch nicht
geschehen ist, wird vielleicht im nächsten Zeitalter verwirklicht. Nach der indischen Mythologie zerfällt jeder Weltzyklus in vier Weltzeitalter (Yuga). Im
ersten Yuga gilt Dharma für alle Lebensbereiche, und die Menschen werden
schon tugendhaft geboren. Doch Kala, die Zeit, gibt dem geschichtlichen Geschehen eine negative Wertigkeit. Dharma verliert an Einfluss, die Menschen
müssen ihre Tugenden und Pflichten erst lernen. Im letzten Zeitalter Kali
Yuga liegt Dharma darnieder. Bis zur Auflösung geht der Weg stetig unauf-
haltsam bergab. Danach setzt ein neuer Zyklus ein, und die gleichen Ereignisse wiederholen sich.

Jedes Lebewesen durchwandert die Stufenfolge der Existenzformen hinauf
und hinab: von den Göttern zu den Mikroorganismen. Dabei wird es in eine
der verschiedenen Welten, Himmel oder Höllen hineingeboren. Der Hinduismus bietet verschiedene Lösungen an, diesen Prozess zu überwinden und
jedes Wesen zu befreien. Die Erlösung wird durch verschiedene Reinigungs-
rituale erreicht, durch das Aufarbeiten des schlechten Karmas und durch das
Aufgeben weltlicher Begierden.

HEILIGE SCHRIFTEN

Die religiöse Literatur des Hinduismus wird in zwei Gruppen eingeteilt:
Shruti (‚das Gehörte‘) und Smriti (‚Erinnerung‘). Diese Anordnung entspricht in etwa der zwischen ‚Schrift und Tradition‘ in anderen Schriftreligi-
onen (Bibel/Kirchenväter; Bibel/Talmud; Koran/Sunna).

Shruti

Die alten Seher und Weisen der Vorzeit (Rishi) haben das heilige Wissen ‚gehört‘. Zu diesen auditiven Offenbarungen zählen Veden, Brahmanas, Aranyakas und Upanishaden.

Veda

Veda bedeutet im Sanskrit das ‚Wissen‘ um heilige Dinge, die ‚heilige Lehre‘.
Die Veden sind die ältesten Texte der indischen Literatur und in einer frühen

Form des Sanskrit (= vedisch) geschrieben. Die ältesten Stücke entstanden zwischen 1300 und 800 v.Chr. Der Veda ist keine literarische Einheit, sondern eine Sammlung zeitlich, örtlich und religionsgeschichtlich verschiedener Textsorten. In ihrer heutigen Form reicht die Geschichte der Veden nur bis etwa ins 3. Jh. v.Chr. zurück. Bevor man die heute verwendeten Texte aufschrieb, wurde der Stoff mündlich von Weisen, den Rishis, überliefert.

Zur Ausbildung eines Brahmanen gehören einige Hilfswissenschaften. Sie sollen es ihm ermöglichen, den Veda richtig zu interpretieren. Weil man spezielle Lese- und Gedächtnistechniken entwickelt hatte, konnten die heiligen Texte über lange Zeiträume mündlich weitergegeben werden – auch nach der Einführung der Schrift um 800 v.Chr.

Der Veda ist in vier Sammlungen aufgeteilt:

Rigveda (Hymnen)

Samaveda (Singweisen)

Yajurveda (Prosa- und Reimformeln)

Atharvaveda (Zaubertexte)

LOBSINGE GOTT VARUNA

Der allweise Geist stützt den Himmel und misst die Weiten der Erde aus. Er thront als König über alle Lebewesen, denn alle Schöpfungswerke sind die Werke Varunas.

Singe also Lob dem Gott Varuna, dem Hohen, und bete ihn an, den Weisen, den Uralten. Möge er uns beschirmen mit der Stärke von drei Panzern. Himmel und Erde, auch ihr schenkt uns euren Schutz.

O Gott Varuna, nimm gnädig unser andächtiges Gebet an. Schärfe uns die Kraft des Geistes, damit wir alles Böse überwinden. O mögen wir doch das Boot des Heils besteigen!

Brahmanas

Der Name dieser Schriften ist der Priestervarna der Brahmanen entnommen. Es handelt sich um exegetische Literatur: um Auslegung der Veden. Sie enthalten größtenteils Darlegungen über das Opfer.

Aranyakas

‚Waldtexte‘, die von Opferwissen und priesterlicher Philosophie handeln. Sie sind von Waldeinsiedlern für Waldeinsiedler geschrieben.

Upanishaden

Der Sanskritbegriff Upanishad bedeutet ‚dabeisitzen‘ und bezieht sich auf die Lehrer-Schüler-Tradition. Die zum Teil in Prosa, auch in Versen verfassten

Texte entstanden ca. 400–200 v. Chr (einige sogar schon im 6. Jh.), werden von den Hindus als Vedanta (Veda-Anta = ‚Ende der Veden‘) bezeichnet. Einerseits stehen sie zeitlich am Ende der vedischen Epoche. Anderseits gelten sie als die inhaltliche Krönung, als Vollendung des Veda. Die Gattung der Upanishaden ist nicht abgeschlossen; denn bis in die Gegenwart werden Upanishaden verfasst. Die ältesten Texte genießen selbstverständlich die größte Achtung. Die Upanishaden bieten die Grundlage für viele hinduistische Lehren. Ihre großes Thema: das Wesen des Brahman, das mit dem Atman gleichgesetzt wird. Zu den weiteren Themen gehören: das Wesen und der Sinn des Daseins, Meditation, Gottesverehrung, die Lehre von den letzten Dingen (Eschatologie), Befreiung und die Lehre von der Seelenwanderung.

Smriti

Die Schriften dieser Kategorie haben theoretisch nicht den gleichen Rang wie die Offenbarungsliteratur. Denn sie enthalten nicht das ewige Wort der Götter, sondern das, was die weisen Männer der Vorzeit im Gedächtnis aufbewahrt (‚Erinnerung‘) und reflektiert haben. In der Smritiliteratur sind göttliche und menschliche Gedanken miteinander vermischt.

Shastras

Bei dieser Schriftgattung handelt es sich um gelehrte Abhandlungen über Kult und Brauchtum.

Sutras

Sutras sind Leitfäden und regeln die Riten. Der Sanskrit-Begriff bedeutet ‚Fäden‘, bezeichnet eine ‚Kette von Regeln‘. Die Sutras genießen nicht die gleiche Autorität wie die Veden, haben jedoch einen großen Einfluss auf das hinduistische Gesetz ausgeübt.

Puranas

Wörtlich bedeutet der Sanskritbegriff Purana ‚alte Geschichten‘. Die 18 Puranas enthalten Götterlegenden, Schöpfungsmythen, Heiligenlegenden, Darstellungen der Königsgeschlechter. Die 18 legendären, in Versen verfassten Erzählungen wurden vermutlich zwischen dem 4. und 16. Jh. zusammengestellt. Die Puranas gelten als göttliche oder übernatürliche Überlieferungen und enthalten Frage-Antwort-Dialoge.

EPEN

Mahabharata-Epos

Mahabharata, das ‚große Epos vom Kampf der Nachkommen des Bharata‘, besteht aus 18 Büchern und einem Anhang. Begonnen wurde es um 300 v.Chr., beendet ungefähr 300 n. Chr. Das Epos wurde vielfach ergänzt, ist in

verschiedenen regionalen Versionen überliefert worden. Mit seinen mehr als
100.000 Doppelversen gilt das Mahabharata als längstes Epos der Literatur-
geschichte.

Geschildert wird die Auseinandersetzung um den Besitz des nordindischen Königreiches Kurukshetra zwischen zwei blutsverwandten Adelsfamilien: den Pandavas und Kauravas. Mit Hilfe des Gottes Krishna gewinnen
schließlich die Pandavas. Im Mahabharata sind kleinere Erzählungen eingefügt wie: Mythen, Fabeln, religiöse Lieder, Lehrgedichte (Bhagavadgita).

Bhagavadgita

Der bedeutendste Teil des Mahabharata ist ein Lehrgedicht: die Bhagavadgita ('Gesang des Erhabenen') im sechsten Buch. Es handelt sich um ein Zwiegespräch zwischen Krishna, dem achten Avatar ('Herabstieg') des Gottes
Vishnu, und dem Pandava-Helden Arjuna über den Sinn des Lebens. Die Bhagavadgita behandelt zentrale Glaubenswahrheiten. Sie beeinflusste das Gedankengut und die Literatur des Hinduismus bis heute. Durch die ISKCON
(International Society for Krishna-Consciousness), volkstümlich Hare-Krish-
na-Bewegung genannt, und die Ramakrishna-Mission wurden kommentierte
Gita-Ausgaben bei uns verbreitet.

Ramayana-Epos

Das Ramayana-Epos, begonnen vermutlich im 4. oder 3.Jh. v.Chr., erzählt
in sieben Büchern und 24000 Doppelversen den 'Lebenslauf Ramas'. Dieser mythische Prinz, der siebte Avatar des Gottes Vishnu, wurde als rechtmäßiger Erbe vom Thron seines Vaters verdrängt. In Begleitung seiner Frau
Sita und seines Bruders Lakshmana geht Rama ins Exil. Sita wird vom Dämonenfürsten Ravana entführt, und Rama sucht sie. Zusammen mit dem Affenkönig Hanuman und einer Armee aus Affen und Bären besiegt Rama den
Dämonenfürsten, tötet ihn und befreit Sita. Nachdem Rama seinen Thron
zurückerhalten hat, regiert er weise seine Untertanen.

Rama, Sita, Lakshmana, Hanuman sind Idealgestalten, versinnbildlichen
Heldentum, brüderliche bzw. eheliche Treue und Pflichterfüllung. Szenen
aus dem Ramayana werden in ganz Indien und Südostasien dramatisch aufgeführt. Das Ramayana hat einen großen Einfluß auf die indische Literatur
ausgeübt.

GLAUBE

Die großen Heilswege

Beim Hinduismus haben wir es de facto mit zahlreichen unterschied-
lichen Religionen zu tun, verschiedenen Stiftern, Lehren, Ritualen, heiligen
Schriften usw. innerhalb eines gemeinsamen geographischen Raums. Diese
Traditionen vermischen, überlagern sich, stellen sich aber empirisch vielfach

als sehr verschiedenartig dar. Hindus unterscheiden verschiedene gleichwertige ‚Traditionen' (Sampradaya), Philosophien (Darshana), Lehren/Doktrinen (Mata, Vada) und ‚Wege' (Marga). Die indische Religionsgeschichte hat drei große Heils-Wege hervorgebracht:

> Karma Marga: ‚Weg der Werke'
> Jnana Marga: ‚Weg der Erkenntnis'
> Bhaki Marga: ‚Weg der Liebe'

Karma Marga

Karma marga (‚Weg der Werke') ist der älteste indische Heilsweg. Karma bedeutet hier das Opferwerk. Der Fromme opferte seinen Göttern, um Gesundheit, langes Leben und Reichtum zu erhalten.

In der Epoche des Brahmanismus wurde das Opfer zur zentralen Größe, von der sogar die Götter abhängig waren. Zugleich wuchs mit der Bedeutung des Opfers auch die Stellung der Priester, die sogar als ‚menschliche Götter' angerufen wurden. Neben der Bedeutung von Opferwerk ist im Veda bereits auch die Askese gemeint. Die später systematisierten Yoga-Übungen reichen bis in den Veda zurück.

Jnana Marga

Zur Zeit der Upanishaden-Literatur wurde die Atman-Brahman-Lehre entwickelt. Sie geht davon aus, dass das Brahman (ursprünglich der vedische Zauberspruch, die Kraft des Opferwortes) Ursprung und Ziel aller Existenz ist. Das Brahman wird als ‚reines Wesen' (Sat), ‚reine Einsicht' (Cit) und ‚reine Wonne' (Ananda) beschrieben (Sat-Cit-Ananda). Atman (verwandt mit unserem Wort ‚atmen') bezeichnete zunächst die Hauchseele, den Lebensgeist. Es wurde bald von materiellen Vorstellungen befreit und zum ‚Selbst', dem innersten Teil des Menschen, der hinter dem ‚Ich' der jeweiligen Existenzform verborgen liegt. Atman ist kein individuelles Ich, keine Seele im christlich-abendländischen Verständnis, sondern das Göttliche im Menschen. In den Upanishaden ist Atman das ‚Selbst' des Menschen, das den Tod überdauert und Verbindungsglied zur nächsten Existenz ist. Der von den Upanishaden gelehrte Erkenntnisweg zielt auf die Einheit von Atman und Brahman, die durch Meditation verwirklicht werden kann. Erkenntnis und Freiheit von aller ichhaften Begierde führt zur Vereinigung des einzelnen Atman mit der Weltseele (Brahman): Atman und Brahman sind eins.

Bhaki Marga

Bereits in den Veden finden sich Spuren eines Gnadenglaubens. Die Atman-Brahman-Lehre der Upanishaden schloss grundsätzlich das theologische Konzept der Gnade aus, weil es zwischen Schöpfer und Geschöpfen keine Beziehung gab. Erst späte Texte erzählen vom gnädigen Wirken Gottes.

Die beiden monotheistischen Strömungen lehren den ‚Weg der Liebe'
(Bhakti Marga), in deren Mittelpunkt die Großgottheiten Vishnu und Shiva stehen. Bhakti leitet sich von der Verbalwurzel Bhaj (‚teilen, besitzen') ab,
meint liebevolle Anhänglichkeit, gefühlsmäßige, leidenschaftliche Hingabe an
einen persönlichen ‚erhabenen Herrn' (Bhagavan). Damit sind in erster Linie
Vishnu, Krishna, Rama, Shiva oder Devi (weiblich) gemeint. Die Bhakti-
Frömmigkeit stellte für breite Kreise eine Alternative zur intellektuellen Upa-
nishaden-Theorie dar.

HINDU-RELIGIONEN UND IHRE GÖTTER[12]

Brahman, Ishvara, Deva

Wenn Hindus von ‚Gott' sprechen, verwenden sie vorwiegend die Begriffe
Brahman und Ishvara. Brahman gibt es nur im Singular. Dieser Begriff be-
zeichnet das Allumfassende-Eine, das neutrale, qualitätslose Ur-Eine und
Göttliche. Brahman ist die Grundlage alles Seins. Anbeten kann man das
Brahman nicht; denn es wird nicht persönlich vorgestellt. Ishvara (‚Herr' des
Universums) dagegen bezeichnet einen persönlichen Schöpfergott.

Devas sind göttliche Funktionsträger. Viele Hindus halten sie für wirklich
existierende Wesen, manche nur für Vorstellungen. Für die gebildeten Hindus ist ausschließlich das Brahman real. Das Heilsziel des frommen Hindu-
Intellektuellen besteht in der mystischen Vereinigung seines Atman mit dem
Brahman.

Deva (vgl. lat. deus, griech. theos) sollte nicht mit ‚Gott' übersetzt werden. Denn die Hindus verehren nicht Millionen ‚Götter', sondern Millionen
Devas. Angemessener ist die Übersetzung ‚Himmlischer', ‚Himmelsbewoh-
ner' u.ä. Devas entsprechen in einigen Punkten eher den Engeln monotheis-
tischer Religionen. Traditionell werden 33 Devas unterschieden, die über die
drei Welten Himmel, Luft und Erde herrschen. Den Menschen stehen sie mit
ihren wohltätigen Kräften bei. Mit den dämonischen Asuras befinden sie sich
jedoch im Kampf.

Es gibt im Hinduismus zwei monotheistische Religionen: Vishnuismus
und Shivaismus.

Vishnuismus

Die Vishnu-Religion ist kein einheitliches Gebilde; denn sie umfasst zahlreiche Religionstraditionen. Neben den vier Haupt- bzw. Guru-Sampradayas
mit ihren jeweils unterschiedlichen Philosophien existieren zwölf weitere
reformierte Zweige, die vielfach als eigenständige Sampradayas wahrgenommen werden und deren Sadhus (Mönche) zum Teil eigenartige rituelle

---

[12]   Vgl. Hans Wolfgang Schumann: Die großen Götter Indiens. Grundzüge von Hinduismus und
       Buddhismus, München 1996.

Praktiken ausüben. Die Gemeinsamkeit der Vaishnavas besteht in der Verehrung des Gottes Vishnu (der ‚Alldurchdringende‘). Die Gläubigen heißen Vaishnavas und stellen die größte hinduistische Religionsgemeinschaft dar. Sie bemalen ihren Körper bzw. ihre Kleidung mit Symbolen Vishnus: Fußabdruck, Muschelhorn, diskusähnliches Wurfgeschoss. Bis zur Zeit der Bhagavadgita wurden viele regional als Gottheiten verehrte Heroen, einschließlich Krishna, mit dem eher unbedeutenden vedischen Gott Vishnu identifiziert, so dass dieser zum höchsten Gott aufstieg. Vishnu offenbart sich in unterschiedlichen Gestalten und ‚Herabstiegen‘ (Avatara). Er greift immer dann in das Weltgeschehen ein, wenn der Dharma, die Ordnung, darniederliegt. Vishnu stellt den Dharma wieder her und rettet die Gläubigen. Nach der Tradition gibt es zehn Avataras: 1. Matsya: Dieser Fisch erschien zur Zeit der großen Flut, um die Menschheit zu warnen. 2. Kurma: Diese Schildkröte rettete Schätze aus der Flut. 3. Varaha: Der Eber holte die von einem Dämon in die Tiefe gestürzte Erde wieder herauf. 4. Nara-Simha: Der Mann-Löwe besiegte böse Dämonen. 5. Vamana: Der Zwerg besiegte den Dämon Bali, der die drei Welten beherrscht. 6. Prusha-Rama: ‚Rama mit dem Beil‘ vernichtete Mitglieder der Kshatriya Kriegerkaste, die die Welt beherrschen wollten. 7. Rama-Chandra: Der Held des Ramayana-Epos war ein edler Held, der das Böse in der Welt bekämpfte. Vorbild der Tugendhaftigkeit. 8. Krishna ist ein Avatara Vishnus und zugleich ein eigener Gott. Er ist der beliebteste aller Götter, der Held vieler Mythen, die ihn als Liebhaber, Krieger und König darstellen. 9. Buddha: ‚Der Erleuchtete‘. Der neunte Avatara ist Siddharta Gautama, der Gründer des Buddhismus. 10. Kalki: Der zehnte Avatara erscheint in der Zukunft. Alle Avataras sind sterblich. Ihr Tod tritt ein, wenn das Böse auf der Welt vernichtet ist und die Gerechtigkeit gesiegt hat.

Dass sogar der historische Siddharta Gautama Buddha zu den zehn Avataras gerechnet wird, demonstriert die einverleibende, inklusivistische Kraft des Hinduismus. Hindu-Denken ermöglicht eine unbegrenzte Zahl solcher Avataras. Der Avatara-Gedanke erfuhr besonders in der Kolonialzeit einen neuen Aufschwung, da man allenthalben den Verfall des Dharma zu spüren glaubte. Viele Hindus verehren Jesus Christus als Avatara. Andere erblicken darin einen Rückfall in den hinduistischen Polytheismus.

Die herausragenden Avataras Vishnus sind Rama und Krishna. Vor allem Krishna wurde zum Mittelpunkt zahlreicher Bhakti-Bewegungen. Diese betrachten Vishnu als Gott der Liebe und Rama als Garanten der gesellschaftlichen Ordnung und ihrer Institutionen, der Familie und der Kaste, als ‚Herabstieg‘ von Vishnus königlicher Würde. Vishnu wird oft aufrecht stehend mit einer hohen Tiara angebildet. Seine Kleidung ist königlich, von seiner linken Schulter herab hängt die Brahmanenschnur. In seinen vier Armen hält er ein Muschelhorn, das in Indien traditionell bei heiligen Anlässen geblasen wird und dessen Schall in alle Weltgegenden dringt. Die Lotusblüte versinnbildlicht die Reinheit, weil sie selbst aus dem schmutzigsten Teich makellos hervor wächst. Der eiserne, an den Rändern scharf geschliffene Diskus wird bei Kämpfen gegen Feinde eingesetzt. Er symbolisiert die Sonne in ihrem beständigen Lauf. Die Keule ist entweder auf die Erde gestützt oder empor gerichtet. Sie versinnbildicht Vishnus Stärke gegen die Dämonen. Vishnus Hauptfrau ist die glücksverheißende Göttin des Schicksals, Lakshmi (Shri). Auch seine zweite Gemahlin, Bhudevi, die Göttin der Erde, wird häufig zusammen mit ihm dargestellt. Der halbmenschliche Vogel Garuda, der ‚König der Vögel‘ und ein großer Feind der Schlangen, ist Vishnus Vahana (Reittier).

Shivaismus
Shiva (Sanskrit: der ‚Vielversprechende, Glückverheißende‘) ist neben Vishnu und Brahma einer der drei Hauptgötter des Hinduismus. Die Shiva-Gläubigen heißen Shaivas bzw. Shivaiten. Shiva trägt noch andere Namen: Rudra (‚der Heulende, Schreckliche‘), Mahadeva (‚großer Deva‘), Nataraja (‚Herr des Tanzes‘), Bharaiva (‚der Schreckliche‘) und Sundareshvara (‚schöner Herr‘). Obwohl Shiva im Unterschied zu dem ‚Bewahrer‘ Vishnu oft ‚Zerstörer‘ genannt wird, gilt er seinen Anhängern wie Vishnu als allgewaltiger Herrscher der Welt. Er vereinigt in sich die Funktionen aller anderen Gottheiten.

Shivas Sinnbild ist das Linga, ein Kultstein mit einer phallisch geformten Erhebung, dessen Sockel das weibliche Geschlechtsorgan (Yoni) darstellt. Shivas Frau Parvati, die ‚Tochter der Berge‘, wird einerseits als wohltätig beschrieben, andererseits wird sie als Shakti oder Shivas innere Kraft häufig mit der Furcht erregenden Gestalt der Großen Göttin bzw. ‚Weltmutter‘ identifiziert. Shiva und Parvati haben zwei Söhne, den sechsköpfigen Skanda (Karttikeya) und den elefantenköpfigen Ganesha, die Gottheit des Anfangs und des Gelingens. Zu Shiva gehören verschiedene Tiere. Das Buckelrind Nandi dient vor allem als Shivas Reittier. Oft sitzt er meditierend auf einem Tigerfell. Sein Haar sind Locken, und er trägt einen Kranz von Schlangen oder Totenschädeln. Über dem dritten Auge auf seiner Stirn befinden sich drei Streifen aus Asche: Erkennungszeichen seiner Gläubigen. Vielfach wird Shiva mit Dreizack und Trommel dargestellt. Aus seinen Haaren fließt der Ganges.

Zu den bekanntesten Darstellungen Shivas in Menschengestalt gehört der Nataraja, der ‚Herr des Tanzes‘.

Gebet an Shiva, den kosmischen Tänzer
Herr, Gott,
Deine Hand hält die Trommel heiliger Schöpferkraft:
Du schufst Himmel und Erde und die anderen Welten,
Du gabst ihnen ihre Ordnung,
Du schufst die Vielzahl der Seelen.
Deine erhobene Hand:

Sie bewahrt Deine Schöpfung in Bewusstheit und Verblendung.
Die Glut Deines Feuers, das Du hältst,
Sie verwandelt die Welten, die Du schufst.
Du stehst fest gegründet,
Gibst Zuflucht der müden Seele
In ihrem Kampf in der Wirklichkeit kausalen Scheins.
Du stehst losgelöst zugleich,
Gibst ewige Glückseligkeit denen, die sich Dir zuwenden.
So, fünffach, sind die Werke Deines Tuns.

Shivas kosmischer Tanz versinnbildlicht zugleich Schöpfung und Zerstörung des Universums. Der Tanz stellt seine fünf Aktivitäten dar: Schöpfung, Erhaltung, Zerstörung (bzw. Rücknahme), Verhüllung (des Absoluten in seinen Erscheinungen), Gunstunterweisung.

In seiner oberen rechten Hand hält Shiva eine kleine Sanduhrtrommel zum Taktschlagen. Dies steht im Zusammenhang mit Ton, dem ‚Fahrzeug der Rede‘, und vermittelt die Offenbarung. Außerdem erzeugt der Ton den Äther, das erste der fünf Elemente. Äther ist die ursprüngliche Erscheinungsform der göttlichen Substanz. Shivas obere Linke trägt auf ihrer Innenfläche eine Flammenzunge. Das Feuer symbolisiert Shiva als Weltzerstörer. Am Ende des Kali-Yuga – des gegenwärtigen und zugleich letzten Weltzeitalters – wird die Schöpfung durch Feuer zerstört. Das Gleichgewicht von Shivas beiden oberen Händen versinnbildlicht innerhalb des kosmischen Tanzes die Schöpfung und Vernichtung. Die untere rechte Hand vollzieht die ‚Fürchte-Dich-nicht-Gebärde‘, gewährt Schutz und Frieden. Die verbleibende untere linke Hand weist über die Brust nach unten zum linken Fuß. Die Hand ahmt den ausgestreckten Rüssel oder die ‚Hand‘ eines Elefanten nach, verspricht allen Menschen, die den Tanz begreifen, den Frieden.

Shiva tanzt auf dem hingestreckten Leib eines Zwergen-Dämons. Dieser versinnbildlicht die Blindheit und Unwissenheit des Menschen. Ein Flammen- und Lichterring geht von Shiva aus und umgibt ihn. Er soll die Lebensprozesse des Alls und seiner Geschöpfe bedeuten, den Tanz der Natur, wie sie von dem in ihr tanzenden Gott bewegt wird.

Der Tanz des Shiva ist eine theologische Aussage. Diese wird jedoch nicht in Worten, Bekenntnissen oder gar Dogmen ausgedrückt. Es ist die Theologie von einer ‚Schöpfung als Spiel‘. Kein ‚Im Anfang sprach…‘ wie in der Hebräischen Bibel, spielt hier eine Rolle, sondern ein Gottestanz entfaltet schöpferische Kräfte. Schöpfung ist nach dieser Tanz-Theologie eine spielerische, absichtslose Entfaltung des göttlichen Seins.

HINDU-GEBETE

Gebet an Ganesha
Ganesha, unser Gott,
Der Du, was uns hindert, fortschaffst,
Der Du Vollkommenheit gibst,
Der Du die Furcht vor Geburt und Tod zerstörst,
Deine Herrlichkeit beten wir an in Ewigkeit.

Gebet an Rama
Anbetung sei Ihm,
dem königlichen Herrscher Janakis,
der wahrhaftiges Wissen verkörpert,
der unveränderlich ist.
Ihm,
der die Götter bat, die Leiden der Welt zu beseitigen,
der auf sich nahm die illusorische Form menschlichen Seins,
der geboren wurde im Zeitalter der Sonne,
der ewigen Ruhm erwarb, als er der Sünde ein Ende bereitete,
als er den größten aller Dämonen, Ravana, erschlug.
Ihm,
der dann wieder seine wahre Natur annahm, wieder Brahman wurde.

LOBLIED DES SCHÖPFERS BRAHMA

Ich verneige mich vor dir, ich preise dich, denn dir gebührt der Lobpreis. Dein Körper ist wie eine Regenwolke, dein Kleid ist wie der Blitz, dein Antlitz glänzt leuchtend im Schmuck der Blüten und der Pfauenfedern. Deine Hand ist voller Vorrat, du hältst Stock, Horn und Flöte. Dich preise ich mit deinen zarten heiligen Füßen, der du selbst die heilige Liebe bist.

Hier in der Welt trinken wir aus dem Kelch unserer Sinne immer wieder den süßen Nektar, der von deinen Lotosfüßen tropft.

O Gott, nur derjenige, der ein Stäubchen Gnade empfangen hat von deinen Lotosfüßen, - nur er weiß von der Herrlichkeit Gottes, kein anderer, mag er auch lange suchen und forschen. Denn diese vergängliche Welt ist nicht wahres Sein, sie ist wie ein Traumgesicht, sie ist leer jeder Weisheit, sie ist voll schweren Leidens. In dir aber, o du Unendlicher, in deiner Gestalt gründet die Welt aus Ewigkeit, Weisheit und Wonne.

MENSCHENBILD

Die vier Lebensstadien
Nach traditioneller hinduistischer Auffassung gliedert sich das Leben der
‚Zweimalgeborenen‘ in vier Stadien: Schüler, Hausvater, Eremit, Samnyasin.
Als Hausvater soll er eine Familie gründen, einen Beruf ausüben und somit seinen Beitrag zum Wohl der Gemeinschaft leisten. Es muss unbedingt
männliche Nachkommen zeugen, um dadurch für den Fortbestand der Familie und die Aufrechterhaltung des Totenopfers zu sorgen.

Spätestens wenn er Enkel hat, soll sich der Hausvater vom Berufsleben
zurückziehen und Einsiedler werden. Allein bzw. zusammen mit seiner Frau
begibt er sich in die Abgeschiedenheit des Waldes, um sich dort in Askese
und Meditation zu üben. Die letzte und höchste Stufe erreicht er, wenn er als
Samnyasin, als ‚Entsagender‘, durch die Welt pilgert. Dann ist er nicht mehr
an die Kastenvorschriften gebunden.

Die vier Lebensziele
Traditionell herrscht bei den oberen Kasten die Auffassung, dass man im
menschlichen Leben vier Ziele verwirklichen soll: Dharma, Kama, Artha und
Moksha. Dharma meint über die Grundbedeutung hinaus das rechte, ver-
nunftgemäße, rechtschaffende Leben im Rahmen der jeweiligen Kaste. Kama
steht für Sexualität, Vergnügen, Wohlleben, Begehren. Die Sexualität gilt den
Hindus als eine menschliche Grundtatsache mit eigenständigem Wert. Das
indische Liebeskunst-Buch Kamasutram (ca. 250 n. Chr.) enthält Hinweise
und Regeln für den Umgang der Geschlechter. Artha steht für Wohlstand,
Vermögen, Ansehen und Erfolg. Dieser Begriff fasst alle diesseitigen Werte
zusammen. Moksha bedeutet Befreiung, meint das endgültige ‚Aussteigen‘
aus dem unheilvollen Rad der Wiedergeburt.

STAMMZELLENFORSCHUNG

*Im Hinduismus gilt der Fötus nach den ayurvedischen Texten bereits ab
der Verschmelzung von Samen und Eizelle als Mensch, da er ab diesem
Zeitpunkt Seele und Körper besitzt, einschließlich des Karmas, das seine
Individualität begründet. Anderseits vertreten einige Hindu-Traditionen die
Ansicht, dass sich die Persönlichkeit erst zwischen dem dritten und fünf-
ten Monat entwickelt. Hindus und Buddhisten lehren die Läuterung im
Kreislauf von Weiterverkörperungen. Der Tod bedeutet nicht das Ende, ist
Auftakt zu einer Wiedergeburt in neuer Gestalt. Ausgehend vom Ahim-
sa-Prinzip des ‚Nichtverletzens‘ besitzt der Schutz des Lebens einen hohen
Stellenwert, was eine Ablehnung der embryonalen Stammzellenforschung*

zur Folge hätte. Hunduismus und Buddhismus erwägen aber nicht nur das Lebensrecht des Embryos, sondern auch die Absichten der handelnden Personen. Wenn also mit der Entnahme der Stammzellen aufrichtig Gutes, zum Beispiel Heilung von unheilbaren Krankheiten, beabsichtigt ist, wäre sie für einige Hindus moralisch zu rechtfertigen. Die indische Regierung hat von einem Ausschuss zwei Richtlinienentwürfe erarbeiten lassen, wonach das therapeutische Klonen bei bis zu 14 Tagen alten Embryonen erlaubt ist, allerdings nur mit Zustimmung der „Besitzer" der Embryonen.

Mann und Frau

In der vedischen Phase war die Stellung der Frau besser als in späteren Zeiten. So durften auch Frauen die heilige Schnur tragen. Sie lernten Sanskrit, nahmen an den Riten teil. Der Rigveda listet die Namen großer Seherinnen (Brahmavadini) auf. Auch wenn sich einige an Kämpfen beteiligten, hatten die Frauen keine Bedeutung im politischen Leben jener Tage.

Die beiden Epen Ramayana und Mahabharata erwähnen zahlreiche Frauen namentlich. Das im Ramayana-Epos dargestellte Verhältnis zwischen Sita und ihrem königlichen Gemahl Rama gilt im Hinduismus als leuchtendes Vorbild für eine gute eheliche Beziehung: Sita ist grenzenlos treu, gütig, vollkommen anspruchslos. Die Liebe zu ihrem Mann hat dienenden Charakter. Die Upanishaden erwähnen mindestens zwei spirituell fortgeschrittene Frauen. Andere klassische Hindutexte preisen Frauen oft als ergebene Wesen und würdige Mütter. In der klassischen (400 v.Chr.-1200 n. Chr.) und in der mittelalterlichen Periode (bis 1800) sind einige herausragende Frauengestalten bekannt. Diese taten sich im politischen, administrativen, literarischen und wissenschaftlichen Bereich hervor. Den Dharmashastras (2.Jh.v.Chr.-2. Jh.n.Chr.) ist zu entnehmen, dass Frauen den niedrigsten Kasten gleichgestellt wurden. Ihre eigentliche Rolle war die der Ehefrau und Mutter. Höhere spirituelle Wege waren ihnen vorenthalten.

Auch wenn die arischen Eroberer mit ihren männlichen Gottheiten in der vedischen Zeit dominierten, ist die weibliche und mütterliche Symbolik insbesondere im Gottesbild lebendig geblieben. Neben der Gestalt der göttlichen Mutter (Kali Durga), die sowohl fürsorglich als auch grausam sein kann, spielt die Idee der Shakti, der weiblich gedachten göttlichen Energie, eine herausragende Rolle. Göttinnen, wie die für Weisheit, Bildung und Kultur zuständige Sarasvati und die mit Schönheit und Reichtum in Verbindung stehende Lakshmi, sind von alltäglicher Bedeutung. Mutterreligiöse Züge leben bis heute in ,Mutter Indien' fort.

Frauen sind auch heute noch nicht gleichberechtigt. Schon ihre bloße Existenz kommt nach traditioneller Auffassung einem Unglück gleich. Dieses kann die Frau nur durch die Geburt und Erziehung von Söhnen ,wiedergut-

machenʻ. Frauen haben keine Chance, im nächsten Leben eine bessere Weiterverkörperung zu erlangen. Sie werden nur als Frauen wiedergeboren. Eine
Tochter mindert die Ehre der Familie. Wegen der hohen Mitgiftzahlung bei
der Verheiratung einer Tochter stürzt sich eine Hindufamilie nicht selten in
finanzielles Unglück. Zwar wurde das Brautgeld 1961 verboten, doch spielt es
in der Realität weiterhin eine große Rolle. Immer wieder berichten Zeitungen
von Mordanschlägen auf junge Frauen, deren Brautgeld nicht hoch genug
war. Durch den Tod der Ehefrau wird der Weg frei zu einer neuen Heirat mit
neuer Mitgift.

Früher folgten Witwen ihrem Mann auf den Scheiterhaufen. Dieser
Brauch wird nach der Gattin des Gottes Shiva, Sati genannt. Ursprünglich
war dies eine freiwillige Befreiungspraxis der Frauen (erstmals im Mahabharata erwähnt). Sie sollte verhindern, in den verachteten Stand der Witwe her-
abzusinken. Der Status einer Sati konnte Sündenbefreiung, Ehre und Segen
ermöglichen. Früher war es üblich, dass sich eine Witwe entweder zusammen mit dem Leichnam ihres verstorbenen Gatten oder, falls dieser an einem
anderen Ort zu Tode gekommen war, allein auf einem Scheiterhaufen verbrennen ließ. Nach hinduistischer Theorie geschah dies freiwillig. Frauen, die
sich diesem Brauch verweigerten, wurden allerdings verfemt. Sati war wohl
zuerst ein Vorrecht des Königshauses und wurde später auf das Volk ausgedehnt. Diese Verhältnisse dauerten bis zum 19. Jh., als sich Reformer um eine
Verbesserung der Stellung der Frau bemühten. Ram Mohan Roy (1722-1833)
sprach sich wohl als erster gegen die Witwenverbrennung aus. Obwohl diese
Praxis bereits 1829 für illegal und strafbar erklärt wurde, kommen vereinzelt
bis auf den heutigen Tag Fälle vor.

Der ‚Child Marriage Restraint Act XIXʻ (1929) verbot die Kinderheirat,
und der ‚Hindu Marriage Disabilities Removal Act XXVIIIʻ (1947) erklärte
Ehen zwischen verschiedenen Religionen, Kasten und Sekten für gültig. In
den 1940er Jahren wurden Gesetze zum Verbot der Polygamie erlassen.

Bis zu ihrer Verheiratung ist die Tochter nur ‚Gastʻ im elterlichen Haus.
Sie wird von der Mutter erzogen, erhält mit zunehmendem Alter größere
Aufgaben und betreut ihre jüngeren Geschwister. Selbst in höheren Schichten mit einer traditionellen hinduistischen Erziehung erhalten meist nur Jungen eine schulische Ausbildung.

Es gibt Kritik an diesen traditionellen Verhältnissen und Familien, die ein
gewandeltes Frauenverständnis vertreten. Indische Frauenbewegungen gehen
auf das 19.Jh. zurück. Die Gestalt der Muttergöttin hat der politischen Unab-
hängigkeitsbewegung wichtige Impulse vermittelt. Heutzutage machen kleine
feministische Gruppierungen von sich reden.

HEILIGE ZEITEN
FESTE AM LEBENSWEG

Vorgeburtliche Riten und Riten im Kleinkindalter
Im Hinduismus werden besonders zahlreiche ‚Übergangsriten‘ praktiziert, so genannte Samskaras. Diese machen Menschen für einen Heilszweck ‚angemessen‘, geeignet. Es gibt Übergangsriten im vorgeburtlichen Zustand und bei der Geburt, im Kindes-, Jugend- und Erwachsenenalter, im Kontext der Eheschließung sowie Todesriten.

Die pränatalen Riten sollen den guten Verlauf der Schwangerschaft und nach Möglichkeit männliche Nachkommen sichern. Wenn das Kind zur Welt kommt, legt der Vater die Hand auf dessen Kopf, bittet um ein langes Leben sowie um Weisheit. Nach der Geburt wird das Neugeborene gewaschen. Bis heute hat sich der Brauch gehalten, dem Baby mit einer in Honig oder Butter getränkten Feder die heilige Silbe Om (AUM) auf die Zunge zu schreiben.

Es gibt eine Namengebungszeremonie und, ungefähr 40 Tage nach der Geburt, ein Tempeldankopfer. Die gewählten Namen sollen die Kaste des Kindes angeben, einen Götternamen enthalten und durch den ersten Buchstaben auf sein Sternzeichen hinweisen. Im sechsten Monat findet im Tempel eine Entwöhnungsfeier statt, wenn das Kind zum ersten Mal feste Nahrung zu sich nimmt.

Überreichung der ‚Heiligen Schnur‘
Von besonderer Bedeutung ist die Initiation, das Überreichen der ‚heiligen Schnur‘ (Upanayana) für die Jungen der oberen Kasten. Während der Feier herrscht absolute Stille. Am nächsten Morgen gehen die Eltern mit dem Jungen in einen zu diesem Zweck errichteten Raum, in dem auf einem Altar ein Feuer brennt. Bei der anschließenden Festmahlzeit isst der Junge zum letzten Mal gemeinsam mit seiner Mutter. Danach darf er als ‚Zweimalgeborener‘ nur noch mit den Männern der Familie die Mahlzeiten einnehmen. Der Lehrer fragt ihn, ob er ein Eingeweihter werden will. Bejaht er die Frage, so empfiehlt der Lehrer ihn dem Schöpfergott Prajapati, dessen Tochter Savitri und allen anderen Göttern. Als Höhepunkt wird dem Jungen die heilige Formel, der Gayatri-Mantra, in das rechte Ohr geflüstert: „Wir konzentrieren uns auf dieses strahlende Licht von Gott Savitr [die Sonne]. Möge sie unseren Geist anregen.“

Aufgrund dieser Zeremonie tritt der Hindu als Brahmanenschüler in den ersten der vier klassischen Lebensabschnitte ein.

Hochzeit und Ehe
An der Hochzeitsfeier nimmt immer ein Brahmane teil. Ein wichtiger Teil der Zeremonie besteht darin, dass Braut und Bräutigam gemeinsam das häusliche Feuer umschreiten. Die traditionellen Eherituale enthalten Opfer-

handlungen, Rezitieren von heiligen Texten und Bräuche, die mit der Eingliederung der Braut in die Familie des Mannes zu tun haben. Beim heiligen Feuer, das der Pflege der Braut übergeben wird, spricht der Bräutigam folgende Formel aus dem Rigveda:

„Ich fasse deine Hand für gutes Glück, so dass du zusammen mit mir, deinem Hausherrn, ein hohes Alter erreichen mögest. Die Götter Bhaga, Aryaman, Savitar und Puramdhi geben dich mir, um ein häusliches Leben führen zu können."

Tod und Bestattung
Bereits vedische Gesänge kreisen um das Thema Leben und Sterben. Der Mensch möchte immer auf der freundlichen Erde wandeln, muss aber die Erfahrung der Begrenztheit seines Lebens machen. Im alten Indien herrschte Erdbestattung vor. Man glaubte, dass der Tote im Grabhaus weilte, das als Familiengrab gedacht war. In der unterirdischen ‚Väterwelt‘ lebte er weiter. Um die Mitte des 2. Jahrtausends wurde die jenseitige ‚Welt der Väter‘ in den Himmel verlegt, wo der Totengott Yama herrschte. Mit dem Aufkommen der Feuerbestattung trat eine Vergeistigung der Vorstellung vom Weiterleben ein. Während beim Beerdigen des Toten der Leib zerfällt, das Auge zum Beispiel zur Sonne geht, der Atem in den Wind und die Gliedmaßen in die Pflanzen, wird durch die Verbrennung ein neuer Geistleib geschaffen, mit dem der Tote im Kreis seiner Väter weiterlebt.

In den Brahmana-Texten taucht erstmals der Gerichtsgedanke nach dem Tode auf. Gerechte und Ungerechte werden durch eine Waage voneinander geschieden. Die seligen Verstorbenen leben bei dem Todesgott Yama, werden als Ahnengeister verehrt. Dem Kinderlosen dagegen bleibt „die Welt der Väter verschlossen". Bis heute kann nur der älteste Sohn die Totenriten für den verstorbenen Vater und der jüngste Sohn für die verstorbene Mutter zelebrieren. Die Befreiten begeben sich nach dem Tod auf den Götterweg. Er führt durch das läuternde Feuer, und sie kehren nicht in das Dasein zurück. Dieser Weg ist den Auserwählten vorbehalten, die auf die Ewigkeit des Selbst (Atman) vertrauen. Die einfachen Anhänger des Opferkultes folgen dem ‚Weg der Väter‘. Sie gelangen durch Rauch, Äther und Wind wieder zurück zur Erde und werden als Menschen wiedergeboren. Menschen, die keinen dieser Wege kennen, verharren in Unwissenheit, werden als Tiere wiedergeboren. In den Upanishaden taucht zum ersten Mal in der indischen Religionsgeschichte der Gedanke der Wiedergeburt auf. Der Tod trifft nur den Körper, während der Atman weiterlebt. Wer die Erkenntnis gewinnt, dass der eigene Atman mit dem göttlichen Brahman identisch ist, dem ist ‚Befreiung‘ (Moksha) gewiss. Das ‚ewige Gesetz‘ von Karma und Samsara, von Tatvergeltung und Weiterverkörperung, prägt den Hinduismus bis heute entscheidend.

FESTE IM JAHRESKREIS

Der Hinduismus ist eine äußerst festfreudige Religion. Es gibt zahllose lokale und viele überregionale Feste, die verschiedenen Göttern geweiht sind. Die Festdaten werden nach astrologischen Berechnungen bestimmt.

Divali

Das fünftägige Lichterfest Divali wird zu Beginn des indischen Neujahrs im Oktober/ November begangen. Divali bedeutet auf Sanskrit eine Kette bzw. ein Bündel von Lichtern. Das Fest wird zu Ehren der Göttin Lakshmi, der Frau Vishnus, vor allem von Studierenden und Kaufleuten begangen; denn Lakshmi fördert Reichtum und Erfolge.

Divali symbolisiert den Sieg des Guten über das Böse, des Lichts über die Finsternis. Deshalb werden die Straßen festlich geschmückt, und die ausgelassen Feiernden brennen Feuerwerke ab, um die Geister der Verstorbenen zu vertreiben. Frauen backen und bereiten Süßspeisen zu, man begleicht seine Schulden. Gemeinden westindischer Kaufleute feiern dieses Fest besonders üppig. In ganz Indien beginnen Händler an diesem Tag ihr neues Geschäftsjahr.

Holi

Holi ist ein Krishna geweihtes Frühlingsfest. Es fällt in Westindien mit der Weizenernte zusammen und ist gleichzeitig Erntedankfest. Sein Fruchtbarkeitscharakter zeigt sich daran, dass die Menschen phallische Symbole tragen. Die Ausgelassenheit des Festes ist dem Karneval vergleichbar. Das ungezwungene und farbenprächtige Fest wird bei Vollmond im Hindumonat Phalunga gefeiert (Februar/März). In Nordindien ist es Krishna, in Südindien dem Liebesgott Kama gewidmet.

Holi ist ein Fest der guten Absichten: Die Menschen begleichen ihre Schulden oder erlassen sie ihren Schuldnern. Sie legen Streitigkeiten bei und wünschen einander Glück. Es herrscht allgemeiner Trubel, die Kastengesetze sind vorübergehend aufgehoben.

HEILIGE ORTE[13]

Tempel

Für den Hinduismus sind öffentliche Riten in den Tempeln nicht so bedeutend wie die täglichen Riten zu Hause. Während Kirche, Synagoge und Moschee Orte gemeinschaftlichen Gebets darstellen, sind Hindu-Tempel in erster Linie ‚Wohnorte von Gottheiten‘, denen die Gläubigen ihre Ehrer-

---

[13] Zur Anschauung vgl. die vielfach preisgekrönte CD-ROM „Religiopolis. Weltreligionen erleben, Stuttgart 2004.

bietung erweisen. Für den einzelnen Hindu ist der Tempelpriester weniger wichtig. Nur zu bestimmten Festen und an berühmten Pilgerorten finden sich größere Menschenmengen ein. Die Unterschiede zwischen nord- und südindischen Tempeln sind groß.

Im Zentrum des Tempelgebäudes, dem ‚Mutterschoßhaus‘, befindet sich – meist auf einem Sockel – das Symbol der Gottheit, der die Tempelanlage geweiht ist. Kleine Tempel bestehen oft nur aus dieser gemauerten Zelle, in der die Gottheit wohnend gedacht wird. Bei größeren Bauten wird die Zelle oft mit einer hochragenden Kuppel geschmückt. Die Frommen versammeln sich vor dem meist schmalen Eingang der Zelle, der zu einer Halle erweitert ist, an die sich weitere Vorhallen anschließen, die Platz für Musiker, Sänger, Tänzerinnen bieten. Vor den Hallen befinden sich zwei Säulen: die Flaggen- und Opfersäule, deren Bezeichnung auf einstige blutige Opferungen verweist. Shiva-Tempel erkennt man an Shivas Reittier, den in Richtung des Gottes blickenden Ochsen Nandi. Vor Vishnu-Tempeln befindet sich der Vogel Garuda. Größere Tempelanlagen verfügen rechts vor der gemauerten Zelle über einen kleinen Raum, wo die Gottheit abends zur Ruhe gebettet und morgens aufgeweckt wird. Auch eine Küche gehört zu jedem größeren Tempel. Hier bereiten Dienstleistende für die Gottheit Nahrung, die als ‚Gnadengabe‘ anschließend an die Pilger verteilt wird. In den sog. ‚Hundert- oder Tausend-Säulen-Hallen‘ versammeln sich die Frommen, um der Rezitation und der Auslegung der Heiligen Schriften zu lauschen. Falls kein natürlicher Wasserlauf vorhanden ist, werden Teiche gegraben; denn jeder Tempel muss über Wasser verfügen. Die Bedeutung der für Nicht-Hindus oft aufdringlich wirkenden erotischen Skulpturen ist oft nicht eindeutig geklärt. Umgeben ist die Tempelanlage von einer hohen Mauer. Ihre Zinnen sind mit Sinnbildern geschmückt, nach außen ist sie mit roten und weißen senkrechten Streifen bemalt. In Südindien sind die vier Tore mit hohen, bunt verzierten Türmen versehen.

Heilige Städte, heilige Flüsse
Hindus erwerben religiöse Verdienste durch Pilgerfahrten und verbessern dadurch ihr Karma. Der Hinduismus kennt sieben heilige Städte: Benares, Mathura (Krishnas Geburtsort), Ayodhya (Ramas Königreich), Hardwar (hier befindet sich ein steinerner Fußabdruck Vishnus; ebenfalls Zentrum der Shiva-Verehrung), Conjeeveram (Mittelpunkt der Durga-Verehrung im Süden).

Eine der ehrwürdigsten heiligen Städte des Hinduismus ist das im nordindischen Bundesstaat Uttar Pradesh gelegene Benares. Heute trägt sie wieder den alten Sanskrit-Namen Varanasi. Hindus verehren sie auch als Kashi (die ‚Leuchtende, Strahlende‘). Die ganze Stadt gilt als heilig, vor allem aber ‚Mutter Ganga‘. Da viele Hindus in dieser Stadt sterben wollen, finden gerade hier an den Bade- und Verbrennungsplätzen, den Ghats, viele Totenverbrennungen statt. Hindus glauben, dass sie durch das Eintauchen in den Ganges von ihren Sünden reingewaschen werden und dass der Tod an seinem Ufer zur Befreiung führt. Sowohl Kashi selbst als auch ‚Mutter Ganga', der heiligste aller indischen Flüsse, können Ziel einer Pilgerfahrt sein. Ein Bad im Wasser des Ganges heilt Krankheiten und reinigt von ‚Sünden'. Letztlich gilt jeder Fluss als heilig, wobei Quelle und Mündung jeweils ein Höchstmaß an Heiligkeit besitzen.

Zu den populären Pilgerorten gehört die nordindische Stadt Vrindabhan, die dem Gott Vishnu bzw. seinem ‚Herabstieg' Krishna geweiht ist.

Alle zwölf Jahre findet das Pilgerfest Kumbh Mela statt. Es lockt mehrere Millionen Menschen an und stellt eine Einmaligkeit in der ganzen Welt dar. Hintereinander begangen wird es in vier Städten, von denen die wichtigsten Allhabad und Hardwar sind. Nach der religiösen Überlieferung kämpften Götter und Dämonen um einen Krug (Kumbha) mit Nektar (Mela). Schließlich nahmen die Götter ihn mit sich zum Himmel. An den vier Orten hielten sie an und segneten sie.

RELIGIÖSE HANDLUNGEN

Tägliches Leben und häusliche Puja
Mehrmals täglich vollzieht ein frommer oberkastiger Hindu-Hausvater festgelegte Riten. Während seine Frau bei Sonnenaufgang Gebete spricht, Blumen, Früchte und Weihrauch opfert und ein Bad zur Reinigung von Körper und (symbolisch) Geist nimmt, geht ihr Mann ins Freie, an einen Fluss oder See. Dort ruft er die von ihm besonders verehrte Gottheit an. Die Reinigungsriten sollen nach Möglichkeit im fließenden Wasser stattfinden. Der Brahmane faltet seine Hände im Wasser zusammen und lässt es unter Absagen von Mantras wieder zurückfließen. Anschließend hüllt er sich in frische Tücher. Die heilige Schnur, das Zeichen eines Brahmanen, legt er zwar nie ab, trägt sie jedoch bei verschiedenen Aufgaben unterschiedlich, z.B. auf der rechten oder linken Schulter, um das Ohr gewickelt usw. Er bemalt seine Stirn und andere Körperteile mit verschiedenen Kreiden, Farben oder Asche („heilige Kosmetik": Klaus Klostermaier). Dabei spricht er weitere Mantras. Bei der morgendlichen Zeremonie werden Ghee (halbflüssige Butter), Quark und Reis geopfert. Lesungen heiliger Texte und Wasseropfer beenden den Ritus.

Die Gottesverehrung findet hauptsächlich zu Hause statt, erst in zweiter Linie im Tempel. Hindus laden ihre Götter zu sich ein, fühlen sich als ihre Gastgeber. Sie heißen die Gottheit willkommen, bewirten und beschenken sie. Fast jede zu einer der höheren Kasten zählende Hindu-Familie besitzt ein Zimmer bzw. den Teil eines Zimmers, wo die zeremonielle Verehrung, Versorgung und Bewirtung einer Gottheit (Puja) stattfindet. Dieser Raum enthält einen Schrein mit einem aus Metall, Holz oder Stein bestehenden Bild des von der Familie verehrten Gottes sowie andere heilige Gegenstände und Symbole. Ärmere Familien besitzen Götterfotos. Es ist nicht ungewöhnlich, Bilder moderner Heiliger, wie Mahatma Gandhi, Ramakrishna oder Jesus (Symbol des heiligen Herzens) aufzustellen. Statt Bildern finden sich auch Mandalas (Sanskrit ‚Kreis, Bogen, Abschnitt‘).

Die familiären Pujas sind der Familie oder dem Opfernden gewidmet, während die Tempel-Pujas dem ‚Wohl der Welt‘ gelten. Zentraler Teil einer Hindu-Puja ist Darshana, der ‚wechselseitige Anblick‘ von Gläubigem und Gottheit. Wenn dem frommen Hindu während der Puja der Blick auf die oft verhangene Götterfigur ermöglicht wird, oft unter Glockenläuten und Schwenken von Lichtern, gilt dies als besonders heilsam. Darshana wird von Hochrangigen (Göttern, Lehrern) ‚gegeben‘ und von Niedrigrangigen ‚genommen‘.

Tempelpuja

Hindus begehen die Tempelpuja zu Ehren spezieller Gottheiten. Das Kultpersonal des jeweiligen Tempels (Mandira) führt sie im Auftrag der Tempelbesucher aus. Vor dem Betreten des Tempels ziehen die Besucher ihre Schuhe aus, läuten eine Glocke, um ihren Besuch anzukündigen bzw. um böse Kräfte zu verscheuchen. Ein Priester zeichnet ihnen einen roten Punkt auf die Stirn. Dies soll den besonderen Schutz der Gottheit ausdrücken. Um sich ihr angemessen zu nähern, muss sich ein Hindus zuvor rituell reinigen. Der elefantenköpfige, rosarot strahlende Ganesha ist im hinduistischen Volksglauben besonders beliebt. Man ruft ihn beim Betreten des Tempels an. Dann geht der Fromme zu dem Altar, wo er seinen Ishtadevata, die von ihm besonders verehrte Gottheit, anbeten kann. Tempelpriester führen die Riten aus. Die religiösen Aktivitäten der Gläubigen selbst sind ziemlich begrenzt. Meist umwandeln sie nur den Hauptschrein so, dass sie dabei den Göttern aus ehrfürchtiger Achtung die rechte Schulter zukehren. Alle äußere Handlung darf nicht darüber hinwegtäuschen, dass sich dahinter der Gedanke der Identität von Atman und Brahman verbirgt, dass sich letztlich die Gottheit im Menschen selbst verehrt. Das Innerste des Heiligtums dürfen nur die Priester betreten, nicht aber die Gläubigen. Der Priester zeichnet dem Gläubigen das Zeichen des Gottes mit geweihter Asche auf die Stirn. Am Ende erhält der Fromme seine Opfergaben wieder zurück, so dass er sie zu Hause verzehren kann. Wer eine Kokusnuss opfert, bekommt sie anschließend ohne die darin enthaltene Milch, die dem Gott gehört, zurück.

Für die Anhänger Vishnus in Südindien ist der Kult Shivas oft ein Greuel, weil seine Anhänger blutige Tieropfer vollziehen. Die Shaktas, die Anhänger der weiblichen Seite Shivas, bringen Ziegen, Büffel und andere Säugetiere als Opfer dar. Shivaiten anderseits meiden Vishnu-Tempel, weil sie diese wegen der mitunter anwesenden Kastenlosen für unrein halten.

Essen und Trinken

Bei orthodoxen Hindus sind Nahrungsmittel, Küchenutensilien sowie die Essenden selbst in Gruppen mit unterschiedlicher Heiligkeit eingeteilt: Die Esser können Yogis sein, sich also in einem Stadium befinden, in dem sie kaum noch Nahrung benötigen. Die anspruchsvollen Bogis legen mehr Wert auf Qualität als auf Quantität. Rogis gelten als gierige Vielesser. Auch das Essen wird unterschiedlich gestuft. Sattvisch und rajasisch sind ganz reine Speisen: vor allem gekochte Getreideerzeugnisse und Gemüse. Zu den als unrein geltenden tamasischen Speisen gehört scharf Gewürztes, weil es die Leidenschaften erweckt (Chili, Knoblauch, Zwiebeln). Mehr als drei Tassen Kaffee oder Tee pro Tag, Tabak, Drogen, Alkohol gehören ebenfalls zu dieser Kategorie. Der Verzehr von Rindfleisch – Milchgeberin und Schöpfungssymbol – ist generell verboten. Die Ernährung eines Hindu hängt entscheidend davon ab, in welchem der ‚vier Lebensstadien‘ er sich befindet.

Sauberkeit spielt beim religiösen Leben eine wichtige Rolle. Die Angst höherkastiger Hindus, sich an Vertretern niederer Kasten, ‚Unreinen‘ oder Nicht-Hindus zu verunreinigen, ist groß. Auch beim Zubereiten der Speisen wäscht sich das Küchenpersonal nach jeder neuen Tätigkeit die Hände. Zu einem normalen Essen gehören Linsen, Reis, zwei Gemüse, Chipati (eine Art Fladenbrot) sowie ein süßes und ein pikantes Gericht. Es gibt keine verschiedenen Gänge. Man probiert aus jeder Schüssel, mischt Süßes und Pikantes. Orthodoxe Hindus bringen im Anschluss an das Essen Opfer dar: dem Feuer, der Kuh, dem Hund, der das Haus bewacht, den Vögeln, einem Bettler oder einem heiligen Mann.

Die ‚heilige‘ Kuh

Das Sanskrit besitzt zahlreiche Ausdrücke für Kuh. Kein einziger jedoch berechtigt, von ‚heiligen‘ Kühen zu sprechen. Die Gefühle der Inder ihren Kühen gegenüber kennen auch andere bäuerliche Gesellschaften. In Leeuwarden in der nordniederländischen Provinz Friesland steht das Denkmal einer Kuh mit der Inschrift „Unsere Mutter“.

Die Veden preisen die Kuh als sündlose Göttin, Schöpfungsmittlerin und Symbol der Unsterblichkeit. Sie ist Symbol für Mutter Erde; denn wie diese so ernährt auch sie die Menschen. Die am Opfer orientierten Brahmana-Texte propagieren die Unverletzlichkeit der Kuh. Nur zu Ehren eines Gastes wurde das Schlachten einer Kuh erlaubt. Erst die Gesetzeswerke, die Dharmashastras, berichten von einem umfassenden Verbot der Kuhtötung. Unter dem Einfluss von Buddhismus und Jainismus, die beide energisch gegen die blutigen Tieropfer vorgingen und das Töten von Lebendigem untersagten, entwickelten sich im Hinduismus unblutige Rituale. Der Einfall der Muslime in Indien, die den Genuss von Schweinefleisch tabuisierten, den Verzehr von Rindfleisch dagegen erlaubten, trug dazu bei, dass die Hindus eine bewusstere Einstellung gegenüber der Kuh bezogen. Der Schutz der Kuh wurde schließlich angesichts der die Gefühle der Hindus missachtenden Kolonialmacht England zum Symbol nationaler und religiöser Solidarität gegen Fremdherrscher. Die Kuh gilt als einer der ‚Herabstiege‘ (Avatara) des Gottes Vishnu. Die Landbevölkerung Indiens glaubt durchweg, dass die fünf Kuhprodukte (Milch, Sauermilch, Butter, Urin, Kot) magische Kräfte besitzen. Das Bild der Kuh ist Symbol der indischen Nation.

Gandhi und mit ihm andere Befürworter der Kuhverehrung wiesen darauf hin, dass der Schutz der Kuh ein Zeichen dafür sein sollte, die gesamte stumme Kreatur zu schützen.

RELIGIÖSE AUTORITÄTEN

Brahmane: Angehöriger des höchsten Standes, steht dem obersten göttlichen Prinzip (Brahman) am nächsten. Um Priester sein zu können, muss man Brahmane sein.

Guru: Dieser Sanskritbegriff steht ursprünglich für eine Eigenschaft: ‚schwer, gewichtig, verehrungswürdig.‘ Auf Menschen übertragen, bezeichnete es den verehrungswürdigen Vater bzw. die Mutter. In den Upanishaden bezeichnet Guru den religiösen Lehrer und den Meister. Er führt in die heilige Tradition ein, verbindet sie mit eigener Erfahrung. Er ist ‚Seelenführer‘ (Friso Melzer), Weisheitslehrer. Er legt nicht nur die heiligen Texte aus, sondern führt den Schüler aufgrund eigener Erfahrung zu innerer Reifung und Erkenntnis des in ihm anwesenden Göttlichen.

Pandit: Aus dem Brahmanenstand stammder Priester. Die wenigsten Brahmanen werden heute Pandits. Diese sind Kenner der vedischen Texte, wissen auch große Teile der Epen auswendig. Sie nehmen nicht nur priesterliche Funktionen im Tempel wahr, sondern haben auch unterweisende Aufgaben.

Sadhu: Sadhu bedeutet auf Sanskrit ‚der Arme‘ und ist bedeutungsgleich mit Samnyasin. Das arabische Wort für Sadhu ist Faqir, das persische lautet Derwisch.

Samnyasin: Bezeichnung für einen auf der vierten Lebensstufe allem entsagenden Wandermönch. Dieser trägt das orangefarbige Gewand des vollkommenen Verzichts, zieht ohne festen Wohnsitz durch das Land. Er befindet sich außerhalb aller Ordnungen, auch des Kastensystems. Er wird auch Sadhu genannt.

DER HINDUISMUS ANGESICHTS AKTUELLER
PROBLEME DER GEGENWART
FAMILIENPLANUNG

Nach hinduistischer Rechts- und Moralauffassung waren im alten Indien nicht nur die Abtreibung, sondern bereits eine absichtliche Verhütung der Schwangerschaft verboten. Als ‚Sünde' galt in frühen Zeiten die Weigerung der Eheleute, die so genannte Rtu-Zeit zu nutzen, d.h. die mutmaßlich fruchtbaren Tage der Frau ungenutzt verstreichen zu lassen. Im Kamasutra (‚Verse des Verlangens', ca. 4.-7. Jh.) des Vatsyayana galt Oralverkehr als Mittel zur Verhinderung einer Schwangerschaft. Abtreibungen wurden als ‚Embryotötung' beschrieben und galten im alten Indien als Verbrechen. Der Rigveda (ca. 1500-1000 v.Chr.) erwähnt heimliche Geburten von Kindern, ihre Aussetzung sowie Schwangerschaftsabbrüche. Die Kaushitakibrahmana Upanishad (etwa 7. Jh. v.Chr.) setzte das Töten eines Embryos mit Elternmord gleich. Dem Vishnusmriti (etwa 300 n.Chr.) zufolge entsprach eine Abtreibung dem schwersten aller Verbrechen: der Tötung eines Brahmanen. Allerdings galt Abtreibung so lange als legal, bis noch keine Bewegung des Kindes spürbar war. Sobald sich dieses selbständig bewegte, ging man davon aus, dass es eine Seele hätte.

Das Abtreibungsverbot wird folgendermaßen begründet: Da man nicht weiß, ob es sich bei dem Ungeborenen um ein Mädchen oder einen Jungen handelte, befürchtete man, durch den Schwangerschaftsabbruch die Tötung eines Knaben herbeizuführen. Dieser war aber für die Weiterführung der Familie, insbesondere für die unerlässlichen Totenriten notwendig. Zum anderen verstößt Abtreibung gegen das Ahimsa-Gebot des ‚Nichtverletzens' alles Lebendigen. Nur eine Ausnahme setzt das Gesetz außer Kraft: die Gefährdung der Mutter. Das Karmagesetz von Tat und Tatenfolge bewirkt, dass ein Mensch aufgrund seines Karmas genau in diese Familie und genau von dieser Frau geboren werden müsse. Von diesem Standpunkt betrachtet, verstößt ein Schwangerschaftsabbruch gegen die Gesetze von Karma und Ahimsa. In diesem Zusammenhang wurde auch darüber diskutiert, ab wann ein Ungeborenes beseelt ist und es sich daher um eine Kindstötung handelt. Für eine Empfängnis sind neben Mann und Frau die Anwesenheit der Jiva nötig, des verkörperten Geistes, der sich durch wiederholte Geburten zur Ebene des Höchsten Geistes, seines eigenen wahren Wesens entwickelt. Mit der Empfängnis ist also der Embyro bereits ein Mensch, der das karmische Erbe in sich trägt.

Als säkularer Staat hat Indien die Abtreibung nicht verboten, obwohl der Hinduismus Vorbehalte dagegen anmeldet. Im modernen Indien ist die Verhütung einer Schwangerschaft schon aufgrund des Bevölkerungswachstums ein wichtiges gesellschaftliches Thema. Im Mai 2006 überschritt die indische Bevölkerung die Milliardengrenze. In Indien stellen die eigenen Kinder oft die einzige Altersvorsorge dar. Eltern müssen daher möglichst viele Kinder haben, um sicher sein zu können, dass noch genug leben werden, wenn sie einmal alt sind. Die Schuld an der Armut trägt nicht nur das Bevölkerungswachstum, sondern die Tatsache, dass die Großgrundbesitzer verschuldeten Bauern ihr Land wegnehmen. Dadurch gerät das eigene Kind in Schuldknechtschaft. Dies verringert seine Chancen auf ein höheres Einkommen, erschwert es ihm, für seine Eltern allein aufzukommen. Diese Zwangslage hat immer mehr Kinder zur Folge.

Viele Hindus sind davon überzeugt, dass Familienplanung nur statthaft ist, nachdem man wenigstens einen Sohn gezeugt hat. In den 1970er Jahren herrschte von Staats wegen die Vorstellung, dass die ideale Familie nur ein bis zwei Kinder haben sollte. Man versuchte, Männer und Frauen zur Sterilisation zu bewegen. Indira Gandhi ordnete 1975 bis 1976 Zwangssterilisationen an. Opfer dieser Maßnahme waren hauptsächlich die ärmeren Bevölkerungsteile. Die Angehörigen der Mittelklasse dagegen setzten Verhütungsmittel ein, nachdem sie einen Sohn zur Welt gebracht hatten. Seit dem ‚Medical Termination of Pregnancy Act‘ (MTP) von 1971, das die bisherigen restriktiven Abtreibungsgesetze liberalisierte, sind Schwangerschaftsabbrüche aus gesundheitlichen, eugenischen und sozialen Gründen erlaubt und kostenlos. Illegal dagegen ist es, das Geschlecht des Fötus zu bestimmen. Seit einiger Zeit wird die Frage der Legalität pränataler Geschlechtsbestimmung durch Fruchtwasseruntersuchungen heftig diskutiert. Auffällig ist, dass besonders bei Frauen mit höherem Bildungsniveau die Geburtenrate von Mädchen außerordentlich niedrig ausfällt. Prabhat Jha, Direktor des Zentrums für Global Health and Development an der Universität in Toronto, hat errechnet, dass in den letzten 20 Jahren in Indien etwa zehn Millionen weibliche Föten abgetrieben wurden. Die Geburtenrate von Mädchen ist bei Zweitgeburten außerordentlich hoch, wenn schon vorher die Eltern ein Mädchen bekamen. Vom indischen Gesundheitsminister stammt der Vorschlag, eine Werbecampagne zu starten, die vor einem zukünftigen Frauenmangel warnen soll.

GLEICHGESCHLECHTLICHE LIEBE

Der Hinduismus lehnt gleichgeschlechtliche Liebe prinzipiell ab. Der Begriff Homosexualität bezieht sich in Indien auf die gleichgeschlechtliche Liebe zwischen Männern. Für weibliche Homosexualität gibt es keinen eigenen Begriff. Homosexuelle und Transvestiten werden nach wie vor sozial geächtet. Außerdem sind sie auch gesetzlich (Sodomie-Artikel, das Gesetz gegen die Natur) wegen ihrer ‚gegen die Ordnung der Natur gerichteten sexuellen Orientierung‘ nicht anerkannt. Ausnahmen stellen in einigen Gegenden Indiens die Transvestiten, Hijras, Eunuchen und Zwitter dar. Sie gelten als drittes Geschlecht und treten als Tänzerinnen bei religiösen wie weltlichen Festen auf. Oft bilden die transsexuellen Hijras Lebens- und Wirtschaftsgemeinschaften, denen ein Guru vorsteht. Einige zeigen trotz weiblicher Kleidung ein männliches Erscheinungsbild. Alle Hijras sind Anhänger der Göttin Bahuchara Mata, unter deren Schutz sie stehen und deren Kraft sie verkörpern.

Verschiedene Organisationen forderten 2003 das höchste Gericht Indiens dazu auf, die Stellung der Homosexuellen rechtlich zu verbessern. Ihnen droht bei Aufdeckung ihrer Veranlagung immer noch eine Haftstrafe. Das führt dazu, dass sie ihre Sexualität im Verborgenen ausleben und parallel unter Umständen ein normales Eheleben führen, bei dem die Ehepartner und Kinder meistens nicht über ihre Neigung informiert sind. Diese Art der Kriminalisierung und Tabuisierung treibt die Homosexualität in den Untergrund, verhindert damit die Aufklärung und Prävention über AIDS. Indien hat nach Afrika die höchste Wachstumsrate an AIDS-Erkrankungen. In den letzten Jahren ist eine Bewegung sexueller Minderheiten entstanden, die sich für ihre Gleichberechtigung einsetzen. Wie groß das Tabu Homosexualität ist, zeigt die Resonanz auf den 1996 entstandenen Film ‚Fire' der Regisseurin Deepa Mehta. Von der Zensur war der Film mit keinerlei Schnittauflagen bedacht worden. Dennoch rebellierte die von Hindu-Fundamentalisten aufgehetzte Bevölkerung und demolierte Kinos. 2003 fand das erste Filmfestival mit schwul-lesbischen Filmen statt. Trotz aller Gefahren nahmen Hunderte von Homosexuellen mit Eltern und Verwandten daran teil.

Menschenrechte

Die Dharma-Texte sehen die Monarchie als die einzige politischen Ordnung. Herrscher und Untertanen sind dem Dharma verpflichtet. Der König musste für das Wohl seiner Untertanen sorgen und sie nach außen schützen. Außerdem sollte er im Innern die Dharmagesetze kontrollieren, um Anarchie, Armut, Krankheit und Niedergang einen Riegel vorzuschieben.

Ziel des politischen Hinduismus, dessen Wurzeln in das 19. Jh. zurückreichen, war die ‚reine Hindunation', aus der alles Fremde getilgt worden ist. Dayananda Sarasvati (1824-1883) gründete die intolerante ‚Arier-Vereinigung' (Arya Samaj). Er forderte, dass die Hindu-Lebensordnung für alle im Land bindendes Gesetz sein müsste und alle Nichthindus bekehrt werden sollten. Das Erbe Dayanandas wirkte im Milieu des religiösen Nationalismus vor allem bei Vinayak Damodar Savarkar (1883-1966) nach. Dieser forderte die ‚Herrschaft Rams', also die Vorherrschaft der Hindus über die Nichthindus. Die aggressiv-nationalistische Grundeinstellung kam auch bei dem offenen Hitler-Verehrer Madashiv Golwakar (1906-1974) zum Tragen. Auf solche

Vorstellungen beriefen sich spätere Nachfolgegemeinschaften, zum Beispiel die kampfbundartig organisierte ‚Nationale Eigenständigkeitspartei‘.

Eine völlig andere Form des Neohinduismus vertrat Mohandas Karamchand Gandhi (1869–1948). Er wollte die Ethik in das politische Handeln einbeziehen. Sein Begriff Satyagraha (‚Festigkeit in der Wahrheit‘) bedeutet freiwilliges Leiden angesichts einer als wahr erkannten Überzeugung. Satyagraha ist eng mit dem Ahimsa-Prinzip des ‚Nichtverletzens‘ verbunden. Mit diesen Überzeugungen erzwang Gandhi u.a. die Öffnung von Hindutempeln für Kastenlose. Nach Gandhis Tod wurden seine Ideen von der Sarvodaya Samaj (‚Gemeinschaft des alles umarmenden Erwachens‘) unter der Führung von Vinoba Bhave (1895–1982) und Jayaprakash Narayan (1902–79) weiter getragen.

Prinzipiell haben traditionelle hindupolitische Konzeptionen der Herrschaft und des Staates ihre Bedeutung verloren. Doch prägen sie zum Teil immer noch das Verhalten von Politikern und Staatsbeamten, wirken in Vorstellungen über das offiziell abgeschaffte Kastenwesen nach. Einen wachsenden Zuspruch erfahren regionale Parteien mit spezifischer Kastenbasis und Gruppeninteressen. In den vergangenen 60 Jahren haben überregionale Parteien wie der Indische Nationalkongress (INC), die Bharatiya Janata Partei (BJP, Indische Volkspartei) oder die Shiv Sena (Streitmacht Shivas) in Maharashtra die Politik beeinflusst.

Die Gleichheitsidee der Menschenrechte widerspricht dem Menschenbild des traditionellen Hinduismus, demzufolge der Mensch durch die Zugehörigkeit zu einer Varna (‚Stand‘) bzw. Jati (‚Kaste‘) bestimmt ist. Hinduistische Religionstraditionen, zum Beispiel die Bhakti-Bewegung, betonten demgegenüber den Gedanken der Gleichheit aller Menschen vor der gnädigen und liebevollen Gottheit.

Der neuzeitliche Hinduismus wurde von freiheitlichen Gedanken aus dem Westen beeinflusst, und humanistisches Denken verband sich mit traditionell hinduistischen Philosophien. So entstanden zahlreiche religiöse Reformbewegungen. Der von Ram Mohan Roy (ca. 1772–1833) gegründete Brahmo Samaj (‚Gemeinschaft Brahmas‘) wurde durch Kampagnen gegen die Tradition der Witwenverbrennung (Sati) bekannt. Dayananda Saraswatis (1824–1883) Arya Samaj (‚Gemeinschaft der Arier‘) forderte nachdrücklich die Abschaffung des Kastensystems. Bhimrao Ramji Ambedkar (1891-1956), selbst ein ‚Unberührbarer‘, übte wie Mahatma Gandhi beißende Kritik am hinduistischen Kastensystem, konvertierte provokativ zum Buddhismus. Er sprach dem Hinduismus jegliche Fähigkeit zur Aufgabe des Kastensystems und zur egalitären Entwicklung ab.

Auch wenn in der Verfassung des säkularen und demokratischen Staates der Indischen Union die Menschenrechte verankert sind, ist Chancengleichheit für alle noch nicht verwirklicht.

Krieg und Frieden

Der Hinduismus wurde früher oft als *die* Religion der Toleranz gepriesen. Doch waren zum Beispiel die Auseinandersetzungen zwischen Hindus und Muslimen, die 1947 zur Aufteilung des Landes in einen islamischen (heute: Pakistan und Bangladesch) und einen Hindu-Staat führten, von Strömen von Blut begleitet. Am 30.1.1948 wurde in Delhi der 79-jährige Gandhi aus nächster Nähe von einem Hindu-Fanatiker erschossen.

Anfang 1991 planten Hindu-Fundamentalisten im Namen des Gottes Ram in Ayodhya einen Tempelbau – genau dort, wo bereits eine Moschee stand. Es ging ihnen um Ram Raj (,Herrschaft Rams'), die Vorherrschaft der Hindus über die Nicht-Hindus in Indien. In den letzten Jahren nahmen die Auseinandersetzungen zwischen fundamentalistisch-militanten Hindu-Organisationen und nicht-hinduistischen Religionen an Schärfe zu. Ziel des politischen Hinduismus ist die ,reine' Hindu-Nation, aus der alles Fremde getilgt worden ist.

Schon frühe Texte beschäftigten sich mit der Frage von Krieg und Frieden. Im Mahabharata-Epos (etwa 400 v.Chr.–400 n.Chr.) wurde darüber diskutiert, ob man Menschen töten durfte. Einerseits galten Kriege als gewaltsam und zerstörerisch. Andererseits betonte man, dass ein König Gewaltanwendung und Krieg nicht vermeiden kann. Auch die Trauer um die Gefallenen wurde ausführlich beschrieben. Sie gelangen direkt in den Himmel. Das politische Ideal der damaligen Zeit, der Chakravartin (,Weltherrscher'), eroberte durch die Unterwerfung der Nachbarstaaten ein möglichst großes Reich. Ein bedeutender Teil im sechsten Buch des Mahabharata ist das Lehrgedicht Bhagavadgita (,Gesang des Erhabenen'), ein Zwiegespräch zwischen Krishna, dem achten Avatar (,Herabstieg') des Gottes Vishnu, und dem Helden Arjuna über den Sinn des Lebens. In der Gita wurde die Frage des gerechtfertigten Kampfes angeschnitten. Arjuna zweifelte daran, Verwandte, Freunde und Lehrer töten zu dürfen. Doch der in Gestalt seines Wagenlenkers agierende Krishna antwortete, dass Kämpfen zu den Pflichten der Kriegerkaste gehöre. Außerdem sterbe nur der Körper, der Atman (,das Selbst') sei unverletzlich. Wer ohne egoistische Bindung an das Ergebnis einer Handlung tötet, lade keine Schuld auf sich.

Auch im Ramayana-Epos spielte der gerechte Kampf eine mächtige Rolle. Rama, der mythische Prinz und siebte Avatar Vishnus, wurde als rechtmäßiger Erbe vom Thron seines Vaters verdrängt. In Begleitung seiner Frau Sita und seines Bruders Lakshmana ging Rama ins Exil. Sita wurde vom Dämonenfürsten Ravana entführt, und Rama suchte sie. Zusammen mit dem Affenkönig Hanuman und einer Armee aus Affen und Bären besiegte Rama den Dämonenfürsten, tötete ihn und befreite Sita. Nachdem Rama seinen Thron zurückerhalten hatte, regierte er weise seine Untertanen. Bis heute gilt Hanuman als Schutzpatron der Soldaten.

Beim Kampf gegen die Kolonialherren im 19./20. Jh. erhielt die Frage von Krieg und Frieden eine neue Bedeutung. So diskutierte man darüber, ob gewaltsamer Widerstand im Kampf um die Freiheit gerechtfertigt wäre.

Anderseits entwickelten einige Hindus ein neues Selbstbewusstsein und kontrastierten bewusst die eigenen Friedensvorstellungen mit der gewaltsamen Kolonialpolitik und den dahinter stehenden westlichen Denkmustern.

Gandhi übertrug Ahimsa auf den politischen Befreiungskampf. Unter dem Eindruck des Ersten Weltkriegs erweiterte er seine schon früher entwickelte Ablehnung von Gewalt auf den Krieg an sich, da Gewalt immer nur wieder neue Gewalt entstehen lassen könne.

Der Begriff Shanti wird heute in den meisten indischen Sprachen für Frieden verwendet und kommt schon in vedischen Mantras vor. Shanti bedeutet neben der Abwendung von Unheil geistiges Gleichgewicht und innere Ruhe. Innerer Frieden im Sinne des Aufgebens von Gier und Egoismus und einer von Liebe geprägten Geisteshaltung ist eine wichtige Voraussetzung für den äußeren Frieden. Im heutigen Indien genießt Gandhi als Person zwar immer noch großes Ansehen, doch sind seine Lehren weitgehend in Vergessenheit geraten.

In den letzten Jahren haben die Auseinandersetzungen zwischen fundamentalistischen Hindu-Organisationen und nicht-hinduistischen Religionen an Schärfe zugenommen. Die hindu-politische Reinigungsidee besagt, dass die Reinigung des Landes im Sinne der zwangsweisen Durchsetzung der wahren Religion gegenüber ihren eigenen Fehlentwicklungen wie auch gegenüber eingedrungenen fremdreligiösen Elementen zu vollziehen sei. Alle fremden Bekenntnisse wie Islam und Christentum seien durch Rückbekehrung ihrer Anhänger zum Hinduismus auszurotten. Die von hindu-nationalistischen Kräften vorgenommene Gleichsetzung von indischer Staatsbürgerschaft mit hinduistischer Religion birgt die akute Gefahr der Verfolgung von Angehörigen anderer Religionen und Atheisten. In der Vergangenheit führte dies nicht selten zu blutigen Ausschreitungen, deren Ursachen nicht religiöser, sondern sozialer und vor allem politischer Natur waren.

Wirtschaftsethik

Das Gautamadharmasutra nennt acht Regeln für das Zusammenleben: Mitleid mit allen Lebewesen, Geduld, Reinheit, Bemühung, reine Gedanken, Freiheit von Kleinlichkeit und Geiz, Neidlosigkeit. Als verpönt gilt es, Abhängige wirtschaftlich auszubeuten.

Dharma bedeutet die Gesamtheit der Pflichten, die der Einzelne entsprechend Varna (Stand) und Lebensstadium (Ashrama) erfüllen muss. Nach der klassisch-brahmanischen Lehre hat jede Varna ihren eigenen Dharma. Seit dem Ende der vedischen Zeit kristallisierte sich heraus: Die Brahmanen üben die geistigen Berufe aus; die Kshatriya sind für den Kriegsdienst zuständig; für die Vaishyas, die Händler und Bauern, stellt wirtschaftlicher Gewinn das Hauptziel dar. Der Hinduismus kennt die Vorstellung eines idealen, goldenen Zeitalters, in dem alle Menschen glücklich und rechtschaffen im Einklang mit dem Dharma lebten. Jedes Verlangen wurde sofort erfüllt, so dass kein mühsamer Arbeitseinsatz notwendig war. Die Symbolfarbe dieses Zeitalters war weiß. Im gegenwärtigen Zeitalter aber herrscht Kali, die Göttin von Leben und Tod. Zu den Merkmalen ihres Zeitalters gehört die Notwendigkeit der Arbeit. Die Symbolfarbe ist schwarz.

Die Hindu-Gesellschaft befindet sich im Wandel. Die Outcasts bzw. Dalits drängen in neue Positionen. Die Industrialisierung und die Schaffung neuer Tätigkeiten, die nicht mit traditionellen Privilegien oder Ansichten über Reinheit und Unreinheit belegt sind, stellen die traditionelle Arbeitsteilung als Grundlage des gesellschaftlichen Systems in Frage. So drängen Shudras in geistige Berufe, und Brahmanen werden gezwungen, ihren Lebensunterhalt durch körperliche Arbeit zu verdienen, vielfach als Köche. Gandhi war einer der ersten, der das Gebot der kastenspezifischen Tätigkeit in seiner eigenen Lebensführung, zum Beispiel durch Latrinen reinigen, durchbrach. Svadeshi (,wirtschaftliche Eigenständigkeit') war für ihn die Voraussetzung für Swaraj (,Selbstbestimmung'). Zu den Grundregeln seiner Ashrams gehörte der Gedanke, den eigenen Lebensunterhalt durch körperliche Arbeit zu verdienen. Im industriellen Wachstum sah Gandhi einen ,Fluch für die ganze Menschheit', ein industrielles Indien war für ihn ,eine Bedrohung für die ganze Welt'.

Bis zum 19. Jh. waren Arbeits- und Tauschverhältnisse in die traditionelle Gesellschaftsstruktur eingebunden. Danach führten wirtschaftlichen Umwälzungen in Indien zur allmählichen Akzeptanz modernen Wirtschaftsdenkens. Gleichwohl spielen weiterhin traditionelle Werte eine große Rolle. Die grundlegende Umstrukturierung der Wirtschaft im 20. Jh. hat, zusammen mit den Verfassungsnormen der sozialen Gleichheit in der Republik Indien, auch den Mitgliedern niederer gesellschaftlicher Schichten bessere Berufsfelder, wirtschaftliche Chancen und soziale Mobilität ermöglicht.

Im Hinduismus lassen sich drei Bedeutungen von Arbeit unterscheiden: Arbeit im Sinne von Mühsal, Last; als neutrale Bezeichnung für jede menschliche Tätigkeit; im Sinne von aktiver Lebensgestaltung.

Der Neuhinduismus deutete Karma-Yoga als Grundlage für die sozialreligiöse Umformung der indischen Gesellschaft. Das Handeln in der Welt wird nicht mehr nur als bloße Notwendigkeit gesehen, sondern als Einsatz für die Erhebung Indiens in politischer, religiöser und sozialer Hinsicht. Swami Vivekananda (1862–1902) sah im Vedanta eine ,Religion der Tat' und Arbeit. Für Aurobindo (1872–1950) spielte die Arbeit eine Rolle bei der menschlichen Evolution. Gandhi pries den Wert der einfachen Arbeit. Sein Nachfolger, Achariya Vinoba Bhave (1895–1982), interpretierte Karma-Yoga neu: Arbeit stand für ihn in unmittelbarem Verhältnis zum Wohlergehen der Gesellschaft. Der Karma-Yogin erwirbt durch seine Arbeit wahre Erkenntnis. Sein Tun ist voller Andacht und dienender Hingabe. Für diesen Gelehrten und Bodenreformer gehörte das Land genau wie die Luft allen. Bhave war gegen Geldhandel eingestellt, zog Warentausch vor und begründete eine Bodenreform: Bhudan (Schenken von Land). Von 1951–1969 erhielt Bhave 6 1/2

Millionen acres (1 acre = 1,65 Morgen) zur Verfügung gestellt. Die Dorfbe-
wohner bestimmten, wer den größten Bedarf an Land hatte. Jedem wurden
fünf acres zugewiesen, die nicht verpachtet, belastet oder brachgelegt werden
durften. Wurde der Boden nicht verkauft, ging er an das Kollektiv zurück.
Vom Bhudan ging Bhave zum Sampattidan (Schenkung von Wohlstand)
über: Der Geber (Arbeiter, Fabrikbesitzer u.a.) schenkte ein Sechstel seines
Einkommens neuen Grundbesitzern für Geräte. Ferner gab es Kuamdan,
eine einmalige Spende für einen besonderen Zweck, Sramdan, freiwillige Arbeit und Jivandan, die Weihe eines ganzen Lebens für die Bhudan-Arbeit.

Ungefähr ein Viertel der über eine Milliarde Inder lebt unterhalb der Ar-
mutsgrenze, muss mit weniger als einem USD täglich auskommen. Knapp
80% aller Menschen leben von bis zu zwei US-Dollar am Tag. Nach den 1991
eingeleiteten Reformen bewegt sich Indien in Richtung auf eine soziale Marktwirtschaft. Noch immer dominiert dabei der öffentliche Sektor in zentralen
Wirtschaftsbereichen mit einem Anteil von über 70%. Indische Regierungen
versuchen seit 2004 insbesondere im ländlichen Raum die Infrastruktur zu
verbessern. Auch im Gesundheits- und Bildungsbereich werden gewaltige
Anstrengungen unternommen. Indiens Wirtschaftsstruktur hat sich vom primären auf den sekundären und tertiären Sektor verschoben. Indien gehört
weiterhin zur Gruppe der Entwicklungsländer, obgleich die Wirtschaft in In-
formationstechnologie (Software-IT-Servicebranche), Pharmazie, Raumfahrt
und Biotechnologie zur internationalen Spitzenklasse gehört. Indiens ungestü-
mes Wirtschaftswachstum von jährlich etwa acht Prozent hat den Subkontinent zu den wichtigsten Wachstumsmärkten weltweit werden lassen.

UMWELTETHIK UND NATURSCHUTZ

*Der Hinduismus unterscheidet nicht prinzipiell zwischen dem Menschen
und der übrigen Schöpfung. In allen Erscheinungen des Universums walten
göttliche Kräfte. Der Übergang zwischen Tier und Mensch ist fließend. Die
Götter, vor allem Vishnu, stiegen in der Gestalt von Avataras herab, um die
kosmische Ordnung wiederherzustellen.*

*In der vedischen Überlieferung spiegelt sich das Gefühl dieser Einheit
alles Seienden wider. Die fünf Erscheinungsformen der Materie wurden
durch Gottheiten personifiziert, die durch Opfergaben, Meditation und
Askese gnädig gestimmt wurden: Prithvi war die Leben spendende Mutter
Erde, Ganga die bedeutendste aller Flussgöttinnen. Das Wasser des Ganges
wird bei jeder Puja verwendet und nach Möglichkeit auch einem Ster-
benden eingeflößt. Agni, die Gottheit des Feuers, wurde als Quelle aller Energie betrachtet. Die Luft- und Windgottheit Vayu verlieh dem Menschen
Lebenshauch. Indra machte man für den Regen verantwortlich. Auch Bäu-*

me sind in Indien schon seit vorvedischer Zeit Repräsentanten der Vegetationsmacht. In ihnen manifestiert sich das überall in der Welt anwesende Leben. Wie die Tiere, so sind auch Pflanzen und Bäume mit Geist- und Sinnesorganen ausgestattet. Berge gelten seit alters als Wohnsitze der Gottheiten. Von dichtem Urwald umgebene Waldhaine sind heilige Orte der Verehrung von Mutter Erde.

Das Rechtslehrbuch des Manu (200 v. – 200 n. Chr.) zählte Strafen für das Verletzen von Bäumen auf; denn diese empfinden wie der Mensch Schmerz und Freude. Das Staatslehrbuch des Kautilya (etwa 3. Jh. v.Chr.) verpflichtete den König, für das Wohlergehen von Mutter Erde und den Schutz der natürlichen Ressourcen zu sorgen.

Die Überzeugung, dass der Mensch weniger Herrscher als Mitgeschöpf ist, kommt im Ahimsa-Gedanken zum Ausdruck. Eine starke Schwerindustrie hat die Natur rücksichtslos ausgebeutet: Abholzen von Wäldern; übermäßiger Gebrauch von Grundwasser; Bau von Staudämmen; Einsatz von Chemie. Besonders die Bevölkerung in der Indus-Gangesebene erlebte unermessliche Verluste, weil in Folge der Abholzung der Himalaya-Hänge der Boden immer unfruchtbarer wurde.

Naturschutz aus religiöser Überzeugung praktizierten bereits im 15. Jh. die am Rande der Wüste lebenden Bishnoi (‚Neunundzwanzig‘), deren Guru Maharaj Jambaji gebot, keine Bäume zu fällen, keine Tiere zu töten und Kochwasser mit Tüchern zu filtern, um keine Kleinstlebewesen zu schädigen. In der Tradition der Bäuerin Amritdevi steht die heutige Chipko-Bewegung. Als im Jahre 1734 Bäume gefällt werden sollten, organisierte diese Frau zusammen mit Nachbarn eine Aktion des Baumumarmens, um diese vor den Holzfällern zu schützen: „Nimm mein Leben, bevor Du den Baum tötest‟, war ihre Devise. 1973 entstand in dem Himalaya-Dorf Mandal (Uttar Pradesh) die Chipko-Andolan-Bewegung: Holzfäller, die im Auftrag einer Sportartikelfirma Eschenbäume fällen sollten, trafen auf den energischen Widerstand protestierender Dorffrauen, welche die schon markierten Bäume umarmten. Seit 1983 tritt die Appiko- (‚Umarmen‘) Bewegung auf, um sich durch Waldschutzmaßnahmen für die ‚harmonische Beziehung zwischen Mensch und Natur‘ zu engagieren. Ein umfassendes Programm führte neben Genossenschaftsbildung auch zur Wiederaufforstung.

Im Adivasi-(‚erste Siedler‘) Land Chotanagpur hat der Wald eine göttliche Bedeutung, weil die Menschen hier traditionell von der Produktion des Waldes lebte. Sie schonten die Umwelt, gründeten Anfang der 1980er Jahre die Banawasi Swaraj Samiti (‚Vereinigung zur Selbstbestimmung der Waldbewohner‘).

Die Einstellung zu Tieren reicht von den blutigen Tieropferkulten in mittelvedischer Zeit (ca. 1200–850 v.Chr.) bzw. auch heute noch bei der

Verehrung der Muttergöttin Kali bis zum Ahimsa-Gedanken des ‚Nicht-verletzens‘. Die Kuh nimmt im Hinduismus zwar eine Sonderstellung ein, doch das Ahimsa-Prinzip wurde auch auf andere Tiere ausgedehnt. Selbst gefährliche Tiere (etwa Schlangen, Tiger) durften nach Meinung Gandhis nicht getötet werden. Der Mahatma (‚großer Atman‘) sah in ihnen „Gottes Antwort auf die giftigen, boshaften und schlechten Gedanken, die wir in uns tragen“. Tierversuche lehnte Gandhi grundsätzlich ab.

Nutzung von Medien

Zu den traditionellen Medien des Hinduismus zählten ‚Menschmedien‘ (W. Faulstich): Ausrufer, Geschichtenerzähler, Tempelpriester, Theatergruppen. Sie transportierten religiöses Wissen durch das Sanskrit und die Volkssprachen, oft miteinander kombiniert. Hindu-Stoffe und -Motive wurden so in verschiedenen Textsorten verbreitet: Dichtung, Prosa, Gesang, Erzählung. Besonders populär sind die beiden Epen Ramayana und Mahabharata. Heldentum, brüderliche, eheliche Treue und Pflichterfüllung sind die großen Ideale des Ramayana.

Beide Epen werden häufig in Theateraufführungen, so genannten Lilas (kleine Theaterstücke), aufgeführt: Ramlilas und Krishnalilas. Ramlilas, oft acht bis zehn Tage lang, sind in allen Dörfern und Städten, vor allem im nördlichen Indien (Ramnagar, Varanasi) verbreitet. Ein Ramlila kann von einem einzelnen professionellen Sänger oder Erzähler gestaltet werden, auch von einem großen Ensemble. Die Schauspieler führen die Szenen des Epos in verschiedenen Teilen der Stadt auf. Rama und seine Brüder müssen dabei stets von prä-pubertären Jungen dargestellt werden.

Die Bhagavadgita ist für die praktische Frömmigkeit vieler, vor allem städtischer Hindus sehr wichtig. Für die Dorfhindus dagegen ist sie von geringerer Bedeutung. Bei ihnen steht das Bhagavata Purana stärker im Mittelpunkt, das vom Leben Krishnas erzählende ‚Purana der Anhänger des Erhabenen [Vishnu]‘. Eine der besonders beliebten Unterhaltungsformen in Indien war traditionell das Schattenspiel, in dessen Folge die frühen indischen Stummfilme standen. Auch sie widmeten sich den traditionellen epischen Stoffen. Zu den direkten Vorläufern des Hindi-Films zählt das um die Mitte des 19. Jhs. im heutigen Mumbai entstandene Parsen-Theater. Es erhielt seine Bezeichnung nach den Förderern dieser Kunstform, den Anhängern des ‚Priester-Propheten‘ Zarathustra. Das Parsen-Theater kombinierte Elemente des westlichen Theaters wie feste Spielstätten, Theaterbühne, Bühnenbild, Bühnentechnik mit denen indischer Theaterformen, wie Musik, Gesang und Tanz. Zu seinem Repertoire gehörten Erzählungen aus dem Leben der Hindu-Gottheiten, klassische Sanskrit-Dramen, historische Stücke, persisch-arabische Liebeslegenden, auch Adaptionen von Shakespeare-Dramen.

Der zunehmenden Popularität des Kinos war das in der heutigen indischen Theaterlandschaft bedeutungslos gewordene Parsen-Theater nicht gewachsen.

Wichtige religionsvermittelnde Medien waren neben Rezitation und Dramatisierung weitere Bereiche der Kunst: religiöse (Wand-)Malereien mit mythologischen Themen, Bildergeschichten auf Bilderrollen für die Unterhaltung und religiöse Belehrung. Seit Jahrhunderten ist in Indien die Tradition der wandernden Bild-Erzähler bekannt.

Die Verbreitung der Drucktechnik im 19. Jh. machte Druckerzeugnisse mit religiösem Gehalt – Almanache, Tempelgeschichten, Übersetzungen und Kommentierungen religiöser Schriften sowie Abbildungen von Gottheiten und mythologischen Szenen – zu wichtigen Medien.

Der Film, insbesondere der Mainstreamfilm aus Mumbai, kann in Indien auf eine lange und erfolgreiche Laufbahn zurück blicken. An die 800 Kinofilme werden jährlich produziert, ca. 400 synchronisierte Fassungen und ungezählte Fernsehproduktionen – nicht nur Kommerz, auch Arthouse-, Video- und Kurzfilme. Nachdem der Film vor über 100 Jahren durch Vorführungen von Aufnahmen der Brüder Lumière in Indien eingeführt worden war, entwickelte er sich zur beliebtesten Freizeitbeschäftigung der indischen Bevölkerung. Die auf Hindi, meist aber Hindustani produzierten Filme zählen zu den meist gesehenen Filmen der Welt, allen voran die Bollywoodfilme (Kunstwort, zusammengesetzt aus Bombay und Hollywood). Diese durch die Theatertraditionen des Landes geprägten Erzeugnisse thematisieren oft auf die großen Hindu-Epen. Bollywoodfilme sind u.a. deswegen so beliebt, weil sie den in Kulturen, Religionen, Sprachen zersplitterten Subkontinent zu einigen vermögen. Die Filme verwenden Lieder, Tanz und Musik als übergreifende Elemente. Auch die Kombination von Bildern und Symbolen aus traditionellen regionalen Kulturen mit modernen westlichen Themen und aktuellen Problemen trägt zum einigenden Charakter des Kinos bei.

Die mythischen Geschichten von Göttern und Helden erzählen von dem ständigen Kampf von Gut gegen Böse, Liebe, Hass und Intrigen, Ehre, Mut und Loyalität. Das obligatorische Happy End lässt dem Handlungsverlauf der Filme nur sehr eingeschränkte inhaltliche Entwicklungsmöglichkeiten. Die Bollywoodfilme sind vom Grundprinzip des Dharma beeinflusst. So müssen zum Beispiel die Söhne den heiligen Pflichten von Söhnen und Mütter den heiligen Pflichten von Müttern folgen. In den Filmen stellt sich dies in der stereotypen Darstellung der unterschiedlichen sozialen Rollen dar. Zwei Hauptgestalten stehen für den Kampf des Guten gegen das Böse. Die fiktiven, äußerst gefühlvollen Geschichten greifen Träume der Zuschauer auf: Der einfache, hart arbeitende Vertreter des Guten wird vom gewissenlosen Reichen bedrängt. Die nicht mehr mit der Ordnung des Dharma übereinstimmende Welt gerät aus ihren Fugen, kann nur durch große Kämpfe wieder zur rechten Ordnung gelangen; denn am Ende siegt immer das Gute. Beliebt sind

Filme mit Actionelementen, Liebesfilme mit prunkvollen Hochzeiten aber
fast ohne Darstellung von Sexszenen. Die großen Hindu-Epen werden auch
als Fernsehserien ausgestrahlt.

Der heutige Hinduismus nutzt intensiv die neuen Medien. Viele hinduistische Gruppen stellen sich im Internet selbst dar. Sie bieten Hindus in der
Diaspora ihre Leistungen an, zum Beispiel Puja oder Homa per Internet. Auf
diese Weise werden neue Einnahmequellen für Tempel und Priester erschlos-
sen. So kann man per Internet Homa, eine Opferhandlung aus vedischer Zeit,
für verschiedenartige Anlässe bestellen. Man gibt die genauen Daten an, zum
Beispiel den Tempel, wo das Opfer ausgeführt wird. Auch die genaue Homa-
Art wird mitgeteilt (zum Beispiel: Homa für Kinder, Gesundheit, Reichtum).
Als Prasad (Opferspeise für die Gläubigen) erhält man in kurzer Zeit zuge-
schickt: heilige Asche (Vibhuti), Kumkum-Pulver, Kurcuma, Blumen oder
Zweige des Tulsistrauches (Königsbasilikum).

FREIZEIT UND SPORT

*Großer Beliebtheit erfreut sich die moderne indische Popmusik. Sie verbin-
det westliche und volkstümlich-indische Elemente. Zu den bekanntesten
Sängern indischer Filmmusiken gehören der exzentrische Playbacksänger,
Bollywoodfilm-Schauspieler, Komponist, Regisseur und Produzent Kishore
Kumar (1929-1987) und die Sängerin Lata Mangeshkar (geb. 1929), eine
der erfolgreichsten Sängerinnen der Welt und unangefochtene Königin
Bollywoods. 2001 erhielt sie den Bharat Ratna, die höchste indische Aus-
zeichnung, die außer ihr nur noch Indira Gandhi und Mutter Teresa erhalten haben. Lata Mangeshkars Schwester Asha Bosle (geb.1933), ein ebenso
großer Bollywoodstar, hat in knapp 1000 Bollywoodfilmen mitgewirkt. Lata
Mangeshkar sang im Duett mit einer weiteren Bollywood-Legende, Mohammed Rafi (1924-1980), dem größten aller Bollywood-Playbacksänger.
Das Repertoire dieser ,Stimme Gottes' umfasste klassische Lieder ebenso
wie patriotische Gesänge, Qawwali und Bhajans.*

*Tänze spielten im Hinduismus von jeher eine wichtige Rolle. Über ein
Jahrtausend war Tempeltanz in großen Tempeln Bestandteil der Puja. Dabei handelte es sich um getanzte Gebete und mythologische Darbietungen.
Das moderne Tanztheater hat seine Wurzeln in dieser Tradition. Seit Anfang des 20. Jhs. erlebt der indische Tempeltanz als stilisierte Kunstform
eine Art Renaissance. ,Abstrakte Tänze' zeichnen sich durch geometrische
Linien des Körpers und schnelle Fußarbeit aus. Dabei schlagen die Füße
den Takt wie eine Trommel. ,Ausdruckstänze' beschreiben äußere Erscheinungsformen der Götter, erzählen Geschichten aus der indischen Mythologie. Der Tanz dient als Sprache für metaphysischen Inhalt. Dabei besitzen*

*die kleinste Bewegung und der Gesichtsausdruck eine sinnbildliche Bedeu-
tung. Für viele indischen Mädchen gehört es zum guten Ton, wenigstens die
Grundlagen des klassischen Tanzes zu erlernen.*

*Der westliche Sportbegriff ist dem Hinduismus eher fremd. Doch körper-
liche Ertüchtigung (Vyayama), Spiel (Krida) und Leibesübungen (Khel-Kud)
dienten im Hinduismus der Gesunderhaltung des Körpers (Ayurveda) und
dem Zweck, diesen für spirituelle Ziele zu kontrollieren. Solche Aktivitäten er-
füllten auch die Aufgabe, Mut und Schnelligkeit zu entwickeln, erzieherische
und militärische Ziele zu verwirklichen. Wettbewerbe zur Unterhaltung und
Entspannung bzw. als Aufführung mythischer Ereignisse waren verbreitet.
Auf alle Fälle gingen körperliche Ertüchtigung und Religion eine enge Verbindung ein, und Vyayama war in den Schulen des indischen Altertums ein
relevantes Unterrichtsfach. Vor allem aber war körperliche Ertüchtigung ein
wichtiges Element der soldatischen Ausbildung. Selbst deren Frauen sollten
in den Waffen geübt sein, um sich verteidigen zu können.*

*Der Atharvaveda (ab ca. 800 v.Chr.) erwähnte Sport und Spiele zum
Zweck der Erholung und Entspannung. Dazu gehörten: Pferde- und Wa-
genrennen, Wettläufe, Glücksspiele, Jagd auf Tiere, Bogenschießen, Ringen
und Boxen. Dem Ramayana ist zu entnehmen, dass an den fürstlichen
Höfen und bei den Soldaten auch Schwertkämpfe sowie Speer- und Dis-
kuswerfen verbreitet waren. Spätere Schriften erwähnten Ballspiele,
Schwimmwettkämpfe, Bootsrennen, auch Tanzwettbewerbe. Unter den
Spielen und Wettkämpfen besitzen Abschlagspiele eine lange Tradition. In
heutigen indischen Schulen sind Gymnastik bzw. Sportunterricht selbstver-
ständlicher Bestandteil der Ausbildung.*

*Die hinduistische Asketengruppe der Nagas widmet sich sehr der kör-
perlichen Ertüchtigung. Ihre Mitglieder treten nackt auf und sind in Regi-
mentern organisiert. Ausgebildet werden diese kriegerischen Asketen in so
genannten Akharas (‚Ringerstätten‘). Diese dienen nicht nur der sportlichen
Ertüchtigung, sondern in diesen religiösen Zentren kann man auch Askese
und Meditation üben. Heute besuchen vor allem junge Männer diese Ringerstätten und betreiben dort Fitnessübungen. In jeder Ringerstätte ist ein
kleiner Schrein des Affengottes und Ringers Hanuman aufgebaut. Dieser
half im Ramayana-Epos Rama, seine treue Ehefrau Sita aus der Hand des
Dämonenkönigs Ravana zu befreien. Für viele Sportbegeisterte ist Hanuman daher ein erstrangiges Vorbild. Beim Muskeltraining werden häufig
Keulen oder ein Keulenpaar mit dem Bild Hanumans verwendet. Man
glaubt, dass dies magische Auswirkung hat und die eigene Muskelkraft in-
tensiviert.*

HAUPTSTRÖMUNGEN UND GESCHICHTE DES HINDUISMUS

Die Entwicklung der Hindureligionen lässt sich in sechs Epochen einteilen[14].

Vorvedische Religion

In der Induskultur gab es umfassende Stadtanlagen, Bewässerungssysteme, Häuser und Burgen aus gebrannten Ziegeln. Handelsbeziehungen in den Mittleren Osten und nach dem heutigen Gujarat mögen existiert haben. Über das religiöse Leben dieser ersten, bis 1750 v.Chr. reichenden Epoche ist nur wenig bekannt. Die Menschen verehrten wohl Muttergottheiten und Bäume. Auf Siegelinschriften und Terrakotten sind mit großer Wahrscheinlichkeit Gottheiten abgebildet. Einige Bauten, zum Beispiel das Priesterkolleg in Mohenjo-Daro, lassen auf die Existenz von Priestern schließen. Auch ein tragbarer Altar wurde gefunden. Ist die Deutung vieler Abbildungen aus dieser Zeit auch unklar, so kann man davon ausgehen, dass die vorvedischen Religionen von Dämonen und Fruchtbarkeitskulten und der Verehrung von Naturgewalten und Muttergottheiten bestimmt wurden.

Vedische Religion

Seit Mitte des zweiten vorchristlichen Jahrtausends drangen verschiedene Stammesgruppen indo-iranischer Viehnomaden von Zentralasien oder dem vorderen Orient in den nördlichen Punjab ein. Sie nannten sich Arya (Arier) im Sinne von ‚gastlich, gastfrei‘. Aufgrund ihrer von Pferden bzw. Rindern gezogenen Streitwagen und ihrer aus Kupfer, später Eisen bestehenden Waffen waren die Arier den Ureinwohnern überlegen. Umstritten ist, ob der Untergang der Industalkultur den militärischen Aktionen der Arier oder Umweltschäden wie Überweidung und Epidemien zurückzuführen ist. Etwa ab 1750 v.Chr. breitete sich eine neue Kultur aus, die man wegen ihrer Texte als vedisch bezeichnet.

Das Zentrum der frühvedischen Zeit (ca 1750–1200 v.Chr.) lag im Nordwesten Indiens (Industal, Punjab, die Gebiete Kuru, Mandura u.a.). Das Wissen über diese Zeit stammt aus dem Rigveda und altiranischen Quellen. Damals fanden zahlreiche Kämpfe zwischen den Ariern und Ureinwohnern statt. Einer der Hauptgötter war der Kriegsgott Indra. Manche Gottheiten standen für Naturerscheinungen, andere für moralische Prinzipien. Der Opferdienst fand unter freiem Himmel oder in einfachen Opferhütten statt. Tieropfer waren üblich, und es gab Feste zu Voll- und Neumond. In Priesterschulen wurden Hymnen einstudiert. Im täglichen religiösen Leben spielte Zauber eine bedeutende Rolle.

In der mittelvedischen Zeit (ca 1200–850 v.Chr.), die vor allem in Rigveda X, dem Yajurveda und den älteren Brahmanatexten fassbar wird, waren die Arier bereits im oberen Gangestal anzutreffen.

---

[14]   Axel Michaels: Der Hinduismus. Geschichte und Gegenwart, München 2006, S. 48-65.

In dieser Epoche setzte sich allmählich die Gliederung der Bevölkerung in Brahmanen (Priester), Krieger, Hirten, Ackerbauern und Handwerker durch. In der Religion gewann das Opferwesen an Bedeutung. Es entstand der Glaube an einen oder mehrere Schöpfergötter neben den vedischen Gottheiten. Während die Götter in der frühvedischen Zeit durch Gebete oder Opfer ‚überredet‘ wurden, zwangen nun Priester die Götter, den Gesetzen, denen auch die Opfer unterlagen, zu gehorchen. Das Priesteramt wurde erblich.

In der spätvedischen Zeit (850–500 v.Chr.) drangen die Arier bis zur unteren Gangesebene vor. Zentralisierte Königtümer und ein begrenzter Militär- und Verwaltungsapparat entstanden. Der Handel nahm zu, Münzen wurden geprägt. Die Gesellschaft gliederte sich zunehmend in feste Berufsstände, wodurch das Varna-System gefestigt wurde.

Die Textgattung der älteren Upanishaden entstand, und es setzte sich die Vorstellung durch, dass das Leben leidvoll war. Im Zentrum der Upanishaden stand der Befreiungsgedanke und die Überzeugung, dass das menschliche ‚Selbst‘ (Atman) im Grunde eins mit dem Absoluten (Brahman) war.

Asketischer Reformismus

Die Zeit von 500–200 v.Chr. war durch Entwicklungen und Techniken im Ackerbau, der Einrichtung eines zentralen Steuerwesens, den Ausbau von Handelswegen, Arbeitsteilung und Einführung der Geldwirtschaft gekennzeichnet. Die Folge war, dass sich Personenverbände statt verwandtschaftlicher Gemeinschaften bilden konnten. Die Brahmanen hielten zwar weiterhin das Opfer für den besten Heilsweg. Gleichzeitig entstanden im Buddhismus und Jainismus ‚antibrahmanische Bewegungen‘, die das Opfer kritisierten. Buddhistische und jainistische Wandermönche, die von selbstgesuchter Nahrung lebten und in strenger Selbstzucht das Heil erstrebten, wurden von der Gesellschaft akzeptiert und unterstützt. Die Weltsicht verdüsterte sich immer weiter, und das Leben galt zunehmend als leidvoll. Weltflucht wurde gepredigt, eine Entwicklung, an der auch die zahlreichen Hungersnöte beteiligt gewesen sein könnten. Die dörflichen Brahmanen mit ihren Ritualen galten zunehmend als konservativ, der Buddhismus wurde immer mehr zur bevorzugten Religion. Der Hinduismus jedoch entwickelte die Fähigkeit zur Anpassung und Vereinnahmung fremdreligiöser Einflüsse.

Klassischer Hinduismus

In dieser Epoche des Umbruchs von ca. 200 v.Chr.-1100 n. Chr. gingen viele Elemente der vedischen Religion verloren. Die Religion passte sich immer stärker den indischen Gegebenheiten an. Zunehmend wurden Brahmanen als Hauspriester und Berater an die Höfe berufen. Dabei trat die Rolle der Brahmanen als Opferpriester allmählich in den Hintergrund. Jedoch wurde ihre führende Rolle in einem Sozialsystem, das auf Abstammung und ritueller Reinheit basierte, nicht in Frage gestellt. Folgende Vorstellungen prägten die Religion: Seelenwanderung, Karmagesetz, Idee der Befreiung (Moksha) und Nirvana, Kastensystem, Witwenverbrennung, Verbot der Wiederverheiratung, Götterbilder und Tempel, Puja, Yoga, Pilgerfahrten, Vegetarismus, Heiligkeit des Rindes, die Lehre von den vier Lebensstadien. Diese Ideen hatte die vedische Religion nur ansatzweise gekannt. Andererseits besann man sich gerade in dieser Zeit auf das brahmanische Erbe, und die beiden großen Epen Mahabharata und Ramayana entstanden. Die vedischen Gottheiten erlebten einen Niedergang. Dagegen wurden im Veda kaum erwähngte Götter wie Shiva und Vishnu immer bedeutender.

Mit dem Beginn der Gupta-Herrschaft (ca 320-650 n. Chr.), dem vorletzten nordindischen Großreich, blühte der klassische Hinduismus auf. Umfangreicher Handel, ausgebaute Karawanenwege, befestigte Städte und Handwerkergilden, aber auch die Produktion von Waffen, Gold- und Silberwaren gehörten zu den Errungenschaften jener Epoche. Auch lebten Wissenschaft, Künste und Handwerk in fast ganz Indien auf. In der späten Guptazeit wurden die ersten Tempel erbaut, und es entwickelte sich zunehmend das Pilgerwesen.

Dem letzten indischen Großreich, den Harsa (606-647 n. Chr.), gelang es noch einmal, die Regionen Bengalen, Bihar und Malwa zu vereinen. Danach entstanden nur noch regional mächtige, sich bekämpfende oder lose verbundene Vasallenstaaten. Die kleineren Königtümer waren auf den Schutz der größeren angewiesen, die zum Teil zu ihrer eigenen religiösen Legitimierung Pilgerzentren bauten. Der Zerfall der Großreiche erschütterte wiederum den brahmanischen Hinduismus und führte zu einer Bevorzugung des Vishnu- und Shiva-Glaubens. Ebenso nahm der Einfluss lokaler Gottheiten zu.

,Sekten'-Hinduismus

Die Epoche von 1100–1850 n. Chr. stand unter dem Einfluss von Islam und Christentum. Mancherorts bildeten sich islamisch-hinduistische und christlich-hinduistische Religionsformen heraus. 1206 wurde das Sultanat von Delhi errichtet, das die islamische Oberherrschaft zunächst über Nordindien begründete. Sie wurde ab Mitte des 14. Jhs. auch über Südindien ausgeweitet. Der islamische Vormarsch war zum Teil von Bildersturm und Verfolgung gekennzeichnet. Damals entstand die Universalreligion des Sikhismus. Obwohl für die Mehrzahl der Gläubigen Hinduismus und Islam unvereinbare Glaubensvorstellungen besitzen, lebt in Indien heute die nach Indonesien zweitgrößte Gruppierung von Muslimen.

Zwischen Hindus und Muslimen ereigneten sich viele Kämpfe, die jedoch nicht alle religiös motiviert waren. In manchen Regionen wurden die Hindu-Religionen nicht behelligt. Der islamische Einfluss blieb bis ca. 1850 auf die Verwaltung und Handelsstrukturen sowie auf Künste und Architektur beschränkt.

Moderner Hinduismus

Der Zeitraum von 1850–1950 ist durch Industrialisierung und durch einen hinduistisch-christlichen Synkretismus gekennzeichnet. 1498 hatte Vasco da Gama den Seeweg nach Indien entdeckt, und 1600 wurde die Britische Ost-indische Handelsgesellschaft gegründet. In religiöser Hinsicht machte sich der europäische Einfluss erst später bemerkbar. Mit der Schlacht von Plassey (1757) erlangten die Briten die Oberherrschaft zunächst über Bengalen, später über Teile Nord-, Zentral- und Südindiens. Industrialisierung, Durchsetzung der englischen Sprache als Amtssprache, Ausbau des Eisenbahnnetzes, aber auch Bevölkerungsexplosion aufgrund der besseren medizinischen Versorgung und damit Hungersnöte waren die Folge.

Von der sich heraus bildenden städtischen Mittelschicht gingen später die Unabhängigkeitsbestrebungen aus. Die britischen Handelsleute hielten sich zunächst aus den religiösen Streitigkeiten heraus. 1813 wurden die ersten christlichen Missionsgesellschaften zugelassen, und die Kritik an Missständen wie Witwenverbrennung und Kinderheirat nahm zu. Unter den Hindus wuchs das Unbehagen an der britischen Kolonialherrschaft, deren Vertreter oft auch eine vermeintlich religiöse Überlegenheit spüren ließen. 1857 ereignete sich eine Militärrevolte, die sich u.a. an einer religiösen Frage entzündete: ob die Gewehre der Briten mit Rinder bzw. Schweinefett geschmiert seien, was sowohl strenggläubiger Hindus als auch Muslime erboste und zu monatelangen Unruhen führte.

Die Wurzeln des politischen Hinduismus reichen in das letzte Drittel des 19. Jhs. zurück. Der reformistische Gelehrte Dayananda Saraswati (1824-1883) beschwor in seinem Hauptwerk ‚Das Licht der Wahrheit' die ideale Urzeit des ‚reinen' Hinduismus. Die Hindu-Lebensordnung müsse wieder bindendes Gesetz für alle sein. Die dahinter stehende hindu-politische Reinigungsidee besagt, „dass die Reinigung des Landes im Sinne der zwangsweisen Durchsetzung der wahren Religion gegenüber ihren eigenen Fehlentwicklungen wie auch gegenüber eingedrungenen fremdreligiösen Elementen zu vollziehen sei. Alle ‚fremden' Religionen wie Islam und Christentum müssten durch Rückbekehrung ihrer Anhänger zum Hinduismus ausgerottet werden. Die Idee der Reinigung der Kaste und ihres Lebensraumes von allen gefährlichen, ihre Macht einschränkenden Elementen wurde auf das als heilig empfundene Land insgesamt übertragen."

Daher spielte die Shuddhi-Zeremonie der ‚Reinigung' eine gewichtige Rolle: Alle Nicht-Hindus sollten durch ihren Übertritt zum Hinduismus ‚gereinigt' werden. Nationalaktivisten wie Vinayak Savarkar (1883-1966) griffen den Shuddhi-Gedanken wieder auf und entwickelten ihn weiter. Savarkar entfaltete 1923 in seiner Schrift ‚Hindutva. Who is a Hindu?' die Idee eines besonderen Hindu-Nationalismus. Hindutva versteht sich als Gegenbewegung zum säkularen Staat.

Das grundlegende gemeinschaftsbildende Element des hinduistischen Nationalismus ist der Glaube an die Einzigartigkeit der indischen Erde. Das durch islamische, kolonialistische, kommunistische Fremdeinflüsse verunreinigte Akhand Bharat (,Weites Indien'), zu dem neben Indien, Pakistan, Bangladesch, Sri Lanka, Bhutan, Nepal und Teile Afghanistans gehören, sollte neu erstehen. Nach Savarkar und heutigen Vertretern der Hindutva-Philosophie sind wahre Patrioten nur solche, die Bharat (,Indien') als Vaterland und heiliges Land, als Wiege ihrer Religion sehen. Indische Christen und Muslime können von dieser Ideologie her gesehen keine echten Inder sein. Hindutva war lange Zeit eine Forderung vor allem der oberen Kasten. Denn diese hatten am Fortbestand der sozialen Hierarchie ein natürliches Interesse. In den letzten beiden Jahrzehnten gelang es den Nationalisten, die Konflikte innerhalb des Kastenwesens zu überlagern, indem sie auf einen Konflikt mit Andersgläubigen setzten. Innerhalb weniger Jahre stieg die BJP zur stärksten Fraktion im indischen Parlament auf. Zwischen 1998 und 2002 stellte sie den indischen Ministerpräsidenten.

In Gujarat agitieren hinduistische Hassprediger. Sie wollen Muslimen das Stimmrecht entziehen, sie zwangsweise sterilisieren lassen, interreligiöse Heiraten verbieten und Haftstrafen für abspenstige Hindus fordern. Die Zeitschrift *Tehelka* weist auf Videos hin, auf denen radikale Hindus sich mit der Anzahl der von ihnen vergewaltigten Musliminnen brüsten.

Zu Sangh Parivar, dem Netzwerk der an Hindutva orientierten hindunationalistischen Parteien, gehören Organisationen wie der Vishwa Hindu Parishad (,Welt Hindu-Versammlung'). Diese wichtigste internationale Hindu-Organisation kümmert sich um die Belange der Hindus weltweit. Die 1964 in Bombay gegründete panhinduistische Organisation vereint mehrere hinduistische Strömungen. Das Motto der alle ,indischen Religionen' (Buddhismus, Jainismus) vereinnahmenden ,Versammlung' lautet: „Wenn du den Dharma schützt, so schützt er dich". Jeder Hindu wird verpflichtet mitzuhelfen, den Dharma wieder aufzubauen. Bei so genannten ,Befreiungsaktionen' sollten mehr als zwei Dutzend in Moscheen umgebaute Hindu-Tempel wieder ,befreit' werden. In diesem Zusammenhang stand die Aktion von Ayodhya.

Der VHP steht unter starker Kritik, weil er systematisch kommunale Konflikte zwischen Hindus uns Moslems schürt. Besonderes Augenmerk richtet VHP auf Hindus, die zu Islam und Christentum übertreten. Solchen Schritten will man mit Anti-Konversionsgesetzen Einhalt entgegentreten.

HINDUISMUS IN DEUTSCHLAND[15]

Bis in die 1960er Jahre gab es in Deutschland nur eine kleine Gruppe aus Indien stammender Hindus (2005: ca. 40.000) Diese Migranten kamen meist ohne ihre Familien nur für wenige Jahre zu Ausbildungszwecken in die Bun-

---

[15] Vgl. Handbuch der Religionen. Kirchen und andere Glaubensgemeinschaften in Deutschland, hg. von Michael Klöcker/Udo Tworuschka, Landsberg/München 1997ff. (z.Zt. 26. Ergänzungslieferung 2010).

desrepublik und kehrten anschließend nach Indien zurück bzw. wanderten in die USA oder Kanada aus. Seit Beginn der 1980er Jahre sind primär politische Flüchtlinge aus Sri Lanka, Bangla Desh und später Afghanistan nach Deutschland gekommen. Die aus Sri Lanka stammenden Tamilen bilden die größte hinduistische Gruppierung in Deutschland (2005: ca. 45.000). In den 1990er Jahren gründeten sie zahlreiche Tempel. Der zu den großen europäischen Hindukultstätten zählende hindu-tamilische Sri Kamadchi Ampal Tempel in Hamm-Uentrop mit seiner südindischen Architektur ist der Göttin Kamadchi (Sanskrit: ‚Augen der Liebe‘) geweiht, einer weiblichen Gottheit im Umfeld der Shiva-Bhakti-Bewegung. Es misst 27 x 27 m, mit gesonderen Schreinen für jede Gottesstatue. Einige Tempel veranstalten jährlich große Umzüge mit einer ‚Ausfahrt‘ der Götter. Dadurch sollen negative Mächte vertrieben werden und den Gläubigen die Möglichkeit gegeben werden, den ‚Anblick‘ (Darshan) der Gottheit zu erleben. Zu dem Tempel gehört auch ein Hochzeitsraum, in dem mehrmals monatlich hinduistische Hochzeiten geschlossen werden.

Im Großraum Frankfurt/Main existiert seit beinahe drei Jahrzehnten eine größere Bengali-Gemeinschaft, bestehend aus ursprünglichen Studierenden, Praktikanten, Facharbeitern und Akademikern. Organisiert ist diese Gruppierung mit ihrem kultischen Mittelpunkt in der Verehrung der Göttin Durga als ‚Rhein-Main Bengali Cultural Association‘.

Interessenvertretung aller Hindus in Deutschland beansprucht die 1984 gegründete Vishwa Hindu Parishad (‚Versammlung aller Hindus‘) zu sein. Diese pan-hinduistische Organisation, Teil einer indischen Mutterorganisation, ist keiner speziellen religiösen Ausrichtung verpflichtet, sondern vereint mehrere hinduistische Denominationen. Wegen ihrer politischen Zielsetzungen wird die VHP dem ‚politischen Hinduismus‘ zugeordnet.

Der Hinduismus begegnet in Deutschland seit den 1960er Jahren auch in Gestalt so genannter ‚Neuer Religionen‘, oft polemisch ‚Sekten‘ genannt. Einige sind nicht wirklich neu, sondern zum Teil Vertreter jahrhundertealter Frömmigkeitsformen. Das gilt zum Beispiel für die ‚Internationale Gesellschaft für Krishna-Bewusstsein‘ (ISKCON), populär geworden als ‚Hare Krishna-Bewegung‘. In ihrer heutigen Form wurde sie Ende der 1960er Jahre gegründet. Sie vertritt das Erbe der von dem im 16. Jh. wirkenden Guru Chaitanya ins Leben gerufenen Vishnu-Religion.

Viele neureligiöse Gemeinschaften auf hinduistischer Grundlage betonen Elemente der Selbsterfahrung, messen der Sexualität vergleichsweise viel Bedeutung bei. Dies ist zum Beispiel der Fall in den tantrischen Therapien der auf Bhagwan Shree Rajneesh (1931–1990) zurück gehenden Osho-Bewegung. Manche hinduistischen Neureligionen streben nach politischem Einfluss und trachten nach Weltveränderung, z.B. die ‚Transzendentale Meditation‘.

Die im Zuge des gesellschaftspolitisch-kulturellen Aufbruchs der 1960er Jahre entstandenen und in der Bundesrepublik verbreiteten Religionen sind

nach dem Tod ihrer Gründer in ein Stadium der Ritualisierung und Kult-
bildung übergegangen. Sie haben sich zu kleineren oder größeren Gemeinschaften konsolidiert oder sind inzwischen untergegangen. Diese Religionen
entsprechen überwiegend der Struktur traditioneller Religionen. Es sind um
einen Stifter zentrierte Gemeinschaften. Dieser Gründer steht als Offenbarer,
Prophet, Meister, Guru etc. im Mittelpunkt der Organisation, des Kultus oder
auch der individuellen Frömmigkeit.

Seit Ende der 1980er Jahre werden die ‚neuen Religionen' der 1960/70er
Jahre von kleinen und kleinsten Gemeinschaften sowie vom so genannten Lebenshilfe- oder Psychomarkt abgelöst. Aus dessen breit gefächertem,
insbesondere auch hinduistisches Gedankengut aufnehmendes Angebot
‚basteln' sich Interessenten ihre Religiosität zusammen, ohne formal einer
religiösen Gemeinschaft beitreten zu müssen. Man besucht freie Workshops
und Seminare, nimmt zeitlich begrenzte therapeutische und meditative Angebote wahr. Als Folge dieser Entwicklung stagnieren die Mitgliederzahlen
der klassischen Neureligionen wie der Osho-Bewegung und der ‚Transzen-
dentalen Meditation'.

BUDDHISMUS

SYMBOL: Das buddhistische Hauptsymbol ist ein Rad mit acht Speichen. Buddha setzte im 5. Jh. v. Chr. dieses unaufhaltsame ‚Rad der Lehre‘ in Bewegung. Jede Speiche – es gibt auch mehrspeichige Räder – steht für eine Stufe des ‚edlen achtfachen Pfades‘, dessen Beachtung dem Gläubigen den Weg zum Nirvana eröffnet. Das Rad-Symbol ist in ganz Asien verbreitet: über dem Eingang buddhistischer Tempel oder ihren Toreingängen, auf Büchern, Fahnen, Kleidungsstücken. In Ostasien benutzen buddhistische Priester vergoldete Bronzeräder als Ritualgeräte. Das Radsymbol wurde 1947 in die Flagge des unabhängig gewordenen Indien aufgenommen.

EINFÜHRUNG

Der Buddhismus hat sich über sein Ursprungsgebiet Nordindien nach Süden und Norden verbreitet. Im Allgemeinen ohne gewaltsame Mission. Neuere Forschungen erhärten allerdings die Annahme, dass das Bild einer ausnahmslos friedlichen Geschichte des Buddhismus ein positives Vorurteil ist. Seit über hundert Jahren breitet sich der Buddhismus in Deutschland aus. Die Medien haben ihn zur ‚Trendreligion‘ erklärt. Immer zahlreicher werden die buddhistischen Meditationszentren in Deutschland. Der XIV. Dalai Lama ist eine von allen buddhistischen Schulrichtungen akzeptierte Persönlichkeit, der auch auf Nicht-Buddhisten großen Eindruck macht. Nicht erst heute sehen Abendländer im Buddhismus die große Alternative zur eigenen, christlichen Religion. Der katholische Theologe Romano Guardini (1885-1968) schrieb hellsichtig: „Einen Einzigen gibt es, der den Gedanken eingeben könnte, ihn in die Nähe Jesu zu rücken: Buddha. Dieser Mann bildet ein großes Geheimnis. Er steht in einer erschreckenden, fast übermenschlichen Freiheit; zugleich hat er dabei eine Güte, mächtig wie eine Weltkraft. Vielleicht wird Buddha der Letzte sein, mit dem das Christentum sich auseinanderzusetzen hat. Was er christlich bedeutet, hat noch keiner gesagt. Vielleicht hat Christus nicht nur einen Vorläufer aus dem Alten Testament gehabt, Johannes, den letzten Propheten, sondern auch einen aus dem Herzen der antiken Kultur, Sokrates, und einen dritten, der das letzte Wort östlich-religiöser Erkenntnis und Überwindung gesprochen hat: Buddha“.

GRUNDBEGRIFFE

In der Formel von der ‚dreifachen Zufluchtnahme‘, die sie dreimal hintereinander sprechen, drücken Buddhisten ihre Überzeugung aus:

> „Ich nehme meine Zuflucht zu Buddha.
> Ich nehme meine Zuflucht zum Dhamma.
> Ich nehme meine Zuflucht zum Sangha“.

Zu diesen ‚drei Juwelen‘ bekennen sich Buddhisten aller Schulen und Richtungen. Man unterscheidet die Länder des ‚südlichen‘ Theravada- und des
‚nördlichen‘ Mahayana-Buddhismus, zu dem der tibetische Vajrayana-Buddhismus gehört. Der Buddhismus ist eine ‚gestiftete Religion‘. Sie geht auf
Siddharta Gautama, genannt Buddha (‚Erwachter, Erleuchteter‘) zurück.

DAS LEBEN SIDDHARTA GAUTAMA BUDDHAS

Buddha ist kein Familiennahme, sondern ein Würdetitel, vergleichbar mit
Christus. Von Hause aus hieß der Stifter des Buddhismus Siddhartha (‚er-
füllter Wunsch‘) Gautama, wobei der Familienname ‚größter Stier, Führer
der Herde‘ bedeutet.

Siddharta Gautama wurde um 450 v.Chr. als Angehöriger des Shakya-
Stammes im heute in Nepal gelegenen Lumbini geboren. Er war Sohn des
wohlhabenden, aus der Kriegerkaste stammenden Kleinkönigs (Raja) Sud-
dhodana.

Dessen Wirkungsbereich war das ‚mittlere Land‘ mit den beiden rivalisierenden Königreichen Koshala und Maghada. Mit seinen ca. 400 Quadrat-
kilometern umfasste es Teile des heutigen indischen Bundesstaates Bihar und
des heutigen Nepal. Das ‚mittlere Land‘ war ein fruchtbares Gebiet mit inten-
sivem Reisanbau und zunehmender Waldrodung. Zur Zeit Buddhas nahmen
Bevölkerungszahl und Bevölkerungsdichte zu. Das Leben konzentrierte sich
auf sechs große Städte. Im religiösen Leben dominierte die Opferreligion der
Brahmanen. Bei der Masse waren magische Frömmigkeitsformen verbreitet.
Daneben gab es auf kleine Zirkel beschränkte Schulen und Bewegungen, die
der ‚Welt‘ gegenüber skeptisch eingestellt waren[16]. Die Buddhabewegung war
Teil dieser antibrahmanischen Alternativbewegung von Wanderlehrern. Sie
umfasste verschiedene Richtungen. Eine von ihnen, die asketischen Jainas,
existiert bis heute und ist auch über Indien hinaus missionarisch aktiv.

Das Leben des Buddha Shakyamuni (‚Weiser aus dem Shakya-Geschlecht‘)
beginnt für Buddhisten nicht erst mit seiner Geburt. Es fing in dem Augen-

---

[16]   Immer noch lesenswert Gustav Mensching: Die Religionen und die Welt. Typen religiöser Welt-
        deutung, Bonn 1947.

blick an, als der zukünftige Buddha, der Bodhisattva, beschloss, vom Tushita-Himmel auf die Erde hinabzusteigen. Seine 40 Jahre alte Mutter Maya, eine makellose Frau, träumte davon, dass der Bodhisattva in Gestalt eines kleinen weißen Elefanten in ihren Schoß einging. Ihre Schwangerschaft verlief ohne die geringsten Beschwerden. Die Geburt war ein wundersames, schmerzloses Ereignis. Auch in der Natur geschahen Zeichen und Wunder: Himmlische Musikinstrumente erklangen, Bäume blühten, nirgendwo gab es mehr Dunkelheit, alle Wesen empfanden körperliches und seelisches Glück, Krankheiten hörten auf, Blinde konnten wieder sehen, Taube hören, Arme erlangten Reichtum. In der Tierwelt fand das Leiden ebenfalls ein Ende. Die Geburt des zukünftigen Buddha kündigte den Beginn einer heilvollen Zeit an.

Siddhartha lebte in gut situierten Verhältnissen, abgeschirmt von Armut und Krankheit. Mit 16 Jahren heiratete er, mit 29 bekam das Ehepaar den Sohn Rahula (‚Fessel‘). Dann vollzog sich die entscheidende Wende in Siddharthas Leben: Eine Woche nach der Geburt Rahulas zog der zukünftige Buddha ‚aus der Heimat in die Heimatlosigkeit‘.

Auf vier Ausfahrten, so erzählt eine Legende, begegneten Siddhartha der Reihe nach ein abgezehrter Greis und ein Kranker. Schließlich sah er einen Leichnam. Auf die Frage Siddharthas, ob nur diese konkreten Personen alt, krank bzw. tot sein könnten, antwortete sein Wagenlenker, dass es für niemanden davon einen Ausweg gäbe. Auf der letzten Ausfahrt begegnete ihnen ein Bettelmönch. Dieser faszinierte Siddharta. Nach altindischer Asketentradition rasierte sich Siddhartha Bart und Haupthaar ab, legte die gelben Asketengewänder an. Er verließ heimlich des Nachts seine Familie und begann ein unstetes Wanderdasein. Er begab sich in die Schule mehrerer Gurus. Doch diese konnten ihm auf seinem spirituellen Weg nicht weiter helfen. Siddharta verließ seine Lehrer, übte sich sechs Jahre lang in härtester Askese. Die buddhistische Kunst stellt ihn in dieser Situation als einen bis zum Skelett abgemagerten Einsiedler dar. Während dieser Zeit schlossen sich ihm fünf Mitasketen an. Als Siddhartha nach sieben Jahren feststellen musste, dass der entsagungsvolle Weg nicht zu dem gewünschten Heil führte, beschritt er fortan den ‚mittleren Weg‘. Er nahm wieder in bescheidener Weise Nahrung zu sich, was seine einstigen fünf Asketengefährten missbilligten. Nach der Tradition während der ersten Vollmondnacht des Monats Vesak (Mai), gelangte der 35jährige Siddhartha nach einer tiefen Meditation unter einer Pappelfeige (botanisch: Ficus religiosa) zur wahren Einsicht in das Wesen aller Dinge. Er erlangte Bodhi, wurde dadurch zum Buddha, zum ‚Erwachten‘ bzw. ‚Erleuchteten‘.

Im Zusammenhang mit dem Bodhi-Erlebnis siedeln buddhistische Erzähler die Versuchung des Buddha durch den Teufel Mara (‚Derjenige, der tötet‘) an. Mara ist Repräsentant der ‚Welt‘, die der Buddha gerade überwinden will. Mara bedrohte Buddha erfolglos durch eine Vielzahl schrecklicher Teufel, seine verführerischen Töchter usw.

Seine erste öffentliche Predigt hielt der Buddha in Sarnath, im Gazellenhain von Varanasi. Dort setzte er zum ersten Mal das ‚Rad der Lehre‘ in Bewegung. Die fünf Asketengefährten wurden nach anfänglichem Zögern schließlich so sehr vom Buddha in den Bann geschlagen, dass sie Buddhas erste Jünger wurden.

Über 45 Jahre widmete der Buddha sein Leben der Mission. Er predigte in Nordindien seine Lehre einem größeren Menschenkreis, gründete einen Mönchs-, später Nonnenorden (Sangha). Nur während der jährlichen Regenperiode von Ende Juni bis Ende September zog er sich zurück, gönnte sich Ruhe. Könige und reiche Gönner beherbergten ihn und seine Anhänger, stifteten Parks und Unterkünfte für die junge Gemeinde. Buddha beeindruckte durch seinen makellosen Charakter. Er strahlte Zuversicht und Befreiungsgewissheit aus. Außerdem machte seine kritische Einstellung zum veräußerlichten Kultwesen der Brahmanen Eindruck. Oft versuchten die Brahmanen, ihn in Diskussionen zu verwickeln. Buddha machte mit vielen Bildern und Gleichnissen deutlich, dass es einzig und allein darauf ankommt, die ‚Befreiung‘ anzustreben.

Gleichwie, ihr Mönche, das große Meer (nur) einen Geschmack hat, den Geschmack des Salzes, ebenso auch, ihr Mönche, hat diese Lehre und Disziplin (nur) einen Geschmack, den Geschmack der Befreiung.

Wundern gegenüber war der Buddha kritisch eingestellt. Das größte Wunder war für ihn Dhamma, die ‚Lehre‘. Gleichwohl besaß er wie seine Mönche magische Siddhi-Kräfte: psychische Eigenschaften, die sich auf der vierten Stufe der meditativen Versenkung einstellen.

DER DHAMMA

Buddha überredete niemanden zur Lehre, er warnte sogar vor voreiligen Übertritten zum Dhamma. Der Buddha führte andere Menschen zur Einsicht und überzeugte sie. Je nach Zuhörerkreis passte er seine Lehre dem jeweiligen Verständnis an. Schlichteren Gemütern wies er den Weg zu einer besseren Weiterverkörperung, Anspruchsvolleren den Weg zum Nirvana. Zu seinen Jüngern zählten einige Familienmitglieder, zum Beispiel sein Sohn Rahula, der Halbbruder Nanda, sein Neffe und Lieblingsjünger Ananda sowie entferntere Verwandte. Der Jüngerkreis war ähnlich wie der anderer großer Religionsstifter konzentrisch aufgebaut: Es gab einen 16er-Kreis (nach anderen Quellen 19), darüber hinaus einen von 500 weiteren Jüngern.

Buddha starb im Alter von 80 Jahren an den Folgen einer Ruhr – so friedlich, wie er gelebt hatte und wie auch seine Gemeinde leben sollte. Er hinterließ keinen Nachfolger, verwies stattdessen auf den ‚Dhamma‘ und den ‚Orden‘ (Sangha).

Buddhas letzte Worte sollen gelautet haben: „Wohlan denn, ihr Jünger, lasst euch gesagt sein: ‚Alle Erscheinungen sind vergänglich; kämpft unermüdlich!" Buddha starb während einer tiefen Meditation. Nach buddhistischer Überzeugung ging er in das Nirvana ein. Eine Woche danach wurden sein Leichnam eingeäschert und die Asche verteilt. Die Empfänger seiner letzten Überreste setzten diese in Verehrungshügeln, Stupas, bei. Wie Empfängnis und Geburt, so wurde auch Buddhas Tod wunderhaft umrahmt: Bäume blühten zur Unzeit, Blüten fielen vom Himmel herab und bedecken den Leichnam, himmlische Musik erklang, Erdbeben und Blitze erschauderten die Menschen.

Der folgende Text fasst Buddhas Botschaft zusammen:

„Besser als tausend nutzlose Worte ist ein einziges Wort, das Frieden schenkt. Besser als tausend nutzlose Strophen ist eine einzige Strophe, die Frieden schenkt. Besser als hundert nutzlose Gesänge ist ein einziger Gesang, der Frieden schenkt."

HEILIGE SCHRIFTEN

Pali-Kanon
Die Heilige Schrift des Buddhismus ist eine umfangreiche Bibliothek. Jede der großen Schulen (Theravada, Mahayana, Vajrayana) besitzt eigene Heilige Schriften. Keine einzige ist für alle Buddhisten gleichermaßen verbindlich. Der Pali-Kanon (benannt nach der ältesten mittelindoarischen Sprache) hatte nicht überall und immer einen identischen Textbestand. Nach Buddhas Tod diskutierten mehrere Ordensversammlungen über die ‚reine Lehre'. Auf der ersten, wenige Wochen nach Buddhas Eingang ins Nirvana, soll noch Einigkeit bestanden haben. Damals wurden die Grundlagen des Pali-Kanons festgelegt. Auf dem zweiten Konzil von Vaishali (etwa 380 v.Chr.) traten schon Lehrdifferenzen auf. Auf Veranlassung des Kaisers Ashoka fand 250 v.Chr. das dritte Konzil in Pataliputra statt. Erst im ersten vorchristlichen Jahrhundert wurden die Traditionen einer einzigen Schule festgelegt. Diese behauptete von sich, in direkter geistiger Nachfolge zur Urgemeinde zu stehen (= Theravadin, Ordensälteste).

Der Pali-Kanon bzw. das Tripitaka (wörtl. ‚Dreikorb') hat seinen Namen daher, dass die auf Palmblättern geschriebenen Texte in drei (tri) großen Körben (Pitaka) aufbewahrt wurden:

1. Vinaya Pitaka (‚Korb der Ordensregeln')
2. Sutta Pitaka (‚Korb der Lehrreden')
3. Abhidhamma Pitaka (‚Korb der philosophischen Behandlung des Dhamma', d.h. der Lehre).

Schriften des Mahayana-Buddhismus

Die sich am Pali-Kanon orientierenden Theravadin lehnen das Mahayana-Schrifttum ab. Von der Mahayana-Seite aus betrachtet liegen die Verhältnisse anders: Die ins Tibetische, Mongolische und Chinesische übersetzte Sanskrit-Version des Pali-Kanon bildet einen Teil des anerkannten Schrifttums. Diese Texte besitzen zwar nicht nicht denselben Rang wie die Mahayana-Literatur. In Tibet dienen Theravada-Texte gewissermaßen als Material für religiöse Grundkurse, an die sich dann das Oberseminar, die eigentliche und tiefgründige Lehre, anschließt.

Von den zahlreichen Mahayana-Schriften seien die folgenden besonders hervorgehoben:

Der Lalitavistara (,Die ausführlichen Erzählungen vom Spiel' des Buddha aus dem 3. Jh.): eine legendarische Buddha-Biographie, die das historische Leben Siddhartas in überirdische Zusammenhänge stellt (Wundererzählungen).

Der Saddarma-pundarika-Sutra (,Der Lotos der guten Lehre'), entstanden um 200 n. Chr. Dieses sehr bedeutende Mahayana-Sutra schildert Buddha als göttliches Wesen.

Die Prajnaparamita-Sutras (,Das Buch von der vollkommenen Weisheit') sind riesige Textmassen. Ihr Thema: die Idee der ,Leerheit'.

Der Shikshasamuccaya (,Summe der Lehre') enthält 27 Karikas, einprägsame Memorialverse. Er ist für die Mahayana-Ethik bedeutsam (Entstehung etwa Mitte 7. Jh. n.Chr.). Der Text behandelt alle Merkmale der Mahayana-Lehre.

GLAUBE

Leben als Unheil

Im Mittelpunkt der Buddha-Lehre steht die alltägliche Beobachtung, dass unser Leben nicht in erster Linie durch Glück, Liebe, Heil gekennzeichnet ist. Unglück, Missgunst, Leiden, also Unheil, prägen wesentlich unser Dasein. Schwache und Andersdenkende werden unterdrückt. Im Innern wie Außen herrschen Friedlosigkeit. Diese Symptome dokumentieren die Abhängigkeit der Menschen von der ,Welt'. Buddhisten sagen: Alles ist Dukkha, leidvoll. Buddhisten sehen darin keinen Pessimismus, sondern Realismus. Doch es gibt auch das Gegenteil: einander achtende und liebende, sich freuende, einander helfende Menschen. In Wirklichkeit befinden sie sich auch in der Dukkha-Welt.

Die ,vier edlen Wahrheiten'

In der ,Nacht der Erwachung' erhielt der Buddha ein dreifaches Wissen: 1. Erinnerung an seine eigenen früheren Geburten; 2. Beweise für die Wirkung des Karma-Gesetzes; 3. Aufleuchten der ,vier edlen Wahrheiten'. Im Buddhismus steht die Befreiung aller Lebewesen – nicht nur der Menschen – aus einer Unheilssituation im Mittelpunkt. Buddhisten bezeichnen diese „generelle und existentielle Unheilssituation" (Gustav Mensching) mit dem Begriff Dukkha, meist übersetzt mit ‚Leiden'.

„Dies, ihr Mönche, ist die edle Wahrheit vom Dukkha. Geburt ist Dukkha; Alter ist Dukkha; Krankheit ist Dukkha; Tod ist Dukkha; mit Unlieben vereint sein ist Dukkha; von Lieben getrennt sein ist Dukkha; nicht erlangen, was man begehrt, ist Dukkha: kurz die fünf mit Anhaften verbundenen Gruppen von Daseinsfaktoren (Dharma) sind Dukkha.

Dies, ihr Mönche, ist die edle Wahrheit von der Entstehung des Dukkha: Es ist der Durst, der zur Wiedergeburt führt, samt Freude und Begier, hier und dort seine Freude findend: der Lüstedurst, der Werdedurst, der Vergänglichkeitsdurst.

Dies, ihr Mönche, ist die edle Wahrheit von der Aufhebung des Dukkha: die Aufhebung dieses Durstes durch restlose Vernichtung des Begehrens, ihn fahrenlassen, sich seiner entäußern, sich von ihm lösen, ihm keine Stätte gewähren.

Dies, ihr Mönche ist die Wahrheit vom Wege zur Aufhebung des Dukkha, es ist dieser edle achtteilige Pfad, der da heißt: rechtes Glauben, rechtes Entschließen, rechtes Wort, rechte Tat, rechtes Leben, rechtes Streben, rechtes Gedenken, rechtes Sichversenken."

Die erste edle Wahrheit analysiert Dukkha: Was man allgemein für Individualität hält, erweist sich letztlich als Zusammenfassung von fünf ‚Gruppen' (Skandha): 1. Körperlichkeit; 2. Empfindungen; 3. Vorstellungen, Wahrnehmungen; 4. Willensakte, Triebkräfte, 5. Bewusstsein. Mit diesen fünf ‚Gruppen' ‚ergreift' jeder Mensch die ihn umgebende Welt. Gruppen heißen sie, weil sie selbst wieder in Einzelelemente zerfallen: in freudige, leidvolle, neutrale Gefühle usw. Die fünf Gruppen sind Dukkha, weil sie ‚drei Merkmale' haben: Sie sind leidvoll, vergänglich, nicht das eigentliche Selbst. Die wesentlichen, den Lebensprozess in Gang haltenden Triebkräfte sind ‚Gier, Hass und Wahn' bzw. ‚Illusion', auch die ‚drei Wurzelgifte' genannt.

Dukkha ist weit mehr als körperliches oder seelisches Leiden: „Was auch immer *empfunden* wird, das gehört zum Dukkha", also auch freudige, positive Gefühle. Denn sie tragen den Keim des nachfolgenden Leidens bereits in sich. Dukkha geht nicht in normalen sinnlichen Erfahrungen auf: „Das Leiden nicht zu erkennen (...) wird Nichtwissen genannt". Nichtwissen (Avijja) besteht in der Unkenntnis der vier ‚edlen Wahrheiten'.

Dukkha ist also ein religiöser Begriff. Er geht zwar vom körperlich-seelischen Unwohlsein aus, doch nicht darin auf. Dukkha bringt die menschliche Unheilssituation auf den Begriff. Dukkha bedeutet, sich im Samsara zu befinden, sich immer wieder neu verkörpern zu müssen. So wie es vor dieser Welt, deren Anfang und Ende der Mensch nicht kennt und zu seinem Heil auch gar nicht kennen muss, bereits andere Welten gegeben hat und in Zukunft geben wird, so ist die Tatsache der Weiterverkörperung für einen Buddhisten völlig normal, jedoch eine grauenhafte Erfahrung. Dass der Mensch überhaupt als Mensch wiedergeboren wurde, ist ein außerordentlicher Glücksfall. Nur Menschen, nicht aber Tiere, besitzen die Möglichkeit, dem ewigen Kreislauf zu entrinnen. Samsara wird mit einem sich drehenden Rad verglichen.

Die zweite edle Wahrheit nennt die Ursachen der dieses Rad in Bewegung haltenden Kräfte: an erster Stelle Tanha. Damit ist die ‚Gier‘ gemeint, der ‚Durst‘, und zwar nach drei Objekten: Lust, Werden, Vergänglichkeit. Diese Erkenntnis hat Parallelen zu Sigmund Freuds Spekulationen über den Todes- (Thanatos) und Lebenstrieb (Eros).

Tanha, die Hauptwurzel des Leidens, ist die menschliche Begehrlichkeit, in erster Linie Sexualität (Kama), aber auch Streben nach Leistung, Macht. Die dritte edle Wahrheit thematisiert die Aufhebung der Gier, wodurch Dukkha schließlich aufhört. Hierbei geht es um das Nirvana.

Die vierte edle Wahrheit zeigt den Weg aus der Dukkhawelt. Es ist der ‚edle achtfache Pfad‘, der aus den folgenden Schritten besteht: rechte Ansicht, rechtes Denken, rechtes Reden, rechtes Handeln, rechtes Leben, rechtes Streben, rechte Wachsamkeit und rechtes Sichversenken. Aus Dukkha kann kein Gott, auch nicht der Buddha befreien. Er ist kein Erlöser, sondern der ‚Wegweiser‘ des vom Menschen selbst zu gehenden Pfades. Anfänglich braucht der Heilssucher noch ‚Glauben‘ (Saddha) im Sinne des Vertrauens in die Wahrheit der Worte Buddhas. Je weiter er fortschreitet, desto mehr wird dieses durch Wissen abgelöst.

Der edle achtteilige Heilsweg gliedert sich letztlich in drei Stufen: 1. ‚ethisch-asketische Zucht‘ (Sila-Gebote); 2. ‚Versenkung‘ (Samadhi); 3. ‚Erkenntnis‘ (Panna).

Nirvana

Nirvana ist das Ziel des buddhistischen Strebens und bedeutet Verlöschen. Nirvana darf man keinesfalls mit ‚Nichts‘ übersetzen. Der Buddhismus ist keine nihilistische Philosophie. Nirvana ist im Gegenteil etwas Positives. Nirvana ist nirgendwo lokalisierbar. Es befindet sich dort, wo es einem Menschen ‚geschenkt‘ wird. Was immer es sein mag, so macht es den ‚Erwachten‘ glücklich. Manche umschreiben es negativ und sagen, was es *nicht* ist. Man hat Nirvana in paradoxen Formulierungen wiedergegeben, um deutlich zu machen, dass es mit weltlicher Logik nicht erfassbar ist. Zumindest so viel lässt sich sagen. Nirvana ist das Gegenteil von Dukkha.

Moderne Deutungen machen Nirvana zu einer Kraftquelle für die Umgestaltung der Gesellschaft. Einige sehen im Nirvana die Chiffre für eine diesseitige gesellschaftliche Utopie, eine Gesellschaftsordnung ohne Egoismus.

MENSCHENBILD

Die Sila-Gebote enthalten die buddhistische Ethik. Für sie ist das Tun des ‚Heilsamen' und das Unterlassen des ‚Unheilsamen' ausschlaggebend. Der buddhistischen Ethik liegt die Karma-Lehre zugrunde, wobei Karma nicht bloß die Tat, sondern den ihr vorauf gehenden Willensentschluss bedeutet. Dieser drückt sich in Taten, Reden und Denken aus. Unheilvolles Karma ist die Auswirkung der negativen Triebkräfte Gier, Hass und Wahn und verstrickt den Menschen weiter in die Dukkhawelt hinein. Heilvolles Karma dagegen beruht auf Selbstlosigkeit, Güte (Metta) und Wissen. Selbst die Anhäufung heilvollen Karmas führt niemals zur Befreiung, sondern zu einer glücklicheren, zeitlich jedoch begrenzten Weiterverkörperng, z.B. als Gottheit. Überwiegt unheilvolles Karma, so hat dies negative Auswirkungen auf die nächste Geburt. Endgültige Befreiung ereignet sich durch ein von allen Triebkräften freies, ‚von der Wurzel abgeschnittes' Tun.

Für Laienbuddhisten gelten fünf ethische Verhaltensrichtlinien, für den Mönche zehn: „Ich gelobe abzustehen vom: 1. Töten; 2. Nehmen dessen, was nicht gegeben; 3. unrechten Wandel in Sinnenlüsten; 4. Lügen; 5. Genuss berauschender Getränke". Hieran schließen sich fünf typische Mönchsgebote an: 6. nicht zu unerlaubter Zeit zu essen; 7. nicht an Lustbarkeiten (Tanzen, Musik, Schauspiel) teilzunehmen; 8. sich keiner Kränze, Wohlgerüche und Schmucksachen zu bedienen; 9. nicht in zu hohem und breitem Bett zu schlafen; 10. kein Silber oder Gold anzunehmen.

Die buddhistische Ethik erhebt einerseits einen universalen Anspruch; denn sie gilt unterschiedslos für alle Menschen. Anderseits unterscheidet sie zwischen den Verpflichtungen für Laien und Mönche. Weil sich die Menschen nicht alle gleichzeitig im gleichen Reifestadium befinden, können sie nicht alle Gebote erfüllen. Auf dem endlosen Weg der Weiterverkörperungen wird jeder einmal die Stufe erreichen, wo er die höheren ethischen Verpflichtungen der Mönche bzw. Nonnen auf sich nimmt. Auf die Stufe der ethisch-asketischen Zucht folgt die der Versenkung (Samadhi). Hierzu sind bestimmte Voraussetzungen erforderlich, wie äußere Abgeschiedenheit, ein geeignetes Kloster usw.

Ein zentraler Unterschied zu Religionen mit einer personalen Gottesvorstellung besteht darin, dass im Buddhismus kein Gott seinen Geschöpfen gebietet, dieses oder jenes nicht zu tun. Es ist im Buddhismus der selbstverantwortliche Mensch, der sich selbst dazu entscheidet („Ich gelobe abzustehen von..."), eine Handlung nicht zu begehen.

Wie die Laien ein richtiges buddhistische Leben führen sollen, legte Buddha dar, indem er die Aufgaben von Eltern, Kindern, Schülern, Lehrern, Ehegatten, Freunde, Herren und Dienern den Weg zu einer glücklicheren Weiterverkörperung beschrieb.

STAMMZELLENFORSCHUNG

Bioethische Diskussionen werden im Buddhismus weniger leidenschaftlich als in westlichen Ländern geführt. Denn die Eingriffe in die menschliche Natur stehen nicht wie im jüdisch-christlich-islamischen Bereich im Gegensatz zu einer Schöpfungslehre. Auch gibt es in der buddhistischen Lehre keine Vorstellung von einer zu bewahrenden menschlichen ‚Natur‘. Stammzellenforschung lehnen viele Buddhisten ab. In der Erklärung der Deutschen Buddhistischen Union (DBU) zur gegenwärtigen Genforschung und Biotechnologie (26.4. 2001) werden verbrauchende Embryonenforschung, insbesondere Präimplantationsdiagnostik sowie therapeutisches Klonen abgelehnt. Die DBU spricht sich entschieden gegen alle Bestrebungen aus, den Menschen durch Maßnahmen gezielter Züchtung und genetischer Selektion, des reproduktiven Klonens oder der Keimbahntherapie, biotechnisch optimieren zu wollen. Die DBU lehnt ‚verbrauchende Embryonenforschung‘ ab, da sie auf dem Töten und Verrohstofflichen menschlicher Lebewesen beruht. Dies betrifft insbesondere die ‚Präimplantationsdiagnostik‘ (PID), welche die Selektion menschlicher Embryonen beinhaltet, sowie das auf Züchten, Töten und Verwerten von Embryonen beruhende ‚therapeutische Klonen‘.

Reproduktives Klonen ist in Singapur verboten. Erlaubt aber ist in dem südostasiatischen Stadtstaat weiterhin das sogenannte ‚regulierte therapeutische Klonen‘. Nuklearer Zelltransfer zur Entnahme von Stammzellen ist zu Forschungszwecken legal

---

Mann und Frau

Zunächst sah Buddha keinen Nonnenorden vor. Erst auf Bitten seiner Tante stellte er seine Bedenken zurück. Allgemein sehen buddhistische Mönche in Frauen eine Herausforderung und die Versuchung, sie von Askese und Meditation fernzuhalten. Buddhas Lieblingsjünger, Ananda, fragte einmal den ‚Erwachten‘: „‚Wie sollen wir uns den Frauen gegenüber benehmen?‘ Der Herr: ‚Sie nicht ansehen‘, Ananda. ‚Und wenn wir sie sehen müssen?‘ Der Herr: ‚Nicht mit ihnen sprechen!‘ Ananda: ‚Und wenn wir mit ihnen sprechen müssen?‘ Der Herr: ‚Unsere Gedanken scharf unter Kontrolle halten!‘"

Nonnenorden hatten kein Vorbild in der indischen Religionsgeschichte. Um die Nonnen zu schützen, suchte Buddha Regeln, um die Nonnen an die Mönchsorden zu binden. Die ‚acht Regeln‘, denen sich die Frauen unterwerfen mussten, brachten sie in eine den Mönchen untergeordnete, abhängige Lage. Im frühen Buddhismus gab es Nonnenorden in mehreren Hinayana-Schulen. Ab dem 4. Jh. nach Chr. nahm die Zahl der Nonnen jedoch ab. Bis dahin sind sie als Stifterinnen inschriftlich sogar häufiger belegt als Mönche.

Die letzten bekannten Inschriften von Nonnen in Indien stammen aus dem
7. Jh. Die Nonnenorden sind wohl in der Theravadatradition im 10 Jh. aus-
gestorben. Nach der Einführung des Buddhismus im 6. Jh. in Japan entstand
ein weibliches Mönchtum. Seine Grundlage war der altjapanische Glaube
an das Charisma der Schamaninnen. Der männliche Zweig entstand erst 20
Jahre später. Von den weltweit ungefähr 60.000 buddhistischen Nonnen ist
ein Viertel als Bhikkuni voll ordiniert. Solche Nonnen gibt es heute nur noch
in der Dharmaguptaka-Tradition in China. Spirituell fortgeschrittene Frau-
en in den übrigen buddhistischen Ländern können allenfalls als ‚Schwester‘,
eine Art Quasi-Nonne, leben. Der Ordensregel nach sind sie keine Nonnen
im eigentlichen Sinn. Sie tragen die Bezeichnung Anagarika (‚Hauslose‘)
oder differenzierter – nach der Zahl der von ihnen befolgten Rechtsregeln
– ‚Anagarika, die neun Regeln auf sich genommen hat‘ oder ‚Anagarika, die
zehn Regeln auf sich genommen hat‘. Diese kahl geschorenen Frauen in ihren weißen Roben leben in Klöstern oder zu Hause. Weil eine einmal kom-
plett abgerissene Ordinationstradition nicht wieder aufgebaut werden kann
– sie muss sich nämlich auf den Buddha zurück verfolgen lassen – kann das
Religionsministerium solche Frauen nicht als Nonnen anerkennen. Non-
nenordinationen müssen stets von einem Nonnen- *und* Mönchsorden vorgenommen werden. In der Theravadaschule gibt es nur noch Mönche. Man
kann also keinen Nonnenorden dieser Richtung bilden. Die Bestrebungen
der Frauen in den Theravada-Ländern, eine Ordinationstradition aus China
einzuführen, scheiterten bisher am Widerstand der Theravada-Mönche. Da
diese Frauen offiziell nicht als ordiniert gelten, gewährt man ihnen nicht die
für Mönche üblichen Vergünstigungen im öffentlichen Leben, finanzielle Zu-
schüsse und die gleichen Bildungschancen wie Männer. Häufig arbeiten die
‚Schwestern‘ auf karitativem Gebiet. 1996 erhielten buddhistische Frauen in
Sarnath erstmals nach vielen Jahrhunderten die Vollordination. Nachdem
eine entsprechende Ordination 1998 auch in Sri Lanka stattgefunden hatte,
boten die Laien-Buddhisten den Nonnen Dana dar, stellten sie damit mit den
Mönchen auf eine Stufe. Dana (‚Geben‘) bildet die Grundlage des buddhistischen Lebens. Mönche und Nonnen benötigen vier wesentliche Dinge, um
ein tugendhaftes Leben führen zu können: Nahrung, Kleidung, Wohnstätte
und Medizin. Dana dient der spirituellen Entwicklung; denn sie fördert Tugendhaftigkeit und Selbstlosigkeit und beendet Hass und Gier. Nur wenn die
Laienbuddhisten nicht nur Mönchen, sondern auch Nonnen Dana geben,
kann ein Nonnenorden auf Dauer existieren. Im westlichen buddhistischen
Modernismus machen sich Impulse zur spirituellen Gleichberechtigung der
Frau bemerkbar.

Buddha bejahte grundsätzlich die Heilsfähigkeit der Frau, die er religiös
auf dieselbe Stufe mit dem Mann stellte. Hinsichtlich ihrer sozialen Stellung
besteht in vielen vom Buddhismus geprägten Ländern eine ziemlich klare
Auffassung über die unterschiedliche Rolle von Mann und Frau. Religiöse

Wertungen und patriarchalische Auffassungen sind dabei nicht immer klar zu trennen. Männer besitzen nach Ansicht vieler Buddhisten einen höheren geistigen Rang als Frauen.

Der Frau werden Eigenschaften wie Weichheit, Mitleid und die Fähigkeit zu ernähren zugesprochen. Als typische Eigenschaften des Mannes dagegen gelten Härte und Stärke, aber auch Gleichgültigkeit und mangelnde Selbstdisziplin. Deshalb soll ein vorübergehender Klosteraufenthalt dem Laien dazu verhelfen, negative Eigenschaften zu überwinden. In der Praxis herrscht ein recht freies und gleichrangiges Verhältnis von Mann und Frau.

HEILIGE ZEITEN

FESTE AM LEBENSWEG

Die Mönchsweihe

Die Mönche (Bhikkhu) sind wie Buddha Shakyamuni ‚aus dem Haus in die Hauslosigkeit‘ gegangen. Laien vollziehen dagegen diesen Schritt nicht. Ein ‚richtiges‘ buddhistisches Leben, so wie es der Buddha gelehrt hatte, können aber beide Gruppen führen. Der Buddha hielt seine Lehre sogar für unvollkommen, wenn sie nicht auch von den Laien gelebt werden könnte. Zahlreiche Lehrreden richten sich an diese Gruppe und entfalten eine buddhistische Laienethik. Im Unterschied zum Bhikkhu kann ein Laie dem Nirvana nicht mit voller Kraft entgegenstreben, da er in Familie und Beruf Aufgaben zu erfüllen hat.

Dem Vorbild des Buddha folgend, beginnt ein buddhistischer Junge sein Noviziat zu einem durch Astrologie vorher bestimmten Zeitpunkt. Während dem Jungen der Kopf kahl geschoren wird, hält dieser ein Haarbüschel in der Hand und meditiert darüber. Eltern und Verwandte beschenken den jungen Novizen. Die Aufenthaltsdauer im Kloster ist individuell verschieden, beträgt zwischen mehreren Wochen und Jahren. Mit 20 Jahren kann man zum Bhikkhu (‚Mönch‘) ordiniert werden.

Die Bhikkhuschaft bedeutet keine lebenslange Verpflichtung. Zu jeder Zeit können die Mönche auf eigenen Wunsch ihren Orden verlassen. Wenn ein Bhikkhu gegen die vier großen Verbote (Geschlechtsverkehr, Diebstahl, Mord, Anmaßung von Vollkommenheit) verstößt, wird er des Ordens verwiesen. Es gibt 13 Vergehen, die einen vorübergehenden Ausschluss nach sich ziehen, sowie 99 Straftaten, die zu einer schlechten Weiterverkörperung führen, wenn sie nicht bereut werden.

Trauung

Als der Buddhismus Laiengemeinden neben den Mönchsgemeinden gründete, musste er auch eine Ehe-Ethik entwickeln. Buddha bezeichnete Eheleute, die ein sittlich einwandfreies Leben führten, als ‚gottgleich‘ (deva und devi).

Der Sexualität wird im frühen Laienbuddhismus keine große Wertschätzung entgegen gebracht. Buddha soll zu einem Brahmanen gesagt haben: Zum vollkommenen Brahmanen wird man, wenn man „seine Frau nicht wegen der Sinnenlust, noch des Vergnügens oder des Geschlechtsgenusses hat, sondern nur um der Fortpflanzung willen." Hat der Brahmane diese Pflicht erfüllt, soll er der Welt entsagen.

Der Buddhismus bejaht die Ordnung der Ehe und unterstreicht die Wichtigkeit der Familie. Der Mann soll seine Ehefrau versorgen und beschützen, die Frau soll ihrem Mann dienen. Als der Buddha gefragt wurde, in welcher Form eine tugendhafte Ehefrau wiedergeboren wird, antwortete er: Eine glückliche Wiedergeburt ist von acht Eigenschaften abhängig – davon, wie die Ehefrau ihrem Gatten dient; wie sie Menschen behandelt, die ihr Haus besuchen; wie sie ihre häuslichen Arbeiten verrichtet; wie sie mit ihrem Gesinde umgeht; wie sie Wertgegenstände ihres Gatten achtet; ob sie eine treue Laienjüngerin ist; ob sie die fünf Sittengebote einhält; wie sie die Armen behandelt. Eine solche Ehefrau darf damit rechnen, in die Gemeinschaft der ‚anmutigen Gottheiten' wiedergeboren zu werden. Der Mann hat die Pflicht, seine Frau zu ehren, zu respektieren, ihr treu zu sein und ihr Schmuck zu schenken.

Zu Lebzeiten Buddhas kamen auch polygame Ehen vor. Die Äußerungen Buddhas zu diesem Thema sind nicht eindeutig. Einerseits lobte er die Zufriedenheit mit nur einer Ehefrau als besondere Tugend. Gleichzeitig setzte er die Existenz eines königlichen Harems als selbstverständlich voraus. Vom Hinduismus übernahm er die Vorstellung, dass ein oberkastiger Mann nacheinander Hausvater sowie schließlich Samnyasin sein kann.

In buddhistischen Ländern ist die Eheschließung eine säkulare Angelegenheit und geschieht auf dem Standesamt. Trotzdem ist es guter Brauch, dass das Paar den Segen der Bhikkhus im örtlichen Kloster erbittet.

Tod und Bestattung
Die Lebewesen werden viele Male wiedergeboren, bis sie sich endlich befreit haben, also in das Nirvana eingegangen sind. Buddhisten vergleichen den Tod mit dem Zerbrechen einer Glühbirne: Zwar ist das Licht verloschen, nicht aber die Elektrizität. Wenn man eine neue Birne einsetzt, ist wieder Licht vorhanden. Entsprechend gibt es eine Kontinuität des Lebensstroms. Die Zerstörung des gegenwärtigen Körpers löscht nicht den Strom der karmischen Energie aus, der sich dann in einem ihm gemäßen neuen Körper manifestiert. Nichts bleibt dabei dem Zufall überlassen. Die Art und Weise, wie der Einzelne sein Leben geführt hat, die Qualität der Gedanken, die Beschaffenheit der Taten, die stark genug sind, ein wieder verbindendes Bewusstsein ähnlicher Art zu bedingen, schaffen die neue Existenz.

Buddhistische Bestattungsbräuche variieren von Land zu Land. Am weitesten verbreitet ist die Feuerbestattung. So wird in Thailand ein Verstorbener in das Kloster gebracht und dort gewaschen. Er bleibt so lange unbestattet,

bis man durch Horoskop einen günstigen Verbrennungstermin ermittelt hat.
Die Urne mit der Asche des Verstorbenen wird im Kloster eingemauert, die
restliche Asche von der Familie dem Meer übergeben. In Tibet wird die ‚Lu
ftbestattung'praktiziert. Dabei wird der Leichnam in Stücke geschnitten und
an Geier verfüttert – als letzter Akt selbstloser Freigiebigkeit gegenüber anderen Lebewesen. Für Buddhisten ist der tote Körper nicht mehr als eine leere
Hülle. In Nepal wird die Art der Bestattung (Verbrennen, Beerdigung, Fluss-
bestattung, Geier) durch Horoskope bestimmt. Im japanischen Zen-Buddhismus erhält der Verstorbene einen eigenen Namen, dessen Ehrwürdigkeit von
seinem Verdienst um den Tempel abhängt.

FESTE IM JAHRESKREIS

Viele Feste erinnern an bedeutende Ereignisse aus dem Leben des historischen Siddharta Gautama Buddha, andere stehen im Zusammenhang mit
biographischen Daten wie Geburt und Tod bedeutender Schulgründer. Manche Feste orientieren sich am natürlichen Jahresverlauf und/oder erhalten
eine nachträgliche buddhistische Deutung. Die buddhistischen Feste werden
nach dem Mondkalender gefeiert. Weil Sonnen- und Mondkalender nicht
aufeinander abgestimmt sind, fallen die Feste jedes Jahr auf andere Tage des
Sonnenkalenders.

Buddhistische Festtage fallen immer auf Uposatha-Tage: Vollmond,
Neumond, sowie die Tage des ersten und letzten Mondviertels (1., 8., 15., 23.
eines Monats). Jede Woche hat somit einen besonderen Feiertag. Auch wenn
Uposatha ‚Fasten' bedeutet, zeichnen sich diese Tage nicht in erster Linie
durch Verzicht auf Nahrung aus. Die Laien wenden sich von den Alltagsdin-
gen ab und versuchen, sich stärker im Sinne der ethischen Regeln zu verhalten. An Vollmondtagen suchen sie Klöster auf, hören die Buddha-Lehre und
geloben, die acht ethischen Gebote einzuhalten.

Vesak

Das ‚dreifach heilige' Vesak-Fest verdankt seinen Namen dem gleichnamigen
Monat, der unserem Mai entspricht. In Sri Lanka wird Vesak am 14. Tag des 3.
Monats begangen. Seit dem 12. Jh. feiern Buddhisten drei hervorstehende Ereignisse aus dem Leben Siddharta Gautama Buddhas: Geburt, Erwachung unter dem Bodhi-Baum, Sterben. Buddhas Tod gilt als freudiges Ereignis, weil es
sein Eingehen in das Nirvana bedeutet. In Sri Lanka verschickt man Vesakkar-
ten an Verwandte, Freunde und Bekannte. Der Gedanke des Schenkens steht
im Zentrum des Festes: Manche beköstigen Pilger, andere spenden Blut.

Vesak ist ein Lichter- und Fahnenfest: Überall auf den Straßen blicken
einem Darstellungen aus dem Leben Buddhas entgegen, bunte Flaggen we-
hen, Laternen und Kerzen erstrahlen. In Nepal ist Vesak öffentlicher Ruhetag: Niemand darf an diesem Tag lebende Wesen töten. Schon eine Woche

vorher strömen die Laienanhänger in die Tempel und zu öffentlichen Plätzen, um der Verkündigung der Buddha-Lehre zu lauschen.

Esala Perahera

Dieses am 15. Tag des 6. Monats (Juli) begangene einwöchige Fest (auch Asalha genannt) erinnert an Siddhartas ‚großen Auszug‘, an seine erste in Sarnath gehaltene Predigt sowie an den Beginn des 1. Konzils in Rajagriha kurz nach Buddhas Tod. In Sri Lanka findet die inzwischen touristisch stark vermarktete Esala-Perahera-Prozession statt. Große Besucherströme pilgern zum Tempel Dalada Maligawa (Zahntempel) in Kandy, wo nach frommer Überlieferung der Zahn des Buddha in einem Behälter aufbewahrt wird. An Esala Perahera wird diese Zahnreliquie – oder heute auch ein Ersatz, weil die eigentliche Reliquie als zu heilig gilt – auf dem Rücken eines Elefanten durch die Straßen getragen.

Vassa/Varsa

Kurz nach Esala beginnt am 25.Juli die dreimonatige Regenzeit (Vassa/Varsa), während der sich die Mönche und Nonnen getrennt zurückziehen und zusammenleben. Bereits Siddharta Gautama verbrachte die Regenzeit mit seinen Mönchen an einem Ort, zog also nicht zu Lande predigend umher. Die Regenzeit endet am Vollmond 15. August. Dann schenken die buddhistischen Laien den Ordensangehörigen neue Roben und andere Gegenstände für den täglichen Gebrauch

Pavarana

In Thailand und Vietnam heißt das Ende der Regenzeit Pavarana, in Sri Lanka nennt man es Wap. Nach dem Ende der Regenzeit schmücken Buddhisten ihre Häuser und Tempel mit Lichtern. Sie denken auch an die Wiederkehr Buddhas aus dem Tushitahimmel, wo er während der Regenzeit seiner Mutter predigte. Während des ganzen Monats finden ‚Kathina-Feiern‘ statt, bei denen die Bevölkerung den Mönchen Roben aus ‚Rohbaumwolle‘ (Kathina = unbearbeitetes Stoffstück) schenkt, welche diese dann gelb oder rötlich färben.

HEILIGE ORTE

Stupa und Vihara

Charakteristisch für den Buddhismus sind die Stupas, die Buddha-Grabhügel. Die Überreste des eingeäscherten Siddharta Gautama wurden verschiedenen Interessenten übergeben, die sie in ihre Heimat trugen. Die Buddha-Reliquien wurden in Grabhügeln bestattet. Berühmt ist die Pagode von Kandy (Sri Lanka), wo der heilige Zahn Buddhas aufbewahrt wird. Stupas sind gemauerte, im Allgemeinen halbkugelförmige Dome ohne Türen und Fenster. In einem wertvollen Behältnis wird die Reliquie in einer

Kammer aufbewahrt. In den meisten Stupas befinden sich jedoch keine Buddha-Reliquien, sondern Texte aus den heiligen Schriften oder andere Gegenstände. Die Gläubigen umschreiten den Stupa verehrungsvoll, indem sie ihm ihre rechte Körperhälfte zuwenden. Der Stupa versinnbildlicht die wesentlichen Elemente der Buddha-Religion: der runde oder quadratische Sockel des Stupa den ,Glauben', Saddha. Damit ist die Haltung des Vertrauens gegenüber Buddha gemeint. Drei übereinander liegende Scheiben stehen für die ,dreifache Zufluchtnahme': zum Buddha, Dhamma, Sangha. Der darauf ruhende Dom symbolisiert die religiöse Lehre. Das darüber angeordnete vierschichtige Quadrat ist Sinnbild der ,vier Edlen Wahrheiten'. Acht nach oben hin kleiner werdende Scheiben stehen für den ,Edlen Achtfachen Pfad'. Das Nirvana wird durch die oft kegel- oder tropfenförmig gestaltete Spitze versinnbildlicht (nach Hans-Jürgen Greschat).

Ein Vihara (,Aufenthaltsort, Wohnstatt') war der Rückzugsort der Mönche während der Regenzeit. Heute ist Vihara auch Bezeichnung für eine buddhistische Tempelanlage und Kloster. Viharas befinden sich in der Nähe von Pilgerstätten; große Viharas wurden zu Hauptsitzen von bestimmten Schulrichtungen oder entwickelten sich zu Universitäten. Der indische Bundesstaat Bihar erhielt seinen Namen aufgrund der Tatsache der zahlreichen dort gelegenen Viharas. Im Hof befindet sich oft eine Devala, ein Heiligenschrein, der einem ,Deva' oder mehreren ,Devas' (Gottheiten) geweiht ist.

Städte in Indien

Von den bedeutenden heiligen Städten des Buddhismus werden hier nur die in Indien gelegenen historischen Orte aufgeführt, an denen Siddharta Gautama wirkte. Darüber hinaus gibt es Orte, an denen bedeutende Dharma-Lehrer, lokale Förderer der Religion, Gründer-Äbte von Klöstern verehrt werden. Auch die Stifter der Hauptschulrichtungen Theravada, Mahayana, Vajrayana sind mit bestimmten Orten verbunden.

Die wichtigsten Buddha-Städte sind sein Geburtsort Lumbini, gelegen im heutigen Nepal, Kusinara (heute das unscheinbare Dorf Kasia), wo er starb. Seine Erwachung geschah unter dem Bodhi-Baum in der Nähe des Städtchens Uruvela, das heutige Bodh-Gaya. Zum ersten Mal in Gang setzte Buddha das Rad der Lehre im Wildpark Isipatana, das heutige Sarnath, unweit der Metropole Varanasi (Kashi).

RELIGIÖSE HANDLUNGEN

Die Puja

Bei der Puja handelt es sich um die kultische Verehrung des Buddha. Die Puja ist eine komplexe Symbolhandlung, ein meditatives Zeremoniell. Deutsche Buddhisten haben einen Pujaverlauf entworfen: Auf dem Altar befindet sich auf einer Erhöhung die Budda-Statue und eine brennende

Kerze. Davor sind sieben Kerzen halbkreisförmig aufgestellt, vor ihnen eine Wasserschale, links eine Kerze, rechts eine gefüllte Wasserkanne. Räucherstäbchen, Blumenschmuck und ein Gong sind weitere Requisiten. Die bald schon verwelkenden Blumen versinnbildlichen die Hinfälligkeit, die Vergänglichkeit alles Seins. Die Kerzen erinnern an Buddha, dessen Bodhi die Dunkelheit des Nichtwissens vertrieben hat. Der Weihrauch symbolisiert den süßen und reinigenden Duft der das ganze Bewusstsein durchdringenden ‚Lehre‘ (Dhamma). Darüber hinaus versinnbildlicht es den angenehmen Duft heilvoller Taten.

Zu Beginn der Pujafeier wird die linke Kerze am Buddhalicht mit den Worten angezündet: „Das Licht der Erleuchtung will ich weiterreichen, um das Dunkel des Unwissens zu erhellen". Die Kerze wird auf ihren Platz zurückgestellt; dabei wird gesagt: Nun „vergegenwärtige ich mir die sieben Glieder der Erleuchtung". Die sieben Kerzen werden nacheinander angezündet, die erste am Buddhalicht, die weiteren jeweils an der vorherigen. Dann wird Wasser aus der Kanne in die Wasserschale gegossen und dabei gesprochen: „Wie das Wasser in der Schale gesammelt, gebändigt, nutzbar wird, so werde ich auch das Gemüt im Gefäß der Lehre fassen, dass es Werkzeug wird des Weges." Nach kurzem Bedenken werden die Verehrungsformeln, Zufluchtsformeln sowie die fünf Verhaltensregeln jeweils dreimal hintereinander gesprochen. Anschließend folgt eine Rezitation der Kernaussagen der Buddha-Lehre. Beschlossen wird die Puja mit der Metta-Sutta (s. S. 223).

Die Riten des Buddhismus sind ihrem Wesen nach nicht auf die Erreichung bestimmter Absichten gerichtet. So sind etwa Opferungen vor Buddhastatuen für die Erlangung des Nirvana im Grunde bedeutungslos. Nach Auffassung der buddhistischen Gelehrten sind sie nur legitim als Ausdruck der tiefen Verehrung des dahingegangenen Buddha. Man betet Buddha also nicht an, sondern ehrt sein Angedenken. Der Buddha selbst ist in das Nirvana eingegangen, daher unerreichbar. Doch sein Einfluss dauert fort.

Meditation
Friedrich Heiler stellte einmal Jesus, den ‚Meister des Gebets‘, Siddharta Gautama Buddha gegenüber, den ‚Meister der Versenkung‘. Die Meditation ist das Herzstück des Buddhismus. Erst durch sie wurde aus Siddharta Gautama der ‚Erwachte‘. Nur sie ermöglicht die Befreiung aus dem endlosen Kreislauf der Weiterverkörperungen. Buddhistische Texte warnen davor, ohne vorbereitende sittliche Zucht und genaue Kenntnisse des Weges mit dem Meditieren zu beginnen. Empfohlen wird, sich einen ‚edlen Freund‘, einen in Meditation erfahrenen Lehrer zu suchen. Notwendige Voraussetzungen für die Meditation sind geeignete Orte (Wald, Fuß eines Baumes, Berg, bergige Landschaft, Felsenhöhle, Friedhof, Dschungeldickicht, freies Feld, Strohhütte), Zeiten (Morgendämmerung, Mittag, Sonnenuntergang) und Körperhaltungen. Für die Satiptatthana-Meditati-

on zum Beispiel werden der klassische Lotos-Sitz bzw. für westliche Zeitgenossen abgewandelte Varianten empfohlen: rechter Fuß über den linken gekreuzt, Füße ruhen auf den Oberschenkeln, wobei die Fußsohlen nach unten gerichtet sind, Hände befinden sich ein wenig unter dem Nabel, das Rückgrat ist aufgerichtet, das Zwerchfell zu vollem Umfang ausgedehnt, Kinn aufrecht, Blick auf die Nase konzentriert oder auf einen Punkt nach vorn gerichtet, Augen halb oder ganz geschlossen. Meditiert werden kann aber auch im Stehen, Gehen oder Liegen.

Das beständige Üben der Sila-Gebote ist nicht nur die unerlässliche Voraussetzung für die buddhistische Schulung, sondern wird Hand in Hand mit der Entfaltung von Konzentration und Erkenntnis entwickelt. Der Meditierende soll sich von den seine Konzentration behindernden ‚fünf Hindernissen (des Heilvollen)' befreien: Sinnenlust, Ärger, Starrheit, Gewissensunruhe, Zweifelsucht.

Zu den klassischen Meditationsformen im Theravada-Buddhismus gehören die Samadhi- und Vipassana-Meditation. Die erste Methode der ‚geistigen Konzentration' bewirkt Geisteskonzentration, kann bis zu höchsten ‚Versunkenheitsstufen' (Jhana) führen. Daraus können eine günstige Weiterverkörperung im nächsten Leben, ein gegenwärtig glückliches Dasein und Geistesreinheit resultieren – jedoch keine ‚Einsicht' in die letzte Realität, kein befreiender Ausstieg aus dem unheilvollen Kreislauf. Auch Siddharta Gautama übte solche Trancemethoden, bevor er Bodhi erlangte. Der Samadhi-Meditation kommt somit nur eine vorbereitende Funktion zu. Dagegen ist die meditative ‚Einsicht in das wahre Wesen aller Dinge' (Vipassana) der direkte Pfad zur vollen ‚intuitiven Erkenntnis', zum Nirvana.

Im 3.-11. Kapitel des Visuddhi-Magga (‚Weg der Reinheit') des Mönchs Buddhaghosa (5. Jh. nach Chr.), dem bedeutendsten nachkanonischen Werk des Theravada-Buddhismus, werden 40 verschiedene Meditationsübungen und -objekte unterschieden. Durch sie kann der Meditierende bis zu neun Jhana-Stufen (Skr. ‚Versenkung, Trance') erreichen: Auf die vier ‚Versenkungen der feinkörperlichen Sphäre' folgen vier (bzw. fünf) ‚Bewusstseinsstufen des Formlosen'. Auf jeder Versenkungsstufe werden vorher erlebte Bewusstseinszustände zurückgelassen, bis schließlich „die von Leid und Glück freie, durch Gleichmut und Achtsamkeit völlig reine vierte Versenkung, die rein ist durch Gleichmut und besonnenes Überdenken" erreicht ist. [...] Dann überwindet er gänzlich die Vorstellung von Gestalten und materiellen Dingen und auch die Vorstellung von der Vielheit der Gegenstände und denkt nur noch an den unendlichen Raum"[17].

Damit beginnen die vier (bzw. fünf) ‚Bewußtseinsstufen des Formlosen'. Hatte der Meditierende auf den ersten vier Jhana-Stufen sich auf ein materielles Objekt bzw. eine daraus abgeleitete Vorstellung konzentriert, so erreicht

---

[17]   Gustav Mensching: Buddhistische Geisteswelt. Vom historischen Buddha zum Lamaismus, Baden-Baden 1955, S.148f.

er die ‚formlosen‘ Trancezustände nur, wenn er alle Formwahrnehmung aufgibt. Die Meditationen des ‚grenzenlosen Raumes‘ (5. Jhana) und der ‚grenzenlosen Bewusstheit‘ (6. Jhana) werden durch die Versenkung in die Nicht-Dinghaftigkeit, die ‚Leere‘ (7. Jhana), abgelöst. Schließlich wird sich der Meditierende der Hinderlichkeit jeder Art von Wahrnehmung bewusst, und er „öffnet sich für den bedingungslosen Frieden“ (8. Jhana), was zu äußerster Gelassenheit führt. In diesem Stadium nicht mehr sinnlicher Wahrnehmung nähert man sich den äußersten Grenzen der Wahrnehmung. Manche Texte kennen noch eine neunte Versenkungsstufe, die Ebene des „Auslöschens von Bewusstsein und Empfindung“.

Zu den 40 Meditationsobjekten gehören u.a. folgende: zehn Kasinas (Skr. ‚Ganzheiten, Gesamtbereiche‘): Erde, Wasser, Feuer, Wind, Blau, Gelb, Rot, Weiß, Raum, Bewusstsein. Während die Kasina-Übungen allen Meditierenden empfohlen werden, findet man im Pali-Kanon eine Zuordnung der übrigen Konzentrationsübungen zu den insgesamt fünf unterschiedenen Menschentypen: Den ‚Sinnlichen‘ wird die Konzentration auf die zehn ‚Unreinheiten‘ (Skr. Asubha) nahegelegt. Gemeint sind damit die zehn Stadien der Verwesung eines Leichnams. Für die ‚Frommen‘ eignen sich die zehn ‚Erinnerungen‘ (Skr. Anussati): Meditationen über Buddha, seine Lehre (Dhamma), die Mönchsgemeinde (Sangha), Moral, Freigebigkeit, Himmelswesen (Deva), Tod, Körper, Ein- und Ausmatmung, Frieden. Den ‚Trägen‘ legt man nahe, über die ‚vier Unermesslichen‘ (Apramana, Brahmavihara) zu meditieren: Metta (Pali, Skr. Maitri ‚Freundlichkeit, Güte, Liebe‘), Karuna (‚Mitleid‘), Mudita (‚Mitfreude‘) und Upekkha (‚Gleichmut‘). Die Metta-Übung beginnt beim Meditierenden selbst: „Möge ich selbst glücklich und frei von Leiden sein“. Schrittweise wird dieser Wunsch ausgeweitet auf Familie, Verwandte, Freunde bis zu Feinden und die Tierwelt. Darüber hinaus gibt es spezielle Atmungsübungen für die Choleriker sowie Konzentrationen über den Ekel vor Nahrung für die Intellektuellen.

Durch diese Übungen können jeweils unterschiedlich tiefe Jhana-Ebenen erreicht werden. Entscheidend für das Erreichen des Nirvana jedoch ist Vipassana, der Hellblick bzw. die Einsicht in die ‚drei Merkmale aller irdischen Erscheinungen‘: Vergänglichkeit, Leiden, Ich-Losigkeit. Nyanatiloka definierte Vipassana als „das aufblitzende intuitive Erkennen der Vergänglichkeit, des Elendes und der Unpersönlichkeit aller körperlichen und geistigen Daseinserscheinungen“. Von den genannten 40 Meditationsobjekten eignen sich einige besonders zur Erreichung von Vipassana: so die Meditation über die Ekelhaftigkeit der Nahrung, Leichenmeditationen bzw. die Satipatthana-Meditation, die ‚vier Erweckungen der Achtsamkeit‘, die auf Körper, Empfindungen, Geist und Daseinsobjekte gerichtet werden. Auch im Westen ist diese in buddhistischen Ländern überaus beliebte Meditation verbreitet. Der Text (Digha-Nikaya 22; Majjhima-Nik.10) wird nicht nur regelmäßig in buddhistischen Klöstern rezitiert; er spielt auch in der häuslichen Frömmigkeit eine große Rolle. Häufig rezitieren buddhistische Mönche dieses Sutta am Bett Sterbender, um deren letzte Gedanken dadurch zu reinigen.

Die wohl auf vorbuddhistische Ursprünge zurückgehende Übung hat innerhalb der buddhistischen Religionsgeschichte beträchtliche Wandlungen erfahren. Ursprünglich war sie wohl eine reine Körperbeobachtung mit dem Ziel, Gedankenlosigkeit und Unachtsamkeit zu bekämpfen sowie die Fähigkeit zum bewussten Beobachten zu schulen. Im Theravada wurden die eigentlich ‚buddhistischen‘ Elemente eingebaut, die zur Einsicht in die ‚drei Merkmale‘ führen.

Essen und Trinken

Obgleich die strengeren Speisevorschriften den Mönchen vorbehalten sind, wird allen Buddhisten empfohlen, übertriebenen Genuss am Essen zu vermeiden. In vielen Theravada-Klöstern wird zwar Obst- und Gemüseanbau betrieben, doch sind die Mönche angehalten, sich ihre Speisen zu erbetteln. Oft nehmen die Mönche nur eine Hauptmahlzeit gegen Mittag ein, für die es keine eigene Essenszeremonie gibt. Man isst nur, um den Körper zu erhalten, nicht aber, um dem Essen Freude abzugewinnen. Grundsätzlich gemieden werden Fleisch, Fisch, Eier und Alkohol. Es werden auch Einwände gegen Pfeffer, Knoblauch, Schnittlauch, Pepperoni und Zwiebeln erhoben. Im Mahayana-Buddhismus sind ähnliche Argumente zu hören. Für das vegetarische Essen werden auch moralische Gründe angeführt; denn beim Fleischessen würde man den Hass, den das Tier im Augenblick seiner Ermordung verspürt, in sich aufnehmen.

RELIGIÖSE AUTORITÄTEN

Acarya: Titel eines buddhistischen Mönchs oder Lehrers.
Bhikkhu (Pali, Sanskrit: Bhikshu: ‚Mönch, Bettler‘): Männliches Mitglied des buddhistischen Ordens.
Bhikkuni (Bhikshuni: Nonne): Weibliches Mitglied des buddhistischen Ordens.
Samanera: Entspricht im christlichen Mönchswesen dem Novizen. Er bemüht sich, ein Vollmitglied im buddhistischen Orden zu werden.
Thera (Ältester), Bezeichnung für einen älteren Mönch (Bhikkhu) entweder aufgrund seines Alters oder seiner Würdigkeit. Theri ist die weibliche Bezeichnung.

DER BUDDHISMUS ANGESICHTS AKTUELLER
PROBLEME DER GEGENWART

Familienplanung

Die meisten Buddhisten sind davon überzeugt, dass einem nach Wiedergeburt
drängenden Wesen vom Zeitpunkt der Empfängnis an das Recht auf Leben
zusteht. Daher ist auch die ‚Pille danach‘ nicht erlaubt. Vorbeugende Maßnahmen, um die Befruchtung der Eizelle zu verhindern, sind dagegen gestattet.
Im frühen Buddhismus war man davon überzeugt, dass das Leben direkt mit
dem Schwangerschaftsbeginn einsetzte. Aufgrund damaliger medizinischer
Erkenntnisse bestimmte man den Zeitpunkt der Empfängnis anhand körper-
licher Merkmale, die erst einige Zeit nach der Befruchtung auftreten. Ein so
bestehender Interpretationsspielraum ermöglichte die Entscheidung für eine
Abtreibung in den ersten Wochen der Schwangerschaft. Man argumentierte,
dass bei einem Fötus noch nicht von Anfang an alle fünf Skandhas (‚Daseins-
gruppen‘: Körper, Empfindung, Wahrnehmung, Geistesregungen, Triebkräfte,
Bewusstsein) vorliegen. Diese erst machen nach buddhistischer Auffassung ein
vollwertiges menschliches Wesen aus. Wenn im Zweifelsfall nur das Leben von
Mutter oder Kind gerettet werden kann, spielt diese Überlegung eine Rolle.

Buddhisten bewerten die Problematik der Geburtenregelung unterschiedlich: Für die einen ist sie kein grundsätzliches Problem und wird dem jeweiligen
Ehepaar überlassen. Der Sangha greift in die Entscheidung nicht ein. Andere
Stimmen machen sich gegen eine Geburtenkontrolle stark. Sie sehen darin einen Versuch, das Wirken des Karmas zu beeinflussen. Vertreter dieser Position
tendieren zur Ablehnung jeglicher Geburtenregelung. In der Praxis jedoch war
die Notwendigkeit von Geburtenkontrolle stillschweigend anerkannt. Buddhisten praktizierten Empfängnisverhütung schon zu Lebzeiten des Buddha auf
verschiedene Weise: durch Enthaltsamkeit, Koitus Interruptus, empfängnis-
verhütende Medikamente. Abtreibung wird als Tötungsdelikt grundsätzlich
negativ bewertet. Andere Deutungen sehen in der Abtreibung die Vernichtung
eines potentiellen Buddhas. Sie betrachten daher die Tötung als Verbrechen gegen den Erhalt der menschlichen Rasse. In der gegenwärtigen buddhistischen
Welt gilt die Abtreibung neben Todesstrafe, Umweltzerstörung und Drogenmissbrauch als eines der größten Probleme. Vereinzelt lassen manche die Abtreibung zu, wenn die Gesundheit der Mutter ernsthaft bedroht ist und so die
Abtreibung als das geringere Übel erscheint. Einige Buddhisten akzeptieren
einen Schwangerschaftsabbruch auch dann, wenn die Schwangerschaft das Ergebnis von Inzest oder Vergewaltigung ist.

Bei der Diskussion der Folgen einer Abtreibung für das Karma steht das
dem Ungeborenen zugefügte Leid an erster Stelle. Da aber nach der Karma-
lehre die Absicht einer Handlung noch größere Bedeutung als die Tat selbst
besitzt, sind die dem Abtreibungswunsch zugrunde liegenden Motive mit zu
berücksichtigen. Eigennützige und materielle Erwägungen haben schlech-

tere karmische Folgen als der Abbruch aufgrund einer Erkrankung des Fötus oder anderer schwerwiegender Gründe

Die buddhistische Ethik gebietetet Mitleid mit den verzweifelten Frauen, die eine Abtreibung vorgenommen haben. Deutlich wird diese Einstellung an der in Japan beliebten Verehrung des Jizo Bosatzu. Zusammen mit der im Volksglauben als Göttin verehrten Kannon gehört der jugendliche bzw. kindliche Jizo zu den populärsten Bodhisattvas. Er wird als Mönch mit kahl geschorenem Schädel (ungewöhnlich für einen Bodhisattva) dargestellt, mit einem Pilgerstab in der Hand. Jizo begleitet die Toten in die Unterwelt, rettet die Seelen derer, die kein ‚richtiges‘ Begräbnis erhalten haben. Vor allem aber ist Jizo Schutzherr der ungeborenen, abgetriebenen ‚Wasserkinder‘ (Mizuko). Jizo führt sie wohlbehalten über den Unterweltfluss. Auf den Friedhöfen Hasedera in Kamakura und in Ogano-machi im Norden Tokyos sind Areale mit Tausenden von Jizo-Figuren, so genannten ‚Jizo-Armeen‘, angelegt worden.

Buddhistische Feministinnen weisen auf die hohe Zahl der illegalen, medizinisch unfachmännischen Schwangerschaftsabbrüche hin (in Thailand 1993: 80.000), die oft mit Unfruchtbarkeit oder Tod enden. Dies ist u.a. begründet durch das patriarchalische Denken, die Erziehung der Mädchen und Frauen zu Unterwürfigkeit und Gehorsam sowie durch mangelnde Aufklärung und oft nicht vorhandenem Zugang zu Verhütungsmitteln.

GLEICHGESCHLECHTLICHE LIEBE

Gegenwärtige buddhistische Stimmen zu diesem Thema sind kontrovers. Die tibetische Tradition stuft Oral- und Analverkehr schon seit Jahrhunderten als sexuelles Fehlverhalten ein. Der 1995 verstorbene ch'an-buddhistische Meister Hsüan Hua verurteilte die Homosexualität, weil diese zu einer Wiedergeburt in niedrigeren Existenzbereichen führe. Auch der Dalai Lama XIV. äußerte sich kritisch, weil der für die Sexualität erforderliche Kinderwunsch in einer homosexuellen Beziehung nicht zu erfüllen sei. In diesem Sinn sprach er sich gegen ein gesellschaftliche Klima aus, das Homosexualität aktiv fördert. Gegenüber der Entscheidung des Einzelnen dagegen solle man Respekt und Toleranz zeigen. Viele Buddhisten akzeptieren heute gleichgeschlechtliche Beziehungen, die zwei Partner aus freiem Willen eingegangen sind.

Der aus Hawaii stammende und dort als Neunzigjähriger lebende Zen-Lehrer und Schriftsteller Robert Aitken Roshi (geb. 1917), Gründer der laienbuddhistischen Zen-Organisation Diamond Sangha in Honolulu, rät homosexuellen Buddhisten zu einem ‚Coming-Out‘, weil das Verheimlichen der eigenen sexuellen Neigungen unvereinbar mit Zen sei. Ein öffentliches Eingestehen der eigenen sexuellen Neigungen sei unverzichtbar, um spirituelle Fortschritte zu erzielen. Inzwischen gibt es mehrere Laienorganisationen gleichgeschlechtlicher Sexualität.

Menschenrechte
Großes Mitgefühl für Benachteiligte ist in der buddhistischen Lehre fest verankert, was zu einem aktiven Eintreten für die Menschenrechte bzw. deren konkreter Umsetzung führen kann. Im Mahayana hat der Bodhisattva bereits Bodhi erlangt, stellt aber sein eigenes Heil zum Wohle anderer zurück. Aus diesem Verständnis heraus zeigt sich unendliches Mitgefühl nicht nur in der Privatsphäre, sondern ist ein wesentlicher Bestandteil globaler Politik.

Der thailändische Mönch Sulak Sivaraksa (geb.1933) machte sich in seinem Land für Demokratie und Menschenrechte stark, trat für das universale Recht auf freie Meinungsäußerung ein und leistete einen wesentlichen Beitrag für Frieden und Gerechtigkeit über die Grenzen seines Landes hinaus.

Die Bürgerrechtlerin Aung San Suu Kyi (geb. 1945) kämpft unter Berufung auf die buddhistische Lehre seit Jahren gegen die Militärdiktatur in ihrem Land, tritt für einen gewaltlosen Übergang Myanmars zur Demokratie ein.

Im September 2007 gingen in Birma (Myanmar) über 20 000 Mönche auf die Straße, um gegen das Unrechtssystem in ihrem Land aufzubegehren. Zu den hochverehrten und „unantastbaren" Mönchen in ihren safranroten Roben gesellten sich auch Hunderte von Nonnen ganz in Weiß. Bereits in den 1940er Jahren standen Mönche beim Widerstand gegen die britischen Kolonialherren in erster Reihe. 1961 wurde in Myanmar der Buddhismus zur Staatsreligion erhoben. 1962 stürzte die Armee die gewählte Regierung. Seitdem regiert in diesem Land eine Militärdiktatur. Ihre Politik führte zur Zerrüttung der Wirtschaft und gnadenloser Verfolgung Andersdenkender. Seit zweieinhalb Jahren führt die Armee Myanmars im Osten des Landes einen Krieg gegen die Zivilbevölkerung, die der ethnischen Minderheit der Karen angehört. Mehr als 140.000 Menschen wurden getötet, gefoltert, vertrieben, vergewaltigt, in Zwangsarbeit verbracht. Sprecher der Opposition sind buddhistische Mönche.

In einer kleinen, symbolischen Machtdemonstration drückten sie ihre Opposition zur Militärjunta anschaulich und eindringlich aus: Sie drehten ihre Almosenschalen um, wenn jemand aus dem Regime etwas hineinlegen wollte. Seitdem heißt das Wort für Boykott in Birma wörtlich „Die Almosenschale umdrehen."

TODESSTRAFE

Aufgrund des Metta-Prinzips für alle Lebewesens soll der Buddhist sich einem Gesetzesübertreter gegenüber nicht von ‚innerweltlichen' Vergeltungsansprüchen leiten lassen, sondern dem Täter Mitleid entgegen bringen. Das gilt insbesondere für die Todesstrafe, die auch ohne religiöse Legitimierung in buddhistischen Ländern wie Thailand existiert.

Kritisch formulierte der Dalai Lama XIV. 1999 in einem Statement zum Thema Todesstrafe, er habe den Eindruck, dass die Exekution von Schwerverbrechern nicht nur eine vorbeugende Aufgabe habe, sondern sich darin auch ein gewisses Rachegefühl äußere. Solche Emotionen könnten jedoch mit Hilfe des Buddhismus überwunden werden. Welches Verbrechen der Täter auch begangen habe, die eigentliche Ursache sei ein gestörtes Innenleben, das jedoch alle Menschen, nicht nur Verbrecher besitzen können. Wer die Todesstrafe für andere fordere, projiziere die eigenen verborgenen Mängel auf einen anderen, anstatt an sich selbst zu arbeiten.

Im Hinblick auf den Täter setzen Buddhisten auf die Lernfähigkeit des Menschen. Selbst ein Mörder besitze die Möglichkeit zur Umkehr. Als Beispiel wird die Geschichte des Gewaltverbrechers Angulimala aus dem Pali-Kanon angeführt, den der Buddha resozialisierte und zu einem friedfertigen Schüler seines Mönchsordens machte.

Seit 1975 leitet der myanmarische Dharma-Lehrer S. N. Goenka (geb. 1924) Vipassana-Meditations-Kurse für Inhaftierte verschiedener asiatischer Gefängnisse, um diese von Innen heraus zu rehabilitieren. Sie sollen erkennen, dass die eigentliche Unfreiheit darin besteht, im Kreislauf der Wiedergeburt gefangen zu sein.

Krieg und Frieden

Im Allgemeinen gilt der Buddhismus als friedliebende und ‚inhaltlich tolerante‘ (Gustav Mensching) Religion. Weite Strecken seiner Geschichte belegen diese Friedensliebe, mag das Bild auch durch neuere Forschungen Risse bekommen haben. Eine herausragende Rolle dabei spielt das tief in die indische Religionsgeschichte zurückreichende, immer wieder aktualisierte Ahimsa-Gebot, niemanden zu verletzen.

Zahlreiche Überlieferungen Buddhas fordern Güte und Feindesliebe, so auch die in der ganzen buddhistischen Welt verbreitete Metta-Übung. Zwietracht und Blutvergießen werden in einigen Texten aus den drei vom Buddha analysierten Grundübeln Gier, Hass und Verblendung abgeleitet. Wie alle anderen Formen aggressiven Verhaltens gilt Krieg als durch unheilsame Bewusstseinshaltungen verursacht. Diese zeigen sich in Gedanken, Worten und Taten der Menschen, eskalieren in der Gesellschaft. Einmal in Gang gesetzte militärische Maßnahmen entfalten eine Eigendynamik und lassen alle zu Opfern werden. Ein erlittener Angriff ist karmisch gesehen das Ergebnis eigenen vergangenen Fehlverhaltens. Anderseits wird der Angreifer später selber Opfer militärischer Gewalt.

Zwischen der beeindruckenden Friedenslehre des Buddhismus und seiner alltäglichen Glaubenspraxis bestehen Spannungen: Der japanische Lotus-Buddhismus besitzt ein beachtliches Aggressionspotential. Sein Gründer

Nichiren (1222–1282) forderte das scharfe Durchgreifen gegen Feinde der Buddha-Religion. Im Hokké-Buddhismus fand der Eifer Nichirens seine Fortsetzung. Die ‚Komeito-Partei‘, ein Ableger der aus dem Hokké-Buddhismus hervorgegangenen ‚Soka Gakkai-Bewegung‘, hat zumindest zeitweise das Shakubuku, die Bekehrung anderer ‚auf Biegen und Brechen‘ zu ihrem Leitsatz erhoben.

Die Kolonialherrschaft sowie zum Teil erzwungene Missionsverträge trugen zur Entwicklung eines politischen Buddhismus und zu Unabhängigkeitsbestrebungen bei, die Gewalt als legitimes Mittel zur Erreichung ihrer Ziele betrachteten. Einen aggressiven Buddhismus dokumentieren: das militärische Engagement von Mönchen des chinesischen Shaolin-Klosters; kriegerische Auseinandersetzungen zwischen buddhistischen Herrschern in Myanmar und Thailand bzw. zwischen buddhistischen Staaten Südostasiens; gewaltsame tibetisch-buddhistische Konversionsmaßnahmen in der Mongolei; die Einstellung hoher japanischer Zen-Repräsentanten gegenüber imperialen Kriegsmaßnahmen zwischen dem späten 19. Jh. und dem Ende des Zweiten Weltkriegs.

1959 diskutierten Vertreter der beiden buddhistischen Hauptrichtungen Theravada und Mahayana kontrovers auf einem wichtigen Kongress in Tokyo das Problem des Verteidigungskrieges: Repräsentanten der Theravada-Länder sprachen sich für absoluten Pazifismus aus, die Mahayana-Länder dagegen billigten einen Verteidigungskrieg.

Manche zeitgenössischen Friedensinitiativen haben buddhistische Wurzeln. Die von dem Japaner Nikkyo Niwano (1906-1999) mit begründete Rissho Kosei-Kai (‚Gesellschaft für Aufrichtung von Recht und mitmenschliche Beziehungen‘) profilierte sich als Friedensbewegung, aus der die ‚Weltkonferenz für den Frieden‘ hervorging. Der im indischen Exil lebende Dalai Lama tritt seit seiner Flucht aus Tibet für das Selbstbestimmungsrecht seines tibetischen Volkes ein, hat Politiker in aller Welt wiederholt zum Engagement für den Frieden aufgefordert. Zu den weiteren bekannten Fürsprechern eines ‚engagierten Buddhismus‘ gehören der vietnamesische Mönch Thich Nath Hanh (geb. 1926) und die Mitarbeiter des ‚Karuna Center for Peacebuilding‘. Dieses bietet in Bosnien, Ruanda, dem Mittleren Osten Seminare an, in denen mit dem Buddhismus kompatible Prinzipien der Gewaltlosigkeit studiert und trainiert werden. Weitere bedeutsame Friedensaktivisten sind der thailändische Sozialkritiker Sulak Sivaraksa (geb. 1933) und der aus Sri Lanka stammende A. T. Ariyaratne (geb. 1931).

Wirtschaftsethik

Die kleinste wirtschaftliche Einheit im frühen Buddhismus war die Großfamilie. Der Buddha beschrieb in seinem Gespräch mit dem Mönch Singalaka das Verhältnis zwischen ‚Herren‘ und ‚Knechten‘, um darzulegen, dass sie eine auf Gegenseitigkeit beruhende Partnerschaft entwickeln sollen. Der

Knecht gehört zum Haus, hat vorgeschriebene Arbeiten zu verrichten, darf aber nicht überfordert werden. Sein Herr soll ihn rechtmäßig entlohnen, und er hat Anspruch auf Fürsorge im Krankheitsfall: Es geht nicht nur um ein auf Produktivität ausgerichtetes Arbeits-, sondern um ein von Gerechtigkeit (Rta) geprägtes Beziehungsverhältnis. Für Rta wird auch der Begriff Satya (‚Wahrheit‘) verwendet. Der Hausherr soll seinen Reichtum auf ehrliche Weise erwerben und den Bedürftigen davon etwas abgeben.

Der myanmarische Politiker U Nu (1907–95) betrachtete die Illusion über den Wert des Eigentums als eine Ursache des Klassenkampfs. Der zeitweilige Regierungschef forderte eine neue Bewertung im Sinne der buddhistischen Ethik, um so den Unterschied zwischen Herren und Knechten aufzuheben und das ‚Nirvana auf Erden‘ zu verwirklichen.

Eine Blütephase erlebte der sozialistische Buddhismus in der ersten Hälfte der 1960er Jahre unter General Ne Win (1911–2002), der für eine Verschmelzung von Marxismus und Buddhismus eintrat. Aus dem Buddhismus wurde die Vorstellung des egoistisch verblendeten Individuums entnommen. Dem Sozialismus entliehen war die Behauptung, dass der menschliche Egoismus nur durch moralische Wandlung bzw. Umerziehung möglich ist. Diese soll nicht von der buddhistischen Sangha, sondern vom Staat überwacht werden.

Eine andere Auffassung vertraten die thailändischen Reformbuddhisten Buddhadasa Indapanno (1909–1993) und Phra Dhammapitaka (geb. 1939) mit ihrem ‚Dhamma-Sozialismus‘. Dieser war von dem Prinzip geleitet, dass die Gesellschaft von der Zielsetzung des echten Frieden bestimmt werden sollte, sowohl des ‚persönlichen Friedens‘ (Santisukha) als auch des ‚Weltfriedens‘ (Santipap). Alle gesellschaftlichen Bereiche, wie Wirtschaft, Politik, Kultur und Religion sind Teil der Natur und damit dem Dhamma-Gesetz unterworfen. Ein Schüler Buddhadasas, Phra Khru Suparajawat, vertrat die Ansicht, der Sangha müsse vor allem den wirtschaftlichen Missständen in der Gesellschaft entgegenwirken. Während früher die Mönche auf Kosten der bäuerlichen Bevölkerung lebten, sollen sie heute aktiv an gesellschaftlichen Aufbauprogrammen mitwirken. Auf die Gefahren der Globalisierung weist vor allem Sulak Sivaraksa immer wieder hin. Neben der prinzipiellen buddhistischen Kritik an westlichen Wirtschaftskonzepten sind Stimmen zu hören, die den Buddhismus in das Wirtschaftsleben einbinden wollen, zum Beispiel die Vipassana-Meditation in das Wirtschaftsleben. Diese Meditation soll dazu beitragen, das Stress-Niveau der Beschäftigten zu senken.

Im frühen Buddhismus war Arbeitsethik kein zentrales Thema. Arbeit im Sinne von Karma hatte eher eine negative Bedeutung, weil sie den Menschen an den Geburtenkreislauf band. Unter Arbeit verstand der Buddha primär die ‚rechte Tat‘, den ‚rechten Lebenserwerb‘, die vierte bzw. fünfte Stufe des ‚edlen achtfachen Pfades‘.

Heutige Buddhisten sprechen der Arbeit die Aufgabe zu, den Weg zum Nirvana vorzubereiten. Vor allem innerhalb der Mönchsgemeinden nimmt die Arbeit eine hervorgehobene Stelle ein. So betreiben Mönche Schulen, Kindergärten, Krankenhäuser und eigene Güter. Arbeit schafft die Voraussetzung für bessere Lebensbedingungen. Das ferne Nirvana wird in greifbare Nähe gerückte, zum auf Erden realisierbares Paradies umgedeutet. Das japanische Wirtschaftswunder wäre kaum ohne diese bewusste Hinwendung zum Diesseits möglich gewesen. Eine wichtige Rolle nimmt die Arbeit in den buddhistischen Laienbewegungen (Rissho Kosei-kai, Itto-en, Sekai Kyuseikyo) ein. Diese sind in der arbeitenden Bevölkerung entstanden, bieten eine Alternative zu den inhumanen Arbeitsbedingungen in vielen japanischen Betrieben. Der Gründer der Itto-en (‚Garten des Lichts‘), Tenko Nishida (1872–1968), stellte Roto (‚selbstgewählte Armenexistenz‘) in den Mittelpunkt seines Glaubens. Die Gemeindemitglieder verrichten bei der Roto die niedrigsten Arbeiten unter den Bewohnern der Umgebung. Durch das selbstlose Verrichten monotoner Arbeit soll Nirvana schon im Diesseits erreichbar sein. Bei der Tenrikyo ist die ‚heilige Arbeit‘ (Hinokishin) ein Weg, sich von Selbstsucht zu befreien und ganz für andere da zu sein. Die Rissho Kosei-Kai (‚Gesellschaft für Aufrichtung von Recht und mitmenschlichen Beziehungen‘) will die Buddhanatur durch diesseitige Arbeit erreichen. Diese Gemeinschaft betreibt eigene Farmen, um Kranken und Behinderte zu betreuen.

Aus dem Gebot des Mitleidens ergibt sich das Verbot des Tötens und die Forderung, auch Tieren kein Leid anzutun. Buddhisten sollen sich dafür einsetzen, das vorhandene Leid zu mindern und eine versöhnte Einstellung zur Umwelt entwickeln: „Mögen alle Wesen glücklich sein."

Der gegenwärtige Buddhismus lehrt keine einheitliche Umweltethik. Pessimistische Weltverneinung und Ablehnung der Technik sind ebenso vorhanden wie vernunftbetonte Planung, soziales Engagement und Umweltverantwortung. Buddhisten versuchen, die moderne Technik mit der buddhistischen Lehre ein Einklang zu bringen und einen Mittelweg zwischen Wertgewinn und Konsumorientierung zu finden.

UMWELTETHIK UND TIERSCHUTZ

Auch buddhistisch geprägte Länder sind heutzutage von Umweltproblemen betroffen. Quecksilber- und Kadmiumvergiftung, Sauerstoffmangel und Luftverschmutzung betreffen insbesondere asiatische, vom Buddhismus geprägte Länder. Ein einheitliches Verständnis und Verhalten zur Umwelt gibt es im Buddhismus nicht, da die buddhistischen Schulen keine gemeinsame Auffassung von der Wirklichkeit haben. Sie gehen in ihren Grundaussagen auf die Erfahrung des Buddha zurück. Dieser erkannte, dass die ‚generelle und existentielle Unheilssituation‘ Dukkha durch die Verquickung der scheinbaren Persönlichkeit mit der Umwelt verursacht wurde. Buddhisten sprechen der Welt als sich stets verändernde Größe keine eigentliche Bedeu-

tung zu. Alles Existierende ist durch etwas anderes bedingt und verändert sich unentwegt. Alle Materie ist Energie, alle Substanz ist Bewegung. In dieser Einsicht fühlen sich Buddhisten durch die modernen Erkenntnisse der Ökologie von der wechselseitigen Beeinflussung aller Umweltfaktoren und den damit verbundenen Kausalabläufen in der Umwelt bestätigt. Am Ende stehen immer wieder Vergehen und Zerfall. Ursache alles vergänglichen Seins ist die Gier, die das Individuum an die scheinbar reale Welt bindet. Die Umwelt weckt Bedürfnise im Menschen, zu deren Befriedigung er sich in den Kreislauf von Werden und Vergehen verstrickt. Dieser unheilvolle Zustand kann nur durch die Selbstbefreiung von der Begierde durchbrochen werden. Die Umwelt wird als ständige Versuchung und Ablenkung vom Heilsziel verstanden. Daher muss sich der Einzelne distanziert zu seiner Umwelt verhalten.

Der aus Sri Lanka stammende Philosoph und Psychologe Padmasiri de Silva beschreibt aus Theravada-Sicht grundlegende umweltethische Prinzipien: 1. Umwelt bedeutet Mensch, Tiere, Pflanze, Erde und Wasserressourcen. Der Mensch ist für die nichtmenschliche Umwelt verantwortlich, aber die einzelnen Bereiche der Umwelt sind nicht gleichwertig; denn das Tier steht zum Beispiel über der Pflanze. 2. Umweltethik verlangt kritische Bedachtsamkeit und eine praktische Lebensführung im Einklang mit den ethischen Prinzipien. 3. Neben dem Recht auf Überleben steht das Recht auf die Würde des Menschen, der Tiere und der natürlichen Umwelt. 4. Ein wichtiger Grundsatz ist das Recht auf Besitz für einen selbst und für andere. Auf die Umwelt übertragen, bedeutet dies, dass der Einzelne mit Bodenschätzen, Wasser, Luft, Landwirtschaft und Industrie so umgeht, dass die Anrechte der anderen respektiert werden. Daher bedarf es für diese Fragen Regeln und Bestimmungen, an die alle gebunden sind.

Das praktische Verhalten der Buddhisten gegenüber Tieren ist weithin durch die ethische Haltung des Mitgefühls gegenüber allen Lebewesen bestimmt. Der Grundsatz, ein lebendes Wesen weder zu töten, noch töten zu lassen bzw. absichtlich zu verletzen, setzt voraus, dass bestimmte Berufe, wie zum Beispiel Schlachter, nicht von Buddhisten ausgeübt werden sollen. Manche Interpreten vertreten die Auffassung, dass der gesamte biotopische Zusammenhang nicht geschädigt werden darf. Denn ein Beschädigen der Pflanzen bedeutet zugleich eine Vernichtung des Wohn- und Lebensraumes von Tieren, vor allem Insekten.

Für Buddhisten ist es religiös verdienstvoll, gefangene Tiere freizulassen. In Theravada-Ländern geschieht dies vor allem beim Vesak-Fest. Buddhistische Länder unterhalten zahlreiche Tierkrankenhäuser.

Viele Buddhisten leben vegetarisch. Eine logische Konsequenz ist der Vegetarismus für alle, die in den Lebewesen die verborgene ‚Buddha-Natur' annehmen. Die Jatakas ('Geburtsgeschichten') erzählen davon, dass der Buddha in seinen früheren Existenzen als Tier, zum Beispiel als Gazelle, Hase, Löwe und Elefant, lebte. Wie Mensch, Götter und andere Lebensformen wandert auch das Tier vom Nichtwissen zum Wissen, zur Befreiung. Da das Tier keine Einsichtsfähigkeit besitzt, ist es bei seinem Weg zur Befreiung auf die menschliche Fürsorge angewiesen. Es ist ein Grundprinzip des Buddhismus, Grausamkeiten einzuschränken und das Töten und Experimentieren mit Tieren zu reduzieren. Unnötige Tierversuche sollen abgeschafft werden. Angesichts von Massentierhaltungen und Legebatterien, Vivisektion, Schlachthöfen ist nicht nur das vom Buddhismus vertretene Prinzip des Nichtverletzens von Leben einschließlich der Nichtschädigung von Tieren von Bedeutung.

Nutzung von Medien

Zu den ältesten buddhistischen Medien gehören so genannte ,Menschmedien' (W. Faulstich), so die vom Buddha persönlich ausgesandten Mönche. Bis heute spielen ,Menschmedien' eine bedeutende Rolle als lehrende Mönche, Sozialarbeiter, Lehrer. Allmählich traten Gestaltungs- und Schreibmedien hinzu: Der Großherrscher Ashoka (273-233 v.Chr.) ließ seine 33 Edikte in verschiedenen Sprachen an frei stehenden Säulen, Felsen und Wänden anbringen. Sie enthielten die Grundzüge seiner am Dharma orientierten Politik.

Bevor es bildliche Darstellungen des Buddha gab, stellte man ihn und seine Lehre durch verschiedene Sinnbilder dar. Die meisten sind heute noch Bestandteile der buddhistischen Kunst: Lotosblüte, Bodhi-Baum, Rad der Lehre, Löwe, Fußabdruck, schließlich der Stupa, das buddhistische Kultgebäude mit seiner komplexen Symbolik. Wichtiges Medium sind die das ,Wort Buddhas' überliefernden heiligen, kanonischen Texte.

Zunehmend prägen auch in buddhistischen Ländern die Massenmedien den Alltag und das Freizeitverhalten der Menschen. Bedingt durch die politische Situation in vielen asiatischen Staaten werden die Medien oft staatlich kontrolliert. So beaufsichtigen in Thailand Regierung und Militär sämtliche Fernseh- und Rundfunkstationen. Zwar können die Medien frei die Regierungspolitik kritisieren, Missstände und Korruptionsskandale aufdecken. Doch üben viele Journalisten immer noch Selbstzensur, wenn sie über das Militär, die Monarchie, die Gerichte und andere sensible Inhalte berichten.

Im Fernsehen Sri Lankas spielt der Buddhismus vor allem zu Beginn des täglichen Programms eine Rolle. Das seit 1982 bestehende Nationalfernsehen Sri Lankas beginnt bereits um 5:30 Uhr mit der Rezitation der Zufluchtnahme zum ,dreifachen Kleinod' Buddha, Dhamma, Sangha. Anschließend wird die ,Lehrrede über die liebende Güte' (Karaniya Metta Sutta) rezitiert. Auf Singhalesisch folgt sieben Minuten später eine Unterweisung in der Lehre

(Dhamma Chinthanaya). Das seit 1979 sendende ITN (Independent Television Network) legt neben Nachrichten, Unterhaltungs- und Kinderprogrammen besonderen Wert auch auf religiöse Sendungen. Dieser Sender beginnt um 5:05 Uhr und beendet täglich um 0:20 Uhr sein Programm mit Pirith Deshanaya. Dies sind im Theravada-Buddhismus die von Mönchen dargebotenen Sutren-Sprechgesänge zum Schutz der Laienbuddhisten. Über die TV- und Radiostationen hinaus gibt es in der zunehmend verkabelten und digitalisierten buddhistischen Welt Kabel- bzw. Satellitenanbieter wie den seit Oktober 2004 sendenden Buddhist Channel (BC), der mit dem Logo wirbt: „Wir bringen die Buddha-Lehre ins Haus". BC versteht sich über seine Funktion als buddhistisch orientierter Nachrichtensender hinaus als virtuelle und interkulturelle Brücke zu den weltweit verbreiteten Anhängern des Buddha-Dharma. Tibet TV online ist der offizielle Internet-TV-Sender der zentraltibetischen Regierung. Im Jahre 2000 ging der tibetisch-buddhistisch orientierte Radiosender LamRim.com auf Sendung, der Lehrreden des Dalai Lama sowie anderer Würdenträger ausstrahlt.

Buddhistisches Leben in Alltag und Kloster ist ebenso Thema von Filmemachern asiatischer Länder wie buddhistische Lehren und die buddhistische Sicht der Dinge. Spielfilme aus der Mongolei, China, Taiwan, Sri Lanka und Japan thematisieren buddhistische Traditionen angesichts der Probleme der Moderne, setzen sich filmisch mit zentralen buddhistischen Fragen auseinander. Sie sind voller Bezüge zur buddhistischen Ikonographie, zeigen zum Beispiel Tee-Zeremonien, Zen-Gärten, buddhistische Tempel im Raum Kyoto. Dass der Buddhismus nicht nur religiös bedeutsam ist, sondern auch eine Verantwortung im Alltag hat, zeigen zum Beispiel der thailändische Film ‚Roter Bambus' (1978) und der umstrittene chinesische Film ‚Der Pferdedieb' (1983). Der tibetische Spielfilm ‚Phörpa – Spiel der Götter' (1999) setzte sich mit der Fußballbegeisterung der Novizen eines Klosters anlässlich der WM in Frankreich auseinander. Religiöser ausgerichtete Filme demonstrieren das Ideal des Bodhisattva, wie z.B. der von Kurasawa stammende Klassiker ‚Rotbart' (1965) bzw. der die Wiedergeburtslehre thematisierende japanische Film ‚Nach dem Leben' (1998). Dem zentralen buddhistischen Thema von Wahrnehmung und Illusion wenden sich der japanische Film ‚Rashomon' (1950) und der Kung-Fu-Klassiker ‚Regen in den Bergen' (1979) zu. Neben Samurai- und Kung-Fu-Filmen gibt es auch Zeichentrickfilme mit buddhistischer Aussage, zum Beispiel den chinesischen Film ‚Die Prinzessin mit dem Eisenfächer'.

Die vielschichtigsten Filme zum Thema Buddhismus stammen in erster Linie aus Südkorea. Sie thematisieren die urbuddhistische Metapher des Weges. Diesen Filmen gelingt es, den symbolhaften inneren Weg in der äußeren Welt mit den sozialen Problemen des eigenen Landes zu verbinden.

Insbesondere das Medienverbundsystem Internet wartet im Bereich von Religion mit zahlreichen Portalen auf, die unterschiedliche Zugänge zum Buddhismus ermöglichen, insbesondere auch im pädagogischen Bereich. Ein

Beispiel von vielen: Die in Australien beheimatete Plattform BuddhaNet eröffnet vielfältigste Zugänge zu buddhistischen Lehren und Schulrichtungen,
heiligen Schriften, Kunst, Meditation, die Welt des Buddhismus, insbesondere auch Buddha. Zine ist ein Link zu buddhistischen Comic Strips, Compu-
ter-Kunst, Fotos, Kreuzworträtseln und zu einer interaktiven Reise durch das
Lebensrad.

Buddhistische Medienkritiker machen auf die ambivalenten Wirkungen
der modernen Medien auf Individuum und Gesellschaft aufmerksam. Bhikkhu Pannyavaro kritisiert in seinem Blog vor allem die ‚Kultur der Gier‘. Er
reflektiert den Medienkonsum, vergleicht ihn mit den schädlichen Folgen
berauschender Mittel. Das ursprünglich auf den Genuss von Alkohol bezo-
gene Verbot, Drogen zu nehmen, überträgt er auf das Suchtverhalten beim
Medienkonsum.

FREIZEIT UND SPORT

*Der Buddha selbst verhielt sich Tanz-, Musik- und Gesangsaufführungen
gegenüber ablehnend. Bis heute fühlen sich die Theravada-Mönche aufgrund der siebten ethischen Regel verpflichtet, sich von Tanz, Musik und
Schaudarbietungen fernzuhalten. Nach dem Pali-Kanon sind Sport, Tanz
und Musik mit dem beschaulichen Klosterleben nicht vereinbar. Bewusst
auf die Verletzung eines Gegners abzielende Sportarten (Boxen) oder das
Töten eines Lebewesens (Jagen) sind grundsätzlich auch buddhistischen
Laien verboten. Da das ‚Selbst‘ illusionär ist, sollen sportliche Leistungen
das Selbstwertgefühl der Sportler nicht übermäßig aufblähen. Daher bestehen Vorbehalte gegenüber dem in der heutigen ‚Fitness-Kultur‘ gesteigerten
Körperbewusstsein.*

*Durch Sport lassen sich aber auch wichtige buddhistische Eigenschaften
verstärken, z.B. die Konzentration als erste Stufe der Meditation. Manche Buddhisten empfehlen Athleten die Meditation. Denn die Konzentration des Bewusstseins bewirke gute sportliche Resultate. Viele japanische
Kampfsportarten besitzen eine religiöse Bedeutung. Budo ist der japanische
Oberbegriff für die verschiedenen japanischen Kampfkünste. Die ostasia-
tischen Kampfsportarten Judo, Kendo und Aikido beziehen buddhistische
Prinzipien in ihre Kampftechniken ein: Ausgeglichenheit, Atemtechniken,
gesteigerte Wahrheit und Körperbewusstsein. Beim Judo (‚Weg des Rin-
gens‘) soll der Körper natürlich, ohne geistige Steuerung agieren, „wie ein
Weidenbaum, der sich im Winde biegt, anstatt zu erschaudern oder vielleicht zu brechen“.*

*Das in den 1920er Jahren von Morihei Ueshiba (1883–1969) entwickel-
te Aikido (‚Weg der guten, harmonischen Kraft‘) ist eine ‚Kampfkunst ohne
Gewalt‘. Sie versucht, den ‚Angreifer‘ im Geiste der Gerechtigkeit und Frie-*

densbereitschaft abzuwehren. Auch bei diesem Weg geht es eigentlich um Selbstfindung und Lebensführung aus der Mitte heraus. Die alten Meister des Shaolin-Klosters waren nicht nur große Kämpfer, sondern auch Meditationsmeister.

Die traditionelle japanische Technik des Kendo ('Weg des Schwertes') wird heutzutage als eine Art Sport betrieben. In Kendo-Vereinen benutzt man Nachbildungen von Schwertern aus Bambus. Das Ziel besteht neben Aufmerksamkeit, Ausdauer, Belastbarkeit, Entschlusskraft, Konzentration und Reaktionsvermögen, sowie in Selbstdisziplin, Verantwortung, Teamgeist, vor allem Fairness. Auch Karate, die Kunst der 'leeren' (kara) 'Hand' (te), ist Sport und religiöse Übung zugleich, bei der es darum geht, dass der Körper vom Geist regiert wird. Der von der Illusion, ein unabhängiges Subjekt zu sein, befreite Mensch befindet sich in einem neuen Verhältnis zu allem, was um ihn herum ist.

HAUPTSTRÖMUNGEN DES BUDDHISMUS

Theravada und Mahayana

Der Buddhismus entstand in Indien. Hinduistische und islamische Einflüsse verdrängten ihn jedoch gegen Ende des ersten nachchristlichen Jahrtausends von dort. Während seiner dunkelsten Epoche (13.-19.Jh.) wurden buddhistische Heiligtümer hinduisiert, und der Buddha galt als Avatar des Gottes Vishnu. Heute leben nur wenige Buddhisten in Indien (ca. 6,6 Millionen, davon 92% Theravadins). Westliche Religionshistoriker und Archäologen vermittelten im letzten Jahrhundert Impulse zur Renaissance des Buddhismus. Fortan bemühten sich auch indische, später ostasiatische Forscher verstärkt um das buddhistische Erbe.

Den Buddhismus gibt es ebenso wenig wie *das* Christentum oder irgendeine andere Religion. Es existieren unterschiedliche Schulrichtungen und Erscheinungsformen. So hat sich der südliche Theravada-Buddhismus (früher Hinayana genannt) vor allem im südostasiatischen Bereich (Sri Lanka, Thailand, Burma, Laos, Kambodscha) ausgebreitet. Auf den Norden konzentriert sich der ungefähr im 4. und 3. vorchristlichen Jahrhundert entstandene Mahayana-Buddhismus ('großes Fahrzeug'). Der Vajrayana-Buddhismus Tibets findet sich auch bei Mongolen, in Bhutan sowie in Teilen Nepals.

Eigentliche Weltregion ist der Mahayana. Sein Verbreitungsgebiet umfasst Nepal, China, Korea, Tibet, Mongolei, Japan. Mahayana ist eine Selbstbezeichnung; denn in ihm steht nicht der nur an sein eigenes Heil denkende Einzelne im Mittelpunkt (wie im Theravada), sondern das Heil der vielen. Diese Schule entstand nach zahlreichen Spaltungen der Gemeinde. Die Mahayanins hielten ihre Religion nicht nur für bedeutender und größer, weil sie Befreiung für viele brachte, sondern auch, weil sie hochbedeutsame Schriften gefunden zu haben behaupteten. Diese gehen angeblich auf den Buddha selbst zurück, wurden aber bislang verborgen gehalten. Sie geben sich als Sutren, also als Reden Buddhas aus, in denen Siddharta Gautama Buddha bereits Mahayana-Gedanken geäußert habe. Man hielt die Schriften nur deshalb so lange verborgen, weil die Menschen noch nicht zu ihrem Verständnis reif genug gewesen wären.

Der Theravada-Buddhismus ist nicht identisch mit dem Urbuddhismus, sondern eine seiner alten und konservativen Spielarten.

Gemeinsamkeiten
1. Alle buddhistischen Lehrrichtungen halten das individuelle Dasein für Dukkha, streben also nach Befreiung davon.
2. Die Idee der Weiterverkörperung im nächsten Leben, der Karma-Gedanke: Das durch vorausgegangene Taten bedingte Tun bewirkt wiederum weitere Taten.
3. Unsere Welt ist nicht die einzige, sondern eine von vielen Millionen Welten der Vergangenheit, Gegenwart und Zukunft. Es gibt keinen Schöpfergott, der die Welt in Gang setzt, sie erhält und nach seinem Plan einem Ziele zuführt.
4. Nichts in der Dukkha-Welt ist ewig. Sie hat kein ‚Selbst' (an-atta).
5. Das Auslöschen der individuellen Person im Nirvana.
6. Befreiung geschieht nur über die Beseitigung der drei Grundübel Gier, Hass und Verblendung sowie durch Erwachung (Bodhi).
7. Der Glaube an Buddha – entweder als historischer Siddharta Gautama, Übermensch oder als transzendentes Himmelswesen.

Unterschiede
1. Der Mahayana-Buddhismus lehrt die Übertragbarkeit des Karmas.
2. Nicht das Eingehen in das leidenschaftslose Nirvana ist Höchstwert, sondern der Status des Bodhisattva, der so lange auf sein Eingehen in das Nirvana verzichtet, bis er alle Wesen gerettet hat. Das eigene Verlöschen wird sekundär.
3. Die Mahayanins lehren ein Ewiges, Absolutes. Dies ist aber nichts Jenseitiges, sondern wohnt dem Samsara inne. Alle Wesen sind im Kern mit dem Absoluten identisch: der ewigen ‚Buddha-Natur'. Nirvana ist für Mahayana-Buddhisten die Bewusstwerdung der eigenen Buddhanatur. Ein Mahayanin ist gleichsam von Anfang an befreit, er muss sich nur daran erinnern.
4. Für den Mahayana-Buddhismus ist das Leiden nur Schein, während es für den Theravada-Buddhismus real ist.

Grundzüge der Buddhalehre

Siddharta Gautama Buddha wollte als Mensch betrachtet werden, nicht als ein Himmelswesen oder Halbgott. In den Mittelpunkt stellte er den Dhamma: „Wer die Lehre sieht, sieht mich". Der Buddha verneinte nicht die Existenz von Gottheiten und anderen überweltlichen Wesen, doch waren sie für die Befreiung des Menschen aus dem Samsara unwesentlich. Der Mahayana-Buddhismus wurde von den Ideen der Mahasanghikas inspiriert, entwickelte sich zu seiner eigenen Gestalt, indem er das Gedankengut weiterer Schulen integrierte. In einigen seiner Werke hat Gustav Mensching sich mit den typischen Phänomenen des Fortlebens von Religionsstiftern beschäftigt und u.a. die Entwicklung von Buddha und Christus zu Heilandgottheiten geschildert[18]. Das Mahayana lehrte, dass der Buddha aufgrund seiner außerordentlichen Fähigkeiten mehr als ein normaler Mensch gewesen sein müsse. Sein Körper wird zum Abbild eines kosmischen Buddha. Während die noch nicht Erwachten nur seine materielle Erscheinungsform sehen konnten, wären die bereits erwachten, aber noch nicht in das Nirvana eingegangenen Bodhisattvas in der Lage, ihn als transzendetes Wesen wahrzunehmen. Buddha besitzt demnach drei Körper.

Diese Lehre von den ‚drei Körpern' (tri-kaya) des Buddha wurde schon im Hinayana ansatzweise entwickelt: 1. Dharmakaya; 2. Sambhogakaya; 3. Nirmanakaya. Dharmakaya steht für die ewige kosmische Buddhanatur. Sambhogakaya (‚Genussleib') bezeichnet den mit menschlichen Sinnen unerfassbaren, transzendenten Buddha. Die Frommen ersuchen dieses überirdische Wesen um Fürbitte für eine bessere Wiedergeburt. Der Buddha Amithaba (bzw. Amitayus – oder in Japan: Amida) ist ein solcher transzendenter Buddha. Die Sambhogakayas sind die Lehrer der im Mahayana zu großer Bedeutsamkeit und Volkstümlichkeit gelangten Bodhisattvas. Nirmanakaya, die ‚grobstoffliche Wirklichkeit', ist zum Beispiel der historische Siddharta Gautama.

HEILSWEGE IM MAHAYANA-BUDDHISMUS

Der Weg der Weisheit

Das Mahayana unterscheidet mehrere Befreiungswege. Dabei zeigen sich Übereinstimmungen zu den hinduistischen Margas. Dem dortigen ‚Weg der Erkenntnis' (Jnana Marga) mit seiner Lehre der Einheit von Atman und Brahman steht im Mahayana der ‚Weg der Weisheit' gegenüber. Sein charakteristischer Begriff ist Shunyata, die ‚Leerheit'. Diese zwischen Sein und Nichtsein stehende Wirklichkeit ist das Absolute, Ungeborene. Der Weisheitsweg wird hauptsächlich in der Prajnaparamita-Literatur („Von der Vollkommenheit der Weisheit") gelehrt. Es kommt darauf an, alle Dinge als ‚leer'

---

18   Buddhistische Geisteswelt, Baden-Baden 1955; Leben und Legende der Religionsstifter, Baden-Baden 1955; Buddha und Christus, Stuttgart 1978 (TB-Auflage, Freiburg 2001).

zu begreifen. Auf der Ebene der niederen ‚Wahrheit der Erscheinung' hält man die Objekte der Erscheinungswelt noch für real; die ‚höchste Wahrheit' dagegen erkennt die Unangemessenheit dieser Auffassung und begreift, warum Samsara und Nirvana letztlich eins und ‚leer' sind.

Der Bodhisattva-Weg

Populärer ist der Bodhisattva-Weg der ‚Heilande'. Ein Bodhisattva ist im Mahayana-Buddhismus ein ‚Wesen' (Sattva), das sich entweder systematisch um Buddhaschaft (Bodhi) bemüht oder sie schon erreicht hat. Er verzichtet so lange auf den Eingang in das Nirvana, bis er alle Wesen befreit hat. Nicht mehr der ‚einsam wie ein Rhinozeros' seine Straße ziehende Arhat steht im Zentrum, sondern der mit anderen Menschen mitleidende, ihnen helfende Bodhisattva.

Bei den ‚himmlischen Bodhisattvas' handet es sich um spirituelle Wesen, Heilandgottheiten. Sie werden von den Gläubigen in allen Lebenslagen angerufen. Ein Bodhisattva nimmt die Last alles Leidens auf sich, duldet und erträgt alles, ist mutig, wenn es darum geht, Menschen zu retten. Aufgrund seines Gelübdes, alle Wesen aus dem Strom des Samsara zu retten, durchlebt er alle Elendslagen, sogar die Schmerzen der Hölle.

Der ostasiatische Buddhismus kennt viele beliebte Bodhisattvas, insbesondere den volkstümlichen, ikonographisch mit elf Köpfen und tausend helfenden Armen dargestellten Avalokiteshvara (Sanskrit „im Stande der höchsten Erkenntnis zu erreichen"). Dieser zum Inbegriff des Gnade spendenden Heilands gewordene Bodhisattva wird in China als Kuan Yin, die weibliche Göttin der Barmherzigkeit, verehrt. Schiffer und Fischer, auch Frauen, die Kindersegen und Heilung von Krankheiten begehren, rufen ihn an. Als Kwannon verehren sie die Japaner, als Tschenresi die Tibeter. Zum Dank für erfahrene Hilfe sollen die Geretteten selbst Bodhisattvas werden, um ihre Mitmenschen aus der Dukkha-Welt zu befreien. Die ‚menschlichen Bodhisattvas' legen ein Bodhisattva-Gelübde ab. Der Bodhisattva-Weg ist Mönchen wie Laien, Männern ebenso wie Frauen zugänglich. Auf einem zehnstufigen Pfad erreicht der menschliche Bodhisattva schließlich die höchste Stufe der Bodhisattvaschaft: Er ist allwissend geworden, sein Körper leuchtet über das ganze Universum hin, und schon nach einer weiteren Verkörperung hat er Bodhi erreicht.

Amida-Buddhismus

Indische Missionare brachten den Kult des Buddha Amithaba (‚Unendliches Licht') bzw. Amitayus (‚Unendliches Leben') um circa 150 n. Chr. nach China. Gegen 350 n. Chr. entstand die ‚Schule des Reinen Landes' (Jodo-Shu). Auf die japanischen Inseln gelangte der Buddhismus über Korea nach einer einheimischen Geschichtsquelle 552 n. Chr. Die großen chinesischen beziehungsweise indischen Schulen wurden im Laufe der nächsten beiden Jahrhunderte im japanischen Geist neu gegründet, grenzten sich deutlich

voneinander ab. Zur Zeit des 12. Jhs. war der Buddhismus ein aristokrati-
scher, mit magischen Elementen durchsetzter Kult geworden. Orakelwesen,
Traumdeutungen, Wahrsagungen und Astrologie kennzeichneten die Frömmigkeit der Masse. Das nicht selten heruntergekommene Priestertum verlangte von der Masse die exakte Einhaltung vorgeschriebener Zeremonien
und ‚gute Werke‘. Als Reaktion entstanden im 12. und 13. Jh. als Reaktion auf
eine korrupte Zeit der Bürgerkriege, Pest und Hungersnot verschiedene, von
charismatischen Führergestalten gegründete Volksbewegungen.

Die radikale Gnadenlehre Shinran Shonins
Die Jodo-Shu wurde von dem Mönch Honen Shonin (1133-1212) gegründet,
der ursprünglich den Namen Genku trug. Er hatte sein Leben in mehreren
Klöstern verbracht und war in zahlreichen Meditationsformen geübt. Durch
das Reflektieren einer bestimmten Schriftstelle eines Kommentars zum Ami-
tayasudhyana-Sutra wurde ihm blitzartig klar, dass alle noch so frommen
Werke und mühsame Askese nicht zum Heil führten. Es kommt allein auf
das Rezitieren des Spruches Namu Amida Butsu (das so genannte Nembutsu) an: ‚Verehrung dem Amida Buddha‘.

Eine Radikalisierung dieser Gnadenvorstellung erfolgte durch Honens
Schüler Shinran Shonin (1173-1262). Er begründete die Jodo-Shin-Shu (‚Wahre Schule des Reinen Landes‘), kurz Shin-Religion. Durch Honen wurde
Shinran in die Lehre vom ‚Reinen Lande‘ eingewiesen. Wie viele seiner Zeitgenossen glaubte auch er, in den letzten Tagen des Gesetzes (Mappo) zu leben, in einer endzeitlichen Periode religiös-sittlichen Verfalls. Die Lehre des
Buddha Shakyamuni, so glaubte man, wäre verfallen, so dass die Menschen
aus eigener Kraft nicht mehr das Heil erlangen könnten. Shinran riet dazu,
Shodomon (‚Pfad der schweren Praktik‘) zu verlassen, das Vertrauen auf die
‚Ich-Kraft‘ (Jiriki) aufzugeben und sich statt dessen ganz auf die ‚Kraft eines
anderen‘ (Tariki) zu verlassen. Diesem ‚Pfad der leichten Praktik‘ (Jodomon)
stellte er der beschwerlichen Fußwanderung gegenüber und verglich sie mit
einer „Fahrt übers Meer auf einem Schiffe“. Shinran lehnte jede menschliche
Mitwirkung am Heil ab. Das Nembutsu war für ihn nicht mehr die Voraussetzung für das Heil, sondern eine Danksagung für empfangene Gnade.

Das für Shinran wichtigste 18. Gelübde lautet:

*„Wenn ich Buddha werde, werden diejenigen in meinem Jodo geboren, die mit
dem Herzen der Wahrheit, fröhlichem Glauben und dem Wunsch, im Jodo wiedergeboren zu werden, meinen Namen anrufen. Aber nur die Verbrecher der
fünf ärgsten Sünden und die Lehrer, die absichtlich die Lehre des Dharma ver-
fälschen, sind ausgeschlossen“.*

Das 18. Gelübde nennt drei Bedingungen: ‚Herz der Wahrheit‘, ‚fröhlicher
Glaube‘ und den Wunsch, ‚im Jodo wiedergeboren‘ zu werden. Shinran inter-

pretierte diese drei Voraussetzungen passiv: Der Mensch besitzt von Natur aus kein reines, sondern ein durch Sünde beflecktes trügerisches Herz. Weil er sich aber in seiner grenzenlosen Liebe der sündigen Menschen annimmt, hat er sich selbst kasteit und den Menschen sein Herz übergeben. Dadurch können diese sich zu Amida bekennen. Auch den ‚fröhlichen Glauben‘, der ohne den geringsten Zweifel ist, hat Amida geschenkt. Bei dem ‚Wunsch, im Jodo wiedergeboren zu werden‘, liegt die Betonung nicht auf Seiten des Menschen. Shinran stellte klar heraus, dass nicht die Menschen in das im Westen lokalisierte ‚Reine Land‘ (Jodo) gehen, um dort geboren zu werden, sondern dass Amida sie in sein Jodo kommen lässt. Rettung geschieht einzig und allein durch eine ‚Kraft von außen‘. In das Heil gelangt der Mensch durch das Nembutsu, das keine eigene Leistung darstellt; denn der Mensch kann von Herzen das Nembutsu nur rezitieren, weil Amida ihm dies ermöglicht. Heilziel ist das „Reine Land“.

Hokké-Buddhismus

Neben dem Amida-Buddhismus hat heutzutage in Japan besonders der Hokké (‚Lotus‘)-Buddhismus eine große Bedeutung. Auch diese Schulrichtung reicht auf das krisengeschüttelte 13. Jahrhundert zurück. Ihr Begründer war der einer Fischerfamilie aus dem Südosten Japans entstammende Mönch *Nichiren* (1222-1282). Seine intensive Suche nach der wahren Lehre Buddhas machte ihn mit unterschiedlichen Lehrauslegungen bekannt. Besonders die ‚Tendai‘-Lehre, mit der er sich während eines zehnjährigen Klosteraufenthaltes in der Nähe von Kyoto befasste, führte ihn zu der entscheidenden Erkenntnis, dass er sein Leben einzig und allein auf das Lotos-Sutra (Hokekyo) bauen konnte. Nichiren bezog eine Stelle aus dem 16. Kapitel auf sich selbst. Dort prophezeite Buddha Shakyamuni, dass ein Bodhisattva das Sutra in Zukunft verbreiten sollte. Nichiren (‚Sonnenlotos‘), wie er sich nannte, verstand sich als vorausgesagter Verkünder dieser Wahrheit. Seine erste öffentliche Predigt hielt er 1253. Anders als Honen und Shinran war er kein ausgleichender, toleranter Charakter, sondern trat mit einer harten Entweder-Oder-Doktrin auf. Andere Religionen kritisierte er auf das schärfste. Man hat ihn daher gelegentlich mit Amos, Hus oder Luther verglichen. Vor allem ging Nichiren gegen die Amida-Lehre vor, die das Lotos-Sutra für zu schwierig hielt. Wie die Shin-Gläubigen, so glaubte auch Nichiren, in der Endzeit (Mappo) zu leben: Hungersnöte, Erdbeben und Epidemien, aber auch die große allgemeine Sündhaftigkeit und Misswirtschaft galten als äußere Zeichen dieser Endzeit.

In mehreren Schriften entwickelte Nichiren den Gedanken, dass ein Land, dessen Herrscher und Untertanen sich nicht an die Moralgesetze hielten und nicht die wahre Lehre hörten, großes Unglück erleiden würde. Schuld daran waren für Nichiren vor allem die Amida-Buddhisten, gegen die Nichiren scharfes Durchgreifen des Staates forderte. Die Tempel dieser Feinde des

Buddha-Dharma sollten enteignet werden. Nichiren prophezeite in mehreren Warnbriefen den Ansturm der Mongolen, der dann auch tatsächlich eintrat.

Dem aggressiven Charakter Nichirens entsprach sein Schicksal. Er wurde wegen seiner fanatischen Angriffe auf die anderen buddhistischen ‚Irrlehren‘ 1261 verbannt. Zwar konnte er nach zwei Jahren zurückkehren und eine unverminderte Predigttätigkeit entfalten, doch verurteilte ihn 1271 die Regierung wegen Hochverrats zum Tode, begnadigte ihn und verbannte ihn erneut. Allmählich wuchs seine Anhängerschaft, und so wurde 1274 endgültig seine Verbannung aufgehoben. In der Nähe des heiligen Fuji-Berges wirkte Nichiren bis zu seinem Lebensende bei ständig sich verschlechternder Gesundheit.

Die Bedeutung Nichirens, dessen flammende Intoleranz auch von vielen Buddhisten verworfen wird, ist vielfältig. Wie die Amida-Buddhisten, so zog durch ihn eine außergewöhnliche Vereinfachung in den Buddhismus ein. Es genügte, die Formel Namu Myohorengekyo (‚Preis dem Sutra von der Lotos-Blume‘) zu chanten, um eine Identifikation mit dem Sutra, und d. h. letztlich mit dem Absoluten, zu verwirklichen. Beide Bewegungen verbreiteten ihre Auffassungen, indem sie auf Straßen und Marktplätzen das Heil unter die Menge brachten. Negativ wird man Nichirens fanatischen japanischen Nationalismus bewerten müssen. Sein prophetischer Eifer findet seine Fortsetzung im heutigen Hokké-Buddhismus, der in mehrere Sondergemeinschaften zerfällt. Der japanische Gelehrte Masaharu Anesaki bezeichnete die Hokké-Buddhisten als ‚buddhistische Calvinisten‘.

Zen-Buddhismus

Zen bedeutet Meditation und leitet sich vom Sanskrit-Wort dhyana ab, das in verkürzter Form in das chinesische Wortzeichen ch'an übersetzt und auf japanisch Zen gelesen wird. Zen ist die bedeutendste Meditationsschule des Mahayana-Buddhismus, vertritt nach eigenem Selbstverständnis das Erbe Buddha Shakyamunis am konsequentesten. Der legendäre Begründer dieses neuen Meditationsweges in China war der indische Mönch Bodhidharma (470–543 n. Chr.). Zen beruht auf der Lehre von der alle und alles einenden Buddha-Natur. Zen wies Ähnlichkeiten zum Yoga auf und wurde in China nachhaltig vom Daoismus beeinflusst. Neben zahlreichen kleineren Gemeinschaften gibt es in Japan heutzutage drei große Zen-Richtungen. Die Rinzai-Schule wurde von dem Mönch Eisai (1141-1215) gegründet. Auf den Mönch Dogen (1200-1253) geht die Soto-Schule zurück. Zu diesen klassischen Schulen gesellte sich neben anderen eine vom Zen-Meister Harada Sogaku (1871–1961) gestiftete Meditationsrichtung hinzu. Sie verbindet Elemente der beiden klassischen Schulen.

Zazen, Koan und Satori

‚Kein Verlass auf Worte‘: Zen kennt keine Lehren oder gar Dogmen. Der Roshi, den großen alten Meister, reicht die Lehre weiter. Er selbst verkörpert die

Lehre und lässt den Meditierenden die große Wahrheit erfahren. Ohne einen Roshi kann die Zen-Meditation Visionen, Halluzinationen, ja sogar parapsychologische Phänomene hervorrufen. Jedermann kann Zen erlernen.

In der zahlenmäßig größeren Soto-Schule wird vor allem Za-(,Sitzen') Zen gepflegt, eine in aufrecht sitzender (oder anderer) Position mit übereinandergekreuzten Beinen ausgeführte gegenstandslose Meditation. In Dogens Schriften wird Zazen als diejenige Übung empfohlen, die am besten zum Erleuchtungserlebnis (Satori) führt. Die Erleuchtung tritt entweder als spontanes, plötzliches Ereignis ein oder wird verstanden „als die immer und überall gegenwärtige Erleuchtung, die das Wesen der Wirklichkeit ausmacht". Richtiges Sitzen und richtiges Atmen (Zwerchfellatmung) sind im Grunde alles, was der Meditierende braucht. Hinzu kommt das völlige Schweigen, die durch langes Üben ermöglichte Gedankenstille. Hiermit ist kein Vor-sich-hin-Dösen gemeint, sondern eine innere Haltung, bei der jede ichbezogene Tätigkeit eingestellt wird. Die Rinzai-Schule empfiehlt die Koan-Übung. Koan bedeutet die ,öffentliche Bekanntmachung', meint Worte des Roshi, die er seinen Schülern zur Übung und Erleuchtung präsentiert. Nach weit verbreiteter Auffassung ist ein Koan ein Paradoxon, ein Rätselwort, eine mit den Gesetzen der menschlichen Logik nicht zu lösende gedankliche Übung. Man kennt beinahe 2.000 solcher Denkaufgaben, die in einigen bedeutenden Koan-Sammlungen (z.B. Mumon-Kan; Hekigan-roku) aufbewahrt sind. Es gibt persönliche, auf den Schüler zugeschnittene Koans, und klassische: Der Roshi schlägt beide Hände zusammen und fordert den Schüler auf: „Wenn beide Hände zusammen geschlagen werden, so entsteht ein Ton: Höre auf den Ton der einen Hand" oder „Wie war dein Angesicht, bevor du gezeugt wurdest?" Der Schüler versucht, die Aufgabe zu lösen, stößt immer wieder an Grenzen. Wenn er nach hartem Ringen aus der Sackgasse des Intellektes nicht mehr herauskommt, „mag es dann geschehen, dass ihm die Lösung plötzlich, unvermutet, einfällt. Oder aber: Ein Anruf, ein starkes Geräusch, in hartnäckigen Fällen – das hat man früher nicht gescheut – schmerzhafte Berührung bringt die Spannung zum Platzen.

Jeder kann Zen morgens und/oder abends allein oder in einer Gruppe üben. Japanische Zen-Mönche ,sitzen' morgens durchschnittlich eineinhalb Stunden und abends zwei bis drei Stunden. In Zen-Klöstern werden mehrtägige (fünf, sieben Tage) Sesshins abgehalten, Meditationsexerzitien, die von drei Uhr (im Sommer) oder vier Uhr nachts bis spät in die Nacht andauern und nur von Pausen zum Zweck der Speiseaufnahme und Ruhe unterbrochen werden. Die Schüler erhalten vom Roshi ihren Koan, über den sie meditieren. Ein Mönch teilt mit einem Stock gelegentlich Schläge aus, die den Übenden zu besserer Körperhaltung und konzentrierterer Meditation ermahnen.

Zen und die japanische Kultur
Zen hat die japanische Kultur stark beeinflusst. Es gibt eine Vielzahl von Wegen (Do), insbesondere die bei den Samurai-Kriegern verbreitete Bu-

shi-do-Lehre, „dass der Mensch die Überwindung des Ego an die Weise der Welt anzupassen habe, so dass all sein Tun den Begleitumständen angemessen ist". Es besteht eine Affinität zwischen Zen und Kendo, dem von den Samurai-Kriegern praktizierten ‚Weg des Schwertes'. Beide forderten Askese, Disziplin, Selbstzucht und Einfachheit. Die Zen-Meditation kam der Samurai-Mentalität insofern entgegen, als der Krieger, der im Kampf stets Gewalt und Tod vor Augen hatte, innerlich ruhig und ausgeglichen sein musste. Tief in den Geist des Zen eingedrungen ist der Heidelberger Philosophieprofessor Eugen Herrigel (1884–1955), dessen klassisches Büchlein „Zen in der Kunst des Bogenschießens" weltweit bekannt ist. Herrigel schildert packend, wie er in Japan von 1924–1929 mühsam diesen „Weg" unter der Anleitung eines Meisters beschreitet. Ein Jahr ist er ausschließlich damit beschäftigt, das Spannen des Bogens zu üben. Um die daran anschließende Kunst des Entspannens zu lernen, benötigt er weitere Wochen, ja „Monate fruchtlosen Übens". Im vierten Übungsjahr gelingt es Herrigel immer noch nicht perfekt, den Bogen zu spannen und zu entspannen. Sein „Ich", das hartnäckig versucht, das Ziel zu treffen, steht nämlich dabei im Weg. Das „Es" soll schießen, nicht das „Ich". Er soll das Ziel, die sechzig Meter entfernte Scheibe, treffen – aber ohne zu zielen. Schließlich erreicht er nach fünfjährigem Bemühen den Stand der „Geistesgegenwart".

Von großer Bedeutung für die japanische Kultur ist Sado, der Weg des Tees und die feierliche Teezeremonie Cha-no-yu: Von der Zubereitung des Tees angefangen, bis zu seinem Ausschenken und Trinken verläuft alles nach einem genauen Ritual, das auch die Begrüßungsformalitäten, das richtige Platznehmen usw. regelt. Sado hat auch die Architektur angeregt. Überall entstanden inmitten der Gärten Teepavillons. Zen-Geist wird auch in japanischen Gartenanlagen erfahrbar. Die Tempelgärten strahlen wunderbare Natürlichkeit und Einfachheit aus.

Vajrayana-Buddhismus

Der Vajrayana-Buddhismus entstand in Indien, wanderte über Nepal, Tibet und China nach Japan. Er ist eine Sonderform des Mahayana. Vajra bedeutete ursprünglich das Blitz-Zepter des vedischen Gottes Indra. Die Vajrayana-Buddhisten beziehen das Wort auf die Erwachung und die absolute Leere. Gemeint damit ist aber auch das rituelle Zepter des Mönches, der die Dunkelheit des Nichtwissens zerstört. In der Hauptsache findet man das Vajrayana in Tibet und einigen davon kulturell und religiös abhängigen Staaten (Mongolei, Bhutan, Nepal). Die ältere Forschung hielt diese Religion für eine niedere Form von Buddhismus, beschäftigte sich daher wenig mit ihm. Seit über einem halben Jahrhundert hat das Interesse am religiösen Erbe Tibets zugenommen. Durch den psychologischen Kommentar C. G. Jungs wurde das geheimnisvolle Bardo Thödol, das ‚Tibetanische Totenbuch', einer größeren Zahl religiös Suchender bekannt

Die durch die Invasion Chinas hervorgerufene Flucht des Dalai Lama XIV. in sein nordindisches Exil Dharamsala (1959) lenkte die Aufmerksamkeit auf die menschliche und politische Tragödie Tibets. Etwa 100.000 Exiltibeter leben heute über die Welt verstreut. Der tibetische Buddhismus öffnete sich bereitwilliger als bisher dem Westen. Seit der Flucht des Dalai Lama und der Zerschlagung der alten tibetischen Kultur haben Tibeter auch in Deutschland Gemeinden gegründet. Die tiefgründigen Schriften des deutschen Buddhisten Lama Anagarika Govinda (1898–1985) dürften ebenfalls das Interesse an Tibet und seiner Spiritualität geweckt haben.

Der Buddhismus in Tibet vereinigt in sich Elemente ursprünglich-einheimischer Religionen (Bon-Religion) und des Mahayana: Insbesondere spielen die Lehre von der Leerheit aller Erscheinungen, die Buddhologie und die Auffassung vom Mitleid eine große Rolle. Die Bon-Religion ist eine vorbuddhistische, dem nordeurasiatischen Schamanismus verwandte Religion Tibets. Während die ältere Religionsforschung sie für die ursprüngliche Religion des Landes hielt, hat man neudings die Existenz einer noch älteren Religion nachgewiesen. Sie wird Mi-chos (,Religion der Menschen') genannt. Aufgrund der dürftigen Quellenlage ist die Erforschung dieser ältesten tibetischen Religionstradition sehr schwierig. Das sakrale Königtum war die Hauptinstitution der ,Religion der Menschen'.

Eine wichtige Leistung des Vajrayana-Buddhismus liegt im Praktischen. Verwendet werden tantristische Methoden. Das Sanskrit-Wort Tantra bedeutet ,Aufzug eines Gewebes', meint ein System von Riten, das zur höchsten Wirklichkeit führen will. Diese altindische Befreiungslehre, die zeitweilig verborgen unterhalb von Hinduismus und Buddhismus lebte (nachweisbar vom 5. Jh. n.Chr.), gewann im ersten nachchristlichen Jahrtausend großen Einfluss auf beide Religionen. Insbesondere prägte sie den tibetischen Buddhismus. Der Tantrismus lehrt die geistige Vervollkommnung und Befreiung durch schnelle Erreichung der Buddhaschaft. Kultiviert wird die enge seelische Verbindung des Schülers mit seinem Lama (,Meister'). Dieser genießt eine quasigöttliche Stellung: „Ein einziges Haar des Meisters zu verehren" gilt als verdienstvoller, als die Verehrung des Buddhas aller Zeiten. Der Lama sucht seinen Schüler. In der Initiation überträgt er seine geistige Kraft auf ihn, die in einem Mantra, d.h. magischen Silben oder Sätzen, die keinen Sinn haben müssen, aber zur Befreiung führen, verborgen und vom Schüler jederzeit aufgerufen werden kann. Wichtig sind Mandalas, symbolische Bilder die geistig-kosmische Zusammenhänge visualisieren und über die der Schüler meditieren soll. Bekannt sind die fälschlich so genannten Gebetsmühlen (mani-tschö-khor), durch die ein Gebet oder Mantra unzählige Male wiederholt wird. „Kein Tibeter, der es mit seiner Religion ernst nimmt und über eine tiefere Kenntnis derselben verfügt, ist so primitiv, zu glauben, eine rein mechanische Handlung könnte ihm oder anderen geistig von Nutzen sein, oder mit jeder Umdrehung des Zylinders würden Tausende von Gebeten zum Himmel aufsteigen" (Lama Anagarika Govinda). Durch das Drehen des Zylinders wiederholen Buddhisten Siddharta Gautamas Inbewegungsetzen des ‚Rades der Lehre'. Bei der Herstellung solcher Zylinder gingen wohltätige Kräfte in die Materie ein und blieben dort verhaftet. Durch die Rotation werden sie wieder freigesetzt, verhelfen dem menschlichen Geist dazu, sich zu konzentrieren und eine schöpferisch-intuitiven Geisteshaltung zu entwickeln.

BUDDHISMUS IN DEUTSCHLAND[19]

Ungefähr 130.000 Bundesbürger bekennen sich in Deutschland zur Religion des Buddha. Dazu kommen etwa 60.000 Buddhisten aus Vietnam, 25.000 aus Thailand sowie 30.000 aus anderen asiatischen Ländern (nach REMID). Im Dachverband, der ‚Deutschen Buddhistischen Union' (DBU), deren Anfänge bis 1955 bzw. in ihrer jetzigen Form bis 1988 zurückreichen, sind derzeit (2010) 60 buddhistische Gemeinschaften organisiert. Nur wenige Traditionen besitzen hierzulande eigene Klöster. In gewisser Weise haben die buddhistischen Zentren ihre Rolle übernommen. Mit Vorträgen, Kursen, Meditationsabenden bieten sie die Möglichkeit, sich einer buddhistischen Gemeinschaft zugehörig zu fühlen. Im Laufe der Jahre hat sich das Verhältnis der Geschlechter verschoben: Die ersten buddhistischen Lehrer im Westen waren Männer. Viele hatten weibliche Schüler, und deshalb sind fast 30% der heute Lehrenden Frauen. Bezeichnenderweise ist auch die derzeitige Sprecherin des Rates der DBU eine Frau. Die DBU verabschiedete 1984 ein gemeinsames Bekenntnis, das von allen Schulen anerkannt wurde – ein im Westen bisher einmaliger Schritt auf dem Weg zur buddhistischen Ökumene.

Das Buddhismus-Interesse in Deutschland lässt sich in das 18./19. Jh. zurück verfolgen. Künstler, Philosophen und Wissenschaftler waren die drei Wege, die der Religion des ‚Erwachten' Eingang in das Abendland vermittelten. Kant, Herder, Schelling, Hegel u.a. besaßen schon Kenntnisse vom Buddhismus. Doch zum Durchbruch verhalf ihm erst Arthur Schopenhauer (1788-1860). Nach eigenem Bekenntnis hatte er keine christlichen Symbole zu Hause, dafür aber einen vergoldeten Buddha aus Tibet. Die Theosophische Gesellschaft machte Ende des 19. Jhs. breitere bürgerliche Kreise mit dem Buddhismus bekannt, oder was man dafür hielt. Durch den Kontakt mit buddhistischen Ländern (hauptsächlich Ceylon, Burma, später Thailand) wurde die Grundlage der deutschen buddhistischen Bewegung gelegt. Zu den ersten deutschen Bhikkhus (‚Mönch') zählten der Geigenvirtuose und Konzertkünstler Florus Anton Walter Gueth (1878–1957), mit Ordensnamen Nyanatiloka, und sein bedeutendster Schüler, der einer jüdischen Familie aus

---

[19]   Vgl. Handbuch der Religionen. Kirchen und andere Glaubensgemeinschaften in Deutschland, hg. von Michael Klöcker/Udo Tworuschka, Landsberg/München 1997ff. (z.Zt. 26. Ergänzungslieferung 2010).

Hanau entstammende Nyanaponika (1901–94). Die erste buddhistische Organisation geht auf Karl Seidenstücker zurück. Die frühen deutschen Buddhisten stammten vorwiegend aus akademischen, gebildeten Kreisen und orientierten sich am Theravada. Sie konnten manche Lehren der christlichen Kirchen (persönlicher Gott, Trinitätslehre) rational nicht nachvollziehen und priesen den Buddhismus als die Vernunft- und Erkenntnisreligion. Zu den großen Gründergestalten des deutschen Buddhismus zählen u.a. Georg Grimm (1868–1945) und Paul Dahlke (1864–1928).

An die Stelle von ‚Vereinen' und ‚Gesellschaften' traten allmählich buddhistische ‚Gemeinschaften', in denen die Buddha-Lehre zur Erkenntnisgrundlage und Lebensorientierung wurde. Auch wenn seit mehreren Jahrzehnten die Mahayana-Richtungen in Deutschland weit erfolgreicher gewesen sind, so wurden in den 1980/90er Jahren auch theravadisch orientierte Einrichtungen begründet. Seit Mitte der 1950er Jahre orientierten sich zahlreiche Gruppen am Mahayana. Der Buddhismus wurde nun vor allem als spirituelle Herausforderung und meditative Praxis rezipiert. Der 1933 in Darjeeling/Indien von Lama Anagarika Govinda unter tibetischem Einfluss gegründete Orden ‚Arya Maitreya Mandala' nahm 1952 seine Arbeit im Westen auf. Vor allem aber der japanische ‚Zen-Buddhismus' kam groß in Mode. Zen (‚Meditation') ist die bedeutendste Meditationsschule des Mahayana. Nach ihrem Selbstverständnis vertritt gerade sie am konsequentesten das Erbe Buddhas. Der legendäre Begründer des Zen, der indische Mönch Bodhidharma (470–543 n. Chr.), schuf in China einen neuen Meditationsweg. Er gründete auf den philosophischen Grundlagen des Mahayana (z.B. auf der Lehre von der alle und alles einenden Buddha-Natur), erhielt in China nachhaltigen Einfluss vom Daoismus. Nachhaltig befördert wurde die Zen-Rezeption durch die Schriften Daisetz Teitaro Suzukis, Rudolf Ottos, Eugen Herrigels u.a. Praktisch wirksam wurde sie ab der Wende der 1960/70er Jahre. Insbesondere im Gefolge der Hippie-Bewegung kam es zur Bildung von ‚Zen-Kreisen'. Die beiden hauptsächlichen japanischen Schulen (Rinzai- und Soto-Zen) sind auch in Deutschland vertreten. Zunächst dominierte hierzulande die Rinzai-Tradition, heutzutage die Soto-Richtung.

Japanischen Ursprungs sind noch zwei weitere Varianten des Buddhismus in Deutschland, die allerdings zahlenmäßig von geringerer Bedeutung sind: der Buddhismus des ‚Reinen Landes' mit seiner an die lutherische Theologie erinnernden Gnadenlehre und Soka Gakkai (‚Gesellschaft zur Schaffung geistiger Werte') International Deutschland. Diese sich auf das Lotus-Sutra stützende Spielart des Mahayana-Buddhismus, deren Gründer Nichiren ein religiöser Fanatiker bzw. – höflich gewendet – Religionskritiker war, engagiert sich inzwischen stark im interreligiösen Dialog.

Seit Mitte der 70er Jahre haben tibetisch orientierte Gruppen die größten Zuwachsraten unter den buddhistischen Gruppen in Deutschland. Der tibetische Vajrayana-Buddhismus (‚Diamantfahrzeug‘) ist eine Weiterbildung des Mahayana. Alle großen Traditionen des Vajrayana sind in Deutschland präsent, allerdings unterschiedlich gewichtig. Aus der Gelugpa-Tradition (‚Schule der Tugend‘) stammt der 14. Dalai-Lama, der für viele zu dem Repräsentanten des Buddhismus schlechthin geworden ist. Stellvertretend für andere Institutionen aus dieser Schule sei nur das 1977 gegründete Tibetische Zentrum Hamburg genannt. Sehr viele Gemeinschaften in Deutschland stehen in der Kagyüpa-Tradition (‚Schule der mündlichen Überlieferung‘). In der Nyingmapa-Tradition (‚Schule der Alten‘) steht ‚Rigpa‘ für ein Netzwerk von Gruppen und Zentren, das sich dem Studium der Schriften Sogyal Rinpoches widmet. Die enorme Bekanntheit dieses tibetischen Lehrers geht in erster Linie auf sein Buch ‚Das Tibetische Buch vom Leben und Sterben‘ zurück. Hier gibt der Rinpoche (‚kostbarer Meister‘, ein Titel für hochgestellte Lamas oder Gelehrte) Antworten auf existentielle Fragen um Leben und Tod. ‚Rigpa‘ ist u.a. auch durch seine Kurse zur spirituellen Sterbebegleitung bekannt geworden. ‚Bauen für den Weltfrieden‘ – so lautet das Motto der ‚Neuen Kadampa Tradition‘ mit ihren ‚Dipankara-Zentren‘. Durch eine ‚tiefgründige und mitfühlende Vision‘ fühlen sich die Gläubigen angetrieben, in jeder Großstadt der Welt – demnächst im Raum Berlin – einen Tempel zu bauen. Dem Dalai Lama begegnen sie mit Misstrauen.

Das bemerkenswerte ‚Netzwerk engagierter Buddhisten‘ gehört zu den organisatorisch übergreifenden Einrichtungen des deutschen Buddhismus. Seine Mitglieder engagieren sich für menschenrechtliche, friedensfördernde und ökologische Ziele. Durch konkrete Aktionen widerlegen sie das Klischee vom Buddhismus als weltabgekehrte, passive Religion.

JAINISMUS

SYMBOL: Das Symbol der erhobenen Hand des Jainismus bedeutet „Seelen helfen einander". Das Rad auf der Handfläche (Kalachakra) besteht aus 24 Speichen für die 24 Furtbereiter. Im Inneren des Rades steht „Ahimsa" (Nichtverletzten) und steht für das Prinzip der Gewaltfreiheit.

Der Jainismus entstand in Nordindien (Maghada) einige Jahrzehnte früher als der Buddhismus. Der Stifter dieser Religion war unter seinen Würdenamen Vardhamana (‚Wachsender, Mehrender, Förderer'), Mahavira (‚Großer Held') und Jina (‚Sieger') bekannt. Nach jainistischer Zählung lebte er von 599-527 vor Chr. Mit seinem Todesjahr beginnen die Jainas ihre Zeitrechnung. Die westliche Forschung geht hingegen davon aus, dass Mahavira später starb, 467 oder 477/476 vor Chr. oder noch später.

MAHAVIRA

Die beiden großen Jaina-Schulen, Digambaras (‚Luftbekleidete': also Nackte) und Shvetambaras („Weißgekleidete') überliefern manche Einzelheiten von Mahaviras Leben unterschiedlich. Mahavira wurde in Kundagrama, in der Nähe des heutigen Patna im nordindischen Bundesstaat Bihar, als Sohn Siddhartas und seiner Ehefrau Trishala, geboren. Nach einer von den Shvetambaras überlieferten Legende soll Trishala vor der Geburt 14 Träume gehabt haben. Der Shvetambara-Tradition zufolge war Mahavira verheiratet und hatte eine Tochter. Für die Digambaras dagegen blieb Mahavira bis zur Erreichung seiner Erleuchtung unverheiratet. Mahavira ging mit 30 Jahren nach dem Tod seiner Eltern und mit dem Einverständnios seines älteren Bruders „aus dem Haus in die Hauslosigkeit". Nach Shvetambara-Tradition legte er nach 13 Monaten alle Bekleidung ab, lebte zwei Jahre lang als Einsiedler, zog später als Wanderasket durch die östlichen Gegenden des Ganges. Dass Mahavira in dieser Lebensphase häufig für längere Zeit fastete, ist für die Gläubigen bis heute ein Vorbild. Mahavira suchte den Weg über den Fluss bzw. den Ozean der Wiedergeburten. Während seiner Wanderschaft schlossen sich ihm elf Jünger an. Nach zwölf Jahren ließ sich der inzwischen 42 Jahre alte Mahavira in der Nähe der Stadt Jrmbhikagrama am Nordufer des Flusses Rjupalika unter einem Sal-Baum nieder und erreichte er die Stufe der ‚Allwissenheit' und wurde zum Kevalin (von Kevala: ‚einzig, vollständig'). Von nun an galt er als 24. Tirthankara (‚Furterbauer, Furtbereiter') der den befreiungsbedürftigen Menschen den Weg aus ihrem ‚generellen und existentiellen Unheil' wies. Nach seiner Erwachung verkündete Mahavira für die Dauer von 38 Jahren seine asketische Heilsbotschaft von der Befreiung aus dem unheilvollen Kreislauf der Wiedergeburten und gründete den Jaina-Orden. Dieser bestand aus Mönchen, Nonnen sowie männlichen und weiblichen Laienanhängern. Im Alter von 72 Jahren, gegen Ende der Regenzeit, setzte Mahavira seinem Leben durch sein ‚Sterbefasten' ein Ende. Nach jainistischer Tradition ging er in dem Ort Pavapuri, nahe dem heutigen Patna, in das Nirvana ein, wurde zum Siddha, zur ‚vollendeten Seele'

HEILIGE SCHRIFTEN

Der Kanon der Shvetambara-Jainas besteht aus 60 Schriften, die in folgende Kategorien eingeteilt sind: 1. Die vierzehn Purvas, die auf die Zeit des 23. Tirthankara Parshva (ca. 250 Jahre vor Mahavira) zurückgehen sollen, existieren heute nicht mehr. Es gibt nur noch kurze Zusammenfassungen in späterer Literatur. 2. Die zwölf Angas (‚Glieder des Schriftkörpers') enthalten Fragen des Ordensrechtes, Prüfung falscher Lehrmeinungen, erbauliche Erzählungen für Laienanhänger. 3. Die zwölf Upangas (‚Unter-Angas') setzen sich aus Erzählungen für Laien zusammen. 4. Die sechs Chedasutras (Ordensregelbuch) bestehen aus Ordensregeln und einem Verzeichnis von Disziplinarstrafen. 5. Die vier Malasutras umfassen Vorträge über die Lehre, unter anderem die letzte Rede Mahaviras. 6. Die zehn Prakirnasutras (gemischte Schriften) enthalten feierliche Hymnen und Ritualbeschreibungen zur Vorbereitung eines ‚heiligen Todes' (freiwilliger Hunger- und Dursttod angesichts eines äußeren Feindes oder einer Notlage wie einer unheilbaren Krankheit).

LEHRE

Das wichtigste Gebot des Jainismus lautet: „Nichtverletzen ist der höchste Dharma". Jainas lehren keinen persönlichen Gott. Die Welt ist ungeschaffen und ewig. In ihrem Lauf lösen sich zwei Weltperioden beständig ab. Die ‚aufsteigende' erstreckt sich von niederen Anfängen bis zu höchsten Höhen, in denen die Menschen in Frieden und Harmonie leben. Die ‚absteigende' verläuft umgekehrt. Jede Weltperiode setzt besteht aus sechs Zeitaltern. In jedem erscheinen 24 Tirthankaras, die durch die Überwindung ihrer Begierden für sich selbst Befreiung erlangen und andere über den ‚Fluss der Seelenwanderungen' geleiten. Der letzte Furtbereiter dieses Zeitalters war Vardhamana Mahavira, der Gründer des Jainismus. Jainas sind der Überzeugung, dass sich die Menschheit gegenwärtig in einer absteigenden Weltperiode befindet. Die Menschen werden körperlich kleiner und sterben jünger. Eine neue Weltperiode wird die Lebenszustände wieder verbessern.

Jainas lehren eine unendliche Zahl von Jivas (Einzelseelen). Diese besitzen Eigenschaften wie uneingeschränktes Schauen, uneingeschränkte Erkenntnis und Energie sowie uneingeschränktes Glück. Das feinmaterielle Karma strömt in die Einzelseele ein, haftet an ihr und behindert die Entfaltung ihrer Grundeigenschaften. Karma verursacht Leidenschaften, falschen Glauben, Unzucht und Aktivität, hält dadurch Samsara, den Kreislauf der Weiterverkörperungen, in Gang. Um Befreiung vom Karma zu erlangen, muss die Seele das Einströmen neuen Karmas verhindern und vorhandenes Karma auslöschen. Dies geschieht durch moralischen Wandel, Sinneskontrolle und Askese. Nachdem alles Karma beseitigt wurde, ist die Einzelseele ungebunden und steigt empor, um im Glück zu verweilen.

Die aus dem endlosen Wiedergeburtenkreislauf entstehenden fünf Existenzformen werden nach der Zahl ihrer ‚Sinne‘ unterschieden: Nur einen Sinn besitzen die vier Elemente sowie die Pflanzen, die nur fühlen können. Zwei Sinne besitzen Würmer und Schalentiere, weil sie hören und schmecken können. Über drei Sinne verfügen Ameisen, Käfer und Motten; denn sie können außerdem noch riechen. Vier Sinne haben Wespen, Heuschrecken und Schmetterlinge, die über die zusätzliche Fähigkeit des Sehens verfügen. Fünf Sinne besitzen die höheren Tiere, höllische Wesen, Menschen und himmlische Wesen. Die vier hauptsächlichen Existenzformen (Himmlische Wesen, Menschen, Tiere, Höllenwesen) versinnbildlicht das Swastika-Symbol der Jainas.

MENSCHENBILD

Nur Menschen können Befreiung erlangen. Daher sollten sie ihre Chancen nutzen und ein auf Moksha hin orientiertes Leben führen. Mönche und Nonnen widmen dazu ihr ganzes Leben, nehmen die asketischen Gelübde auf sich. Die männlichen und weiblichen Laienanhänger können hingegen nicht alle diese Gelübde einhalten.

‚Drei Juwelen‘ (Ratnatraya) haben für das Leben jedes Jaina große Bedeutung: ‚rechter Glaube‘ (Samyak-Darshana), ‚rechtes Wissen‘ (Samyak-Jnana) und ‚rechter Wandel‘ (Samyak-Caritra). Im Mittelpunkt der Frömmigkeit steht das Erreichen der ‚Allwissenheit‘. Unter ‚rechtem Glauben‘ verstehen Jainas den Glauben an die Lehren Jinas und die rechte Sicht der Realität. Eng mit diesem Juwel verbunden ist das ‚rechte Wissen‘. Der letzte Edelstein bezieht sich auf die Ethik und Moral. An Mönche und Nonnen werden hier deutlich strengere Forderungen gestellt als an die Laien. Diese müssen die Gelübde in abgeschwächter Form ablegen.

Jainas dürfen ihren Lebensunterhalt ausschließlich mit gesetzlich erlaubten Tätigkeiten verdienen. Sie sollen keine Schulden machen, sich gesund ernähren, auf die eigene Sauberkeit wie auch die ihrer Umgebung achten. Bis zu 35 verschiedene Vorschriften bestimmen das tägliche Leben der Jainas.

Laien legen insgesamt zwölf Gelübde ab. An erster Stelle steht die Beachtung der fünf ‚geringen Einschränkungen‘. Sie gelten als gering, weil sie vom
Laien nicht so viel fordern wie die großen Mönchsgelübde. An erster Stelle
steht das Vermeiden absichtlicher Gewalt (Ahimsa-Anuvrata), wobei Ahimsa über das bloße Nichtverletzen hinausreicht und die größtmögliche Güte
gegenüber allen Lebewesen einschließt. Das Vermeiden absichtlicher Gewalt
gestattet dem Gläubigen jedoch, sich selbst, seine Familie, seinen Staat und
seine Religionsgemeinschaft zu verteidigen, wenn Lebensgefahr besteht. Jainas üben meist keine Berufe aus, die Lebewesen verletzen. Sie vermeiden die
Beschäftigung als Landwirte, weil sie beim Pflügen und Pflanzen Tiere töten
würden. Auch manche handwerklichen Berufe streben sie nicht an, weil ihre
Ausübung die Bearbeitung von Rohstoffen einschließt. Daher sind viele Jainas Kaufleute, Industrielle, Juristen und Bankiers. Auch sind viele in sozial
engagierten Berufen tätig.

Die zweite Einschränkung bedeutet, wahrhaftig zu sein. Dieses Gebot geht
über den Verzicht auf Lügen hinaus. Keine beleidigende Sprache soll verwendet, Menschen nicht lächerlich gemacht bzw. in ihren Gefühlen verletzt werden.
Nicht zu stehlen ist die dritte Einschränkung. Diese schließt auch aus, andere zu
betrügen und zu übervorteilen. Der Verzicht auf illegitimen Geschlechtverkehr
bedeutet, nur innerhalb in der Ehe mit einem Partner sexuell zu verkehren und
auch dabei allzu große Ausschweifungen zu vermeiden. Die fünfte Beschränkung
von materiellem Besitz ist nicht gleichbedeutend mit einem Leben in Armut.
Denn ein vernünftiges Maß an Reichtum ist erlaubt. Was man aber selber nicht
unbedingt benötigt, soll für soziale Zwecke gespendet werden.

Die nächsten drei Verdienstgelübde verstärken und vervollkommnen die
Wirkung der fünf Gelübde. Dazu gehört die Verpflichtung, das gesamte Leben im selben geographischen Raum zu verbringen. Dadurch wollen Jainas
die Möglichkeiten einschränken, verbotene Taten zu begehen. Außerdem
sollen Jainas geloben, manche weltliche Handlungen nur eine Zeit lang aus-
zuüben sowie Konsumgüter wie Kleidung, Möbel, Schmuck, Gebäude zu
begrenzen. Jainas sollen keine Waffen herstellen, keine ungeeigneten Bücher
lesen und auch niemandem übel nachreden.

Vier weitere Gelübde beziehen sich auf innere Reinheit und soziale Aktivitäten zur Vorbereitung eines asketischen Lebens. Die Gläubigen sollen eine
Zeit lang meditieren, sich nur in einem begrenzten Raum bewegen, vorübergehend ein asketisches Leben führen sowie sich Wohlfahrtsaufgaben widmen
wie zum Beispiel Spenden von Nahrung, Kleidung und Medizin. Manche Jainas rechnen zu diesen Einschränkungen auch die Jagd, Prostitution, Glücksspiel, Ehebruch sowie den Verzehr der Früchte bestimmter Bäume wie zum
Beispiel Feigen. Außerdem soll sich jeder Jaina dafür einsetzen, die ‚acht
wesentlichen Qualitäten‘ zu erreichen, das heißt auf Fleisch, Fisch, Eier und
andere tierische Produkte zu verzichten. Auch soll er alkoholische Getränke,
samenreiche Knollenfrüchte sowie Honig meiden.

Mönche erfüllen die ‚großen Gelübde‘ bzw. Einschränkungen:

1. Gewaltlosigkeit (Ahimsa) bedeutet für Mönche noch strengere Regeln als für Laien. So tragen Jaina-Mönche Gazetücher als Mundschutz, um keine Insekten zu töten. Sie wischen mit einem Wedel Kleinlebewesen auf ihrem Wege fort und filtern ihr Trinkwasser.

2. Wahrhaftigkeit bedeutet nicht nur, selber nicht zu lügen, sondern den Mut aufzubringen, die Wahrheit zu sprechen, auch wenn man dazu Furcht, Neid, Gier und Egoismus überwinden muss. Wenn das Aussprechen der Wahrheit Schmerz, Verletzung oder Tod zur Folge haben kann, soll der Mönch schweigen.

3. Nicht-Stehlen schließt jede andere Menschen übervorteilende Handlung aus. Wenn der Mönch Almosen entgegen nimmt, darf er nichts akzeptieren, was über seinen persönlichen Bedarf hinaus geht.

4. Keuschheit bedeutet nicht nur den Verzicht auf sexuelle Betätigung, sondern auch die vollkommene Kontrolle der Sinne.

5. Der Welt nicht verhaftet zu sein umfasst den Verzicht auf Besitz, das Aufgeben enger Beziehungen zu Freunden und Verwandten sowie das Entsagen von sinnlichen Vergnügen wie angenehmes Schmecken, Riechen, Sehen, Hören und Fühlen.

HEILIGE ZEITEN

Übergangsriten
Von der Geburt bis zum Tod oder zur Erwachung sollen Jainas 53 Samskaras (Übergangsriten) ausführen. Sie ähneln zum Teil den Hindu-Samskaras. Bevor ein Kind gezeugt wird, begehen Jainas die Empfängniszeremonie. Während der Schwangerschaft werden vier weitere Samskaras zum Wohlergehen von Mutter und Kind gefeiert. Zeremonien erfolgen bei der Geburt, an dem Tag, wenn das Kind die erste feste Nahrung zu sich nimmt, wenn es ein Jahr alt wird, wenn ihm das erste Mal die Haare geschnitten werden. Weitere Feiern finden nach der Vollendung des fünften Lebensjahrs mit dem Schulbeginn statt. Mit acht Jahren wird das Kind religiös mündig, gelobt, die acht Tugenden des Laienanhängers zu verwirklichen. Aufgrund der Konflikte mit der modernen Industriegesellschaft verweigern Eltern zunehmend die Erlaubnis zu dieser Initiation. Hochzeit und Tod sind ebenfalls entscheidende Abschnitte im Leben eines Jainas.

Jainas praktizieren unter genau definierten Umständen ein meditatives Fasten bis zum Tod. Dieses religiöse Ziel wollen manche Jaina-Männer und Frauen auch heute noch erreichen. In vier Fällen ist ein freiwillig herbeigeführter Hunger- und Dursttod erlaubt: Bei einer Bedrohung durch Feinde, angesichts der Unmöglichkeit, ein gegebenes Gelübde einzuhalten, bei einer Hungersnot, bei Erblindung oder einem anderen schweren Leiden im hohen Alter sowie bei einer tödlich endenden Krankheit.

Feste im Jahreskreis

Zu den großen, von beiden Richtungen gemeinsam gefeierten Festen gehört eins, das an die erste Almosengabe an einen Wanderasketen in der gegenwärtigen Weltperiode erinnert. Bedeutende Feste sind Mahaviras Geburtstag (April/Mai) und sein Eingang in das Nirvana (Oktober/November). Im Spätsommer (August, September) findet ein acht- oder zehntägiges Fasten statt. Während dieser Zeit erinnern Predigten die Gläubigen an Mahaviras Leben. Am letzten Tag der Fastenperiode wird eine Bußzeremonie gefeiert. Jainas bitten Verwandte und Freunde um Verzeihung für Vergehen. Außerdem versuchen sie, auf Menschen einzuwirken, keine Tiere zu töten und bieten ihnen Geld als Ausgleich für den Verlust.

Ein sehr wichtiges mehrwöchiges Digambara-Fest ist die ‚Salbung des Kopfes‘ des mythischen Bahubali oder Gommata, Sohn von Rishabha, des ersten Tirthankaras. Hinter der knapp 17, 5 Meter hohen Felsstatue Bahubalis in Shravanbelgola befindet sich ein hohes Gerüst, das die Gläubigen besteigen. Dann salben sie das Haupt ihres Glaubenshelden mit verschiedenen Substanzen: reines Wasser, Sandelholzpaste. Alle zwölf Jahre, zuletzt im Dezember 2005, findet die Mahamstakabhisheka-Zeremonie statt, bei der die riesige Figur mit Milch, Ghee (Butterschmalz), Joghurt, Kokosmilch und Honig übergossen wird.

Mit dem besinnlichen Pajjusana-Fest beschließen die Jainas ihr Jahr.

Zu Ehren von Mahaviras Erleuchtung haben die Jainas von den Hindus das ausgelassene Divali-Fest übernommen. Auch Tempeleinweihungen, Segnungen von Statuen und Mönchsweihen sind bedeutende Feierlichkeiten.

HEILIGE ORTE

Alle Orte, an denen die Tirthankaras zur Welt kamen oder diese verließen, sind für Jainas heilig. Dazu gehört der Berg Kailash, von den Jainas Astapada (‚Achtfüßler, Spinne‘) genannt. Dieser Berg ist ein wichtiger Pilgerort, weil er mit zwei Tirthankaras in Verbindung gebracht wird. Der erste Tirthankara Rishabha gelangte am Ende seines Lebens auf dem Berg nach sechseinhalbtägigem Fasten seine Erleuchtung. Seinem Sohn Bhararta wurde ebenfalls auf dem Astapada die Erleuchtung zuteil. Auf dem Berg Parasnath erreichte der 23. Tirthankara Parshavanatha der Legende zufolge das Nirvana. Der Berg liegt im Osten des Hazaribag-Plateaus und ist ein wichtiger Pilgerort der Jainas. Auf dem 1365 Meter hohen Berggipfel sind 24 Tempel für die 24 Tirthankaras errichtet. Die Pilger brechen von dem elf Kilometer entfernt liegenden Dorf Madhuban auf, um diese Tempel zu besuchen. Ein weiteres wichtiges Heiligtum liegt in Shravana Bergoa. Dort befindet sich eine berühmte Tempelanlage, die für die 19 Meter hohe, 985 n. Chr. entstandene Figur des unbekleideten Asketen Gommata bekannt ist.

Jaina-Tempel haben eine große Ähnlichkeit mit denen der Hindus. In ihren Tempeln beten die Jainagläubigen vor den Statuen der Tirthankaras, aber auch zu Hindugottheiten um Hilfe. In vielen Kultstätten befinden sich daher Bilder von Hindugöttern, zum Beispiel Sarasvati, Göttin der Weisheit und Künste. Auch bei den Pujas, den Kultfeiern, zeigen sich große Gemeinsamkeiten zwischen den beiden indischen Religionen. Doch im Mittelpunkt der Jaina-Frömmigkeit stehen die Schreine der allem Weltlichen entrückten 24 Tirthankaras.

Vor den Tempeln befinden sich die hohen Manastambha-Säulen (‚das, was dem Stolz ein Ende setzt'). Diese erinnern daran, dass einstmals ein stolzer Brahmane Mahaviras Lehre nicht verstehen konnte, aber bei dem Anblick der Säule von seinem Stolz und Hochmut befreit wurde und plötzlich zum Verständnis gelangte.

Im Mittelpunkt der Jainafrömmigkeit stehen die rituellen Verrichtungen des Einzelnen. Wenn Jainas einen Tempel betreten, rezitieren sie traditionelle Verse, sprechen das fünfteilige Glaubensbekenntnis. Die Besucher stehen demütig und mit einer Gebetskette meditierend vor dem Bildnis des Jina. Die Gläubigen umwandern das Bildnis des Jina dreimal, bevor sie sich vor ihm niederlassen und die mitgebrachten Blumen, Reiskörner und andere Speisen auf einen Teller legen. Acht Opfergaben gehören zu einer solchen Puja: Wasser, Sandelholz, Blumen, Duftstoff, Kerzen, Reis, Süßigkeiten und Früchte. Das Wasser symbolisiert den Ozean, da jedes Lebewesen durch das Meer des Lebens reist. Das Sandelholz steht für rechte Erkenntnis, die Blumen in ihrer Zartheit und Schönheit für den rechten Lebenswandel. Der Duftstoff ist ein Zeichen für das Leben der Mönche, während die Kerze mit ihrer Flamme ein reines Gewissen ohne karmische Belastung symbolisiert. Die Süßigkeiten verdeutlichen, dass man nicht an wohlschmeckender Nahrung anhaften soll. Die Früchte stellen ein Bild für die Befreiung von weltlichen Zwängen dar.

Zum Schluss baden und salben die Gläubigen die Jina-Bildnisse, betupfen sie an 14 Stellen mit flüssigem Safran, sprechen Gebete. Während der Verehrung des Jina wünscht sich der Fromme, dass auch er sich irgendwann von Geburt, Alter und Tod befreien kann. Die Tirthankaras verehrt man, weil man sich an ihre Tugenden erinnert, nicht um sie um Hilfe zu bitten. Nur bei besonderen Fasttagen ist die Puja eine gemeinschaftliche Veranstaltung.

DER JAINISMUS ANGESICHTS AKTUELLER PROBLEME DER GEGENWART

Gewaltlosigkeit

Jainas engagieren sich gegen Unterdrückung, Missbrauch, Folter, Versklavung und Mord aller Lebewesen. Gewalt ist unter keinen Umständen erlaubt. Ziel der ersten Jaina-Organisation in Großbritannien, The Jain Samaj (Europe), ist es, den Jainismus zu unterstützen und die Aktivitäten der Jainas in

Europa zu koordinieren. Die Gemeinschaft will Ahimsa verwirklichen, um
den Weltfrieden zu erreichen. Im Jaina-Zentrum von Leicester können die
Gläubigen die verschiedensten Rituale und Zeremonien ihrer Tradition ausüben. Im Tempel befinden sich geweihte Bilder der Shvetambara Murti Pujaka
sowie des Digambara-Kultes und ein getrennter Bereich für die meditativen
Riten der abgespaltenen Sthanakavasi-Richtung, die keine Idole in Tempeln
anbeten.

> *„Alle Heiligen und Ehrwürdigen in der Vergangenheit, in der Gegenwart
> und in der Zukunft, sie alle sagen so, sie alle reden so, künden so und er-
> klären so: Keinerlei Geschöpfe, keine beseelten Dinge, keinerlei Wesen darf
> man töten noch misshandeln, noch beschimpfen, noch quälen, noch verfol-
> gen. Das ist das reine, ewige, beständige Religionsgebot, das von den Wei-
> sen, die die Welt verstehen, verkündet worden ist.“*

Vegetarismus

Der Jainismus vertritt bereits seit zwei Jahrtausenden einen ethisch moti-
vierten Vegetarismus und verwirklicht diesen konsequent. Die Einstellung
der Jainas zu Tieren ist durch den Glauben an Karma und Reinkarnation geprägt. Gute und böse Taten bestimmen über die entsprechende Existenzform
in einem zukünftigen Leben. Da jeder als Mensch und Tier wiedergeboren
werden kann, sind alle Lebewesen über den Tod hinaus zu einer Schicksalsgemeinschaft verbunden. Mahavira sagte dazu:

> *„Zweifele nicht: Du bist ja selbst das Geschöpf, von dem du meinst, es dürfe
> geschlagen und getötet werden. Drum sei kein Töter und kein Helfer beim
> Töten von dem Geschöpf, von dem du meinst, es dürfe getötet werden. Das
> Geschöpf bist du selbst durch das Nachempfinden der eigenen Sünde. [...]
> Ob man Wesen durch eigenes Tun tötet oder sie durch andere töten lässt
> oder dem zustimmt, der sie tötet – stets fördert man das, was einem feind
> ist.“*

Im Gegensatz zu buddhistischen Mönchen dürfen Jaina-Mönche auch dann
kein Fleisch essen, wenn es ungewollt in ihre Almosenschüssel gelangt. Auch
Pflanzen besitzen nach der Überzeugung der Jainas eine Seele; doch sind sie
nicht alle in gleicher Weise beseelt. Fromme Jainas essen eher Erbsen und
Reis, weil diese als weniger beseelt gelten als Knollen. Doch im Gegensatz zu
den als höhere Lebewesen geltenden Tieren können Pflanzen aus praktischen
Gründen nicht vollständig aus der Nahrung verbannt werden.

Tierschutz
Jainas gründeten die ersten Tierkrankenhäuser der Welt. Bereits vor 1000
Jahren, als Tierheime in Europa weitgehend unbekannt waren, unterhiel-
ten die Jainas Tierhospitäler, zum Beispiel in Ahmadabad in Indien. Diese
Tiere (Kühe, Ochsen, Büffel, Kälber, Ziegen, Pferde, Katzen, Affen, Hühner,
Enten, Tauben, Papageien u.a.) wurden von Privatpersonen gekauft, die ein
gutes Werk tun wollten oder vom Besitzer ins Krankenhaus gebracht. An
Festtagen kaufen auch heute Jainas den Fleischern mancherlei Tiere ab, um
sie anschließend frei zu lassen oder wie z.B. kranke Vögel von der Straße in
ein Krankenhaus zu bringen, wo sie Auslauf und Pflege erhalten. Besonderen Ruf genießt die Vogelklinik in Delhi mit ihren über 1000 Betten-Käfigen
und einem kleinen Operationssaal. Die Finanzierung solcher Kliniken erfolgt
durch Spenden wohlhabender Jainas. Bei Verstößen gegen die Jaina-Regeln
werden auch oft Geldbußen zugunsten der Tierasyle verhängt. Jainas engagieren sich auch außerhalb Indiens für ihre ethischen Ideale insbesondere
für Vegetarismus sowie Tier- und Umweltschutz. 1949 wurde die Jain World
Mission gegründet, die sich u.a. kräftig für ein Verbot der Vivisektion von
Tieren einsetzt.

Leben in der modernen Gesellschaft
Moderne Wissenschaft und technischer Fortschritt führen zu kontroversen
Diskussionen unter den verschiedenen Jaina-Gruppierungen. Einige Wanderasketen benutzen Mikrophone, um von den Gläubigen besser verstanden zu
werden; andere lehnen elektronische Geräte strikt ab, weil diese Lebewesen
in der Luft zerstören können. Ebenso waren aus Tierschutzgründen früher
Mahlzeiten nach Einbruch der Nacht untersagt, weil man im Dunkeln ein
kleines Tier übersehen könnte. Da die Jainas heutzutage in Wohnungen leben, also Speisen nicht mehr unter freiem Himmel verzehren, könnten sie,
ohne Tiere zu gefährden, durchaus am späten Abend Mahlzeiten zu sich
nehmen. Doch aus Respekt vor der Tradition wird vielfach nicht mehr nach
Einbruch der Dunkelheit gegessen.
    Jainas im Ausland vermissen den Rat und Zuspruch der Wanderasketen.
Denn diese Wandermönche dürfen nur zu Fuß unterwegs sein und Indien
nicht verlassen. Daher versuchen viele Jainas, mehrmals im Leben längere
Reisen nach Indien zu unternehmen und bei dieser Gelegenheit ihre Asketen
aufzusuchen.

Hauptströmungen
Im Jahre 79 nach Chr. soll es zur Spaltung des Jaina-Ordens in die beiden
großen Richtungen der Digambaras und Shvetambaras gekommen sein.
    Digambaras leben hauptsächlich im zentralindischen Dekkan, in Mai-
sur und Westbengalen; Shvetambaras meistens in Nordindien. Die wesentlichen Differenzen zwischen ihnen betreffen folgende Problembereiche: das

Wesen des ‚allwissenden Jina‘, die religiöse Funktion der Nacktheit sowie die Stellung der Frau. Während die Digambaras den Jina völlig außerhalb aller menschlich-sozialen Bezüge stellen, lehren die Shvetambaras: Der Jina ist zwar allwissend, steht aber noch innerhalb der menschlichen Gesellschaft. Digambaras halten die Nacktheit für religiös unverzichtbar, wohingegen Shvetambaras dies dies nicht so streng sehen und das übertriebene ‚Hängen‘ an der Kleidung ablehnen. Zwischen beiden Richtungen gibt es kaum Beziehungen oder Mischehen. Ehen zwischen Jainas und Hindus derselben Kaste werden jedoch durchaus geschlossen.

Heutige Verbreitung
Weltweit gibt es ca. 5,6 Millionen Jainas. Im 19. Jh. wanderten viele von ihnen nach Ostafrika. Die ersten Jainas außerhalb Indiens waren wahrscheinlich Händler und Kaufleute aus Gujarat. Sie gründeten an der ostafrikanischen Küste Siedlungen. Bei den Gujarati Jainas handelte es sich ausschließlich um Laien der Shvetambara-Tradition. Meist waren sie Deravasi, die im Unterschied zu den Sthanakavasi Götterbilder in Tempeln anbeten. Mitte des 20. Jhs. gab es ungefähr 7.000 bis 8.000 Jainas vor allem in Kenia, auch in Uganda und Tanzania. Bereits Anfang der 1920er Jahre wurden die Mombasa Jain Shvetambara Derasar Sangh (Tempelgesellschaft) und in der Folgezeit vor allem in Kenia Tempel und Versammlungshäuser gegründet.

Als Kenia, Tansania und Uganda ihre Unabhängigkeit erlangten, zog es viele Jainas nach Großbritannien, wo sich ca. 16.000 in den Städten Mittelenglands und der Umgebung von London niederließen. Damals lebten bereits einige jainistische Studenten und Geschäftsleute in England.

Einige wohlhabende ostafrikanische Jainas siedelten sich an der Ostküste Nordamerikas an. Eine weitere Anzahl von indischen Jainas lebt in Belgien, oft im Edelsteinhandel tätig. In Deutschland leben schätzungsweise über 100 Jainafamilien. Etwa 40 davon sind in Idar Oberstein im Rubin-Handel beschäftigt. Die deutschen Jainas sind weder organisiert, noch haben sie eigene Kultstätten. Digambaras tragen oft den Namen Jain.

DIE RELIGIONEN CHINAS

SYMBOL: Das Symbol des Taijitu („Diagramm der Höchsten Realität'), ein Kreis mit weißen und schwarzen Flächen, repräsentiert die beiden für die chinesische Religion zentralen, komplementär aufeinander bezogenen Elemente Yin und Yang. Paul Schwarzenau (1923-2006) beschreibt wesentliche Merkmale der chinesischen Symbolik: „Das älteste Element im Tai Gi-Symbol ist der Kreis, chinesisch Wu  Gi genannt, was ‚Ururanfang', wortwörtlich aber ‚Nicht-Anfang' bedeutet. Die Chinesen verbinden mit dieser Urform des Symbols die tiefsten Gedanken über Ursprung und Werden der Welt. Die Welt hat einen Anfang in der Zeit. Wu Gi bezeichnet demgegenüber das, was vor dem Anfang war. Die Chinesen erfassen damit aus uraltem Denken, was heute die Grundlagenforschung der Physik erst wiederentdeckt. *Entstehen, werden* kann nur das, was *möglich* ist. Die Welt ist nicht nur Wirklichkeit, sie ist zuallererst Möglichkeit und immer noch voller Möglichkeiten. Da die Welt in der Zeit entstand, war sie vor dem Anfang bloße Möglichkeit. *Die Welt war möglich, darum konnte sie entstehen.* Darum beruhen auch die großen Gedanken Chinas seit alters nicht auf dem starren Kausal- und Finaldenken, wozu westliches Forschen durch die Schöpfungsidee verleitet wurde, sondern auf dem Wahrscheinlichkeitsdenken, das auch die Einsichten der heutigen Physik leitet. Die Welt entsteht immer noch, sie *wird*. Sie ist noch voller unverwirklichter Möglichkeiten (Kursivierungen im Original)."[20]

Im Kreis erscheint das Taiji: das Symbol der beiden Urkräfte. Die Aufteilung alles Seins in Yin und Yang ist vermutlich älter als die schriftlichen Dokumente. Früheste kultische Gegenstände verraten diesen Symbolismus der Polarität und des Wechsels. So trägt etwa die das Dunkel symbolisierende Nachteule ‚Sonnenaugen', während symbolische Darstellungen des Lichts nächtlich-dunkle Zeichen aufweisen. Yin und Yang wurden zunächst mit kaltem und bedecktem Wetter bzw. mit Sonnenschein und Hitze assoziiert. Yin und Yang sind Prinzipien, nicht aber Mann oder Frau; denn in beiden sind Elemente des jeweiligen anderen vorhanden.

Yang: hell, männlich, stark, schöpferisch, fest, oben (Himmel), Bewegung, klar und rational.

Yin ist das genaue Gegenteil: weiblich, dunkel, schwach, ruhig und kontemplativ, nachgiebig, unten (Erde), Ruhe, kompliziert und intuitiv.

---

[20]   Paul Schwarzenau: Christentum und Weltreligionen, München 1981 (Orig. 1977), S.225.

Das chinesische Weltmodell ist das einer dynamischen Komplementarität. Damit unterscheidet es sich von anderen Weltentwürfen, z.B. dem Dualismus. Dieser reißt die Welt in zwei unversöhnliche Pole auseinander: Gut und Böse, Licht und Finsternis – zum Beispiel im Zoroastrismus. Das chinesische Modell unterscheidet sich auch von dem monistischen Ansatz indischer Religionen. Denn nach der Lehre des Vedanta existiert nur *eine* Wirklichkeit: das Brahman. Der Physiker, Systemtheoretiker und Philosoph Fritjof Capra (geb. 1939) weist auf Übereinstimmungen zwischen der Yin-Yang-Lehre und den Erkenntnissen der modernen Physik hin. Chinesische Texte sehen das Naturgeschehen als ständigen Prozess des Umformens und Wandelns, wie er durch die Beziehungen zwischen Yin und Yang zustande kommt. Die Daoisten lenkten ihr Augenmerk darauf, dass alle Gegensätze polare Beziehungen darstellen, bei denen jeder Pol dynamisch mit dem anderen Pol verbunden ist. Nacht und Tag ist also kein unversöhnliches Gegensatzpaar; denn beide enthalten ja den Kern des jeweils anderen in sich.

LAOZI UND DER DAOISMUS

Eine wichtige Quelle für das Leben Laozis (Laotse) bzw. Lao Dans bildet das Shiji des Historikers Sima Qian (etwa 145–90 v.Chr.). In diesen über 2000 Jahre chinesische Geschichte umspannenden ‚Aufzeichungen des Historikers' erscheint Laozi als Zeitgenosse des Kongzi (Konfuzius). Laozi, der ‚alte Meister', hatte nach Aussage Sima Qians weltliche Namen und Ämter inne. In der Zhou-Dynastie war Laozi als Archivar am Hof tätig. Nach Sima Qian kultivierte Laozi das Dao und De. Außerdem lehrte er, „sich und seine Verdienste verborgen zu halten und zu wirken, ohne Ruhm zu erhalten." Zweifellos war dies in unruhigen Zeiten eine Möglichkeit, im Machtgefüge seiner Zeit zu überdauern.

Einer hübschen Legende zufolge bestieg der Philosoph, Archivar und Historiker Laozi – resigniert über den politischen Zustand des Staates Zhou – einen Wasserbüffel und zog über einen Grenzpass nach Westen. Der Passwächter Ying Xi zwang Laozi, als Wegezoll seine Erkenntnisse aufzuschreiben, bevor er endgültig die Welt hinter sich lasse. Daraufhin schrieb Laozi seine Lehren im Daodejing auf. In 81 Absachnitten mit über 5000 Worten erklärte er den Sinn von Dao und De. „Dann ging er fort, und niemand weiß, wo er geendet hat." So resümierte Sima Qian. Schon im 3. Jh. erzählte man sich in China die Legende, Laozi sei nach Indien gereist und dort als Barbaren bekehrender Buddha aufgetreten. Bert Brecht hat dieses Thema kongenial in seinem berühmten Gedicht aufgegriffen: „Legende von der Entstehung des Buches Dao Te King auf dem Weg des Laotse in die Emigration" – entstanden 1938 in Dänemark während seiner Emigration.

Nach dem ungarischen Jesuitenpriester und Sinologen Gellért Béky darf man trotz aller berechtigten Skepsis davon ausgehen, dass Laozi gelebt hat. Doch mit Konfuzius kann er unmöglich zusammengetroffen sein. Die Vorstellung einer politischen Ratgeberschaft Laozis verbindet seinen Namen und die späterer Vertreter seiner Lehre mit der Sphäre von Staat und Herrscher. Die Legitimation religiöser Herrschaft wurde mit Hilfe ritueller Hilfestellungen daostischer Priester erbracht. Laozi wurde zum Beispiel später als Ahnherr der Tang-Dynastie (618–907) verehrt, was weitreichende Folgen für die ideelle und materielle Unterstützung der Daoisten hatte.

HEILIGE SCHRIFTEN

Daodejing
Im Allgemeinen schreibt man die Verse des Büchleins Daodejing dem mystischen Religionsstifter Laozi aus dem 6. vorchristlichen Jh. zu. Wohl zu Unrecht; denn der heutige Text wurde kaum vor dem 4. Jh. zusammengestellt. Béky charakterisiert das Daodejing als das Werk eines Denkers „von ungewöhnlichem Ausmaß und seltener Tiefe", mag es auch nicht von ihm eigenhändig geschrieben, sondern von Schülern überliefert worden sein, wie die Worte Jesu', Buddhas, Sokrates'.

Vermutlich handelt es sich um eine Kampfschrift daoistischer Shi-Gelehrter gegen den Konfuzianismus, der ihrer Meinung nach diese Begriffe falsch verstanden hat. Diese Shi-Gelehrten suchten eine Stellung bei Hofe und mussten in Debatten argumentativ bestehen. Auch die Zielgruppe des Daodejing sind, neben den Fürsten, diese Gelehrten. Vermutlich entstand das Daodejing an der Jixia-Akademie des Staates Qi im 4./3. Jh. v.Chr.

WEITERE ‚HEILIGE' SCHRIFTEN

Daozang ist die Bezeichnung für den Kanon der 1464 autoritativen daoistischen Schriften. Sie sind keine Heiligen Schriften im strengen Sinn, sondern auch philosophische, literarische, alchemistische und ‚pharmazeutische' Texte. Im 5. Jh. wurden diese in ‚Drei Höhlen' (bzw. ‚Grotten') eingeteilt, später traten ‚Vier Ergänzungen' hinzu. Die erste, während der Tang-Dynastie (618–907) erschienene Ausgabe soll zwischen 3000 und 8000 Rollen gehabt haben, ist aber verschollen bzw. wurde Opfer von Kriegen. In Ausgaben der Ming-Dynastie (1368–1644) enthielt der Kanon fast 8000 Rollen.

Grundlagen sind in der
Ersten Höhle: die Shangqing-Texte (‚Himmel der Höchsten Reinheit'), exklusive Offenbarungstexte
Zweiten Höhle: die Ling-pao-Texte (‚Magischer Juwel')
Dritten Höhle: Shan-huang-Texte (‚Drei Souveräne')

Lehre

Die konfuzianischen Denker postulierten ein bestehendes Wertesystem, dessen Befolgung eine funktionierende Gesellschaft bewirkte. Das Daodejing dagegen setzte beim Einzelnen an, trat für eine Verwandlung seines Charakters ein, um dadurch die Gesellschaft zu verbessern. Ein Konfuzianer stellt die Frage, was man tun soll. Ein Daoist dagegen reflektiert darüber, wie man als Einzelner beschaffen sein sollte.

Laozis mystische Lehre legte dem Menschen nahe, sich von der ‚Welt‘ abzuwenden. Die meisten Daoisten waren in den ersten Jahrhunderten vor Chr. jedoch Höflinge, lebten vom Geld der Fürsten und strebten nach Beamtenstellen.

Im Mittelpunkt des Jing (‚Klassisches Buch‘) stehen die beiden Schlüsselbegriffe Dao und De. Dao steht für das allumfassende göttliche Prinzip, durch das Himmel, Erde und alles Existierende hervorgebracht wurden. Wie aus dem Dao die phänomenale Welt entsteht, beschreibt Kapitel 42, wobei die ‚zehntausend Wesen‘ die Gesamtheit aller Wesen bedeutet.

> *Eins erzeugt Zwei,*
> *Zwei erzeugt Drei,*
> *Drei erzeugt die zehntausend Wesen.*

Im älteren chinesischen Schrifttum bedeutet Dao ‚Weg, Straße‘, auch im ethischen Sinne. Im Shujing (‚Buch der Urkunden‘) wird Dao im ethischen Sinne zuerst für den König, dann für die Fürsten, später für alle Edlen verwendet. Es bezeichnet den ‚Weg der Pflicht und der Vollkommenheit‘. In der Weg-Bedeutung kommt Dao auch im konfuzianisch und daoistisch beeinflussten I Ging (‚Buch der Wandlung‘) vor. Hier hat Dao ausschließlich ethische Bedeutung. In den aus vorwiegend konfuzianischer Sicht verfassten Kommentaren des I Ging ist im übertragenen Sinne die Rede vom ‚Dao des Himmels, der Erde, des Menschen‘. Der spätere Daoismus lässt Dao zu einem personalen Gott werden, der sich durch den Herrn Lao in dieser Welt kundtut. Der Daoismus lehrt eine Art Dreifaltigkeit, bestehend aus: 1. der reinsten und geheimnisvollsten Manifestation des Dao, dem ‚Himmelswürdigen des Uranfangs‘; 2. Herr Dao, der Vermittler zwischen dem Urgrund und den Göttern; 3. Herr Lao, der Offenbarer des unzugänglichen Dao. Diese Gottheiten sind Objekte reichhaltiger Rituale.

Laozi dagegen sieht im Dao ein allumfassend-göttliches Prinzip. Dao ist kein personaler Gott, kein ‚Er‘, sondern ein ‚Es‘, nämlich *das eine* Göttliche. Dao lässt sich nur schwer in die Worte europäischer Sprachen übersetzen. Im Dao verdichten sich weit zurück gehende religiöse Erfahrungen, intuitiv-mystische Erlebnisse. Dao ist nicht logos, nicht ratio oder Gesetz. Dies alles ist Dao auch – und noch viel mehr: Weltgrund, Gottheit.

> „Ein Etwas gibt es, aus dem Chaos geworden,
> früher als Himmel und Erde entstanden,
> ein Einsam-Stilles, Endlos-Weites,
> in sich allein, unwandelbar,
> kreisend, nie sich erschöpfend.
> Des Alls Urmutter könnte man es nennen.
> Ich kenne seinen Namen nicht.
> Ich nenne es Dao“.
> (Daodejing 25)

Dao hat auch weibliche Züge, steht nach chinesischer Vorstellung damit für Ruhe und Passivität, für Dunkelheit und Geheimnis, auch für das Absichtslose der Natur. Dao ist ewig und unwandelbar, gilt als Achsenpunkt eines Rades. Es hat Teil an der Rotation und steht doch selbst still. Mit einem Bild aus dem ersten Teil seiner ‚Four Quartets‘ (Burnt Norton, II) des englischen Schriftstellers T.S.Eliot (1888-1965) ausgedrückt, ist Dao „the still point of the turning world“, dem „Achsenpunkt eines Rades“ vergleichbar, das an der Rotation teilhat und doch still steht.

Das Ziel der Weltwerdung ist die Rückkehr zum Ursprung. Wenn alles Seiende in den Urzustand zurückgekehrt ist, wird wieder friedvolle Harmonie sein: „Heimkehren zum Wurzelgrund heißt: Stille finden“. Im Daoismus steht die Unsterblichkeit des Einzelnen im Mittelpunkt.

Das Ziel der ‚Welt‘ besteht in der Rückkehr zu ihrem Ursprung. Dieser Prozess ist beendet, wenn alle Wesen sich wieder in ihrem Urzustand befinden. Das Daodejing fordert den Menschen dazu auf, sich von allem weltlichen Sein zu isolieren, die Sinne davor zu verschließen. Wu wei (den Dingen ihren Lauf lassen, Nicht-Eingreifen) soll die Einstellung zur Welt prägen. Wu wei bedeutet kein Nichtstun, sondern nicht in die Natur eingreifen, sich stattdessen ihr harmonisch einfügen. Der mit dem Dao in Einklang lebende Weise sucht keine äußere Abgeschiedenheit auf, sondern fühlt sich zu einer besonderen Aufgabe im Staate bestimmt. Im Wu Wei-Ideal treffen sich Laozis Individual- und Sozialethik. Im 28. Kap. heißt es vom weisen Menschen, dass er zum „Leiter der Amtsleute“ werde, also zum höchsten Beamten, der den Staat führen soll. Der beste Regent ist derjenige, der unbemerkt bleibt. Gewaltlosigkeit ist daher das Ideal des Laozi, für den „das himmlische Dao ohne Kampf siegt“ (73,6) und „das Biegsame und Schwache“ über „das Harte und Starke“ dominieren (37,10).

‚PHILOSOPHISCHER‘ UND ‚RELIGIÖSER DAOISMUS‘

Westliche Religionsforschung unterscheidet zwischen dem ‚Philosophischen Daoismus‘ (Daojia = daoistische Schule) und dem ‚Religiösen Daoismus‘ (Daojiao= Dao-Lehre). Daojiao entstand im 2. Jh. n. Chr. und stützte sich auf dieselben Schriften wie der philosophische Daoismus. Es entstand aber außerdem ein eigenes Schrifttum. Die Hauptanliegen des religiösen Daoismus sind die Suche nach dem Weg (Dao) des Großen Gleichgewichts und die Erlangung der Unsterblichkeit. Zu den Hauptmerkmalen des religiösen Daoismus gehören: der unter tantristischen Einflüssen (Kundalini-Yoga) entwickelte Sexual-Yoga mit dem Ziel, die männlichen Yang- und die weiblichen Yin-Potenzen zu steigern und miteinander auszutauschen. Der Geschlechtsakt sollte ohne Samenerguss vollzogen werden. Der mit Yin vermischte Saft sollte im männlichen Körper bis zum Kopf aufsteigen und dort zur Ruhe kommen. Man lehrte besondere Atemtechniken, die Unsterblichkeit versprachen, z. B. die ekstatische Erfahrungen bewirkende Embryonal-Atmung, eine innere Atemführung, bei der die normale Atmung fast vollständig ausgeschaltet wird. Dadurch soll ein transzendenter Embryo entstehen, ein unsterblicher ‚Alter Ego‘ des Menschen. Nackt wurden therapeutische Übungen vollzogen, durch die der Mann Sonnenkräfte, die Frau dagegen Mondkräfte in sich aufnahm. Die Alchemie diente zur Herstellung von Unsterblichkeitsdrogen. Der Fangshi (‚Meister der Rezepturen‘) war ein magischer Spezialist, der den Weg zu den Unsterblichkeitsinseln wies und Techniken der Lebensverlängerung kannte. Dabei ging es darum, die spirituellen, geistigen Seelen des Menschen (Hun) und die körperliche Seele (Po) miteinander zu verbinden und diesen Verbund in ein neues Leben jenseits der diesseitigen Welt zu überführen. Man war der Überzeugung, dass im Embryo ein Höchstmaß an menschlicher Göttlichkeit bestand und der Mensch auf Unsterblichkeit angelegt ist. Doch mit der Geburt vergeudet der Mensch seine Gabe, beschreitet damit den Weg zum Tod. Der Mensch kann aber diese Unsterblichkeit wieder gewinnen. Negative Kräfte verschlechtern die Lebenskraft, die durch Diät und religiöse Übungen kontrolliert werden kann. Ihre Heilaufgaben können daoistische Autoritätspersonen nur ausüben, wenn sie ihr ursprüngliches, embryonales göttliches Potential ungeschmälert besitzen. Es gibt zahlreiche Methoden der Selbstkultivierung.

Die von dem Ziel die Einheit mit dem Dao wieder herzustellen geleiteten daoistischen Praktiken werden durch das moralische Verhalten der Gläubigen flankiert. Man unterscheidet fünf Gebote und zehn gute Taten.

ETHIK

Die fünf Gebote
Sie ähneln zum Teil den buddhistischen Silageboten: 1. nicht töten, 2. nicht gierig Weintrinken, 3. nicht mit dem Munde ‚ja‘ und mit dem Herzen ‚nein‘ sagen, 4. nicht stehlen, 5. nicht unzüchtig sein.

Die zehn guten Taten
1. Pietät und Gehorsam gegenüber Vater und Mutter, 2. Loyalität gegenüber dem Herrscher, 3. Mitleid und Güte den zehntausend Wesen gegenüber, 4. geduldiges Ertragen von Gemeinheit, 5. Abwendung des Bösen durch Mahnung und Einspruch, 6. Selbstverzicht und Armenhilfe, 7. Freilassung von Lebewesen, Pflanzung von Obstbäumen, 8. Brunnen graben und Brücken bauen, 9. fördern, was anderen nützt und beseitigen, was ihnen schadet, 10. die Schriften und die Vorschriften der ‚drei Kostbarkeiten' rezitieren, Weihrauch verbrennen und opfern.

Hauptströmungen des ‚Religiösen Daoismus'
Der daoistische ‚Himmelsmeister' Zhang Daoling (2. Jh. n. Chr.) und sein Enkel Zhang Lu gelten als Begründer der daoistischen Himmelsmeister-Richtung. Bereits als siebenjähriges Kind soll Zhang das Daodejing gekannt haben. Der im konfuzianistischen Geist ausgebildete Zhang entschied sich gegen die Beamtenlaufbahn, suchte nach Wegen, das Leben zu verlängern und scharte Schüler um sich. Zhang hatte eine Erscheinung Laozis. Dieser verkündete ihm das rechtmäßige Gesetz der drei Himmel und bestimmte Zhang zum Himmelsmeister (Tianshi) mit der Aufgabe, die Ordnung auf Erden wieder herzustellen, die Herrschaft der drei reinen Himmel zu errichten und die sechs verdorbenen Himmel in die Hölle zu verdammen. Zhangs Bewegung wurde ‚Fünf-Scheffel-Reis-Daoismus' genannt, weil die Konvertiten den Funktionären fünf Scheffel Reis zu entrichten hatten. Nach traditionellem Glauben soll der Himmelsmeister 156 n. Chr. in die Region der Unsterblichen aufgestiegen sein. Die Bewegung der Himmelsmeister wird erst mit Zhang Lu, dem Enkel Zhang Daolings, genauer fassbar. Seit dem 3. Jh. stieg Zhang Daoling zum Heiligen und ‚Unsterblichen' (Hsien) auf, zu einem ‚göttlichen' Wesen, das körperlich unsterblich geworden ist. und die reine Energie
Neben diesen beiden großen Richtungen gibt es den im 4./5. Jh. entstandenen Maoshandao (‚Daoismus vom Berg Mao') und Shanqingdao aus dem 4. Jh.. Alle diese Gruppierungen berufen sich auf die Offenbarung des Herrn Lao (Laojun) an den Zhang Daolin, den ‚Himmelsmeister'.

DER DAOISMUS ANGESICHTS AKTUELLER
PROBLEME DER GEGENWART

Leben in der Gesellschaft
Der ‚Religiöse Daoismus' hat eine Organisation gebildet, die seit fast zweitausend Jahren eine ununterbrochene Reihe von hohen religiösen Autoritäten besaß. Der praktizierte Daoismus war im vorkommunistischen China weit verbreitet und fand sich in Klöstern und bei Einsiedlern. Heute gibt es noch viele daoistische Tempel und Klöster auf Taiwan (Nationalchina) und in Hongkong, darüber hinaus in überseeischen Niederlassungen der Chinesen in

Südostasien. Inzwischen bekennen sich rund 20 % der Chinesen zum Daoismus und den traditionellen chinesischen Volksreligionen. Damit ist der religiöse Daoismus die bedeutendste Religion Chinas. In Taiwan und anderen chinesischen Gemeinden außerhalb der VR China wird er von weiten Teilen der Gesellschaft öffentlich gelebt, auch wenn ihn die taiwanesische Regierung wegen seines magisch-rituellen Charakters nur duldet.

Nach der Gründung der Volksrepublik China (1949) wurden der Daoismus, wie auch die anderen Religionen unterdrückt. Vom Standpunkt der marxistischen Weltanschauung aus gesehen, galten sie als Aberglaube. Der Staat unterband daher daoistische Aktivitäten, zerstörte oder zweckentfremdete Klöster und Tempel. Mönche und Nonnen wurden ‚umerzogen', wertvolle Texte vernichtet. Nach der Kulturrevolution (1976-1976) verbesserte sich ab 1978 die Situation des Daoismus. Nach dem Tode Mao Zedongs setzte die Kommunistische Partei Chinas die so genannten ‚vier Modernisierungen' um, die sich auf Industrie, Landwirtschaft, Verteidigung und Wissenschaft/Technik bezogen. Allmählich entstand das vorher praktisch zum Erliegen gekommene religiöse Leben wieder neu. In den 1980er, vor allem aber 90er Jahren duldete man staatlicherseits daoistische Praktiken, beschäftigte sich verstärkt mit daoistischer Philosophie. Im Januar 2000 wurde an der Akademie für Sozialwissenschaften ein Forschungszentrum für die Kultur des religiösen und philosophischen Daoismus geschaffen. Man unterstrich bei der Gründung die Bedeutung des Daoismus für Philosophie, Religion, Staatsführung und Naturwissenschaften. Aufgrund seiner weltflüchtigen, asketischen Tendenzen, seinen eher geringen organisatorischen Strukturen und seiner a-politischen Einstellung fällt es staatlichen Kontrollinstanzen nicht leicht, ihn zu kontrollieren und zu reglementieren. Der Daoismus findet sich eher unter der einfachen Bevölkerung, weil er der popularen chinesischen Religiosität nahe steht, oft mit ihr identisch ist.

In der offiziellen Religionspolitik gehört der Daoismus zu den fünf offiziell anerkannten Religionsgemeinschaften. Insbesondere wegen der traditionellen Heilkunst der Daoisten und ihrer angesichts der zunehmenden Probleme der Umweltzerstörung für hilfreich gehaltenen Einstellung zur Natur erfährt der Daoismus inzwischen größere Aufmerksamkeit und Wiederbelebung. So hat man wieder Tempel und Klöster errichtet. An einigen Universitäten gibt es eigene Forschungsinstitute für Daoismus. Inzwischen existieren wieder über 3000 daoistische Heiligtümer, die zum Teil ökonomisch unabhängig sind und Hotels, Restaurants und Teestuben betreiben. In der Literatur findet sich die Zahl von etwa 25 000 Mönchen und Nonnen. Am traditionell wichtigen Laternenfest am 15. Tag des ersten Monats nach dem chinesischen Mondkalender strömen viele Menschen in die Klöster.

Einstellung zur Umwelt
Der Daoismus erstrebt ein Leben in Übereinstimmung mit den Rhythmen der Natur. Dieser Wunsch kommt in der Landschaftsgestaltung zum Aus-

druck, in der ‚Kunst des Blumenstellens', in Malerei und Dichtung, auch in
der Auffassung vom leidenschaftslosen Kampf. Es herrschte die Auffassung,
der Natürlichkeit zu entsprechen und Künstlichkeit zu vermeiden. Man
bemühte sich bei der Gartengestaltung und der Pflege von Bäumen und
Sträuchern, die in den Gewächsen liegenden Formen hervorzuheben. Beim
Hausbau bemühten sich die Daoisten, die Gebäude harmonisch in ihre Umgebung einzufügen, wobei man eine strenge Symmetrie vermied.

Einfluss der Religionen Chinas im Westen
Chinesische Religion und Spiritualität sind heutzutage auf vielfältige Weise
im Westen gegenwärtig, reichen von der esoterischen Rezeption des klassischen Weissagungsbuches I-Ging (Yijing), wo man aus dem uralten Orakel-
buch Wissen über zukünftige Dinge, auch über sich selbst erhalten will, über
die Verwendung der alten chinesischen Heilmethode der Akupunktur in der
(Schul-)Medizin bis zu Erkenntnissen moderner Physiker (z.B. F. Capra).

KONGZI UND DER KONFUZIANISMUS

KONGZI

Der Konfuzianismus ist die auf Kongzi ('Meister Kong') zurück gehende, ethisch-religiös-staatspolitische Weltanschauung. Der Konfuzianismus war zwischen 206 v.Chr. und 220 n.Chr. offizielle Staatsdoktrin und blieb dies bis zum Ende des Kaisertums (Ende 1911). Sie entwickelte sich aus den Lehren Kongzis und seiner Schüler – zuerst aufgezeichnet im Lun Yü ('Gespräche') aus dem 3./2. vorchristlichen Jh. v. Chr. Gute Führung, ein an der Praxis orientiertes Wissen, den Riten gemäßes gesellschaftliches Verhalten: Dies sind Grundelemente des Konfuzianismus. Er verbreitete sich von China über Korea bis nach Japan, im Süden nach Vietnam.

Dass diese geistige Strömung im Westen unter dem Namen Konfuzianismus bekannt wurde, geht auf die von Jesuiten im 17. Jh. vorgenommene Latinisierung des Namens (Confucius) zurück. Die chinesische Bezeichnung für Konfuzianismus lautet Rujia (Ru: 'Schule, Gelehrtentradition') bzw. Rujiao. Ru ('weich', 'geschmeidig') bezeichnete Menschen mit besonderer kultisch-ritueller Bildung, womit ursprünglich die Kultassistenten in der vorkonfuzianischen Zeit gemeint waren. Ihr Aufgabenbereich waren Li ('Riten') und angemessenes Verhalten. Jiao bezeichnet diejenigen, die entsprechend ausgebildet waren und für die Regierung arbeiteten. Weniger gebräuchlich ist die spätere Bezeichnung Kungjiao.

Kongzi wurde 551/52 v.Chr. im kleinen Staat Lu in der Nähe des heutigen Qufu in der östlichen Provinz Shandong geboren. Nach seiner Biographie im Shiji ('Aufzeichnungen des Historikers') des Historikers Sima Qian (etwa 145-90 v.Chr.) stammten Kongzis Ahnen aus einem Zweig der königlichen Shang-Dynastie. Kongzi wuchs in einer Zeit politischer und gesellschaftlicher Wirren auf. Die Zentralmacht des chinesischen Reiches, die Zhou-Dynastie, war zerfallen und die Lehnfürsten kämpften mit gewissenlosen Mitteln um die Vorherrschaft. Zwei Jahre nach seiner Geburt starb Kongzis Vater, und der in bescheidenen Verhältnissen aufwachsende Knabe wurde von seinem Großvater erzogen. Kongzi gehörte zur neuen Intelligenz-Schicht aus Vertretern des verarmten Adels bzw. des Volkes. Mit 19 Jahren heiratete er. Als seine Mutter 529 starb, war Konfuzius Anfang 20.

Kongzi mit dem persönlichen Namen Kong Qiu bezeichnete sich selbst als jemand, dessen Geist seit dem 15. Jahr mit Lernen beschäftigt war und der 'mit 30 fest stand'. Kongzi gehörte zu den ersten freischaffenden Lehrern Chinas. Er unterrichtete seine Schüler in den klassischen 'sechs Künsten': Schreiben, Rechnen, Etikette, Musik, Bogenschießen und Wagenlenken. Kongzis Schüler stammten vorwiegend aus Adelsfamilien, doch auch Angehörige unterer Klassen saßen zu seinen Füßen. Soziale Schranken hatten für Konfuzius geringe Bedeutung.

Kongzi idealisierte die Herrscher des chinesischen Altertums. So waren die drei halb geschichtlichen, halb mythischen Kaiser Yao, Shun (3. Jahrtausend v. Chr.) und Yü für ihn unantastbar. Die Werte dieses ‚Goldenen Zeitalters‘ wurden zur Richtschnur Kongzis, mit der er die politischen Verhältnisse seiner Zeit maß und kritisierte, um sie zu reformieren.

Um die alte Ordnung wiederherzustellen, waren Bildung und Erziehung nötig. Das ethische Ideal des Kongzi verkörpert der Junzi, der ‚Edle‘, als Fürst oder Beamter weise Regierende. Ursprünglich war damit der ‚Fürstensohn‘, der ‚Adlige‘ gemeint. Nur der ‚Edle‘, der Gentleman, beherrscht die Kunst, seine Eigenschaften zu verbessern. Nur die tugendhafte, integre moralische Persönlichkeit kann das Land im Sinne des Himmels regieren.

Kongzi strebte sein ganzes Leben danach, wichtige politische Ämter zu bekleiden. Ungefähr 30 Jahre lang war er Hofschreiber. Um 518 wurde er angeblich an den Hof von Zhou geschickt und lernte dort den als Bibliothekar tätigen Laozi kennen, was allerdings schon das Shiji als Legende bezeichnet. Kongzis Karriere ging verheißungsvoll weiter. Er wurde ‚Aufseher über die Getreidespeicher‘ des mächtigen Ji-Clans und ‚Aufseher über die Herden‘. Während das Lun Yü keinerlei Hinweise auf eine politische Karriere Kongzis enthält, stellen spätere zhou-zeitliche Quellen Kongzis Karriere möglicherweise erfolgreicher dar, als sie in Wirklichkeit gewesen ist. So wurde Kongzi zum Minister für öffentliche Bauten, Justizminister der Provinz Lu, gar stellvertretender Ministerpräsident. Trotzdem war sein Einfluss auf die Politik gering. Die letzten 20 Lebensjahre verbrachte Kongzi völlig ohne ein Amt. Enttäuscht vom Herzog von Lu und entfremdet von den mächtigen Familien, verließ er schließlich den Staat. Enttäuscht unternahm er über zehn Jahre lang ausgedehnte Reisen durch weite Teile des damaligen politisch zersplitterten China. Er wurde von den Höfen zwar empfangen, Anerkennung wurde ihm jedoch wenig zuteil. Mehr als einmal gerieten er und seine Anhänger in Lebensgefahr, waren dem Hungertod nahe. Insgesamt soll er 77 herausragende Schüler unterwiesen haben. Etliche von ihnen bekleideten später Diplomatenposten und wurden Fürstenberater. Drei kurz hintereinander sich ereignende Todesfälle brachen die Lebenskraft des Meisters: der Tod seines Sohnes und seiner beiden Lieblingsschüler. Kongzi starb vermutlich mit 72 Jahren in seiner Heimatstadt Qufu – so, wie er es sich einmal, als er sterbenskrank war, gewünscht hatte: in den Armen seiner Schüler. An dem Ort, wo einst das Geburtshaus des Kongzi stand, befindet sich heute der Kongzitempel (Kong Miao).

HEILIGE SCHRIFTEN

Konfuzius hat seine Lehre nicht schriftlich festgehalten. Seine Gedanken äußerte er im Lun Yü: eine ‚Gespräche‘-Sammlung, die von der zweiten Generation seiner Schüler während der letzten Phase der Zeit der ‚Kämpfenden Reiche‘ (475–221 v. Chr.) zusammengestellt wurden. Diese oft nur lakonischen Aussprüche sind lose und ohne jede Ordnung aneinander gereiht. Auch aus den ‚Schulgesprächen des Meisters Kong' (Kongzi jiayu) lassen sich aufschlussreiche Einblicke in den Alltag Kongzis und seiner Wanderschüler gewinnen. Der Konfuzianismus besitzt einen Kanon autoritativer Schriften, die ‚Konfuzianischen Klassiker'. Diese übten einen erheblichen moralischen und geistigen Einfluss auf die chinesische Gesellschaft aus. Studenten muss-ten sie auswendig lernen, bei kaiserlichen Examina für die Zulassung zu Staatsämtern wurden sie geprüft.

Kongzis Schüler verfassten später die kanonischen Schriften, darunter die Frühlings- und Herbstannalen. Die Hauptgedanken des Meisters sind in neun Werken niedergelegt. Sie wurden in zwei Gruppen unterteilt: ‚Fünf Klassiker' und ‚Vier Bücher'.

Zu den ‚Fünf Klassikern', von denen die drei erstgenannten noch auf die vorkonfuzianische Zeit zurückgehen, gehören:

Yi (‚Wandlungen'), Shu (‚Historische Dokumente', gemeint sind Regie-rungsdokumente und Urkunden), Shi (‚Lieder, Lyrik') sowie die auf Kong-zi zurück geführten Li (‚Ritual-Schriften') und Chunqiu (‚Frühlings- und Herbstannalen'). Erst seit dem Philosophen Zhuangzi (ca. 370-286 v.Chr.) wurden die genannten Schriften als Jing (‚Schrift') bezeichnet: z.B. Shijing.

Die ‚Vier Bücher' enthalten Sammlungen von Aussprüchen des Kongzi (Lun Yü) und Mengzi (ca. 391-ca. 308 v.Chr.) sowie Kommentare der Mit-glieder der Schule: Zhongyong (‚Einhalten der Mitte'), ein Werk, das für ein Leben im Einklang mit dem Universum eintritt, Aufrichtigkeit, Wahr-heit und Integrität fordert. Die von diesen Idealen Geleiteten erfahren eine mystische Vereinigung zwischen Himmel und Erde. Diese Schrift ist eine konfuzianische Reaktion auf daoistische Vorstellungen. Sie diente als Brü-cke zwischen Konfuzianismus und Daoismus bzw. Buddhismus. Im Daxue (‚Die große Lehre'), das vielleicht authentische Dokumente von Konfuzius enthält, steht die Selbstkultivierung im Mittelpunkt. Diese dient dazu, Hei-ligkeit zu erlangen und die Welt zu retten: ‚Der Weg der großen Lehre zeigt sich an den Beispielen von ausgezeichneter Tugend, der Liebe zum Volk und des Aufenthalts beim höchsten Guten'.

Der Kanon der Klassiker veränderte sich im Laufe der Zeit, und seine Letztfassung vom Ende des 12. Jhs. enthält die ‚Dreizehn Schriften mit An-merkungen und Kommentaren'.

Die Jahre 125 v.Chr. und 1313 sind für die Entwicklung des Konfuzianis-mus entscheidende Jahre, weil die ‚Fünf Klassiker' bzw. die ‚Vier Bücher' of-fizielle Grundlage der kaiserlichen Prüfungen wurden. Um Beamter werden zu wollen, musste man die Inhalte dieser Werke beherrschen.

LEHRE

Der Konfuzianismus ist in erster Linie eine ethisch-politische Lehre mit religiösem und philosophischem Inhalt. Die Lehre des Konfuzianismus ist vom traditionellen chinesischen Weltbild geprägt. Dieses begreift China als eine sich mit Himmel, Kosmos und Natur im Einklang befindende Gesellschaft. Der Mensch ist Teil dieser umfassenden Einheit und wirkt an deren Gestaltung durch sein harmonisches Verhalten mit. Der Konfuzianismus lehrt keinen Schöpfergott, unterscheidet nicht zwischen Moral- und Naturgesetzen. Philosophisch ist diese Lehre insofern, als der Mensch bei der Suche nach einer moralischen Ordnung der Welt diese Moral rational begründen möchte.

Der Himmel gilt als oberste ‚Gottheit‘. Der Himmelskult ist Ausdruck der Übereinstimmung von himmlischer und irdischer Moral. Daraus leitet sich die Rechtfertigung für politische Macht ab. Die Moral des Konfuzianismus ist der himmlische Wille. Wird dieser nicht erfüllt, besitzt die politische Macht keine Rechtfertigung. Der Herrscher soll ein konfuzianischer Weiser sein, der seinen Auftrag vom Herrscher des Himmels empfängt. Der Konfuzianismus geht von der Vorstellung aus, dass Macht und Moral eine Einheit bilden. Der Konfuzianismus kennt weder einen Erlösungsgedanken noch Vorstellungen über ein vom Diesseits absolut getrenntes Jenseits. „Habt vor des Himmels Zorne Scheu, wagt nicht so eitle Spielerei. Scheut auch des Himmels Wandelgang, wagt dieses Treiben nicht zu lang!“

MENSCHENBILD

Kongzi wollte nach eigenen Aussagen nicht neu schaffen, sondern Werte des Altertums überliefern – jedoch in der revolutionären Absicht, die politischen Verhältnisse seiner Zeit anzuprangern und sie zu reformieren. Seine Hauptgedanken kreisten um den Menschen. Kongzi hielt ihn entgegen dem bisherigen Denken für das größte aller Wesen. Kongzi beschäftigte sich mit den menschlichen und sozialen Beziehungen. Die Ehrfurcht als ethische Basis und Grundlage der Soziallehren, auch die Ehrfurcht dem Staat gegenüber, gründete in der Ehrfurcht der Familie, die der Ordnung des Himmels entsprach. Die hierarchischen Beziehungen stellten den einzelnen in ein bestimmtes System zu seinen Mitmenschen. Die ‚fünf menschlichen Beziehungen‘ zwischen Fürst / Untertan, Vater / Sohn, älterem / jüngerem Bruder, Mann / Frau, Freund / Freund stellten ein reziprokes Verhältnis dar. Der Höhere und der Niedere haben gemeinsame Pflichten dem jeweils anderen gegenüber. Wichtige Werte verkörperte der Junzi, der ‚fürstliche‘ Gentleman, der maß-gebende Mensch. Dieser zeichnete sich nicht mehr ausschließlich durch angeborenen Adel, sondern durch seine edle Gesinnung aus. Er beherrschte die Kunst, sich ‚richtig zu stellen‘. Nur der Richtiggestellte vermag, sein Land richtig zu regieren. Dazu bedurfte es der Erziehung und des unablässigen Lernens. Erst durch unermüdliches Lernen erwarb man sich Tugenden (De).

Der aus seiner Mitte heraus lebende Edle zeichnete sich durch humanitas (Ren) aus, ein Begriff, der sich aus den beiden Zeichen für ‚Mensch‘ und ‚zwei‘ zusammensetzt, also ‚Zweimenschlichkeit‘ bzw. Mitmenschlichkeit bedeutete. Außerdem qualifizierte sich der Edle durch Menschenliebe (Ai Ren), eine Mischung aus Gerechtigkeit und freundschaftlicher Zuneigung. In der Beziehung zu anderen Menschen gilt: „Durch Gerechtigkeit vergelte man das Böse, durch Güte vergelte man Güte" (XIV, 36). Kongzi lehrte die Goldene Regel: „Was ich nicht will, das man mir antue, das füge ich auch keinem anderen zu" (Lun Yü V, 11).

Nach Ansicht des Kongzi sollte durch die Kultivierung von Ren eine neue Kategorie Mensch entstehen: die Ru (‚Gelehrte‘), die sich dem Studium widmeten und im Staatsdienst tätig waren. Deshalb hieß die um Ren kreisende Lehre des Kongzi auch Rujia bzw. Rujiao. Kongzis Ideale waren realisierbar, stellten keine unerreichbaren Ideale dar. Das Ideal des ‚Edlen‘ zielte bei Kongzi nicht auf den übermenschlichen Heiligen ab, sondern auf den vernünftigen Chinesen.

Von Kongzi sind nur wenige, im engeren Sinne religiöse Aussagen überliefert. Kongzi schwieg – darin dem Buddha vergleichbar – über das Leben nach dem Tode, verkündete keine Lehren über Gottheiten und Geister und ihre Beziehungen zu den Menschen. Ihn deshalb als unreligiös, ausschließlich als Philosophen und Morallehrer zu charakterisieren, geht wohl an der Wahrheit vorbei. Für den 20 Jahre in Nordchina als Missionar tätigen D. Howard Smith war Kongzi nicht „in erster Linie ein religiöser Lehrer", gleichwohl „ein tief religiöser Mensch". Metaphysische Spekulationen liebte Kongzi nicht, er teilte aber die in China von alters her herrschende Ansicht, dass der ‚Himmel‘ sich für das Wohl des Menschen verantwortlich weiß. Kongzi sprach von Dian (‚Himmel‘), während der den anderen Terminus Shangdi (‚Gott in der Höhe‘) dagegen nicht verwendete. Kongzi wusste sich vom Himmel beauftragt. Er sprach vom ‚Weg des Himmels‘, von den ‚Fügungen‘ bzw. dem ‚Mandat‘ oder ‚Schicksal‘ (Dian Ming), jedoch nie vom Willen des Himmels. Ming kann eine fatalistische Bedeutung haben und ein vorher bestimmtes Schicksal meinen, dem man nicht entgeht. Kongzi dagegen hielt es für möglich, Ming aus freien Stücken zu befolgen oder abzulehnen. Erst durch die Wahl von Dian Ming erfüllte der Mensch seine eigentliche Bestimmung: „Wer nicht den Willen des Himmels kennt, kann nie ein Edler sein" (Lun Yü XX,3). Manche Verse hoben den menschengestalteten Charakter von Dian hervor. Dian war aber kein willkürlich handelnder, eingreifender, Offenbarungen und Wunder bewirkender ‚Gott‘, sondern höchste Realität, Garant der kosmischen Weltordnung. Der ‚Himmel‘ gab Kongzi das nötige Vertrauen in gefahrvollen Situationen, machte ihm Mut angesichts so mancher Misserfolge.

Kongzi lehrte: Jeder Mensch trägt die Möglichkeit zum Guten in sich. Er soll diese Anlage durch Willenskraft und praktische Anstrengung entwickeln.

Wer dem Anstand und der Sitte entsprechend lebt, verändert sich selbst, seine Umgebung und den ganzen Kosmos zum Guten. Individuelles Engagement hilft der Welt, gut zu werden. Zu den fünf Tugenden des Konfuzianismus zählen: Ren (Menschlichkeit), Rechtschaffenheit, Gewissenhaftigkeit, Ehrlichkeit und Gegenseitigkeit (Goldene Regel).

Für Kongzi drückten sich die Tugenden in den Li (,Riten') aus. Kongzi freute sich an diesen ursprünglich religiösen Zeremonien. Indem man die Riten erneuerte, förderte man gleichzeitig die allgemeine Sittlichkeit. „Wenn man die Li nicht erlernt, ist man ohne festen Stand" (Lun Yü XVI, 13). Kongzi verband Li mit einem gleich lautenden Begriff (,betreten, auf etwas schreiten') und formulierte: „Die Li sind der Boden, worauf wir schreiten. Wer den Boden unter den Füßen verliert, wird unweigerlich stolpern und versinken". Die Musik als höchste Form von Li drückte nach Kongzis Ansicht in vollendeter Form die Harmonie von Mensch, Gesellschaft und Kosmos aus. Aus den Tugenden wurden die sozialen Pflichten abgeleitet: Loyalität, Untertanentreue, Kindespietät (Xiao) und Erfüllung der Kindespflichten sowie Anstand und Sitte zwischen den Menschen und zwischen Mensch und übersinnlicher Welt durch Opfer und Zeremonien. Der Sippenverband erfüllte Vorbildfunktion für die ganze Gesellschaft. Ebenso wie die Familie von Unterordnung, Bindung und Verantwortung geprägt war, sollte Ehrfurcht zum gesellschaftlichen Ordnungsprinzip werden.

Es entsprach nach konfuzianischer Auffassung der natürlichen Ordnung, dass die Frau dem Mann untergeordnet war. Gleichzeitig wurden jedoch die Ehre und Macht von Frau und Schwiegermutter innerhalb der Familie betont. Zahlreiche konfuzianische Werke unterwiesen die Frauen in Selbstdisziplin, Haushaltsführung, Etikette und Beziehung zum Ehemann. Biographen schilderten bedeutende Frauen, die sich selbstlos und aufopferungsvoll der Familie und ihrem Ehemann widmeten.

Im modernen China fordern immer mehr Menschen die Gleichberechtigung der Frau. Ein Indiz dafür: Bei den neuesten Angaben zum Stammbaum des Kongzi, der sich über 80 Generationen erstreckt und laut der chinesischen Nachrichtenagentur Xin hua she (,Neues China') der größte der Welt ist, werden erstmals auch die weiblichen Nachkommen aufgelistet. Der Kongzi-Nachkomme Kong Dehong kommentiert in Xin hua she: „Wir müssen mit der Zeit gehen, Männer und Frauen sind heute gleichberechtigt." Die Neuauflage des Stammbaums erschien 2009 zum 2560 Geburtstag von Kongzi.

„Die Pflichten der Frau bestehen darin, die fünf Getreidesorten zu kochen, den Wein zu keltern, sich um ihre Schwiegereltern zu kümmern und Kleider zu nähen. Das ist alles."

Es ist ihnen nicht gegeben, Falsches oder Richtiges zu tun. Sie haben nur die Aufgabe, an Essen und Trinken zu denken. Die Aufgabe der Frau besteht nicht darin, zu kontrollieren oder die Führung zu übernehmen.

(Mutter des Philosophen Mengzi, in: Liu Hsiang: „Biographien bewundernswerter Frauen" [ca. 33 v.Chr.])

Obwohl du intim im selben Bett mit ihm schläfst und dieselbe Decke benutzt, musst du deinen Gatten behandeln, als sei er dein König oder dein Vater.

(Handbuch der konfuzianischen Ehe, zitiert in: Nah Trang: „Traditional Roles of Women as Reflected in Oral and Written Vietnamese Literature, Berkeley Asian Studies 1973)

Die Ehe basiert auf der Stärke des Mannes und der Schwäche der Frau. Das bedeutet, die Schuld auf sich zu nehmen, wenn er erzürnt ist und ihn rund um die Uhr zu versorgen, wenn er krank ist.

(U Lun U: Unterweisungen für Frauen [Tang-Dynastie])

HEILIGE ORTE

Konfuzianische Tempel sind keine sakralen Orte. Das Wort Tempel (Miao) leitet sich von Mao (‚Angesicht') ab, bezeichnet den Ort, an dem man sich das Angesicht seiner verstorbenen Ahnen in Erinnerung ruft. Der konfuzianische Tempel ist daher der Ahnentempel der Nachfahren des Kongzi aus der Familie Kong. Aus diesem Grund wurde seit seinem Tod meist ein Familienmitglied mit der Pflege des Tempels beauftragt. Der eigentliche Kongzi-Tempel befindet sich in seinem Heimatort in der Stadt Qufu in Shandong an der Queli-Straße. Dort lebte Konfuzius und unterrichtete seine Schüler.

Im Laufe der Geschichte verfiel der Tempel, wurde aber wieder auf- und mehrmals umgebaut, als der Konfuzianismus wichtiger Bestandteil des Kaiserkultes wurde. Allein in der knapp dreihundert Jahre dauernden Ming-Dynastie (1368-1644) fanden 20 Umbauten statt, auch weil die Opfer zu Ehren des Konfuzius immer prachtvoller und aufwändiger wurden. Der letzte Umbau geschah 1744ff. 1906 wurde der Tempel mit gelben Dachziegeln versehen, damit dem Kaiserpalast gleichgestellt.

Ursprünglich konnten die Besucher in den Tempeln des Kongzi Bilder des verehrten Meisters bestaunen. Da dieser aber nicht einheitlich dargestellt wurde, erließ der erste Kaiser der Ming-Dynastie, Tai Tsu (1368-1398), ein Dekret, dass neue Tempel nur noch Gedenktafeln enthalten durften. Kaiser Shi Tsung (1522-1586) verfügte, dass alle Bilder des Konfuzius durch Gedenktafeln ersetzt werden müssten. Konfuziusbilder sind daher bis heute in

Tempeln nicht üblich. In dem nördlich der Stadt Qufu gelegenen Wald der Familie Kong sind Kongzi, sein Enkel sowie die meisten seiner Nachkommen beerdigt. Auf Kongzis Grabstein ist zu lesen: „Grab des heiligen Königs der Kultur, der die Vollkommenheit erlangt hat".

RELIGIÖSE HANDLUNGEN

In China war der Ahnenkult sehr ausgearbeitet. Er ließ eine Atmosphäre des Respekts, der Dankbarkeit und Furcht vor den Vorfahren entstehen. So wurde die religiöse Verehrung der Vergangenheit zu einem konfuzianischen Gesellschaftsideal.

„Wenn man den Toten echten Respekt am Ende ihres Lebens zollt und diesen fortsetzt, wenn sie weit weg sind, wird die Tugend des Volkes ihren höchsten Punkt erreicht haben." (Lun Yü 1,9)

Ahnen sind die verstorbenen Vorfahren der Familie. Verehrt wurden jedoch nur die vier Generationen vor den Lebenden. Wer dahinter war, galt als gestorben und zählte nicht mehr dazu. Eine Ausnahme bestand im Staatskult, bei dem sämtliche Ahnen des Kaiserhauses verehrt wurden. Die weisen Herrscher des Altertums wurden zur Quelle der rechten Moral. Vorbildgestalten aus der Vergangenheit wurden die legendären Kaiser Yao und Shun (angeblich 3. Jahrtausend vor Christus), der Gründer der Xia-Dynastie Yu, Kongzi und andere verklärte Gestalten. Im Laufe der Geschichte wurden die Weisen vergottet. Diesen Heiligen galt die Moral als angeboren, um die sich ein ‚normaler' Mensch erst noch bemühen musste.

Früher durften nur Adlige den Ahnenkult vollziehen. Heutzutage verehrt jede Familie ihre Ahnen. In den meisten konfuzianischen Ländern wie China, Japan und Korea wird er regelmäßig praktiziert. Das Besondere am Ahnenkult ist, dass die Ahnen am Leben der Familie teilhaben. Die Ahnen speisen mit der Familie, sämtliche Familienangelegenheiten werden mitgeteilt, zum Beispiel die Geburt eines Sohnes, die bestandene Prüfung der Tochter, die Heirat eines Verwandten. In manchen konfuzianischen Tempeln veranstalten Priester komplexe Zeremonien.

DER KONFUZIANISMUS ANGESICHTS AKTUELLER PROBLEME DER GEGENWART

Familienplanung
Nach konfuzianischer Überzeugung sind die Gründung von Familien und das Zeugen männlicher Nachkommen eine moralische Pflicht. Jede Familie benötigt mindestens einen Sohn; denn die Verehrung der Ahnen kann wirksam nur von einem direkten männlichen Nachkommen der Schutz

spendenden Ahnen vollzogen werden. Kinder gelten im Konfuzianismus als ‚Blumen des Vaterlands‘ und ‚Zukunft der Menschheit‘. Die chinesische Regierung hat über Jarhzehnte eine Ein-Kind-Politik betrieben, um die Bevölkerungsexplosion zu dämmen. Diese Politik führte zur selektiven Abtreibung weiblicher Föten und zu Frauenmangel. Die Vertreter von Konfuzianismus und Daoismus treten für den Schutz menschlichen Lebens ein und lehnen Abtreibung ab.

GLEICHGESCHLECHTLICHE LIEBE

Im alten China schien gleichgeschlechtliche Liebe verbreitet gewesen zu sein und besaß offensichtlich keinen negativen Stellenwert. Einige daoistische Götter leben mit ebenbürtigen Gottheiten des gleichen Geschlechts zusammen. Der Daoismus betont jedoch auch die Balance zwischen Ying und Yang. Eine männliche Yang-Yang-Beziehung gilt daher als unausgewogen und destruktiv.

Ein Mann darf männliche Liebhaber besitzen, solange er seiner Pflicht als Ehemann nachkommt und Kinder zeugt. Da jedoch eine Regel des Konfuzianismus davon ausgeht, dass Männer und Frauen sich gemäß ihrer Geschlechterrolle verhalten sollen, stellt Transvestitentum ein Vergehen gegen das Naturrecht dar. Durch den Kontakt mit dem Westen entwickelte sich eine prinzipiell negative Einstellung zur Homosexualität. 1740 wurde in China erstmalig ein Gesetz gegen männlichen Beischlaf erlassen.

Heute ist die Situation ambivalent. Nach einer Zeit der Verfolgung und Diskriminierung von Homosexualität als kapitalistische Dekadenz im kommunistischen China ist trotz weiter bestehender Diskriminierungen inzwischen eine Liberalisierung eingetreten. 2001 wurde Homosexualität aus der Liste der Geisteskrankheiten gestrichen.

Taiwan ist eines der fortschrittlichsten und tolerantesten Länder in Asien bezüglich der Rechte von Schwulen, Lesben, Bi- und Transsexuellen. Seit 2003 ist ein Gesetz geplant, die gleichgeschlechtliche Ehe zu erlauben. Fast 15.000 Menschen nahmen 2007 an der ‚Taiwan Pride Parade‘ teil, des größten Christopher Street Days Asiens.

Menschenrechte

Westliche Beobachter behaupten: In China herrscht ein kollektivistisches Menschenbild, das individuelle Rechte gegen das Kollektiv und dessen Vertreter ausschließt. Die Gruppe stehe über dem Individuum, und statt Rechte zu genießen, habe der Einzelne gegenüber der Gemeinschaft nur Pflichten. Diese Sichtweise ist nach Heiner Roetz nur bedingt richtig. Zentral für den Konfuzianismus war der Glaube an die ethische Gottheit des ‚Himmels‘. Nach Meng Ke (372–281 v.Chr.), dem nach Kongzi zweiten großen Gelehrten des Konfuzianismus (auch Mengzi), verlieh der Himmel dem Menschen ‚seine Natur', machte ihn zu einem moralischen Wesen. Die ‚vier Ansätze' zu Menschlichkeit, Gerechtigkeit, Sittlichkeit und moralischem Wissen wurden im Menschen durch Mitleidsgefühl, Schamempfinden, Höflichkeitssinn und Gefühl für richtig und falsch angelegt. Dadurch besaß jeder eine unveräußerliche Würde, die ihm keine Institution nehmen konnte. Der Mensch sollte nach Meng Ke von den Mächtigen in besonderer Weise geachtet werden. Men Ke verlangte – man beachte den Unterschied zum heutigen China – eine milde Justiz und, wie schon Kongzi, weitestgehenden Verzicht auf das Töten. Die Aufgabe der Politik besteht nicht darin, den Menschen in Zucht zu nehmen, sondern ihm durch eine ‚humane Regierung' die bestmöglichen Bedingungen für die Entfaltung seiner moralischen Natur zu verschaffen. In der Praxis hingegen trieben gerade die Herrscher das Volk in die Armut und zwangen es so in das Verbrechen. Meng Ke sprach ihnen für diesen Fall die moralische Berechtigung ab, das Volk zu bestrafen. Denn als ‚Fallensteller' waren sie selbst die Täter. Politische Loyalität und militärische Gefolgschaft durften Herrscher nur dann erwarten, wenn sie ihrerseits den Pflichten gegenüber dem Volk nachgekommen waren. So verteidigte Meng Ke das Volk des Staates Lu für die Weigerung, im Krieg für seine Vorgesetzten zu sterben, mit dem Argument, dass jene zuvor tatenlos mit angesehen hatten, wie es hungerte.

Für Wang Chong (27–97), der die Gedanken Meng Kes weiter entwickelte, war jeder Einzelne aufgrund seiner natürlichen Gaben gut und schön, auch wenn er dem anderen nicht unbedingt glich. Das entspricht in mancher Hinsicht dem grundlegenden Prinzip vieler westlicher Verfassungen: der Unveräußerlichkeit der menschlichen Würde. Darum lässt es sich nicht unbedingt durch die Tradition rechtfertigen, wenn bis heute in allen chinesischen Verfassungen vom Staat statt vom Menschen aus gedacht wird und Rechte als staatlich verliehen und folglich wieder entziehbar verstanden werden. Ein weiterer Grund für das kollektive Denken liegt daran, dass im Zeitalter des Kolonialismus die Freiheit der Nation und nicht die des einzelnen Bürgers im Vordergrund standen.

Wirtschaftsethik
Grundwerte des Konfuzianismus sind Loyalität, Ehrlichkeit und Zuverlässigkeit. Dies hatte positive Auswirkungen auf die Wirtschaft. Zugleich ist der Konfuzianismus Familien-zentriert. Die meisten konfuzianischen Wirtschaftsunternehmen befinden sich im Besitz einer Familie.

Angesichts des Wertewandels zu seiner Zeit bestand Kongzi darauf, die Bedeutungen der ethischen und sozialen Begriffe zu sichern. Ming (Name) und Shi (Wirklichkeit) schienen nicht mehr zusammenzupassen. In Staatsbürokratie, Erziehungssystem und Familie hatten die alten konfuzianischen Werte weiterhin erhebliche Bedeutung: Loyalität, Treue, Zuverlässigkeit, Freundschaft, die Unterordnung in der Familie. Diese Werte treffen in der modernen Industriegesellschaft auf andere Vorstellungen, zum Beispiel Effizienz und Wirtschaftlichkeit. Konfuzianismus und moderne Wirtschaft stehen in Spannung zueinander.

Hauptströmungen
Nach dem Tod des Konfuzius entstanden zwei große Lehrrichtungen: Meng Ke entwickelte die ethischen Lehren der konfuzianischen Schule weiter. Sein Menschenbild basierte auf der angeborenen Güte des Menschen. Für Xunzi (ca. 300–ca. 235 v.Chr.) dagegen war der Mensch von Geburt an schlecht, durch moralische Erziehung jedoch verbesserbar. Während der Han-Dynastie (206–220 n.Chr.) setzte die eigentliche Blüte des Konfuzianismus ein, und es begann der Kult Kongzis und seiner 77 Schüler. Er sicherte sich einen festen Platz im intellektuellen und politischen Leben Chinas. Vertreter der Han-Dynastie nahmen Kongzi in den Staatskult auf, betrachteten ihn als großen Weisen und Idealbild der Menschen. Während der auf den Fall der Han-Dynastie folgenden politischen Wirren wurde der Konfuzianismus vom rivalisierenden Daoismus und Buddhismus überschattet, so dass es zu einem vorübergehenden Rückgang kam. Doch blieben die konfuzianischen klassischen Bücher weiterhin die Hauptquelle der Gelehrten.

Zur Zeit der Qing-Dynastie (1644–1911) traten die Gelehrten für eine Rückbesinnung auf den vom Buddhismus und Daoismus gereinigten früheren Konfuzianismus der Han-Zeit ein. Ende des 19. Jh. gingen von konfuzianischen Denkern auch politische Reformprogramme aus. Kang Youwei (1858-1927) plante vergeblich, die konfuzianische Philosophie in reformierter, westlicher Art erneut zur Staatsideologie zu erheben. Nach der chinesischen Revolution (1911) galt der Konfuzianismus als reaktionär. Nachdem die Monarchie abgeschafft und die überkommenen Familienstrukturen zerschlagen waren, verlor der Konfuzianismus seine Basis im Staat. Von Konfuzius wurde ein Negativbild entworfen. Er wurde für die 2000jährige chinesische Unfreiheit verantwortlich gemacht. Dies stellt eine ziemliche Vereinfachung dar; denn die Chinesen waren persönlich freier als die Europäer vor der französischen Revolution und viel freier als zu kommunistischen Zeiten. Konfuzius und die Idee der Demokratie galten als miteinander unvereinbar. Abgelöst wurde die revolutionäre Bewegung durch eine historisch-skeptische Richtung. Sie wollte Konfuzius als geschichtliche Persönlichkeit begreifen, reduzierte ihn auf menschliches Normalmaß und verstand ihn als gebildeten Mann seiner Zeit. In der daran anschließenden Neubelebung des Konfuzianismus griff man wieder stärker auf Konfuzius und seine Ethik zurück, wobei man konfuzianische Ideen mit kommunistischen verband. Die totale Abwertung Kongzis während der Kulturrevolution (1965–1976) blieb eine Episode. In der Volksrepublik China unterstreicht man heute wieder die Rolle des Konfuzianismus für die Geschichte der chinesischen Kultur. Selbst Denkmäler des einst Verteufelten werden wieder errichtet.

Konfuzianismus außerhalb Chinas

Abgesehen von China ist der Konfuzianismus heute in Hongkong, Japan, Taiwan, Singapur und Korea verbreitet. Im Laufe seiner Geschichte wurde Korea oft von seinem westlichen Nachbarn China beeinflusst. Trotz eines frühen kulturellen Austausches zwischen beiden Ländern setzte sich der Konfuzianismus erst in der Zeit der ‚Drei Königreiche' in Korea durch: Das Goguryeo-Reich (37 v.–668 n. Chr.) war stark von der chinesischen Kultur und dem Konfuzianismus geprägt, trennte sich jedoch lange Zeit nicht von seinen eigenen Traditionen. Das Baekje-Königreich (1. Jh. v.–7. Jh. n. Chr.) übernahm den Konfuzianismus direkt, was direkten Einfluss auf die Kultur, die Kunst und die Verwaltung hatte. Schließlich wandte sich auch das Silla-Reich (57 v.–935 n. Chr.) dem Konfuzianismus zu. Unter König Seingjong setzte sich der Konfuzianismus endgültig in Korea durch. Die Lehre verbreitete sich im ganzen Reich und wurde auch an den Universitäten gefördert. Der König führte den Ahnenkult in die Hofzeremonie ein und ließ im Palast einen Altar für diese Verehrung errichten. Zur offiziellen Staatsphilosophie wurde der Konfuzianismus während der Joseon-Dynastie (1392–1897). Ein konfuzianischer Lehrplan wurde in zahlreichen Ausbildungsstätten verbreitet. Bis zur Herrschaft des Königs Sejong (1418–1450) beherrschte die konfuzianische Lehre alle Universitätsfächer. Als wissenschaftlich interessierter Monarch gründete Sejong die ‚Halle der Verdienstvollen', einen Kreis zur Unterstützung von Nachwuchswissenschaftlern und zur Förderung des Konfuzianismus. Unter Mitwirkung Sejongs wurde das koreanische Alphabet entwickelt. Für „außergewöhnliche Projekte oder Programme im Bereich der Grundbildung und Alphabetisierung" verleiht die UNESCO jährlich seit 1990 den von der Republik Korea gestifteten, mit 30 000 US-Dollar dotierten ‚König-Sejon-Preis'.

Inzwischen praktiziert nur noch eine Minderheit die alten Riten. Doch ehrerbietiges Verhalten der Kinder gegenüber den Eltern oder besonderer Lerneifer in Schulen und Universitäten gehen auf das konfuzianische Denken zurück. Wichtige Zeremonien des koreanischen Konfuzianismus sind Volljährigkeit, Hochzeit, Begräbnis und Jahrestage des Todes von Ahnen.

In Japan bestimmt der Konfuzianismus vor allem das Staats- und Rechtssystem, dient als moralische Begründung für Hierarchiedenken, Disziplin, Anpassungsfähigkeit, Gehorsam und Arbeitsmoral. In Japan ist der Konfuzianismus weniger Religion als Sozialethik. Konfuzianische Klassiker gehören zum Bildungsgut der Oberschicht.

In Taiwan wird am 28. September der Geburtstag Kongzis seit 1968 als ‚Tag des Lehrers' gefeiert. Schüler führen in den Tempeln feierliche Zeremonien und rituelle Tänze auf.

SHINTO

SYMBOL: Das hölzerne Shintotor Torii – ‚Vogelsitz' vor dem Shinto-Schrein – ist wichtiges
Symbol der japanischen Religion und versinnbildlicht den Weg in das Leben und den Weg
aus dem Leben. Etwa 90% der Japaner gehören
sowohl dem Shinto als auch dem Buddhismus
an. Für die alltäglichen Dinge des Lebens ist
der Shinto zuständig; für das Leben nach dem
Tode dagegen der Buddhismus. Fragen der Le-

bensführung und Ethik gelten als Domäne der konfuzianischen Ethik.

Was man unter Shinto genau zu verstehen hat, ist in der Forschung strit-
tig. Shintoismus und Buddhismus sind in Japan im Bereich ihrer Vorstellungen und Handlungen (Kult, Pilgerwesen, volksreligiöse Praktiken) derart
miteinander verflochten, dass sie für den Japaner keine separaten Religionen
darstellen, zwischen denen er wählen muss. Für den Religionswissenschaftler
Michael Pye gibt es eine von der Mehrheit der Japaner gelebte ‚primäre Religionsschicht', an denen die verschiedenen Religionen Japans teilhaben. Diese
gemeinsame Schicht ist für den Japaner bedeutsamer als die Zugehörigkeit
zu einer konkreten Religionsgemeinschaft. Die gemeinsame ‚primäre Religion' wird lebendig in lokalen Gemeinschaftsfesten (matsuri), jährlichen Riten
anlässlich religiöser und nationaler Feiertage, Bitten um ‚diesseitige Vorteile',
das ‚respektvolle Hinaufgehen' zu Heiligtümern, Riten am Lebensweg, häusliche Religiosität (Hausaltar), Zivilreligion.[21]

Shinto ist im Alltagsjapanischen kein gebräuchlicher Begriff, da er einen
negativen Beigeschmack besitzt. Dies hängt mit der von vielen Japanern kritisch gesehenen Tradition des Staatsshinto zusammen sowie mit der aggressiven japanischen Eroberungspolitik gegenüber anderen asiatischen Staaten
einschließlich des Krieges gegen die alliierten Mächte im Zweiten Weltkrieg.
Die Ideologie des Staatsshinto spielt jedoch in rechtsextremen Kreisen sowie
in der als gemäßigt geltenden Liberal Demokratischen Partei (LDP), die seit
dem Zweiten Weltkrieg beinahe kontinuierlich die Regierung gebildet hat,
eine Rolle.

Heilige Schriften

Der Shinto besitzt keine ‚heiligen Schriften' im strengen Sinne. Wichtiger als
heilige Texte sind gemeinsame kultische Handlungen. Dennoch entbehrt der
Shinto keiner wichtigen schriftlichen Dokumente: Das dreibändige Kojiki
(‚Aufzeichnung der Alten Geschehnisse') wurde im Jahre 712 n. Chr. zusam-

---

[21]   Michael Pye: Religion und Familie in Japan. In: Wiebke Ahrndt u.a. (Hg.): Asien. Kontinent der
        Gegensätze, Mainz 2006, S. 36-43.

mengestellt, enthält mythische und legendäre Traditionen, geringe historische Berichte, jedoch einen vollständigen Stammbaum des Kaiserhauses.
Die religiösen Inhalte des Shinto gehen auf die mythologischen Begeben-
heiten im Kojiki zurück. Beschrieben werden ebenfalls Zeremonien, Tabube-
stimmungen und magische Praktiken.

Das auf das Jahr 720 zurück gehende 30-bändige Nihongi (Nihon Sho-
ki), die ‚Annalen Japans‘, ist auf Chinesisch geschrieben und enthält eine Ge-
schichtsdarstellung von den Anfängen der Kami bis zur Regierungszeit von
Kaiserin Jito (697).

Lehre
Im Shinto ist die Rede von ‚acht Myriaden Kami‘, also eine letztlich unbe-
stimmbare Menge. Der Begriff Kami bedeutet ‚der Obere, Höhere, übergeord-
net, mächtig‘. Kami ist kein personaler ‚Gott‘; denn der Begriff Kami umfasst
weit mehr als personale Gottheiten. Kami ist eine überlegene geistige Kraft, die
primär mit den über die Verstehens- und Verfügungsmöglichkeit des Menschen hinausgehenden Naturereignissen zusammen hängt: Jahreszeitenwechsel, Ernte, rechtzeitige Regenzeit. Kami wissen die dem Menschen verborgene
Zukunft. Daher werden sie von den Menschen zum Schutz vor Unglück, für
besondere Zwecke und bestimmte Informationen angerufen. Sie bewohnen
gewisse Gegenstände und Orte, vor allem solche, die aufgrund ihrer bizarren
Gestalt oder ihrer mysteriösen und Furcht erregenden Assoziationen zeigen,
dass in ihnen überirdische Mächte verborgen sind. Die belebte und unbelebte
Natur hat für Shintoanhänger nicht nur Objektcharakter. Der Mensch darf
nicht schrankenlos über die Natur verfügen. Denn diese ist mit der Welt der
Kami aufs engste verbunden. Auch wenn viele ‚aufgeklärte‘ Japaner nicht daran
glauben, dass in Flüssen, Seen, Bergen und Bäumen Kami wohnen, so beteiligt
man auch heutzutage noch bei einer Schiffstaufe einen Shinto-Priester, um den
Kami des Schiffes ‚einzuschreinen‘ und dem unbelebten Fahrzeug seinen Segen
zu spenden. Der höchste Shinto-Wert ist das Leben: eingebunden in die größeren familiären, gesellschaftlichen und nationalen Zusammenhänge.

MENSCHENBILD

Der Mensch ist ein gutes Geschöpf der Kami und mit einer gewaltigen Fülle
an Möglichkeiten ausgestattet. Dieser Mensch steht den Kami grundsätzlich
ehrfurchtsvoll und dankbar gegenüber
Nach der Überzeugung des Shinto betrachtet sich Japan als das ‚mittlere‘
und beste Land. Doch diese gute, von den Segnungen der Kami beschenkte
Welt befindet sich in einer ständigen Gefahr. Sie wird nämlich durch von außen hereinbrechende Sünde, Unglück, kultische Verunreinigungen bedroht.
Selbstverständlich lassen sich diese punktuellen und konkreten Missgeschicke
durch spezielle Riten (Misogi, Harae) sühnen. Dem Shinto ist der Gedanke

einer ‚generellen und existentiellen Unheilssituation' (G. Mensching) fremd;
denn als ‚Volksreligion' kennt er nur konkrete Sünden im Plural. Ein zentraler
Begriff des Shinto ist Kegare, die rituelle ‚Verunreinigung'. Auf diese Unreinheit
reagieren die Kami ungehalten und mit Unmut. Kegare gilt als Ursache von
Unglück und Bösem. Traditionell wurden der Tod von Mensch und Haustier,
Geburt, Menstruation, Fleischverzehr und Übelkeit als Quellen von Kegare
betrachtet. Heutzutage bezieht sich der Begriff mehr auf geistige Verunreinigungen. Vor allem die Shintopriester müssen sich vor Verunreinigungen durch
Krankheit und Tod in Acht nehmen. Der Shinto hat eine enge Beziehung zur
Gemeinschaft. Individualismus ist daher für ihn kein Wert, sondern eine nicht
erstrebenswerte Einstellung. Gerade auf der ‚primären Religionsschicht' ge-
langt die persönliche Frömmigkeit oft in hohem Maße zur Geltung: im Kult
der alten Feld-, Wald- und Wegkami, der Haus- und Gehöftkami, der Kami der
Fischer und Seefahrer, der Handwerker und Kaufleute. Es gibt schamanistische
Traditionen und Besessenheitskulte. Heiler lassen mit Hilfe medialer Personen
Geister aus der anderen Welt sprechen. So genannte Itako, (oft) blinde Frau-
en, haben die Fähigkeit, in häuslichen Ritualen die Seelen der Verstorbenen auf
Fragen der Angehörigen durch sich artikulieren zu lassen.

Mann und Frau

In der Frühgeschichte des Shinto wurde die Frau als göttliches Wesen, Gemahlin eines Kami oder als göttliches Kind verehrt. Später trat sie als Ver-
mittlerin zwischen Kami und Mensch auf, stand in den für den Staat
wichtigen Schreinen an der Spitze der Priesterschaft. Als sich der Shinto zunehmend organisierte, blieben Frauen als Priesterinnen in den Schreinen.
Andere spezialisierten sich auf Tanz und andere magische Handlungen, oder
sie begaben sich auf die Wanderschaft, ohne eine stetige Verbindung zu einer
Kultstätte einzugehen. Nach der Meiji-Restauration (1868) verlor die Frau
ihre führende Rolle in der Priesterschaft und wurde aus der offiziellen Priesterschaft ausgeschlossen. Nach dem Zweiten Weltkrieg nahm man sie jedoch
wieder als Priesterin in den Schreinshinto auf. Eine herausragende Rolle
spielte die Frau in der Shinto-Geschichte nicht nur als Priesterin oder Tän-
zerin, sondern auch als Herrscherin, Ärztin, Zauberin, Seherin, Prophetin,
Musikerin und Schamanin.

Im Shintoismus spielt rituelle Reinheit eine zentrale Rolle. Aus diesem
Grund dürfen Frauen während der Menstruation an bestimmten Zeremonien nicht teilnehmen. Lange war Frauen der Zugang zu den heiligen Bergen
verwehrt.

Insgesamt ist die japanische Gesellschaft nicht prüde. Die Trennung nach
Geschlechtern in öffentlichen Bädern wurde erst nach dem zweiten Weltkrieg
unter amerikanischem Einfluss durchgesetzt. Bis heute wird in vielen Onsen
(Thermalquellen) noch gemeinsam gebadet. Dennoch ist die Beziehung zwi-

schen den Geschlechtern nicht freizügig. Die sexuelle Revolution hat erst in den letzten Jahren vereinzelt Anklang gefunden. Nach traditioneller Auffassung benötigt ein junger Mann, der ein Mädchen ausführen möchte, die Zustimmung ihrer Eltern. Sex vor der Ehe gilt weitgehend als tabu.

Häufig leben beide Geschlechter in zwei getrennten Welten. Doch wandelt sich das Frauenverständnis allmählich. Das Heiratsalter steigt deutlich an. Oft sind Frauen heute nach der Heirat noch weiter berufstätig. Sie fordern daher bessere Ausbildungs- und Aufstiegschancen im Betrieb.

Die Rolle der Frau wird noch immer durch ihre Stellung in der Familie als Ehefrau und Schwiegertochter bestimmt. Trotz gesetzlicher Gleichberechtigung haben Frauen im Beruf nicht die gleichen Aufstiegschancen. Zuhause müssen sie sich nicht nur um die Kinder, sondern oft auch um ein Elternteil oder beide Schwiegereltern kümmern, auch wenn das Zusammenleben in Großfamilien seltener wird. In der Familie hat die Frau das Sagen. Sie trifft finanzielle Entscheidungen und ist für den Ausbildungsgang ihrer Kinder verantwortlich, damit diese später dem Leistungsdruck in der Gesellschaft gewachsen sind. Der Vater hat aus Zeitgründen wenig Anteil an der Erziehung und ist eher ‚Gast‘ zu Hause.

HEILIGE ZEITEN

Nach der Geburt eines Kindes wird ein Kami als Schutzpatron erwählt. Zur Feier des Shichi-Go-San (Sieben-Fünf-Drei) beten fünfjährige Jungen und drei- bis siebenjährige Mädchen am Miya, im Haus bzw. am Schrein der Kami, für Gesundheit. Sie stellen sich unter den Schutz der Kami. Auch anlässlich der Hochzeit betet man am Kamischrein.

Der Gegenwert zum Leben ist der als Unwert und Unglück betrachtete Tod. Die Scheu des Shinto vor Sterben und Tod führte dazu, dass der Buddhismus für die Todesriten und das Bestattungswesen zuständig wurde. Obwohl der Tod als Fluch und Tragödie verstanden wird, der die Segnungen des Lebens in Frage stellt, weiß sich der Verstorbene in der Welt des Todes nicht allein gelassen. Schon zu Lebzeiten war er Glied einer langen, ihn mit umschließenden Ahnenkette (Eltern, Großeltern, Urgroßeltern usw.). So helfen dem Toten die Seelen der Ahnen, und der Tote lebt mit ihnen vereint weiter.

Feste

Das beliebte Neujahrsfest verbindet die Japaner untereinander und mit ihrem Land. Das Fest wird im Schrein gefeiert, zu dem die Menschen teilweise schon in der Nacht vor dem 3. Februar oder am frühen Morgen strömen. Um die bösen Geister des letzten Jahres zu vertreiben, kauft man mancherlei Amulette. Was man beim letzten Neujahr vom Schrein nach Hause mitgebracht hatte, trägt man nun zurück und wirft es in ein großes Feuer. Das Neujahrsfest ist zugleich ein Familienfest. Gern besucht die ganze Familie

den im 4. Jh. gegründeten und aus ca. 200 Bauwerken bestehenden pracht-
vollen Ise-Schrein (Ise no jingu) in der Mie-Präfektur. Jährlich pilgern etwa
sechs Millionen Japaner dorthin. An den ersten drei Tagen des neuen Jahres
besuchen die Japaner sowohl Shinto-Schreine als auch buddhistische Tempel.
Die Neujahrszeit dauert bis Anfang Februar.

Das um den 15. Juli herum begangene große Bon-Fest (Totenfest) soll die
Geister der Toten versöhnen. Einige Tage vorher brennen die Menschen vor
dem Eingang jedes Hauses ein Willkommensfeuer ab, das die Geister der
Verstorbenen einlädt. Außerdem bringt man ihnen Opfer dar. Am Festtage
selber lodern erneut die Feuer, um die Geister wieder zur Rückkehr zu ver-
anlassen. An Flüssen oder am Meer setzen fromme Japaner kleine Boote mit
Opfergaben und brennenden Laternen auf das Wasser.

Weitere Feste sind jahreszeitlich bedingt, zum Beispiel das Frühlingsfest.
Bei dieser Gelegenheit bittet man um göttliche Gunst für eine gute Ernte,
oder das Erntedankfest im Oktober.

HEILIGE ORTE

Es gibt unterschiedliche Schreintypen: Jinja, Taisha, Yashiro, Miya, Jingan;
sowie Begriffe mit den Endungen -gu und -sha. Diese Bezeichnungen stehen für Gebäude oder Orte, an denen ein Kami oder mehrere ‚eingeschreint‘
sind und zu denen die Menschen ‚respektvoll hinauf gehen‘[22]. Es gibt in Japan
etwa 100.000 Schreine unterschiedlicher Größe und Bauart. Am Eingang
der meisten großen Schreine befindet sich ein hölzerner Torpfosten (Torii
= ‚Vogelsitz‘), der den irdischen Bereich von der Kami-Welt symbolisch ab-
grenzt. Vielleicht sind die Torii buddhistischen Ursprungs; denn einer der
ältesten buddhistischen Tempel Japans in Osaka verfügt über ein Torii. Mehrere Torii können auch hintereinander aufgestellt werden. Zum eigentlichen
Schrein führt oft ein sandiger Weg, der im Beschreitenden eine harmo-
nisch-natürliche Einstellung erwecken soll. Die größeren Schreine sind meist
in landschaftlich reizvoll gelegener Gegend errichtet. Oft wird der engere
Schreinbezirk vor bösen Geistern durch wild dreinschauende übermenschen-
große Wachlöwen abgegrenzt. Beiderseits des Weges finden sich Votivtafeln
und von Frommen gestiftete Laternen, die nachts den Weg erleuchten. Die
im Shinto und Buddhismus beliebten Votivtafeln enthalten Bitten um ‚diesseitige Vorteile‘. Die Schreinbesucher heften auch kleine ‚Schicksalszettel‘ auf
dafür vorgesehene Gerüste an, um die Aufmerksamkeit der Kami positiv auf
sich zu lenken.

Der eigentliche Schrein besteht aus drei Holzgebäuden, vor denen die
‚heiligen Seile‘ mit ihren papierenen Spruchbändern gespannt sind. Sie stehen als Miniaturausgaben auch auf dem häuslichen Kami-dana (Kami-

---

[22]   Zum Motiv des Hinaufgehens zu heiligen Orten vgl. Udo Tworuschka: Heilige Wege. Die Reise
       zu Gott in den Religionen, Frankfurt/Main 2002.

Wandbrett'). Der Haiden oder Norito-den ist eine lange, nach allen Seiten hin offene 'Opferhalle'. Hier werden die rituellen Zeremonien und heiligen Tänze aufgeführt. Das Allerheiligste ist der kleinflächige Honden, manchmal auch Shinden genannt, in dem der Kami eingeschreint ist. Der Honden befindet sich auf einer höheren Ebene und wird durch eine Treppe erreicht. Nur die Priester dürfen das Allerheiligste betreten, in dem sich wichtige Kultsymbole befinden: der Shintai ('göttlicher Leib', 'Gott-Körper'), zum Beispiel der nicht gezeigte Spiegel bzw. Schwerter, auch Statuen. Der Spiegel versinnbildlicht den unbefleckten reinen Geist des Kami sowie die Einstellung des Frommen.

Der Fuji-san

Der Fuji-san, im Westen meist fälschlich Fujiyama genannt, ist Japans Nationalsymbol. Auf seinem Gipfel den Aufgang der Sonne zu erleben ist seit 1911 für Japaner eine nationale Pflichtübung. Damals organisierte der Shinto-Fromme Asayuki-Ida die erste Pilgerfahrt auf den Berg. Früher begann man den Aufstieg bei einem der großen Shintoschreine, heute fängt man erst auf dem Parkplatz der fünften Station an. Wegen der großen Hitze beginnen viele den Aufstieg erst nachmittags und erreichen abends die achte Station. Dort isst man in einer Hütte zu Abend, ruht sich aus und setzt den Aufstieg um ein Uhr nachts fort, um den Gipfel vor Sonnenaufgang zu erreichen.

Der Aufstieg besitzt auch einen geistigen Hintergrund. Die Sonne, Symbol von Kami Amaterasu, anzubeten, entweder unter lauten 'Banzai'-Rufen oder still, gilt als eigentlicher Höhepunkt der Bergbesteigung. Banzai bedeutet 'zehntausend Jahre' und ist ein Hoch- und Glücksruf, u.a. zur Ehrung des Kaisers. Der Berg ist heilig, da er Sitz bzw. Verkörperung eines Kami ist. Die Schreine am Fuß und auf dem Gipfel sind wichtige Kultstätten. Nach einer Erholungsphase und dem Besuch des Gipfelschreins steigt man wieder hinunter. Bei der Besteigung des Fujisan ist auch der soziale Aspekt bedeutsam, das gemeinsame Aushalten all der Mühsal.

RELIGIÖSE HANDLUNGEN

Der Tagesablauf eines Shintogläubigen besteht darin, in aller Frühe aufzustehen, sein Gesicht zu waschen und den Mund zu spülen. Er ehrt die Kami und die verstorbenen Ahnen, gewinnt dadurch eine günstige Einstellung zur täglichen Arbeit; denn die Kami sollen ihm Kraft und Hilfe geben. In den meisten japanischen Haushalten, auch in Werkstätten und Büros, gibt es einen Hausschrein. Manche haben sogar in ihren Gärten kleine, nachts von Laternen beleuchtete Schreine aufgestellt. 70% der Japaner besitzen einen auf einem erhöhten Regalbrett angebrachten Kami-dana. Oft finden sich in dem Schrein Papierschildchen für einzelne Kami. In der Mitte steht meistens ein Talisman (o-fuda) des Kamis der Sonne Amaterasu, links der Kami, mit dem man selbst persönlich verbunden ist. Rechts ist der Kami des örtlichen Schreins platziert. Vor den Kami-danas stellt man Opfergaben auf, zum Beispiel Wasser, Reis und Salz.

Manche japanische Häuser haben unterhalb des Kamibrettes auch einen ‚Buddha-Altar‘ (Butsu-dan), um den Buddhas, Bodhisattvas wie auch den Kami Opfer darzubringen. Zu den beliebtesten Shintoopfern gehören Geldspenden, zu fladenförmigem Teig gestampfter Opferreis, Sake (Reiswein) und Zickzackpier. Die täglichen Zeremonien sind schlicht: Der Shintogläubige reinigt sich in der beschriebenen Weise und bringt den Kami Opfergaben. Er stellt sich vor dem Kami-dana auf bzw. sitzt auf einer Matte, verbeugt sich mehrere Male nach vorgeschriebener Weise, spricht leise ein Gebet, klatscht in die Hände. Die Opfergaben werden bei den Mahlzeiten verzehrt. Vor dem Essen schließt ein Shintofrommer seine Augen, beugt den Kopf und klatscht in die Hände, um den Kami zu danken.

Shintogläubige praktizieren Omeiri (von Mairu ‚gehen‘), ein Ensemble von Verhaltensformen, die an religiösen Orten angebracht sind. Unweit des Schreineingangs befindet sich ein meist überdachter großer Wasserbehälter. Die Gläubigen reinigen sich hier vor dem Betreten des Schreins. Sie spülen ihren Mund, schöpfen das klare Wasser mit einer Kelle aus dem Bassin, um es über ihre Fingerspitzen rinnen zu lassen. Niemals dürfen die Lippen dabei die Kelle berühren.

Bevor sie den eigentlichen Schrein betreten, ziehen die Gläubigen ihre Schuhe aus und werfen Münzen in einen speziellen Behälter. Über diesem Opferkasten hängt gewöhnlich eine Glocke, die der Gläubige mit Hilfe eines Seiles zum Klingen bringt. Damit will er die bösen Geister vertreiben, die Kami auf sich aufmerksam machen. Der Glockenklang soll auch seine innere Einstellung positiv verändern.

DER SHINTO ANGESICHTS AKTUELLER PROBLEME DER GEGENWART

Familienplanung
Über 80% der Japaner sind Shintoanhänger, über 50% Buddhisten. Beide Religionen sind auf der Ebene der ‚primären Religionsschicht‘ miteinander verschmolzen. Daher kann man auch in der Frage der Familienplanung keine klare Trennlinie ziehen.

Obwohl der Buddhismus Abtreibungen grundsätzlich ablehnt, wurden sie in Japan lange Zeit als Mittel der Familienplanung akzeptiert. Nach der vorbuddhistischen Einstellung galten Kinder bis zum siebten Lebensjahr als eher der jenseitigen als der diesseitigen Welt verhaftet. Im Fall eines frühen Todes ging man von einer baldigen Wiedergeburt aus. Der Schrei des Neugeborenen stellte nach dieser Vorstellung erst die ‚postnatale Beseelung‘ dar. Die Frist für künstliche Schwangerschaftsabbrüche wurden zwischen 1976 und 1991 mehrmals herabgesetzt, schließlich bis zur 22. Woche. Auch spätere Abtreibungen kamen vor. Bis 1999 gab es in Japan wenig Alternativen zur Abtreibung als Familienplanung, da die Pille oft nur als Medikament gegen hormonelle Störungen zur Verfügung stand.

Der japanische Buddhismus kennt besondere religiöse Zeremonien, um tot geborene oder abgetriebene Kinder würdevoll zu bestatten. Der populäre Bodhisatva Jizi Bosatzu wurde zum Schutzheiligen der abgetriebenen Kinder (Mizuku= Wasserkinder), der die Seelen der Ungeborenen über den Unterweltfluss führt. Manche japanische Feministinnen vertreten die Überzeugung, die japanischen Frauen hätten ursprünglich ein entkrampftes Verhältnis zur Abtreibung besessen, durch die ‚Wasserkinder-Industrie‘ als Form der Wiedergutmachung würde ihnen jedoch ein schlechtes Gewissen eingeimpft.

Herrschaft und Demokratie

Die Shinto-Restauration während der Meiji-Ära (1868–1912) führte zur Renaissance des ‚reinen Shinto‘. Als dieser reine Shinto Staatsreligion wurde und man 1871 eine strenge Trennung beider Religionen anordnete, führte diese nicht zur Beseitigung des populären Shinto. Die meisten Shintopriester und Shintoschreine wurden politisch und finanziell von der japanischen Regierung kontrolliert. ‚Ausländische‘ Religionen wie der Buddhismus wurden unterdrückt. Der Tenno musste von allen Japanern als von Kami Amaterasu abstammend akzeptiert werden. 1881 wurden alle öffentlich geförderten Schreine und deren Priester ihrer rein religiösen Funktionen entkleidet. Es entstand der Staatsshinto, der Kult des Kaiserhauses, ein rein nationales Ritual. Die Wissenschaftler, welche die Restauration vorbereitet hatten, stellten in ihren Untersuchungen den sakrosankten Charakter des Tenno fest. Demzufolge stammte das Kaiserhaus vom Sonnenkami Amaterasu ab, deren Symbol das japanische Staatswappen ziert. Der Staatsshinto war Ausdruck des Patriotismus schlechthin. Während dieser Zeit stellte sich der Shinto in zwei Formen dar: als Staatsshinto (heute Kokka Shinto) und Sektenshinto (Kyoha). Die Regierung erkannte 13 Gruppierungen an und unterstützte diese auch finanziell, sah jedoch ausschließlich im Staatsshinto den ‚reinen‘ Shinto.

Die Ereignisse der Jahre 1945/46 brachten die Abschaffung dieses Nationalkultes mit sich. Der Begriff Shintoismus sollte nur für die vorherige, ideologisierte Phase dieser Religion verwendet werden. Die so genannte Shinto-Direktive bewirkte die Trennung von ‚Kirche‘ und Staat. Die Shintoschreine mit ihren dazu gehörigen pädagogischen Einrichtungen wurden nicht länger finanziell unterstützt, es gab auch keinen Shintounterricht mehr an den Schulen. Der Jinja Shinto (Schreinshinto) durfte zwar weiter bestehen bleiben, musste jedoch alle militaristischen und nationalistischen Ziele aufgeben. Sein Status unterschied sich nicht länger von dem anderer Religionen. Am 2. Februar 1946 beendete die Regierung offiziell den Schreinshinto, und

zwei Wochen nach der Shinto-Direktive verzichtete Kaiser Hirohito in seiner
Neujahrsrede von 1946 auf die Göttlichkeit der kaiserlichen Familie. Heutzutage ist der Schrein-Shinto, der frühere Staatsshinto, immer noch eine der
großen japanischen Religionen.

Wirtschaftsethik

Die moderne japanische Geschäftswelt bedient sich oft traditioneller religiöser Formen, um Disziplin, Gruppenbewusstsein, Harmonie und Loyalität
am Arbeitsplatz zu fördern. Japanische Firmen greifen durch Firmenwoh-
nungen, Freizeitmöglichkeiten, Sozialpläne, Heiratsvermittlung u.a. stark
in das Leben ihrer Angestellten ein. Man singt gemeinsam am Arbeitsplatz
Hymnen, veranstaltet Einführungszeremonien mit Loyalitätsgelübden für
neue Firmenangehörige, schickt Firmenmitglieder in Zen-Klöster zur Meditation. Seit Jahrzehnten übernehmen Großunternehmen shintoistische Rituale, die den Veranstaltungen am Schrein ähneln. Da die Kami traditionell mit
Fruchtbarkeit verbunden waren, bieten sie sich auch als Unterstützungs- und
Schutzfunktion für Produktivität an. Bei Richtfesten, Grundsteinlegungen
oder Abschuss eines Kommunikationssatelliten werden oft Shintopriester
hinzugezogen. Kami verhelfen auch zu mehr Wohlstand. Der frühere Reis-
gott in Fuchsgestalt, Inari, ist jetzt Schutzgott der Geschäfts- und Finanzwelt.
Manager und Geschäftsleute heften am Fushimi Inari-Schrein in Kyoto ungezählte Visitenkarten an Türen und Pfosten, um sich bei Inari zu bedanken
oder seine Aufmerksamkeit auf sich zu lenken. In der Nähe von Osaka organisiert eine Vereinigung von Firmen regelmäßige Besuche an religiösen
Stätten der Region. Zu den Exkursionen gehört ein Besuch aller Firmenan-
gehörigen und ihrer Familien am Fushimi Inarischrein. Dort wird am 25.
Oktober jedes Jahres um Wohlstand und Wirtschaftswachstum gebetet. Firmen sponsern Schreine oder errichten ihre eigenen Inari-Schreine. Auf den
Dächern großer Kaufhäuser werden oft Shintoschreine erbaut. Andere Gesellschaften verehren den Lokalgott des Ortes, an dem die Firma gegründet
wurde (Hitachi, Nippon Oil) oder wenden sich den von den Firmengründern
verehrten Kami zu. Andere Firmen bevorzugen den Kami, der in Verbindung
zu ihren Produkten steht: Kami des Eisens für die Metallbranche oder Kami
der Heilung für pharmazeutische Produkte.

ZOROASTRISMUS

SYMBOL: Der Flügelmensch – Sinnbild des Gottes Ahura Mazda – dargestellt mit der geflügelten Sonnenscheibe am Himmel ist das Symbol des Zoroastrismus. Ahura Mazda ist der Schöpfer des Himmels und der Erde. In seinem Werk ‚Also sprach Zarathustra‘ (1883–86) lässt Friedrich Nietzsche Zarathustra als  Weisheitslehrer auftreten. Zehn Jahre hat dieser als Einsiedler in den Bergen verbracht, um im Alter von 40 Jahren die Menschen an seinen Erkenntnissen teilhaben zu lassen: an der Wahrheit vom ‚Übermenschen‘, dem ‚Willen zur Macht‘ und dem toten Gott. Nietzsches Zarathustra teilt mit dem altpersischen ‚Priester-Propheten‘ nur den Namen.

Humata, Hukta, Huvareshta: ‚Gutes Denken, gutes Reden, gutes Tun‘ lautet der sittliche Leitsatz eines der ältesten Propheten der Menschheit, Zarathustra bzw. auf griechisch Zoroaster. Er ist der Stifter einer Universalreligion mit verschiedenen Selbstbezeichnungen. Sehr spät tauchte der Begriff ‚Mazdaverehrer‘ (nach dem Gott Ahura Mazda: ‚Weiser Herr‘) auf. Muslime missverstanden und verunglimpften die Mazdaverehrer als ‚Feueranbeter‘. Die nach dem Ende der Sassanidenzeit (642 bzw. 651 n. Chr.) unter islamischer Herrschaft in Iran nach Indien ausgewanderten Zoroastrier nennen sich Parsi bzw. Parsen (von Persien). Die bis heute übliche Selbstbezeichnung verwendet den auf das 19. Jh. zurückgehenden Begriff Zoroastrier/Zarathustrier. Als Bezeichnung für ihre Religion hat sich daher der Begriff Zoroastrismus eingebürgert. Diese Religion hat einen beträchtlichen Beitrag zur religiösen Ideengeschichte geleistet. Beeinflusst von iranischen Ideen waren z. B. Griechen und Römer, Hindus und Buddhisten, insbesondere auch Juden und Christen. In religionsgeschichtlicher Hinsicht geht es dabei um „Gottesbild, Dualismus, Teufelsvorstellung, Apokalyptik, Eschatologie, Dämonen, Engel, das Schicksal der Seele nach dem Tode, den Schatz im Himmel usw.“[23]

ZARATHUSTRA

Ob Zarathustra eine historische Persönlichkeit war und wo bzw. wann er gelebt hat, ist in der Forschung umstritten. Seine in früheren Darstellungen angegebene Heimat Westiran wird aus linguistischen Gründen heute meist ausgeschlossen. Vielleicht lebte er ‚an der Grenze der nordostiranischen Länder‘ (M. Hutter), evtl. in der Nähe des heutigen Kasachstan. Auch Zarathustras Datierung ist letztlich ungeklärt. Die Mehrzahl der Forscher tendieren

---

[23] Sven S. Hartmann: Iran. In: Ulrich Mann (Hg.): Theologie und Religionswissenschaft, Darmstadt 1970, S.106-123, hier S.107.

aus linguistischen, sprachgeschichtlichen und historischen Gründen inzwischen zur Frühdatierung um die Wende des 2. zum 1. Jahrtausends (evtl. früher: 1300 v.Chr.).

Die Bedeutung des Namens Zarathustra wird vielfach angegeben mit ‚Derjenige, der alte Kamele besitzt' bzw. ‚Derjenige, der Kamele treibt'. Zarathustra stammte aus der Familie der Spitama (‚mit glänzender [weißer] Kraft'). Erst jüngere Quellen aus dem 9.-4. Jh. sehen Zarathustra als Religionsgründer. Avestische Texte enthalten Legendenmotive wie die von den Ereignissen bei seiner Geburt und seiner Versuchung. Die auf Pahlavi (mittelpersisch) geschrieben Quellen Denkard und Zadspram enthalten Mythen, Legenden und Motive aus älteren Traditionen und fügen sie in ein erzählerisches Muster ein. Zarathustra erscheint als Botschafter der ‚guten Religion'. Das neupersische ‚Buch von Zarathustras Geburt' ist eine auch bei heutigen Zoroastriern wichtige Quelle. Zarathustras Vita ist wie bei anderen Religionsstiftern von zahlreichen Legenden umrankt. Plinius der Ältere (1. Jh. n. Chr.) erzählte, dass Zarathustra unmittelbar nach der Geburt gelacht habe – Symbol für die optimistische Grundeinstellung dieser Religion. Von seiner Mutter soll eine Art Heiligenschein ausgegangen sein. Bei der Geburt frohlockten die Natur und alle Geschöpfe. Sogar der Teufel Ahriman „lief von der ausgedehnten runden fern begrenzten Erde" fort. Es wird erzählt, dass Zarathustra in seiner Jugend Kämpfe mit satanischen Mächten ausfechten musste. Dabei wird er als unerschütterlicher Held dargestellt, dem die Macht und List Ahrimans und seiner Helfershelfer nichts anhaben konnten. Mit 15 Jahren wurde Zarathustra volljährig, mit 20 begann er ein Wanderleben. Damaligem Brauch entsprechend, wählte ihm sein Vater eine Frau aus. Sie hatte mit Zarathustra einen Sohn und drei Töchter, deren jüngste Pourucista (‚Die viel Verstand hat') hieß.

Von Beruf soll Zarathustras Zaotar (‚Opferpriester') gewesen sein. Nachdem er sich längere Zeit zurückgezogen hatte, erlebte Zarathustra mit 30 Jahren seine Berufung, eine Audition, also ein Hörerlebnis. Anschließend verkündete Zarathustra die Lehre des Gottes Ahura Mazda (‚Weiser Herr'). Durch seine Berufung wurde Zarathustra zum Fürsprecher des Rindes, das bisher durch ein blutiges Ritual geopfert wurde. Zarathustra setzte sich für ein unblutiges Gussopfer ein und wurde so zum Fürsprecher unblutiger Opfer und zum Beschützer der Tiere auf Erden. In einer weiteren Audition offenbarten sich Zarathustra die beiden Zwillingsgeister: Spenta Mainyu (‚Heiligster Geist') und Angra Mainyu (‚Böser Geist').

Zarathustras prophetischer Eifer richtete sich möglicherweise gegen den blutigen Mithras-Kult mit seinen grausamen Stiertötungen. Eventuell waren Zarathustras Gegner aber auch terroristisch agierende ‚Männerbünde'. Diese unternahmen nächtliche Raubzüge, schlachteten die erbeuteten Tiere ab, vergewaltigten Frauen und veranstalteten ausschweifende Haoma-Trinkgelage bei den Opferfeiern zu Ehren der Bundesgottheiten (unter anderem Mithra,

Verethragna, Vayav). Wegen der missionarischen Misserfolge in seiner Heimat floh Zarathustra mitten im Winter nach Chorasmien. Dort traf er mit einer kleinen Anhängerschaft am Hofe des Königs Vishtaspa ein und erhielt Asyl. Zwei Jahre setzte sich Zarathustra für die Verbreitung der neuen Lehre ein. Trotz Widerstandes verbreitete sich seine Religion, und es gelang Zarathustra, den König und seinen Hofstaat zu bekehren. Nachdem Zarathustra 77jährig gestorben war, blieb die altiranische Universalreligion des Zoroastrismus für etwa ein Jahrtausend die offizielle Religion des persischen Weltreiches.

HEILIGE SCHRIFTEN

Die wichtigste heilige Schrift der Parsen ist das für liturgische Zwecke verwendete Avesta (,Text', ,Grundlage'). Seine Sprache ist das zur indoeuropäischen Sprachfamilie gehörende Avestische. Dies ist ein altiranischer, mit dem Sanskrit verwandter, schwer übersetzbarer Dialekt. Das Avesta gliedert sich in folgende Teile: 1. Im Yasna (,Gottesdienst', ,Opfer') befinden sich die wohl auf Zarathustra zurückgehenden Gathas, Gebetshymnen zum Lobpreis Ahura Mazdas. 2. Der Vispered (,Alle Herren') ist ein litaneiartiger, liturgischer Text. 3. Der Vendidad (,gegen die Teufel gegeben') ist ein priesterliches Gesetzbuch mit Reinigungsvorschriften. 4. Die Yashts (,Loblieder') sind Opfergesänge an die später in die Religion aufgenommenen Gottheiten. 5. Das Khorda Avesta (,Kleines Avesta') ist ein für Privatandachten verwendetes Gebetbuch.

LEHRE

Der sich als ,Gesandter' Ahura Mazdas verstehende Zarathustra sprach vom ,guten' und ,heiligen' Freund-Gott, der die Welt durch sein Denken erschaffen hat. Die Amesha Spenta (,Heil wirkende Unsterbliche') sind Aspekte des allwissenden und alles sehenden Ahura Mazda, selbständig wirkende Wesen, die sowohl Eigenschaften und Ideale Ahura Mazdas repräsentieren, als auch Ideale der frommen Zoroastrier sind: Herrschaft/Macht/Reich, Heilsein, Fügsamkeit, Unsterblichkeit, Guter Sinn, richtige Ordnung.

Die Welt ist von Ahura Mazda gut geschaffen worden. Dennoch tobt ein ständiger erbitterter Kampf zwischen den guten und bösen Mächten. Ahura Mazda gilt als Vater der beiden ,Geistwesen' (Mainyu): Spenta Mainyu (,Heiligster Geist') und Angra Mainyu (,Böser Geist'). Die beiden antagonistischen Urmächte sind nicht von Natur aus gut oder böse. Sie werden dies erst aufgrund ihrer freien Entscheidung für die Wahrheit bzw. Unwahrheit. Zur guten Schöpfung Gottes gehören außer dem Menschen auch Tiere, Feuer, Erde, Metall, Wasser und Pflanzen. Dem kosmischen Dualismus entspricht ein ethischer. Denn alles Sein teilt sich in eine körperliche und geistige Welt auf, die jeweils in Gut und Böse zerfallen. Jeder einzelne muss sich während seines ganzen Lebens entscheiden, ob er für oder gegen das Reich Ahura Mazdas kämpfen will. Das von Zarathustra verkündete Xshatra (‚Reich Gottes‘) bedeutet Macht und Würde, außerdem die Funktion des Herrschens. Jeder Mensch ist aufgerufen, an diesem Reich mitzuarbeiten. Die individuelle freie Wahl des Menschen – ein Gedanke, der religionsgeschichtlich wohl erstmalig in Persien gedacht wurde –, sein Einsatz für das gute Reich Ahura Mazdas hat unmittelbare Auswirkungen auf das Leben nach dem Tode. Jeder Mensch wird beim Jüngsten Gericht nach seinen irdischen Entscheidungen beurteilt. Ungeachtet ihrer gesellschaftlichen Stellung gehen die Gerechten in das paradiesische ‚Haus des Sanges‘ ein. Die Bösen und Ungerechten bewohnen fortan das ‚Haus des Bösen‘. Der Weg in das Jenseits führt über die Cinvat-Brücke der Entscheidung. Während die Frommen und Gerechten sie mühelos überschreiten, stürzen die Ungerechten in die Finsternis hinab. Ein späterer zoroastrischer Mythos teilt die Weltdauer von 12.000 Jahren in vier Perioden: 1. Die Zeit der geistigen Schöpfung; 2. der Kampf zwischen Ahura Mazda und Ahriman; 3. der Beginn der Menschheit; 4. das Auftreten Zarathustras. In Abständen von 1000 Jahren treten Rettergestalten (Saoshyant) auf, um dem Guten zum Sieg zu verhelfen.

HEILIGE ZEITEN

Schwangerschaft und Geburt
Von besonderer Bedeutung ist der 5., 7. und 9. Monat der Schwangerschaft. Indische Parsinnen erhalten anlässlich des Fünf-Monat-Rituals einen neuen Sari mit darin verborgenen Süßigkeiten. Da die Geburt als unrein gilt, muss die Frau hinsichtlich Kleidung und Ernährung genaue Regeln beachten. Drei Tage und Nächte nach der Geburt lässt man in der Wohnung ein Lämpchen bzw. Feuer brennen, um das Neugeborene vor dämonischen Einflüssen zu schützen. Die erste Speisung und Waschung des Säuglings sind ebenso wichtige Akte wie die Schutzmaßnahmen gegen dämonische Kräfte am sechsten Tag nach der Geburt. Indische Parsen lassen bis zum 40. Tag ein Horoskop erstellen, um den Namen des Kindes zu bestimmen. Bis zum dritten oder fünften Monat halten sich Mütter und ihre Neugeborenen im elterlichen Haus der Mutter auf. Rituell begleitet wird die Rückkehr in das Haus des Ehemanns. Außerdem werden Riten anlässlich der erstmaligen Einnahme fester Nahrung begangen.

Initiation
Der Initiationsritus eines jungen Parsen zum vollgültigen und verantwortlichen Gemeindemitglied heißt bei den indischen Parsen Naojote bzw. Navjote (‚Neugeburt‘, wörtlich: ‚neu‘ und ‚Priester‘) und wird im Alter von sieben bis 15, meistens mit neun Jahren vorgenommen. Die Bezeichnung der

Zeremonie bedeutet ‚in den tapferen Kampf gegen das Böse unter dem Banner Ohrmuzd (= Ahura Mazdas) eintreten'. Der Mittelpunkt der kultischen Handlung besteht darin, dass der Initiand das weiße, Reinheit versinnbildlichende baumwollene Hemd (Sudra; in Iran Sedre) und die über das Hemd gebundene heilige Schnur (Kushti) verliehen bekommt. Der Ritus heißt bei iranischen Zoroastriern dementsprechend Sedre-Pushi: ‚(erstmaliges) Anlegen des (Ritual-)Hemdes' bzw. Sedre-Pushi wa Koshti-Bandi: ‚(erstmaliges) Anlegen des (Ritual-) Hemdes und Binden der (Ritual) Schnur'. Religiös mündige Parsinnen und Parsen tragen das Hemd unmittelbar auf ihrem Körper, so dass es als äußeres Glaubenszeichen nicht sichtbar ist. Die aus 72 Fäden bestehende Schnur wird täglich mehrmals zu festgesetzten Zeiten geknotet. Dabei rezitiert man Gebete. Die Gläubigen versprechen, Ahura Mazda Gutes in Gedanken, Worten und Handlungen zu tun.

Hochzeit
Die Ehe für Laien und Priester zählt zu den hauptsächlichen Pflichten der Zoroastrier. Längst hat die Zahl von Singles zugenommen. Die in frühen Zeiten nicht unübliche Blutsverwandten-Ehe wird heutzutage unterlassen, geheiratet wird meist innerhalb der Großfamilie. Bevorzugt werden in Indien und Iran die in Europa als Inzest geltende Heirat zwischen leiblichen Vettern und Cousinen. Längst schon hat die Liebesheirat die traditionell arrangierten Ehen abgelöst. Eine Reihe vorbereitender, meist von Frauen begangener Rituale, beginnend mit der Verlobung, finden im Vorfeld der eigentlichen, pompös gefeierten Hochzeit statt.

Tod und Bestattung
Die Zoroastrier praktizieren eine besondere Form der Leichenbeseitigung. Für den Zoroastrismus gilt der Tod als Sieg der Finsternis über das gute Leben. Daher ist er unrein. Der Tote wird gewaschen und in weiße Tücher gehüllt. An diesen drei Tage dauernden Vorgang schließen sich Reinigungsriten der Priester an. Da das Feuer die reinste Materie darstellt, der Tote also nicht verbrannt werden kann, werden die Leichname zur Daxme (von der indoeuropäischen Verbalwurzel *dhmbh: ‚beerdigen') gebracht. Damit waren ursprünglich wohl Grab, Bestattung gemeint. Die einstige zoroastrische Praxis der Leichenbestattung änderte sich durch das Eindringen des Islam in Persien. Es entstanden die hoch im Gebirge liegenden ‚Türme des Schweigens', einerseits, um nicht die religiösen Gefühle der Muslime zu verletzen, anderseits aus Angst vor potentieller Schändung durch Nicht-Zoroastrier. Auf den hohen Türmen wurden die Toten traditionell den Geiern zum Fraß ausgesetzt. Die gebleichten Knochen wurden später in einem unter einer Plattform befindlichen Kellergeschoß versenkt.

„Die Aussetzungsplattform selbst ist mit drei konzentrischen Ringen von flachen Gruben versehen; die Leichen der Männer wurden im äußersten Ring ausgesetzt, im zweiten die Frauen, im innersten die Kinder" (Ulrich Mann). Wenn die Daxmes gefüllt waren, wurden sie eingerissen, was als ein verdienstvolles Werk galt.

HEILIGE ÖRTE

Der frühe zoroastrische Kult fand im eigenen Haus statt. Das für die Mahlzeiten entzündete Herdfeuer wurde zu den täglichen fünf Gebetszeiten mit trockenem Holz und Weihrauch versorgt. An hochgelegenen offenen Plätzen fanden gemeinschaftliche Rituale statt. Die Bedeutung des Feuers erweiterte sich gegen Ende der achämenidischen Zeit (4. Jh. n.Chr.) mit der Einrichtung von zwei Kategorien von Feuertempeln, in denen eine Flamme unaufhörlich brannte. Zwei Feuertempel der höchsten Kategorie Atash Bahram (‚Siegreiches Feuer') befinden sich heute in Iran, sieben in Indien. Wegen der Feurrituale in den Tempeln nannten Muslime die Zarathustrier abschätzig Feuerverehrer.

Der Feuertempel der Parsen ist ein nüchternes, schmuckloses Gebäude. Bevor man es betritt, zieht man die Schuhe aus und setzt eine Kopfbedeckung auf. Auch vorherige rituelle Waschungen sind erforderlich. Gemeinschaftliche Gottesdienste gibt es nicht. Jeder Zoroastrier steht im Tempel allein vor Ahura Mazda. Nur Priester dürfen das Aduriyan (Allerheiligstes) betreten. Das nie verlöschende Feuer wird von den weiß gekleideten Mobads (Priestern) kontinuierlich versorgt. Diese tragen einen Mundschutz, um das Feuer – Symbol der Gottheit – durch ihren unreinen Atem nicht zu verunreinigen.

Religiöse Handlungen
Bei der Yasna-Zeremonie wird dem Feuer Haoma, ein vermutlich aus indischem Hanf hergestellter Likör dargeboten. Das Trankopfer und das Trinken des Getränks sollen den Gläubigen Unsterblichkeit schenken. Nicht nur das ‚ewige', seit 1742 ununterbrochen brennende Feuer im Tempel in Mumbai ist heilig, sondern auch das häusliche Herdfeuer. Die Zoroastrier besuchen nach Möglichkeit täglich den Feuertempel. Sie opfern dort Sandelholz, zeichnen ihre Stirn mit Asche, schauen dem Dienst tuenden Mobad zu, sprechen Gebete, kehren dann in den Alltag zurück.

DER ZOROASTRISMUS ANGESICHTS AKTUELLER PROBLEME DER GEGENWART

Mischehen
Seit einem halben Jahrhundert ist die Zahl der Parsen in Indien rückläufig. Dies hängt mit der Überalterung der Bevölkerung und zunehmender Kinderlosigkeit ebenso zusammen wie mit der verstärkt seit Mitte der 1960er Jahre erfolgten Auswanderung jüngerer Parsen nach Großbritannien, Nord-

amerika, Australien und Neuseeland. Ein weiterer Grund liegt in der prinzipiellen Ablehnung von Mischehen in Indien weit stärker als in Iran. Auch neigen Parsen prizipiell zur späten Heirat, was ihre Kinderzahl und damit die Zahl der Gläubigen senkt. Über das Thema Mischehen liefern sich Traditionalisten und Reformer hitzige Debatten – übrigens ein Thema, das auch Gegenstand des satirischen Films ‚Little Zizou‘ (2008) ist.

De facto heiraten zwei von fünf Parsen Anhänger anderer Religionen. Nur wenn in einer Mischehe der Mann Parse ist und die Frau einem anderen Glauben angehört, besteht eine geringe Chance, dass die Kinder als Parsen anerkannt werden. Bei Mischehen parsischer Frauen mit nichtparsischen Männern sind die Nachkommen aus der Glaubensgemeinschaft ausgeschlossen. Die überwiegend konservativen Priester in Mumbai verweigern Kindern aus Mischehen in aller Regel den Zutritt zu den 47 Feuertempeln der Stadt. In Delhi gibt es nur zwei Feuertempel, die diesen Kindern Zutritt gewähren.

Reformer wünschen sich eine Öffnung des Parsismus, um den vom Aussterben bedrohten Glauben zu bewahren. In Nordamerika werden Kinder aus Mischehen vollkommen anerkannt.

Bestattung

Die ‚Türme des Schweigens‘ sind seit Jahrhunderten umstritten, nicht nur bei den Nicht-Zoroastriern, auch bei den Religionsangehörigen selbst. In Mumbai befinden sich diese Türme in der Stadtmitte. Angesichts von Leichengestank, Seuchengefahr und von Leichenresten, die Geier auf Balkone fallen ließen, ist die ‚Sonnenbestattung‘ in Mumbai schon seit längerem in die Kritik geraten. Da die meisten Parsen die Sonnenbestattung für unverzichtbar halten, ist man dazu übergegangen, die ausgesetzten Leichen chemisch zu behandeln, um die Zersetzung zu beschleunigen. Eine zweite Methode besteht in der Anwendung von Sonnenkollektoren, die das Sonnenlicht bündeln und auf die Leichen projizieren. Vielfach ist an die Stelle der alten Türme die Kremation getreten – für die Parsen in Mumbai die einzige ernsthafte Alternative. Lange schon gibt es in Indien Parsen-Friedhöfe.

In Iran wurden die Leichenaussetzung nach einem etwa vier Jahrzehnte langen Prozess seit den 1970er Jahren abgeschafft und Friedhöfe angelegt. Die Feuerbestattung war aus islamischen Gründen nie eine Alternative.

In Britannien erlauben die Parsen inzwischen die Einäscherung, weil der Körper dabei durch elektrische Energie, nicht aber durch das heilige Feuer verbrannt wird. Der Lead-Sänger der Popgruppe Queen, Freddy Mercury (1946–91), entstammte einer auf Sansibar lebenden indischen Parsenfamilie. Auch an ihm wurde die Feuerbestattung vorgenommen.

Menschenrechte

Während der Regierung von Mohammed Reza Pahlavi (1919-1980) wurde ein Zoroastrier stellvertretender Ministerpräsident. Iranische Zoroastrier fühlen sich oft als die ‚wahren Iraner‘, halten dagegen den Islam für etwas Arabisches, dem Iran Aufgezwungenes. Es entstand ein zoroastrischer Nationalismus, dessen Vertreter den ‚wahren Iran‘ zurücksehnen: eine verklärte Vorstellung der Achämenidenzeit mit einer Hochkultur, geführt von gerechten, freundlichen und mutigen Herrschern wie Kyros und Yazdegerd III.

Gemäß Artikel 23 der Verfassung der Islamischen Republik Iran von 1979 dürfen die Zoroastrier als religiös anerkannte Minderheit ihre religiösen Vorschriften ausüben. In der Realität werden sie jedoch in zahlreichen Lebensbereichen benachteiligt. So kann ein Zoroastrier nur für den Sitz des Vertreters seiner Religion kandidieren; alle anderen Regierungs- und hohen Militärposten sowie Stellen im Erziehungsministerium und der Justiz sind Zoroastriern genauso wie anderen Nicht-Muslimen verwehrt. Stellenausschreibungen enthalten Bedingungen wie: ‚Rechtgläubigkeit‘, ‚Überzeugung vom System der Islamischen Republik Iran und der Herrschaft der Rechtsgelehrten‘ und ‚Einhaltung islamischer Moralprinzipien‘ seitens der Bewerbenden. Diese Bedingungen können die Zorostrier selbstverständlich nicht erfüllen. Auch das islamische Erbrecht benachteiligt Zoroastrier stark. Offiziell gelten die Zoroastrier jedoch grundsätzlich als vollständig gleichberechtigte Bürger. Auf dem Zoroastrischen Weltkongress 1996 in Teheran verkündete Ayatollah Khamenei: „Iranische Muslime betrachten die Zoroastrier in der ganzen Welt als ihre eigenen Landsleute“. Vertreter der iranischen Zoroastrier gelobten auf derselben Konferenz ihren Beistand für die Islamische Republik.

Die iranischen Zoroastrier haben sich in lokalen Gemeinden organisiert, denen gewählte Gemeinderäte vorstehen. Ihre Hauptaufgabe ist die Organisation religiöser Feste und des zoroastrischen Religionsunterrichts. Seit der Islamischen Revolution ist die Popularität der zoroastrischen Schulen erheblich gewachsen. In einigen Städten betreiben Zoroastrier Kultur- und Sportanlagen, Friedhöfe und karitative Projekte.

Da die indischen Parsen weitaus wohlhabender und besser organisiert sind als ihre iranischen Glaubensbrüder und -schwestern, spielen sie eine wichtige Rolle bei der Entwicklung der zoroastrischen Infrastruktur in Iran. Begüterte Parsen gründeten im 19. Jh. die Stiftung Bombay Parsi Punchayet (BPP), die Bildungs- und Wohltätigkeitsprogramme betreibt und religiöse Aktivitäten finanziert. Die ersten iranischen Verbände wurden in der zweiten Hälfte des 19. Jhs. von Parsen gegründet, Tempel wurden gebaut und Schulen eröffnet. Auch heute werden iranische Priester in Indien ausgebildet, und besonders begabte zoroastrische Schüler können Stipendien für dortige weiterführende Schulen und Universitäten erhalten.

Heutige Verbreitung

Weltweit gibt es ca. 145. bis 200.000 Parsen. Nur noch etwa 30.000 bis 50.000 Parsen leben in ihrem Ursprungsland. Nach einer enormen Abwanderung der iranischen Zoroastrier aus ihren ursprünglichen Siedlungsgebieten im 19. Jh. wurde Teheran um 1960 zum neuen Zentrum der iranischen Zoroastrier. Die meisten leben heutzutage als Minorität überwiegend in städtischen Bereichen Indiens. Die Volkszählung von 2001 ergab 69.601 Personen. Das sind weniger als 0,01% der Bevölkerung. Auf 1000 männliche Parsen kommen 1050 weibliche (übriges Indien: 1000 : 933). Die Analphabetenquote ist mit 2,1% gegenüber dem nationalen Durchschnitt von 35,2% sehr gering.

Ca. 2.800 Zoroastrier leben in Pakistan, in den USA und Kanada sind es etwa 5.000 bis 7.000 (nach anderen Angaben: ca. 25.000), im westlichen Europa – vor allem in Großbritannien (allein 5.000 im Großraum London) etwa 7.000. Kleinere Gemeinden bzw. lose Gruppen sind in Australien, Hong Kong, Kenia, Süd- und Ostafrika, im Jemen und auf Sri Lanka (ca. 50 Familien) anzutreffen. Die Gesamtzahl der in der Diaspora lebenden Zoroastrier beträgt ca. 30.000 bis 40.000 Personen. In Deutschland geht man von etwa 500–700 Personen aus.

SIKHISMUS

SYMBOL: Das Nishan Saheb ist das Symbol des Sikhismus. Das zweischneidige Kurzschwert (Khanda) versinnbildlicht die Sorge um Wahrheit und Gerechtigkeit, der Stahlring (Chakri) stellt die Einheit Gottes dar und die zwei gekreuzten Krummsäbel Miri und Piri stehen für weltliche und geistliche Macht.

GURU NANAK

Der Sikhismus (von Sikh = ,Schüler') ist eine in Indien aus Hinduismus und Islam entstandene Universalreligion. Sie wurde von Guru Nanak (1469–1539) gegründet. Er wurde in eine Hindufamilie in Talwandi, dem heutigen Nankana Sahib, im Lahore-Distrikt im Punjab geboren. Nanak war verheiratet, hatte zwei Söhne und arbeitete in der Verwaltung des späteren Gouverneurs von Lahore (Pakistan). Zahlreiche Legenden aus späterer Zeit umranken das Leben Guru Nanaks, des ersten Sikh-Gurus. Diese Geschichten sind für die Sikh-Frömmigkeit, insbesondere für die religiöse Unterweisung von Kindern und Jugendlichen, sehr wichtig. Die entsprechenden Homepages von Sikhs erzählen diese Geschichten in kindgerechter Weise und bebildern sie. Nach den ,traditionellen Erzählungen' reiste Guru Nanak weit umher, wobei einige Reisen historisch äußerst unwahrscheinlich bzw. unmöglich sind: Madras, Sri Lanka, Kabul, Mekka, Medina, Bagdad, Tibet. Seine Berufung zum Propheten geschah folgendermaßen: Jeden Morgen badete Nanak sehr früh in einem Fluss, um anschließend zu meditieren. Dämonen versuchten, seine Frömmigkeit zu testen und ihn mit Reichtümern zu verführen und ihm magische Kräfte zu versprechen. Unverrichteter Dinge mussten die Dämonen wieder abziehen. Daraufhin tauchte Nanak im Fluss unter und verschwand. Nanak erlebte während der Zeit seiner Verborgenheit eine Phase des Entzückens und der Wonne; denn er verschmolz mit Gott. Dieser offenbarte ihm alle Geheimnisse, und Nanak trank Amrit, den Nektar der ,Todlosigkeit'. Dabei hörte er die Stimme Gottes, der ihn zum Propheten berief: „Ich bin! Alle die Dir folgen, werden glücklich sein. Lasse Deinen Geist nicht von den Dingen dieser Welt beschmutzen. Rezitiere das Naam [Meditation über den ,Namen' Gottes], teile es mit anderen. Sei freundlich zu jedem. Ich bin der Gott des Universums, und Du musst nun gehen und lehren!"

Drei Tage später entstieg Nanak wieder dem Fluss. Er strahlte von Licht und sagte kurz darauf: „Es gibt keinen Hindu und keinen Muslim. Alle sind eins".

Zusammen mit seinen ersten Schülern lebte Nanak in einem Dorf an der Grenze zum Punjab und Pakistan. Nanak war davon überzeugt, dass es nur einen einzigen Gott gibt. Deshalb wandte er sich gegen die im Hinduismus übliche Verehrung einer Vielzahl von Devas ebenso wie gegen veräußerlichte Rituale. Auch die hinduistische Kastenlehre lehnte Nanak ab. Heftig kritisierte er den hinduistischen Bilderkult und trat für die bildlose Verehrung Gottes ein. In Begleitung des islamischen Lautenspielers Mardana und des hinduistischen Bauern Bala zog er durch das Land, verbreitete seine Lehre durch Gedichte und Hymnen.

Nanaks Lehre ist ohne die Gedanken von drei religiösen Gruppen auf, die untereinander in einer Wechselbeziehung standen: die indischen Nathyogis und die Sants. Beide lehrten, dass es nur einen einzigen Gott gibt und dass das Heil in der menschlichen Vereinigung mit ihm besteht. Neben diesen beiden Hindu-Bewegungen war der Islam in seiner indisierten mystischen Gestalt (Sufismus) einflussreich. Nanaks Hauptgedanke war die Einheit und Versöhnung von Hindus und Muslimen; denn beide Religionsgemeinschaften bekriegten sich schon lange im Punjab. Nanak verkündete die Gleichheit aller Menschen; denn diese stammen von dem einen und einzigen Schöpfergott ab. Nanaks Stellung zwischen Islam und Hinduismus wird u.a. auch dadurch deutlich, dass ihn die Hindus nach seinem Tod als Guru, die Muslime als Pir, also als ,geistlichen Führer', verehrten.

DIE ZEHN GURUS

Nach Guru Nanaks Tod (1539) leitete sein Lieblingsschüler Guru Angad Dev (1504–1552) die Sikhgemeinschaft. Durch Wahl und Vererbung entstand die Reihe von zehn ,lebenden Gurus', von denen jeder der Sikh-Religion bedeutsame Inhalte hinzufügte. Der in Indien allgemein gebräuchliche Begriff für einen (religiösen) Lehrer: Guru wurde auf S. 184 erklärt. Im Unterschied dazu lehrt der Sikhismus, dass es nur ein wahrhaft Seiendes gibt, ,Gott', der ebenfalls Guru genannt wird bzw. Satguru (,wahrer Guru') . Im Sinne der Sikhs ist nur derjenige ein Guru, der seine Einheit mit ,Gott' verwirklicht hat. In der Nachfolge der zehn lebenden Gurus realisiert sich also der je selbe göttliche Guru in ihnen.

Der zweite Guru Angad Dev (1504–52) entwickelte eine neue Schriftsprache, mit deren Hilfe die Hymnen des Adi Granth festgehalten wurden. Der dritte Guru Amra Das (1479–1574) legte die Festtage und Rituale fest, ließ Pilgerstätten errichten. Der vierte Guru Ram Das (1534–1581) führte die Erblichkeit der Guruwürde ein. Er gründete ein Pilgerzentrum, aus dem später der ,Goldene Tempel' von Amritsar entstand. Sein Sohn Arjan Dev (1563–1606) stellte den Adi Granth zusammen und machte ihn zur Heiligen Schrift der Sikhs. Arjans gewaltsamer Tod durch die Muslime bewirkte, dass sich die Sikhgemeinschaft unter seinem Sohn Guru Har Govind (1595–1644) zu einem kämpferischen Orden entwickelte. Der siebte Guru Har Raj (1630–1661) und achte Guru Har Krishnan (1656–1664) waren religiös sehr gebildete Männer und Experten bei der Auslegung der heiligen Schriften. Der neunte Guru Tegh Bahadur (1621–1675) starb als Märtyrer, weil er sich auf Bitten von Hindus für die Religions-

freiheit beim Moghulherrscher Aurangzeb einsetzte. Er befolgte damit die
Lehre Guru Nanaks, der zwischen den Religionen keinen Unterschied machte, weil für ihn alle Menschen Geschöpfe des einen Gottes waren. Der zehnte
Guru, Govind Singh (1666-1708), organisierte die Sikhs zu einer straffen militärischen Gemeinschaft, um sie gegen die Übergriffe der Moghulkaiser zu
verteidigen. Der kinderlose Guru bestimmte keinen ‚lebendigen‘ Guru mehr
zum Nachfolger, sondern übertrug die Autorität auf den Adi Granth. Er rief
auch ein Initiationsritual ins Leben, bei dem alle Gläubigen Amrit aus derselben eisernen Schale trinken. Auch die aus den Fünf K's bestehende Kleiderordnung geht auf ihn zurück. Während seiner Regierungszeit bildeten sich zwei
Strömungen heraus: die Sahaj-dhari (‚Sahaj-Besitzer‘) waren Sikhs, die nicht
durch die Initiation in den Khalsa aufgenommen wurden, und die Amrit-dhari
(‚Getaufte‘), welche sich vorher einer Taufe unterzogen hatten. Später entstand
die Richtung der Kash-dhari, die sich an das Haarschneideverbot halten, aber
dennoch nicht die Initiation beibehielten. Außerdem gibt es Mona-Sikhs, die
Verbindung zur Khalsa unterhalten, sich aber trotzdem die Haare schneiden.

HEILIGE SCHRIFTEN

Der Adi Granth (Punjabi: ‚ursprüngliches‘, ‚erstes Buch‘) ist die Heilige
Schrift der Sikhs. Der Adi Granth enthält die von den zehn lebenden Gurus
verfassten heiligen Texte sowie Schriften angesehener Hindu- und Muslim-
Meister sowie die Dichtungen Arjans und Lieder von Kabir. Die Zusammenstellung des Buches geht auf Guru Arjan zurück, wurde jedoch vom zehnten
Guru noch einmal überarbeitet. Diese Ausgabe heißt Adi Granth. Das sehr
umfangreiche Buch ist religionsgeschichtlich auch bemerkenswert, weil es
in unterschiedlichen Sprachen verfasst ist. Geschrieben ist es in der pundja-
bischen Gurmukhi-Schrift (‚Mund des Guru‘), viele Teile aber sind in Hindi
und anderen nordindischen Dialekten verfasst. Auch persisch geschriebene
Teile sind enthalten. Der Adi Granth ist das Herz des Sikh-Glaubens und
lässt sich mit der Bedeutung des Korans für Muslime vergleichen. Anstelle
der lebendigen Nachfolgerschaft (Guru) ist auch er ein Guru. Der sonst nur
für Personen gebrauchte Titel Sahib (‚Herr‘) unterstreicht die würdevolle
Verehrung dieses Buches (‚Herr Granth‘).

Von minderer Bedeutung ist der Dasm Granth (‚Buch des Zehnten‘).
Er enthält die vom zehnten Guru stammenden Texte, die von einem seiner
Schüler 26 Jahre nach dem Tod des Meisters herausgegeben wurden (1734).

Sikhs lernen Passagen aus ihren heiligen Schriften auswendig und wiederholen sie beständig. Die Gläubigen behandeln die Exemplare des Guru
Granth Sahib sehr ehrfurchtsvoll. So wird er auf einem besonderen Kissen
unter einem Baldachin aufbewahrt und nachts mit einem Tuch abgedeckt.
Sikhs nähern sich ihm barfuss und verbeugen sich vor ihm. Ältere Gemeindemitglieder tragen den Guru Granth Sahib bei Sikh-Festen in einer Prozes-

sion durch die Straßen. Das mit Blumen geschmückte Buch liegt dabei unter einem Baldachin. Jeden Tag wird der Adi Granth frühmorgens feierlich in den Gurdwara hineingetragen, geöffnet und von so genannten Granthis (,Granth-Vorleser') vorgelesen. Bei besonderen Gelegenheiten wird der ganze Adi Granth (Guru Granth Sahib) 48 Stunden lang an einem Stück von einem Sikh-Mann oder einer Sikh-Frau vorgetragen.

GEMEINSCHAFT

Der zehnte Guru gründete 1699 den Khalsa (,Gemeinschaft der Reinen'), die Gemeinschaft aller in den Glauben eingeführten Sikhs, auch Panth (,Weg') genannt. Um die Treue und Ergebenheit seiner Männer zu prüfen, ordnete Govind Singh an, dass einer nach dem anderen das Zelt des Gurus betreten und seinen Kopf abschlagen lassen sollte. Der erste Freiwillige betrat das Zelt. Anschließend kam Govind Singh mit einem blutigen Messer heraus. Das Blut stammte von einer Ziege, was die Männer allerdings nicht wussten. Das gleiche geschah mit vier weiteren Männern. Die anwesende Menschenmenge war höchst verwundert, als schließlich alle Männer gesund und wohlbehalten, in feinste Soldatenkleider gehüllt, aus dem Zelt herauskamen. Anschließend initiierte sie der Guru und bat seine Getreuen, auch ihn zu initiieren. Aus dieser verschworenen Urgemeinschaft der ersten ,fünf Geliebten' entstand der Khalsa. Sein Mittelpunkt ist der Gurdwara mit dem Adi Granth.

LEHRE

Sikhs glauben an einen persönlichen Gott, die zehn ,lebenden Gurus', den Adi Granth sowie an die Schriften und Lehren der zehn lebenden Gurus. Außerdem glauben sie an die Notwendigkeit der Initiation.

Im Mittelpunkt des Sikhglaubens steht der eine und einzige personale Gott. Er ist Schöpfer aller Dinge, zugleich urtümliches und unbegrenztes Licht sowie alles durchdringender Geist. Sikhs erfahren ihren Gott als Liebe und Gnade. Den wahren Gott kann jeder nur in seinem Herzen finden. Gott ist unbeschreiblich, steht über allem und kann keine irdische Gestalt annehmen. Täglich sprechen Sikhs morgens das Mul-Mantra (,Wurzel-Mantra'). Es sind die ersten Zeilen des Adi Granth. Guru Nanak soll sie ausgesprochen haben, nachdem er von seiner dreitägigen Trance unter Wasser zurückgekehrt war. ,Gott' ist im Punjabi geschlechtslos.

Ein Gott
Sein Name ist Wahrheit
Er ist der Schöpfer
Er ist die Höchste Wesenheit
Bei ihm ist keine Feindschaft

Seine Gestalt ist zeitlos
Er stammt aus keinem Schoß
Er ist aus sich selbst –
Durch des Gurus Gnade wird er erkannt

DIE FÜNF K'S

Die folgenden fünf Merkmale (5 K's) charakterisieren einen sog. ‚Soldaten-Heiligen':

– *Kash*: ungeschnittenes Kopf- und Barthaar. Es symbolisiert die vollkommene Hingabe jedes Sikhs gegenüber Gott. Sikhs tragen einen Turban als Kopfbedeckung. Nur in Zeiten äußerster Not, zum Beispiel während der Massaker nach der Ermordung Indira Gandhis (1984) bei der ‚Operation Blue Star', kam es vor, dass Sikh-Männer ihre Haare abschnitten, um als Hindus unterzutauchen.
– *Kangha*: Kamm. Er steckt im Haar, um es zu kämmen und sauber zu halten. Der Kamm ist ein Sinnbild für Selbstzucht.
– *Kirpa*: Kurzschwert. Es erinnert an die Pflicht des Gläubigen, immer und überall für die Wahrheit einzutreten. Es dient nicht aggressiven Absichten.
– *Kachh*: knielange (soldatische) Shorts. Sie gelten als Zeichen von Reinheit und geistiger Freiheit.
– *Kara*: Stahlarmband. Es wird am rechten Arm getragen und symbolisiert den Zusammenhalt der Sikh-Gemeinde.

Menschenbild

Der Mensch gilt als gut geschaffen und Krone der Schöpfung. Er besteht aus einem stofflichen, beim Tode zerfallenden Körper und einer nicht-materiellen Seele, ein Funken des göttlichen Lichts. Dieser Gedanke wird mit der hinduistischen Karma- und Samsara-Lehre verbunden. Je nachdem, wie gut oder schlecht das im Leben angehäufte Karma ist, fällt das Schicksal des Menschen aus. Entweder geht er unmittelbar nach dem Tode in die Heimat des Lichts ein, oder er wird auf Erden wiedergeboren. Guru Nanak deutete die Karma-Idee neu: Durch ‚Liebe' und ‚vollkommene Hingabe' (Bhakti) zu Gott erreicht der Sikh das Heil – nicht erst nach dem Tode, sondern durch Meditation bereits im Leben. Der Meditierende wird zum ‚lebend Befreiten'. Beim Tode geht er in das Nirvana ein.

Mann und Frau

Mann und Frau gelten als gleichwertig. Alle Sikh-Frauen tragen den Namen Kaur (‚Prinzessin'), die Männer den Namen Singh (‚Löwe'). Sikh-Gebote gelten gleichermaßen für Mann und Frau. Witwen können wieder heiraten. Frauen dürfen prinzipiell alle Aufgaben in der Sikhgemeinde wahrnehmen. In der Regel bekleiden aber Männer die führenden Ämter. Sikh-Frauen genießen jedoch eine viel höhere Stellung als in anderen indischen Religionen. Die Ehe genießt eine hohe Wertschätzung. Sexualität gilt innerhalb der Ehe als positiv. Nach dem Marriage Act von 1909 sind beide Partner in der Ehe gleichberechtigt. Voreheliche Kontakte von Jungen und Mädchen zum Beispiel in Diskotheken werden kritisch betrachtet. Unter der Aufsicht und mit Einverständnis der Eltern dürfen sich junge Sikh-Pärchen treffen, wobei aber eine spätere Heirat fast als selbstverständlich vorausgesetzt wird.

Die Ehe selbst gilt als unauflösbar. Heutzutage kann jedoch eine Scheidung nach zivilem oder Hindu-Recht eingereicht werden. Das Gericht legt Unterhalt und Sorgerecht fest. Als Scheidungsgründe erkennen die Gerichte Grausamkeit, Untreue, Religionswechsel eines Partners oder Unvereinbarkeit der Charaktere an.

> *Von der Frau wird man geboren, in der Frau wächst man heran, mit einer Frau verlobt und vermählt man sich. Von der Frau erfahren wir Freundschaft, durch die Frau setzt sich der Gang der Welt fort. [...] Wie kann man sie als minderwertig bezeichnen, wo sie doch Königen das Leben schenkt? Aus einer Frau entsteht eine Frau, niemand wäre ohne die Frau. Nanak sagt, ganz ohne Frau existiert nur der Schöpfer.*
> (Aus dem Guru Granth Sahib)

HEILIGE ZEITEN

Viele Sikhs begeben sich am ersten Tag des indischen Mondkalenders in den Gurdwara. Aufgrund ihrer teilweisen Abstammung aus dem Hinduismus feiern die Sikhs manche Hindufeste, verleihen ihnen jedoch eine neue Bedeutung. So versinnbildlicht Divali den Sieg des Guten über das Böse sowie die Freilassung des sechsten Gurus Har Govind (1595–1644) aus islamischer Gefangenschaft. Bei dem Fest Holi Mohalla finden auf Guru Govind zurückgehende Kampf- und Reiterspiele statt. Das Baisakhi-Fest im April erinnert an Schlachten gegen die Moghul-Herrscher und an das Martyrium von Guru Arjan und Tegh Bahadur. Weitere wichtige Feste sind die Geburtstage der Gurus.

Feste am Lebensweg

Kurz nach der Geburt eines Kindes begeben sich die Eltern zum Gurdwara und spenden der Gemeinde Prasad, eine geweihte Süßspeise. Die ersten fünf Stückchen dieser Süßspeise versinnbildlichen die ersten ‚fünf Geliebten'. Um den Namen des Kindes zu bestimmen, wird der Adi Granth an einer Stelle willkürlich aufgeschlagen. Der Anfangsbuchstabe des ersten Wortes auf der linken Seite bestimmt den ersten Buchstaben des Namens.

Der Sikhismus kennt eine Initiation zum Erwachsenen (Amrit-Sanskar), die unter der Anwesenheit von sechs Sikhs in einem Gurdwara vollzogen wird. Dabei liest ein bereits initiierter Sikh Abschnitte aus heiligen Sikh-Schriften, während die anderen fünf (sie entsprechen den ersten ‚fünf Geliebten‘) bei der Zeremonie assistieren. Sie erklären dem Initianden dabei die wichtigsten Regeln und Verpflichtungen der Gemeinschaft. Mittelpunkt der Feier ist das Herstellen und Austeilen von Amrit (‚Nektar der Todlosigkeit‘). Es besteht aus einer Mischung von klarem Wasser und Zucker und wird in einer Stahlschüssel hergestellt. Diese Mischung wird mit dem in der rechten Hand gehaltenen Kurzschwert, Khanda, umgerührt. Fünfmal erhält der sitzende Initiand in seine geöffneten Hände Amrit. Dabei wird folgende Formel gesprochen: „Heil Khalsa des wunderschönen Herrn, der immer siegreich ist“. Den restlichen Nektar trinken die übrigen an der Zeremonie Beteiligten. Zum Schluss sprechen alle das Mul Mantra.

Für die Sikhs ist Heiraten eine verdienstvolle Handlung und ein religiöser Akt. Im Mittelpunkt der Hochzeitszeremonie steht der Adi Granth, vor dem das Hochzeitspaar in Begleitung von Eltern und Freunden seinen Platz einnimmt. Während Lieder gesungen werden, umschreitet das Paar die Heilige Schrift.

Sikhs sollen dem Tod zuversichtlich entgegen gehen. Statt laut zu klagen, sollen sie Gottes Willen akzeptieren und immer wieder Waheguru (‚Wunderbarer Herr‘) sprechen. Tote werden wie im Hinduismus verbrannt. Die Fünf K's werden auf den gewaschenen, in reiner Kleidung aufgebahrten Leichnam gelegt. Dann wird dieser unter der Begleitung von Hymnengesängen zum Verbrennungsplatz oder Krematorium getragen. Nachdem der Leichnam auf den Scheiterhaufen gebettet wurde, entzünden der Sohn, ein Verwandter oder ein Freund das Feuer. Die Trauergemeinde lässt sich in gebührendem Abstand nieder und singt gemeinsam Shabads (‚Wort‘), die den Hindu-Bhajans verwandt sind. Wenn das Feuer in hellen Flammen lodert, spricht man das Sohila-Gebet. Dieses Nachtgebet befasst sich mit dem seelischen, nicht aber körperlichen Tod. Dann begibt sich die Trauergemeine nach Hause, wo die Trauernden im Adi Granth lesen. Grabsteine sind bei den Sikhs nicht üblich.

HEILIGE ORTE

Ein besonderes Anliegen war Guru Nanak die Verständigung zwischen den Religionen. Als äußeres Zeichen der Gleichberechtigung zwischen den Religionen gründete er Langars: Freiküchen, in denen die Mitglieder aller Religionen und Kasten gemeinsam speisen durften. Sikhs können überall zu Gott beten, doch treffen sie sich zum gemeinsamen Gottesdienst im Gurdwara. Vor dem Gebäude ist eine lange Fahnenstange angebracht, an der eine dreieckige, oft orangene Fahne mit Fransen und dem Khanda-Symbol befestigt ist. Der Gurdwara besteht meist aus fünf Räumen: Küche mit angrenzender Langar-Halle, in der die kostenlose Essensausgabe vegetarischer Speisen vorgenommen wird. Die Gläubigen bereiten die Mahlzeit als freiwillige Arbeit

(Kar Seva) im Freien oder in der Tempelküche zu. Das Speisen im Langar gehört zu jeder Pilgerreise. Außerdem hat jeder Gurdwara einen Raum für Schuhe, in dem die Gläubigen ihre Schuhe abstellen, sowie ein Schulzimmer zur Unterrichtung der Schüler. Mittelpunkt des Gurdwara ist die Diwan- bzw. Darbar-Halle, in der die gottesdienstlichen Handlungen vollzogen werden.

Im Gurdwara dreht sich alles um das Heilige Buch. Im Grunde ist der Gurdwara ein erweitertes Dach über diesem Buch. Die meisten indischen Gurdwaras sind mit Kuppeldächern und Türmchen versehen. Außerhalb Indiens sind unterschiedliche Baustile anzutreffen. Zum Teil sind Kirchen in Gurdwaras umgenutzt worden.

Der Adi Granth liegt auf Kissen und feinen Tüchern auf einer Art Altar bzw. Thron, überdacht von einem Baldachin. Dahinter befindet sich der Sitz des Granthi, der aus dem heiligen Buch vorliest. Bevor man den Gurdwara betritt, muss man die Schuhe ausziehen und seinen Kopf bedecken. Im Gurdwara sitzen alle auf dem Boden, unterstreichen dadurch ihre prinzipielle Gleichheit. Weder dürfen dem Adi Granth der Rücken zugekehrt noch die Füße gegen ihn gerichtet sein. Neben dem Altar sitzt ein Gemeindeglied und überreicht dem Ankommenden einen Gott geweihte Süßspeise (Prasad).

Amritsar
Mittelpunkt des Sikhglaubens ist der Goldene Tempel, mitten in der belebten Altstadt von Amritsar. Da man den Tempel nicht mit unbedecktem Haupt betreten darf, legen sich die Frauen am Eingang des Gebäudes den Dupatta, einen langen Chiffon-Schal, um ihr Haupt. Außerdem zieht man aus Ehrfurcht die Schuhe aus und wäscht seine Füße unter fließendem Wasser. Der Goldene Tempel in Amritsar ist zwar nicht der älteste Gurdwara, doch der bedeutendste. Sein richtiger Name lautet Harmandir oder Harimandir (‚Tempel Haris'/ ‚Gottes'). Die Stadt selbst wurde nach dem Tempelteich im Zentrum benannt: Amrit (‚Nektar der Todlosigkeit') sar (‚Teich'). Guru Arjan betonte seine Aufgeschlossenheit gegenüber dem Islam, indem er den muslimischen Heiligen Hazrat Mian Mir aus Lahore einlud, der den Grundstein für den Tempel legen sollte. Im Gegensatz zu Hindutempeln, die nur einen Eingang besitzen, ließ er vier Tore bauen, um Menschen aus allen Himmels- und Glaubensrichtungen zum Besuch des Heiligtums einzuladen – arm und reich, hochgestellt und niedrig, auch die outcasts. Zur gleichen Zeit stellte Arjan den Adi Granth zusammen, der in dem Tempel später seinen Platz finden sollte. Das Vorhaben des Sikh-Gurus wurde von dem großen islamischen Moghul-Herrscher Akbar unterstützt.

Inmitten eines künstlich angelegten Teiches, des Sarowar (‚Becken der Unsterblichkeit'), im Zentrum der Stadt befindet sich der eigentliche Tempel, der Harimandir, den man über eine Brücke erreicht. Die unteren Teile des Tempels bestehen aus Marmor, seine oberen sind vollständig mit vergoldeten Plättchen belegt, zum Teil mit Inschriften aus dem Adi Granth. Daher wird

der Harimandir auch ‚Goldener Tempel' genannt. Im Unterschied zu den üblicherweise auf Anhöhen und Bergen errichteten Heiligtümern vieler Religionen liegt der Harimandir niedriger als die übrige Anlage. Sikhs deuten diese
Lage als Demut Guru Nanaks und des Adi Granth. Bevor die Gläubigen ihr
höchstes Heiligtum betreten, bücken sie sich vor der Schwelle am Ende der
Brücke. Sie trennt heilig und profan. Der Pilger betritt sie selbst nicht, sondern überschreitet sie stattdessen mit einem großen Schritt.

Zentrum des Tempels ist der auf einem Kissen ruhende, in seidene Tücher eingeschlagene Guru Granth Sahib, der vom frühen Morgen bis tief in
die Nacht aufgeschlagen liegt. Gruppen von Gläubigen singen jeden Tag das
Shabad Kirtan, das Gotteslob. Ein Granthi, begleitet von mehreren Musi-
kern, rezitiert aus dem Adi Granth. Die Gläubigen spenden Geldscheine und
Münzen. Sie knien sich nieder und berühren mit ihrer Stirn den Boden. Das
Wasser des Sarowars gilt als heilig. Deshalb schöpfen die Pilger eine Hand-
voll Wasser, schlürfen es und sprengen den Rest auf ihren Kopf. Alle 50 Jahre
wird der Sarowar geleert, um ihn zu reinigen und Reparaturarbeiten auszuführen. Dann versammeln sich Zehntausende von Freiwilligen, um bei der
‚freiwilligen Arbeit' gemeinsam den Schlamm zu entfernen. Auch diese Aktion soll die Gleichheit der Gläubigen symbolisieren.

Bevor sie den Harimandir betreten, umkreisen viele Besucher zuerst das
Tempelbecken. Um dieses herum verläuft ein breiter Gehweg aus Marmor,
der die Gläubigen an heiligen Plätzen vorbei führt. Am Ufer des Teichs wach-
sen drei Bäume: Der Ilachi Ber rechts am Eingang zur Tempelbrücke erinnert
an Guru Arjan. Während des Tempelbaus soll er öfter unter diesem Baum ge-
sessen haben. Der Dukh Bhanjani Ber steht am anderen Ende des Sarowars.
Hier nehmen Sikh-Männer ein rituelles Bad. Frauen haben einen besonderen
Badeplatz mit Sichtschutz. Unter dem 450 jährigen Baum Ber Baba Buddha Ji
befand sich einst der Meditationsplatz von Baba Buddha. Er soll von diesem
Platz aus die Ausgrabungsarbeiten für das Tempelbecken geleitet haben.

An der nordwestlichen Seite des Tempelbeckens liegen der Harimandir
und Akal Takht einander gegenüber, verbunden durch eine breite Brücke.
Die Grundlage für das heute vier Stockwerke hohe, mit einer Goldkuppel
versehene Akal Takht ließ 1609 der sechste Guru Hargobind errichten. In diesem Gebäude wird während der Nacht der Guru Granth Sahib aufbewahrt.
Außerdem beherbergt der Akal Takht die beiden berühmten Schwerter von
Guru Hargobind, Miri und Piri. Im Akal Takht befindet sich der Sitz der
Sikh-Regierung, weltliches Gegenstück zum Harimandir. Während dieser der
religiösen Andacht dient, werden im Akal Takht die politischen und weltlichen Belange der Gemeinschaft verhandelt.

Neben dem Akal Takht von Amritsar suchen Sikhs noch weitere vier
Takhts auf: Takht Patna Sahib in Bihar, Takht Kesh Garh Sahib in Anand-
pur, Takhat Damdama Sahib in Talwandi Sabo und Takhat Hazur Sahib in
Nanded in Maharashtra. Auch der Gurdwara Bangla Sahib in Delhi ist eine

bedeutungsvolle Pilgerstätte. Er soll mit den heilenden Kräften des siebten Gurus Har Krishan gesegnet sein. Heute gehören zum Gurdwara Bangla Sahib ein Krankenhaus, eine Mädchenschule und eine Galerie mit Kunstwerken aus der Geschichte des Sikhismus.

Religiöse Handlungen
Nach Möglichkeit sollen Sikhs eine Stunde vor Sonnenaufgang ein Bad nehmen und vor dem Frühstück einen Abschnitt aus dem Adi Granth meditieren, in erster Linie das Mul-Mantra. In ihren Wohnungen und Häusern besitzen Sikhs einen abgegrenzten Platz zum Studium der heiligen Schriften. Man singt in der Familie Kirtans, religiöse Lieder. Sikhs grüßen einander mit der Formel Sat Shri Akal ('Gott ist wirklich!'). Die Gläubigen sollen nicht rauchen, nicht trinken, keine Drogen nehmen, nicht die Ehe brechen. Das Fleisch rituell geschlachteter Tiere von Muslimen bzw. Juden sowie auch das den Hindus untersagte Rindfleisch dürfen Sikhs nicht verzehren.

Guru Nanak schätzte die berufliche Arbeit als besonders heilbringend. Gott voller Liebe zu verehren und dem Mitmenschen zu dienen: Dies sind herausragende Gedanken der Sikh-Frömmigkeit. Anstelle von Riten, Tempelbesuch und Pilgerfahrten empfahl Guru Nanak seinen Gläubigen: Nam, Dan und Isnan. Nam bedeutet das Wiederholen eines der vielen göttlichen Namen, zum Beispiel Waheguru ('Wunderbarer Herr'). Dan bezieht sich auf das Verteilen von Almosen, Isnan meint die 'reine' Lebensführung, das Verdienen des Lebensunterhalts durch der eigenen Hände Arbeit.

DER SIKHISMUS ANGESICHTS AKTUELLER
PROBLEME DER GEGENWART

Leben in der modernen Gesellschaft
Die Einstellung der Sikhgemeinde zur Moderne ist ambivalent. Einerseits würdigt man Sikhs in England, Kanada, USA oft als integrationsfreudige Minderheit. Sikhs genießen vielerorts hohes Ansehen als Unternehmer und Politiker. Immerhin ist der Sikh Manmohan Singh seit 2004 indischer Premierminister.

Anderseits sorgen zentrale Merkmale der Sikhs wie Turban und Kurzschwert häufig für soziale und rechtliche Dispute. In England diskutierte man die Helmpflicht für Turban tragende Motorradfahrer und Bauarbeiter heftig und kontrovers. Zu Meinungsverschiedenheiten kam es auch in Frankreich angesichts des neuen 'Anti-Diskriminierungsgesetzes'. Es verbot neben dem Kopftuchverbot an Schulen auch den Turban der Sikhs.

Nicht jeder männliche Sikh trägt die '5 Ks', und nicht jeder Sikh akzeptiert die kampfbereite, auf Abgrenzung bedachte Einstellung gegenüber anderen Religionen. Diese waren in einem spezifischen historischen Unterdrückungskontext durch die damaligen Machthaber entstanden. In Kanada herrscht eine lebhafte Diskussion darüber, warum sich vermehrt junge männliche Sikhs ihre Kopfhaare und Bärte schneiden lassen. Vor allem in streng religiösen Familien kann dies zu erheblichen Konflikten führen. Die Gründe hierfür sind vielseitig und liegen unter anderem in sozialen Benachteilungen von Turbanträgern, selbst in einem multikulturellen Land wie Kanada. Manchmal zeigt sich darin auch eine Abwendung der jungen Generation von den Traditionen und den Anliegen einer vielfach patriarchalisch geprägten Vätergeneration. Dazu kommt die Zuwanderung von Arbeitsmigranten, die an den religiösen Inhalten nur marginal interessiert sind. Sie betrachten die Gurdwaras vor allem als soziale Netzwerke, treffen dort auf politisierte Sikhs, die nur ungern ihre materielle und symbolische Vormachtstellung aufgeben wollen. Männliche Sikhs beklagen sich häufig über Anfeindungen und rassistische Übergriffe insbesondere nach den Anschlägen des 11. September.

Sikh-Organisationen reagieren darauf, indem sie sich klar von terroristischen und fundamentalistischen Anschauungen distanzieren. Sikhs verstehen sich selbst als eigenständige pazifistische Weltreligion. Man verweist verstärkt auf das Opfer von Sikh-Soldaten, die im Ersten und Zweiten Weltkrieg auf Seiten der Alliierten kämpften und starben. Sie begreifen sich selbst als integrationsfähig und betonen, dass sie trotz ihrer religiösen Vorschriften ein akzeptierter Bestandteil westlicher Nationen waren.

Wie andere kleinere Religionen diskutieren Sikhs das Thema Mischehen kontrovers. Sikh-Frauen dürfen keine Angehörigen einer anderen Glaubensgemeinschaft heiraten. In England kam es in der Vergangenheit zu Unruhen, nachdem ein Sikh-Priester eine solche Trauung vorgenommen hatte.

Streben nach eigenem Staat
Die Bewegung Singh Sabha forderte Ende des 19., Anfang des 20. Jhs. eine Rückkehr zu den ursprünglichen Werten der Sikhs. Seit 1902 gibt es den Chief Khalsa Diwan als Dachorganisation der Sikhs. Als Indien 1947 unabhängig wurde, kämpften die Sikhs im Punjab auf Seiten der Hindus gegen die Muslime, die einen eigenen Staat forderten. Der größere nördliche Teil des Punjab wurde dem neu gegründeten islamischen Pakistan zugeteilt. Im indischen Teil des Punjabs bildeten die Sikhs die Mehrheit. Der indische Kongress hatte bei der Unabhängigkeit zugesagt, Indien in Staaten nach Sprachgebieten einzuteilen. Daher forderten die Sikhs mit Punjabi Suba eine eigene Sprachprovinz. 1966 wurde der Punjab abermals geteilt in einen hinduistischen Staat Haryana und den verbleibenden Teil, wo die Sikhs die Mehrheit der Bevölkerung darstellen. Radikale Sikhs fordern jedoch nach wie vor den eigenen unabhängigen Staat Khalistan (,Land der Reinen').

1978 ereigneten sich in Amritsar blutige Auseinandersetzungen zwischen Sikhs und den Nirankaris, einer Reformgemeinschaft der Sikhs. Der Konflikt wurde noch verschärft, als Indira Gandhi 1980 an die Macht kam und Zail

Singh zum Innenminister ernannte. Denn dieser beschuldigte den Sikh-Politiker Sant Bhindrawale des Mordes an einem Guru der Nirankaris. Da sie im Tempel von Amritsar Widerstandskämpfer vermutete, ließ Indira Gandhi den ‚Goldenen Tempel' stürmen. Bei dieser Aktion kamen Tausende von Sikhs, darunter auch Bhindrawale, ums Leben. Am 30.10 1984 wurde Indira Gandhi von zweien ihrer Sikh-Leibwächter ermordet. Inzwischen hat sich die Lage entspannt. Dennoch wünschen sich viele Sikhs ihren eigenen Staat Khalistan.

Heutige Verbreitung
Die meisten Sikhs leben in ihrem Ursprungsland Indien. Ihr sprichwörtlicher Fleiß und ihre beträchtliche Mobilität trugen aber dazu bei, dass sie sich über die ganze Welt verbreiteten. Weltweit gibt es 20 Millionen Sikhs. Man findet sie in asiatischen Ländern, seit dem 19. Jh. in Afrika. Kanada und Großbritannien sind mit über einer Million Sikhs – nach Indien – die Länder mit dem höchsten Sikhanteil. Die meisten britischen Sikhs leben in den südenglischen Hafenstädten wie Bristol und Southampton und in den Industriestädten Nordenglands wie Leeds und Bradford. Die wenigen Sikh-Gemeinden Schottlands befinden sich in Dundee, Edinburgh und Glasgow. Bis zum Zweiten Weltkrieg rekrutierte sich die Sikhgemeinde aus Studenten und wandernden Händlern der Bharata-Kaste. Diese Bharata-Sikhs kamen aus Sialkot im heutigen Pakistan. Die größte Kaste der Sikhs sind die bäuerlichen Jats. Da ihr Landbesitz durch das Erbrecht zu klein wurde, wanderten sie in großen Zahlen in den 1950er und 1960er Jahren nach Großbritannien, um in Fabriken und dem Personentransportwesen zu arbeiten. In den späten 1960er und frühen 1970er Jahren wanderten viele Sikhs aus den unabhängig gewordenen Staaten Ost-Afrikas ein. Es handelte sich hierbei größtenteils um Mitglieder der Ramgarhia-Gemeinde. Diese Familien brachten große Erfahrung im Handels- und Berufsleben mit, was ihre Integration erleichterte. Die über 200 Gurdwaras bilden in Großbritannien den religiösen und sozialen Mittelpunkt der Sikh-Gemeinden. Sie veranstalten u.a. Panjabi-Sprachkurse, Frauenzirkel und Sportveranstaltungen.

In Deutschland sind die ca. 5000 Sikhs in gemeinnützigen eingetragenen Vereinen organisiert, vor allem in Hamburg, Köln, Stuttgart, Frankfurt am Main, Duisburg und Berlin.

Bahaismus

BAHA'U'LLAH

SYMBOL: Der neunzackige Sern ist das am häu-
figsten verwandte Symbol des Bahaismus. Die
Zacken stehen für die Einheit der Menschen in
ihrer Vielfalt. Zu den Grundprinzipien gehören
Anerkennung der Wesenseinheit der Religionen,
Religionsfreiheit und Gleichberechtigung der
Geschlechter.

Die Bahai-Religion ist eine aus dem schiitischen
Islam hervor gegangene universale Religionsge-
meinschaft mit weltweit ca. fünf Millionen Gemeindeangehörigen. Gestiftet
wurde sie von Mirza Husain Ali Nuri (1817–1892), später bekannt geworden
unter seinem Ehrennamen Baha'u'llah (persisch ‚Glanz, Herrlichkeit Gottes‘).
Mirza Husain schloss sich 1844 einer Erneuerungsbewegung innerhalb der iranischen Zwölferschiiten an. Bis auf den heutigen Tag erwarten diese die Wiederkunft des ‚in die Verborgenheit entrückten‘ 12. Imams. In der Nacht vom 22.
auf den 23. Mai 1844 erhob der aus einer Shirazer Kaufmannsfamilie stammende Mirza Ali Mohammed(1819–1850) den Anspruch, ‚Tor‘ (arabisch/persisch:
Bab) zum kommenden Imam‘ zu sein, dessen Wegbereiter. Der Bab kämpfte
gegen religiöse und weltliche Missstände seines Landes. Dies führte zu grausamen Verfolgungen seiner Anhänger, der so genannten Babis, und zur Hinrichtung des Bab im Juli 1850. Nach der Überzeugung der Bahais gehörte der
Bab in die Reihe der ‚Göttlichen Erzieher der Menschheit‘. Nach seiner Ermordung kam es zu blutigen Verfolgungen bei den selber zeitweilig gewalttätigen
Babis. Bahaullah, der in den Auseinandersetzungen um die Nachfolge des Bab
schließlich gegenüber seinem 13 Jahre jüngeren Bruder die Oberhand behielt,
wurde im Teheraner Gefängnis ‚Schwarzes Loch‘ eingekerkert. Visionen des
göttlichen Geistes in Gestalt der Jungfrau Maria bereiteten seine prophetische
Berufung vor.

Nach seiner Entlassung begannen für Baha'u'llah vier Jahrzehnte Exil,
Verfolgung und Gefangenschaft. Auf Geheiß der Perser verbannte ihn die
Osmanische Regierung. Erste Station war der Irak. Bevor Baha'u'llah Bagdad
verließ, ‚erklärte‘ er sich im April 1863 im Garten Ridvan außerhalb von Bagdad als „derjenige, den Gott offenbaren wird". Weitere Wegstationen waren
Konstantinopel und Adrianopel (Edirne). Dort und später in Akka (bei Haifa) verkündete er seine Botschaft „an die Könige und Herrscher der Welt",
ermahnte sie, forderte sie zu einer gerechten Herrschaft auf. Warnende Worte
richtete Baha'u'llah an Kaiser Wilhelm I., Napoleon III., Zar Alexander II.,
Königin Viktoria, Kaiser Franz Joseph, den Sultan des Osmanischen Reiches,
den Schah, die ‚Führer Amerikas‘. Auch führende religiöse Autoritäten der

Welt, zum Beispiel Papst Pius IX., erhielten Sendschreiben. Diese Botschaften wurden von den Empfängern entweder nicht beachtet oder zurückgewiesen.

Der Zwist zwischen den Brüdern spitzte sich 1867/1868 derart zu, dass die Regierung in Istanbul beide in separate Exilsorte verbannte. Baha'u'llah traf am 31. August 1868 mit 77 Personen in der berüchtigten Strafkolonie Akka ein, wo sie zwei Jahre lang als Gefangene –wohl ohne Kontaktmöglichkeiten nach außen – festgehalten wurden. Schließlich erlaubte man Baha'u'llah und seinen Anhängern bis zu seinem Tode auf einem Landgut in Bahji, ca. zehn Kilometer vor den Toren der Stadt, zu wohnen. In diesen Jahren entfaltete Baha'u'llah eine außerordentlich reiche literarische Tätigkeit, verfasste mehr als 100 Schriften.

HEILIGE SCHRIFTEN

Die Bahai-Religion unterscheidet zwei grundsätzliche Formen ‚heiliger Schriften'[24]. Mit dem Begriff Lawh (‚Tafel') sind die Baha'u'llah offenbarten Schriften gemeint: ‚Briefe' und ‚Sendschreiben'. Vier Werke Bahaullahs werden mit dem Begriff Kitab (‚Buch') bezeichnet: der Kitab-i Iqan (‚Buch der Gewissheit'), der Kitab-i Badi (‚Wunderbares Buch'), der Kitab-i Aqdas (‚Heiligstes Buch') und der Kitab-i Ahd (‚Buch des Bundes'). Als ‚Hüter der Sache Gottes' und autorisierter Ausleger der Bahai-Schriften ernannte Baha'u'llah testamentarisch seinen Enkel Shogi Effendi (1897–1957). Dieser trieb den Aufbau der schon von Baha'u'llah festgelegten Verwaltungsordnung voran. Auf seine Initiative gingen auch die zahlreichen englischen Übersetzungen der Bahai-Schriften zurück. Shogi Effendi bestimmte keinen ‚Hüter des Glaubens', und sein Tod schloss das ‚Hütertum' unwiderruflich ab. Dies hatte zur Folge, dass es keine verbindliche Auslegung der Schriften des Religionsgründers mehr gibt. Seit 1963 besteht das neunköpfige ‚Universale Haus der Gerechtigkeit' in Haifa. Es gilt als die höchste Lehrinstanz und organisiert die Bahai-Religion weltweit.

LEHRE

Die Bahais verehren Gott als Schöpfer und liebevollen Vater. Die Bahais lehren eine fortschreitende Gottesoffenbarung: Nach dem Verständnis der Bahais gibt es eine unteilbare göttliche Religion, die sich in verschiedenen Ausformungen in der Geschichte der Menschheit zeigt. Die Geschichte der Menschheit verläuft in Universalzyklen, die wiederum in Weltzeitalter aufgegliedert sind. An ihren Anfängen stehen die großen Gesandten Abraham, Krishna, Mose, Zarathustra, Buddha, Jesus, Mohammed, der Bab und Baha'u'llah. Die Aufgabe dieser ‚Manifestationen' Gottes liegt in der Verkündigung der jeweils von Gott bestimmten Botschaft und des Religionsgesetzes. Außerdem schließen sie ein Bündnis mit den Menschen. Die Gesandten er-

---

[24] Vgl. Manfred Hutter: Heilige Schriften der Bahā`ī. In: Udo Tworuschka (Hg.): Heilige Schriften. Eine Einführung, Frankfurt/Main, Leipzig 2008, S.364-381.

wecken die verloren gegangenen religiösen Werte wieder neu und weisen auf den nachfolgenden Verkünder hin. Die Botschaften der Gesandten vor Baha'u'llah gelten im jetzigen Bahai-Zeitalter als nicht mehr ‚zeitgerecht'. Baha'u'llah gilt als wiedergekehrter Christus „in der Herrlichkeit des Vaters", als die im Koran angekündigte ‚Große Verkündigung', als Buddha Maitreya, der ‚Buddha der universalen Gemeinschaft'. Nach Baha'u'llah wird Gott in großen zeitlichen Abständen weitere Gottesboten schicken.

MENSCHENBILD

Gottes unbeschreibbares Wesen spiegelt sich in der Natur und im Menschen wider. Zugang zu Gott finden die Menschen durch die Gottesboten. Diese gleichen Spiegeln und reflektieren das reine Licht Gottes.

Der Mensch nimmt innerhalb der Schöpfungsordnung die höchste Stellung ein; denn er besitzt die Möglichkeit, sich für oder gegen Gottes Gebote zu entscheiden. Der Vorstellung von der Einheit der Menschheit liegen ein Entwicklungsgedanke und die Vorstellung der ewigen Emanation zu Grunde. Der Mensch entwickelte sich über verschiedene Stufen (Pflanzenreich/Tierreich) zum Menschenreich, indem er sich auf jeder Stufe auf die nächst höhere vorbereitete. Auch für den Übergang in die jenseitige Welt muss der Mensch sich durch die Entwicklung geistiger Kräfte wie Geistigkeit, Glauben, Gewissheit, Gotteserkenntnis und Liebe zu Gott vorbereiten. Als Ebenbild Gottes kann der Mensch auch einige Gott zugeschriebene Eigenschaften, wie Liebe, Gerechtigkeit, Barmherzigkeit, Geduld und Güte erwerben.

MANN UND FRAU

Bereits in der frühen Geschichte der Bahais spielten einige Frauen eine wichtige Rolle. Das Zusammenleben von Männern und Frauen in der Bahai-Gemeinde ist vom Grundsatz der Gleichberechtigung geprägt. Von Abdul-Baha wird der Ausspruch überliefert: „Bevor Mann und Frau nicht die Gleichberechtigung anerkennen und verwirklichen, ist gesellschaftlicher und politischer Fortschritt weder hier noch irgendwo sonst möglich." Bahais verwenden in diesem Zusammenhang gern das Bild eines Vogels, bei dem ein Flügel das weibliche und ein anderer Flügel das männliche Geschlecht darstellt: Demzufolge kann der Vogel ‚Menschheit' nur fliegen, wenn beide Geschlechter gleichberechtigt zusammen arbeiten. Männer und Frauen sollen im Gemeindeleben und in sozialen und politischen Projekten zusammen wirken und sich gegenseitig respektieren.

GEMEINDE

Die ‚Örtlichen Geistigen Räte' bestehen aus neun demokratisch gewählten Personen. ‚Nationale Geistige Räte' sind für die nationalen Belange zuständig.

Die höchste Körperschaft, das ‚Universale Haus der Gerechtigkeit' mit Sitz in Haifa, wird alle fünf Jahre von den Mitgliedern der Nationalen Geistigen Räte gewählt. Da es keine Priester gibt und Ämter zur autoritativen Auslegung der Worte Baha'u'llah, kann das Universale Haus der Gerechtigkeit Weisungen formulieren. Auf lokaler Ebene finden zahlreiche Aktivitäten statt: Neben den 19-Tage-Festen handelt es sich um offene Andachten mit Lektüre der Schriften der eigenen Religion, aber auch anderer Religionsgemeinschaften sowie Gebeten zur Förderung des spirituellen Wachstums der Gemeindeglieder. Daneben finden Kinderklassen statt, in denen Werte (Ehrlichkeit, Freundlichkeit, Hilfsbereitschaft, Gerechtigkeit) und Glaubensinhalte der großen Religionen vermittelt werden. In den Studienkreisen (Ruhi-Kurse; von Ruhi = Seele) erarbeiten sich die Bahai gemeinsame unterschiedliche Themen, die durch künstlerische Aktivitäten bereichert werden. Soziale Projekte finden in größeren Gemeinden statt, zum Beispiel karitative Dienste, Radioprogramme, Veranstaltungen von Bahai-Hochschulgruppen an Universitäten.

Wichtig für das Gemeindeleben ist eine besondere Beratungsmethode, die aus folgenden Elementen besteht: Andacht, offene Aussprache unter Heranziehung einschlägiger Bahai-Texte, Bemühung um Höflichkeit und Geduld sowie schließlich gemeinsamer Beschluss.

HEILIGE ZEITEN

Feste am Lebensweg
Bahais feiern keine Riten anlässlich der Geburt bzw. der Aufnahme in der Bahai-Gemeinschaft. Man wird nicht durch die Geburt zum Bahai, sondern erst, wenn man sich, frühestens mit 15 Jahren ‚zum Glauben erklärt', d.h. eine Erklärung unterzeichnet, in der Baha'u'llah als Manifestation Gottes für dieses Zeitalter anerkannt wird.

Sehr bescheiden verläuft eine Bahai-Hochzeit, bei der das zukünftige Ehepaar vor Zeugen nacheinander den Spruch Baha'u'llahs aus dem Kitab-i Aqdas spricht: „Wahrlich, wir wollen uns alle an Gottes Willen halten". Gebete, Texte aus den Heiligen Schriften und Musik mögen den Festakt umrahmen.

Es gibt keine rituelle Begleitung des Erwachsenwerdens. Bahai-Beerdigungen sollen stets dort stattfinden, wo der Betroffene gestorben ist bzw. nicht mehr als eine Stunde davon entfernt. Es ist nicht erlaubt, Tote zu verbrennen, denn nach dem Glauben der Bahai wird der Körper als Gehäuse bzw. Tempel der ewigen und unsterblichen Seele betrachtet. Die Seele behält nach dem Tode ihre Individualität und ihr Bewusstsein, kann darum mit anderen Seelen in geistigen Kontakt treten. Nach dem Tode ist die Seele fähig, sich aufgrund von Gebeten, guten Werken im Namen der Toten und vor allem durch die göttliche Gnade weiterzuentwickeln. Das Dasein der Seele in der unbegrenzten Welt Gottes wird mit einem Vogel verglichen, dessen Käfig zerbrochen und der nun endlich frei ist.

Feste im Jahreskreis

Die Bahai haben einen eigenen Kalender und beginnen ihre Zeitrechnung 1844, als der Bab zum ersten Mal seine Botschaft verkündete. Auf der Grundlage des 365tägigen Sonnenjahres teilen Bahai das Jahr in 19 Monate zu jeweils 19 Tagen (=361 Tage). Zwischen dem 18. und 19. Monat werden vier bzw. im Schaltjahr fünf Tage eingefügt. Diese Tage werden festlich begangen und bieten Anlass für Gastlichkeit und Geschenke. Jahresanfang ist die Tag- und Nachtgleiche um den 21. März. Dann findet das große Neujahrsfest (Naw-Ruz) statt. Jede Woche besteht aus sieben Tagen, die jeweils mit dem Sonnenuntergang beginnen und am Tag darauf enden. Der Bahaikalender kennt außerdem acht weitere Feste, die mit Geburt, Verkündigung und Tod des Bab und Baha'u'llah zu tun haben. Die Zahl 19 hat bei den Bahais einen hohen Symbolwert: Vom Auftreten des Bab 1844 bis zum Ridvan-Geschehen (1863), bei dem Baha'u'llah seinen prophetischen Anspruch erhob, vergingen 19 Jahre. Auch der Bahaikalender, der auf den Bab zurückgeht, beruht auf der Zahl 19: Er hat 19 Monate zu je 19 Tagen, deren Namen Attribute Gottes sind. In seinem Hauptwerk, der Bayan, tragen die Kapitel den Titel Vahid (,Einheit, Zahlenwert 19'). Jeder Vahid hat 19 ,Tore' (Bab). Alle 19 Tage begehen die Bahai daher das 19-Tage-Fest, das aus gemeinsamen Gebeten und Schriftlesungen, gemeinsamen Beratungen über aktuelle Probleme innerhalb der Gemeinde und einem geselligen Teil besteht.

HEILIGE ORTE

Die Versammlungsstätten der Bahais, die ,Häuser der Andacht', sind Orte des Gebets und der Meditation. Sie stehen allen Menschen offen, ungeachtet ihrer jeweiligen Religion, Nationalität, Hautfarbe und Muttersprache. Trotz aller Unterschiedlichkeit der Architektur dieser Andachtshäuser haben sie doch zwei Merkmale gemeinsam: die zentrale Kuppel und neun Eingänge. Die Tore symbolisieren die Offenheit der Bahais nach allen Seiten, insbesondere gegenüber den Anhängern der verschiedenen Religionen. Auch die Verbundenheit mit der Natur versinnbildlichen die Eingänge.

Zur Zeit steht auf jedem Kontinent mindestens ein ,Haus der Andacht', in: Panama-Stadt, Kampala/Uganda, Apia/West-Samoa, Sydney/Australien, Wilmette/Chicago (USA), Neu-Delhi/Indien und seit 1964 in Hofheim am Taunus/Deutschland. Jedes Haus der Andacht bildet das zentrale Gebäude eines Bezirkes, der räumlicher und geistig-geistlicher Mittelpunkt einer Gemeinschaft sein soll. Priester kennt die Bahai-Religion nicht; denn jeder Gläubige ist zugleich auch Bahai-Lehrer.

Die Verehrungsstätten der Bahais sind nicht heilig in einem objektiven Sinn, etwa weil sie eine grundsätzlich andere Qualität besäßen, sondern weil Gott sie ausgewählt hat. Heilige Orte sollen schön und würdevoll gestaltet sein. Wo immer möglich, sollen blühende Gärten angelegt werden. Heilige Stätten der Bahai zeichnen sich durch drei Merkmale aus: Licht,

Grün(anlagen) und Kunstgegenstände. Für Baha'u'llah war das Licht eine Metapher für die spirituelle Erleuchtung. Daher sind die Schreine des Bab und Baha'u'llahs mit vielen Lampen und Fenstern ausgestattet. Grün deutet auf das spirituelle Leben hin und weckt Erinnerungen an den Paradiesgarten. Kunstwerke erfreuen das ästhetische Empfinden der Betrachtenden. Die Schreine der beiden Gründergestalten sind mit persischen Teppichen ausgelegt. Andere heilige Stätten enthalten chinesische Plastiken.

In Bahji (Region von Akka am Nordende der Bucht von Haifa) befindet sich der Schrein Baha'u'llahs. Im nördlichsten Raum des Gebäudekomplexes werden seine sterblichen Überreste aufbewahrt. Nach Bahji zogen Baha'u'llah, seine Familie und andere Exilanten im Jahre 1879. Außerdem befinden sich noch weitere bedeutende Stätten der Bahai in Akka und Umgebung.

Israels größte Hafenstadt Haifa beherbergt zugleich mehrere der heiligsten Stätten der Bahais. Dominiert wird Haifas Stadtbild von der goldenen Kuppel des Mausoleums für den Bab. 1891 zeigte Baha'u'llah seinem Sohn Abdul-Baha den Ort, an dem die letzte Ruhestätte des Bab entstehen sollte. Abdul-Baha ließ das Grabmal dort errichten und 1909 die Gebeine des Bab beerdigen. Die ersten Pilger besuchten das Grab des Bab noch zu Lebzeiten Abdul-Bahas, der fast genauso wie der Bab verehrt wurde.

Der prachtvoll verzierte Überbau, der das Mausoleum heute zu einer der bedeutendsten Sehenswürdigkeiten der Stadt macht, wurde zwischen 1949 und 1953 unter der Leitung von Abdul-Bahas Enkel Shoghi Effendi gebaut. Er entwarf auch die großzügigen Gartenanlagen, deren Mittelpunkt das Mausoleum des Bab ist. Der Schrein befindet sich im Mittelpunkt der insgesamt 19 prachtvoll angelegten Gartenterrassen. Die Terrassen überwinden einen Höhenunterschied von 250 Metern, sind einen Kilometer lang und 400 Meter breit.

RELIGIÖSE HANDLUNGEN

Beten, allein oder in Gruppen, Meditieren, gemeinsame offene Andachten, nach Möglichkeit die morgendliche und abendliche Lektüre der heiligen Schriften sowie Fasten gehören zu den hauptsächlichen religiösen Aktivitäten im engeren Sinne. Täglich sprechen die Bahai 95mal den ‚größten Namen' Gottes aus: ‚Gott der Herrliche'. Zur Glaubenspraxis gehört auch die Einhaltung der jedes Jahr vom 2. bis 20. März stattfindenden dreiwöchigen Fastenzeit, deren Abschluss das Neujahrsfest ist. Ähnlich der Praxis im islamischen Fastenmonat Ramadan enthalten sich 15–70jährige Bahais in der Zeit von Sonnenauf- bis -untergang des Essens und Trinkens. Kranke und Gebrechliche, Schwangere, Stillende und Menstruierende dürfen ebenso nicht fasten wie Menschen während einer anstrengenden Reise.

Die Bahais unterscheiden zwischen der ‚Pilgerfahrt' (Hajj) und der ‚Begegnung' (Ziyarat). Die Pilgerfahrt ist im Kitab-i Aqdas vorgeschrieben: entweder zum Haus des Bab in Shiraz oder zum Haus Baha'u'llahs in Bagdad. Beide Pilgerfahrten können jedoch wegen der bestehenden politischen Verhältnisse nicht vollzogen werden. Wenn die Bahais von Pilgerfahrten sprechen, so meinen sie trotz der großen Bedeutung der genannten Stätten in erster Linie den neuntägigen Besuch der Schreine des Bab und Baha'u'llahs in Israel. An den ersten beiden Tage sucht man die Schreine des Bab und Baha'u'llahs sowie das Universale Haus der Gerechtigkeit auf. Die folgende Woche sieht Besuche anderer heiliger Stätten vor, z.B. Baha'u'llahs Gefängniszelle, das Haus Abdul-Bahas, das internationale Bahai-Archiv.

Als Höhepunkt im Entwicklungsprozess ihres Weltzentrums feierten die Bahais am 22. Mai 2001 die offizielle Eröffnung der Terrassen am Berg Karmel. „Die Terrassengärten erhöhen die spirituelle Bedeutung vom Grabmal des Bab [...] Die Terrassen wurden gestaltet, um einen angemessenen Rahmen und Zugang zum Grabmal zu schaffen", erklärte Architekt Sahba. Das Mausoleum des Bab gilt als „himmlische Kaaba, in Anbetung umkreist von den Begünstigten Gottes, den Reinen im Herzen und der Schar der erhabensten Engel". In nächster Nähe zum Grabmal des Bab befindet sich der Sitz des ‚Universalen Hauses der Gerechtigkeit'. Im Lawh-i-Karmil heißt es: „Bald wird Gott seine Arche auf dich aufsetzen." Bahai sehen darin einen Hinweis auf das ‚Universale Haus der Gerechtigkeit'.

Im Bereich der oberen Terrassen befindet sich die großzügige Gartenanlage ‚Monument Gardens', die vier bedeutende Bahai-Institutionen beherbergt: den Sitz des Universalen Hauses der Gerechtigkeit, eingerahmt vom Internationalen Lehrzentrum und dem Zentrum für das Studium der Heiligen Schriften. Hinzukommt das Internationale Archivgebäude. In den ‚Monument Gardens' besuchen Bahai-Pilger auch die vier Gräber der Familie Baha'u'llah. Die Grabstätten sind von Säulen getragene ornamentale Kuppelmonumente: das Grabmal von Bahiyyih Khanum, der Tochter Baha'u'llahs, von Mirza Mihdi, dem Sohn, und von Navvab, der Ehefrau Baha'u'llahs sowie das vierte, etwas weiter unten gelegene von Munīrih Khānum, der Frau Abdul-Bahas.

DER BAHAISMUS ANGESICHTS AKTUELLER PROBLEME DER GEGENWART

Familienplanung

Bahais sind überzeugt, dass wirtschaftliche und soziale Entwicklung und Wohlstand das beste Mittel darstellen, um die Bevölkerung zu stabilisieren. Aufgrund des engen Zusammenhangs zwischen Armut und Geburtenrate erachten sie eine bessere Ausbildung für Frauen als unverzichtbar.

Nach der Lehre der Bahais beginnt das menschliche Leben mit der Empfängnis. Aus diesem Grund lehnen sie Abtreibung als Methode der Empfängnisverhütung ab, es sei denn die Abtreibung erfolgt angesichts einer Gefahr für das Leben der Mutter oder nach Vergewaltigung oder Inzest. In einem solchen Fall sollen die Gemeindemitglieder eine Abtreibung moralisch nicht verurteilen.

Familienplanung ist jedem Einzelnen selbst überlassen. Da der Zweck der Ehe auch die Geburt von Kindern sein sollte, lehnen Bahais Empfängnismethoden ab, welche Kinder prinzipiell ausschließen oder dauerhafte Sterilität verursachen. Zur Regulierung der Weltbevölkerung unterstützen Bahais wirtschaftliches Wachstum und Ausbildungsprogramme.

GLEICHGESCHLECHTLICHE LIEBE

Nach der Glaubensüberzeugung der Bahais stellen homosexuelle Handlungen Unzucht (Zina) dar und gelten als Verstoß gegen den göttlichen Willen. Dennoch sieht das ‚Kitab-i Aqdas' keine Strafen vor. Es fordert für solche Vergehen eine Bußgebühr, die im Wiederholungsfall verdoppelt wird.

Zeitgenössische Bahai-Denker kritisieren die liberale Einstellung zur gleichgeschlechtlichen Liebe in den modernen westlichen Gesellschaften sowie die Auffassung, dass Homosexualität eine gleichwertige Alternative zu Heterosexualität und Ehe sein könnte. Nach ihrer Überzeugung sollen Homosexuelle, die ihre Veranlagung nicht unterdrücken können oder wollen, abstinent leben und nicht heiraten. Dennoch verstöße es gegen den Geist der Bahai-Lehre, Homosexuellen mit Vorurteilen und Abscheu zu begegnen. Der Bahai-Glaube wendet sich auch an solche Menschen, deren Lebensweise nicht im Einklang mit der Bahai-Lehre steht.

Menschenrechte

Gleichheit der Menschen, Gleichberechtigung der Frau, Forderung nach Gerechtigkeit und Einsatz für den Mitmenschen bilden die Richtlinien der Handlungsethik der Bahais. Die Weltvereinigungsvision ihres Stifters spornt die Gläubigen an, gegen Vorurteile anzukämpfen, sich für die Menschenrechte stark zu machen, aktiv für die Bewahrung der Schöpfung einzutreten, Projekte gegen Armut und Unterernährung sowie zur Frauenförderung zu schaffen. Zu den zentralen Bahai-Prinzipien gehören: unabhängige Suche nach Wahrheit; Einheit der Menschheit; Einheit der Religion; Harmonie von (Natur-)Wissenschaft und Religion; Gleichheit der Geschlechter; Erziehungspflicht; Universalsprache; Abschaffung extremen Reichtums und Beseitigung von Armut; Weltfriede; Beseitigung von Vorurteilen.

Das Projekt FUNDAEC hat in Kolumbien ein neues und von Fachleuten anerkanntes Schulsystem entwickelt. Die Internationale Bahai-Gemeinde genießt ‚beratenden Status' sowohl beim Wirtschafts- und Sozialrat der UN wie auch bei UNICEF, dem Kinderhilfswerk der Vereinten Nationen. Anfang des

20. Jhs. war die neue, missionarisch aktive Religion bereits in allen Erdteilen verbreitet. Heute leiten über 190 Nationale Geistige Räte die Bahai-Gemeinden. Über 5 Millionen Gläubige bekennen sich weltweit zum Bahai-Glauben. Die erste Bahaigemeinde in Europa entstand 1898. Seit 1905 gibt es die Deutsche Bahai-Gemeinde. Im Dritten Reich wurde die Bahai-Religion verboten und Bahaigläubige schikaniert. Im Mai 1946 konnte wieder ein ‚Nationaler Geistiger Rat‘ gebildet werden. Zum 100sten Geburtstag erschien eine vom Nationalen Geistigen Rat der Bahai in Deutschland herausgegebene Festschrift (2005).

Obwohl die Bahai-Religion in Iran mit etwa 300.000 Gläubigen die größte religiöse Minderheit bildet, genießt sie keine Rechte. Die Bahais gelten als Abtrünnige, weil sie über den Koran hinaus weitere heilige Schriften besitzen und Mohammed nicht als letzten Propheten betrachten. Grundgesetz und Verfassung der islamischen Republik Iran erwähnen sie nicht. Sie haben kein Wahlrecht, ihre religiösen Verpflichtungen können sie nicht frei ausüben. Bahai-Versammlungen werden kontrolliert bzw. sind nicht erlaubt, Bahai-Trauungen werden nicht anerkannt. Kinder aus diesen Ehen gelten als unehelich, und junge Bahais können keine Universitäten besuchen. Seit der Präsidentschaft Ahmadinedschads hat sich die Situation der Bahai wieder verschlechtert.

Krieg und Frieden

Den Einsatz von Gewalt für religiöse Zwecke sowohl zur Verbreitung als auch zur Verteidigung des Glaubens lehnen Bahais ab. Baha'u'llah distanzierte sich deutlich von der islamischen Idee des Dschihad. Anders als im Islam bezeichet der Begriff Märtyrer keinen im Glaubenskampf gefallenen Gläubigen, sondern einen Bahai, der den Tod erleidet, weil er sich weigerte seinem Glauben abzuschwören.

Während seines Aufenthalts im Exil rief Baha'u'llah die Herrscher der Welt auf, für die Vereinigung der Menschheit einzutreten, die Rüstungen zu verringern, Frieden zu bringen, sich zu einem Staatenbund zusammen zu schließen und eine von göttlicher Gerechtigkeit beseelte Weltordnung zu schaffen.

Die Bahai-Religion tritt bis heute für Ordnung und sozialen Frieden in der Gesellschaft ein. Sie propagiert Eintracht und Harmonie und das Streben nach Weltfrieden. An der ‚Weltkonferenz der Religionen für den Frieden‘ sind die Bahais ebenso aktiv beteiligt wie an dem Projekt ‚Eine Welt für Alle‘. Da der Weltfriede nicht ohne weiteres erreicht werden kann, billigen die Bahais internationale Friedenstruppen. Obwohl Krieg kein legitimes Mittel der nationalen Politik sein soll, ist er nach Auffassung der Bahais in bestimmen Fällen unvermeidbar, um die Ordnung in der Welt aufrecht zu erhalten. In einem solchen gerechtfertigten Krieg würden Bahais den Kriegsdienst nicht aus religiösen Gründen verweigern.

Literatur

Virtuelle Einführung in die Religionen der Gegenwart
Religiopolis – Weltreligionen erleben. CD-ROM (Ernst Klett Verlag), Leipzig 2004 (mit
  Buch 2006)

Religionen in Deutschland
Handbuch der Religionen. Kirchen und andere Glaubensgemeinschaften in Deutschland.
  Loseblattwerk mit jährlich vier Ergänzungslieferungen, Landsberg/München 1997ff.
  (z.Zt. Ergänzungslieferung 26/2010)
http://www.olzog.de/olzog/detail/isbn/978-3-7892-9900

Ethik der Religionen
Michael Klöcker/Udo Tworuschka (Hg.): Ethik der Weltreligionen. Ein Handbuch, Darm-
  stadt 2005
Dies.: Ethik der Religionen – Lehre und Leben, 5 Bde., Frankfurt/Main-München 1984-86

Buddhismus
Baumann, Martin: Deutsche Buddhisten. Geschichte und Gemeinschaften, Marburg 1995[2]
Brück, Michael von: Einführung in den Buddhismus, Frankfurt/Main 2007
Conze, Edward: Der Buddhismus. Wesen und Entwicklung, Stuttgart 1995[10]
Dehn, Ulrich: Den Buddhismus verstehen. Versuche eines Christen, Frankfurt/Main 2004
Der Weg des Buddha. WDR-CD-Produktion 1996 (8 CDs)
Greschat, Hans-Jürgen: Die Religion der Buddhisten, München 1980
Klimkeit, Hans-Joachim: Der Buddha – Leben und Lehre, Stuttgart u.a. 1990
Mensching, Gustav: Buddhistische Geisteswelt, Darmstadt 1955 (versch. Nachdrucke)
Ders.: Buddha und Christus – ein Vergleich, Stuttgart 1978. Neu hg. von Udo Tworuschka,
  Freiburg i.Br. 2001
Schumann, Hans-Wolfgang: Buddhismus. Stifter, Schulen und Systeme, überarb. Neuaus-
  gabe München 2005

Christentum
Angenendt, Arnold: Toleranz und Gewalt. Das Christentum zwischen Bibel und Schwert,
  Münster 2007
Antes, Peter: Das Christentum. Eine Einführung, München 2004
Benz, Ernst: Beschreibung des Christentums. Eine historische Phänomenologie, Stuttgart
  1993 (durchgesehen u. erweitert, urspr. München 1975)
Bieritz, Karl-Heinrich: Das Kirchenjahr, München 2005[7]
Galitis, Georg/Mantzaridis, Georg/Wiertz, Paul: Glauben aus dem Herzen. Eine Einfüh-
  rung in die Orthodoxie, München 2000[4]
Jenssen, Hans-Hinrich (Hg.): Offenes Christentum. Ein Lesebuch, Aachen 1998
Klöcker, Michael: Katholisch – von der Wiege bis zur Bahre, München 1991
Meyer-Blanck, Michael/Fürst, Walter (Hg.): Typisch katholisch – typisch evangelisch,
  Freiburg i. Br. 2003
Nowak, Kurt: Das Christentum. Geschichte, Glaube, Ethik, München 2004[3]
Roloff, Jürgen: Jesus, München 2004[3]
Schnelle, Udo: Paulus. Leben und Denken, Berlin/New York 2003
Tamcke, Martin: Das orthodoxe Christentum, München 2004

Hinduismus

Bergunder, Michael (Hg.): Westliche Formen des Hinduismus in Deutschland. Eine Übersicht, Halle 2006

Kinsley, David R.: Weibliche Göttinnen im Hinduismus, Frankfurt/Main 1990

Klimkeit, Hans-Joachim: Der politische Hinduismus. Indische Denker zwischen religiöser Reform und politischem Erwachen, Wiesbaden 1981

Klostermaier, Klaus: Hinduismus, Köln 1965

Mall, Ram Adhar: Der Hinduismus. Seine Stellung in der Vielfalt der Religionen, Darmstadt 1997

Michaels, Axel: Der Hinduismus. Geschichte und Gegenwart, Sonderausgabe München 2006

Rüstau, Hiltrud: Uttaranchal. Dem Himmel ein Stück näher. Tagebuch einer Reise in das Land der Götter, Berlin 2004

Schreiner, Peter: Im Mondschein öffnet sich der Lotus, Düsseldorf 1996

Stietencron, Heinrich von: Der Hinduismus, München 2006[2]

Islam

Amirpur, Katajun/Ammann, Ludwig (Hg.): Der Islam am Wendepunkt. Liberale und konservative Reformer einer Weltreligion, Bonn (Bundeszentrale für Politische Bildung) 2006

Bauschke, Martin: Jesus im Koran, Köln-Weimar-Wien 2001

Bobzin, Hartmut: Mohammed, München 2006[3]

Ende, Werner/Steinbach, Udo (Hg.): Der Islam in der Gegenwart, Bonn (Bundeszentrale für Politische Bildung) 2005[5]

Halm, Heinz: Die Schiiten, München 2005

Kermani, Navid: Gott ist schön. Das ästhetische Erleben des Korans, Sonderausgabe München 2000

Krämer, Gudrun: Gottes Staat als Republik. Reflexionen zeitgenössischer Muslime zu Islam, Menschenrechten und Demokratie, Baden-Baden 1999

Nagel, Tilman: Mohammed. Leben und Legende, München 2008

Ders.: Allahs Liebling. Ursprung und Erscheinungsformen des Mohammedglaubens, München 2008

Noth, Albrecht/Paul, Jürgen (Hg.): Der islamische Orient. Grundzüge seiner Geschichte, Würzburg 1998

Rohe, Mathias: Der Islam – Alltagskonflikte und Lösungen. Rechtliche Perspektiven, Freiburg i. Br. 2001[2]

Ders.: Das Islamische Recht. Geschichte und Gegenwart, München 2009

Schimmel, Annemarie: Die Zeichen Gottes. Die religiöse Welt des Islams, München 2002[3]

Schleßmann, Ludwig: Sufismus in Deutschland. Deutsche auf dem Weg des mystischen Islam, Köln-Weimar-Wien 2003

Schmitz, Bertram: Der Koran: Sure 2 „Die Kuh". Ein religionshistorischer Kommentar, München 2009

Thyen, Johann-Dietrich: Bibel und Koran, Köln-Wien 2003[3]

Wunn, Ina: Muslimische Patienten. Chancen und Grenzen religionsspezifischer Pflege, Stuttgart 2006

Judentum

Baumann, Arnulf H. (Hg.): Was jeder vom Judentum wissen muss, Gütersloh 1997[8]

Brumlik, Micha: Judentum. Was stimmt? Die wichtigsten Antworten, Freiburg i. Br. 2007
Hannover, Joyce: Gelebter Glaube. Die Feste des jüdischen Jahres, Gütersloh 1992[3]
Katlewski, Heinz-Peter: Judentum im Aufbruch. Von der neuen Vielfalt jüdischen Lebens in Deutschland, Österreich und der Schweiz, Berlin 2002
Krupp, Michael: Der Talmud. Eine Einführung in die Grundschrift des Judentums mit ausgewählten Texten, Gütersloh 1995
Küng, Hans: Das Judentum, Sonderausgabe, München-Zürich 2007
Maier, Johann: Judentum, Göttingen 2007
Trepp, Leo: Das Judentum. Geschichte und lebendige Gegenwart, Reinbek b. Hamburg 1982[3]
Spiegel, Paul: Was ist koscher? Jüdischer Glaube – Jüdisches Leben, München 2003

Kleinere Religionen
Bahaismus:
Esslemont, J.E.: Baha-u-llah und das neue Zeitalter, Oberkalbach 1972
Hutter, Manfred: Handbuch Bahāʾī. Geschichte – Theologie – Gesellschaftsbezug, München 2009
Schaefer, Udo: Der Bahai in der modernen Welt, Hofheim-Langenhain 1981[2]
Towfigh, Stephan A./ Enayati, Wafa: Die Bahai-Religion. Ein Überblick, München 2005

Chinesische Religionen
Ching, Julia: Chinese Religions, Basingstoke 1993
Do-Dinh, Pierre: Konfuzius (rororo-Bildmonographien), Reinbek b. Hamburg 1960
Eichhorn, Werner: Die Religionen Chinas (= Die Religionen der Menschheit, Bd. 21), Stuttgart 1973
Kaltenmark, M.: Lao-tzu und der Daoismus, Frankfurt/Main 1981
Roetz, Heiner: Konfuzius, 3. überarb. u. erw. Auflage, München 2006
Waley, Arthur: Lebensweisheit im Alten China, Frankfurt/Main 1986[3]

Autochthone Religionen
Schulz, Hermann: Stammesreligionen, Stuttgart 1993
Wernhart, Karl R.: Ethnische Religionen, Innsbruck-Wien 2004
Thiel, J.F.: Religionsethnologie. Grundbegriffe der Religion schriftloser Völker, Berlin 1988

Jainismus
Balbir, Nalini: Jainismus. In: TRE 16 (1987), 451-461
Kämpchen, Martin (Hg.): Die Erlösungslehre der Jaina. Aus exegetischen und didaktischen Schriften ausgewählt, aus dem Prakrit und Sanskrit übersetzt und eingeleitet von Adelheid Mette, Frankfurt/Main 2008
Kirfel, Willibald: Symbolik des Hinduismus und des Jainismus, Stuttgart 1959
Schubring, Walther: Die Lehre der Jainas nach den alten Quellen dargestellt, Berlin 1935

Neue Religionen
Figl, Johann: Neue Religionen. In. Ders. (Hg.): Handbuch Religionswissenschaft, Innsbruck-Wien, Göttingen 2003, 457-484
Hödl, Hans Gerald: Alternative Formen des Religiösen. In: Johann Figl (Hg.): Handbuch Religionswissenschaft, Innsbruck-Wien, Göttingen 2003, 485-524

Murken, Sebastian: Neue religiöse Bewegungen aus religionspsychologischer Perspektive, Marburg 2009

Shintoismus
Immoos, Thomas: Ein bunter Teppich. Die Religionen Japans, Graz 1990
Lokowandt, Ernst: Shinto, eine Einführung, München 2001
Okano, Haruko: Die Stellung der Frau im Shinto. Eine religionsphänomenologische und -soziologische Untersuchung, Bonn 1975
Pye, Michael/Triplett, Katja: Streben nach Glück. Schicksalsdeutung und Lebensgestaltung in japanischen Religionen, Münster 2007

Sikhismus
Baumann Christoph Peter: Heilige Schriften des Sikhismus. In: Udo Tworuschka (Hg.): Heilige Schriften, Neuausgabe als Taschenbuch Frankfurt/Main 2008, 282-299
Ders.: [Heilige Stätten im] Sikhismus. In: Udo Tworuschka (Hg.): Heilige Stätten, Darmstadt 1994, 169-183
Kämpchen, Martin (Hg.): Das Guru Granth Sahib und andere heilige Schriften der Sikhs. Ausgewählt und übersetzt von Tilak Raj Chopra und Heinz Werner Wessler, Frankfurt/Main angekündigt für Herbst 2009)
Meru, Elisabeth: Sikhs und Sikhismus. Religion, Riten und der Goldene Tempel, Aachen 2006

Zoroastrismus
Hasenfratz, Zarathustra. In: Peter Antes (Hg.): Große Religionsstifter, München 1992, 9-31
Hutter, Manfred: Heilige Schriften des Zoroastrismus. In: Udo Tworuschka (Hg.), Heilige Schriften, Neuausgabe als Taschenbuch Frankfurt/Main 2008, 364-381
Stausberg, Michael: Die Religion Zarathustras: Gegenwart und Geschichte, 3 Bde., Stuttgart u.a. 1996
Widengren, Geo: Die Religionen Irans (=Die Religionen der Menschheit, Bd. 14), Stuttgart 1965
Writer, Rashna: [Heilige Stätten im] Zoroastrismus. In: Udo Tworuschka (Hg.): Heilige Stätten, Darmstadt 1994, 92-101

Namen-/Personenregister

Alle erwähnten Namen von Personen
des Textteils sind hier alphabetisch aufgelistet.

Sach-/Ort-/Stichwortregister

In diesem Register sind alle erwähnten Orte sowie ein Großteil der Schlagworte aufgelistet und hinsichtlich der jeweiligen Religion oder in Sinnzusammenhängen sachbezogen geordnet.